공업입지론

나남
nanam

한국연구재단 학술명저번역총서
서양편 264

공업입지론

2009년 11월 15일 발행
2009년 11월 15일 1쇄

지은이_ 알프레트 베버
옮긴이_ 안영진
발행자_ 趙相浩
발행처_ (주) 나남
주소_ 413-756 경기도 파주시 교하읍
출판도시 518-4
전화_ (031) 955-4600 (代)
FAX_ (031) 955-4555
등록_ 제 1-71호(79.5.12)
홈페이지_ http://www.nanam.net
전자우편_ post@nanam.net
인쇄인_ 유성근(삼화인쇄주식회사)

ISBN 978-89-300-8412-3
ISBN 978-89-300-8215-0(세트)
책값은 뒤표지에 있습니다.

'한국연구재단 학술명저번역총서'는 우리 시대 기초학문의 부흥을 위해
한국연구재단과 (주)나남이 공동으로 펼치는 서양명저 번역간행사업입니다.

공업입지론

알프레트 베버 지음 | 안영진 옮김

나남
nanam

Über den

Standort der Industrien

by

Alfred Weber

Erster Teil

Reine Theorie des Standortes

Mit einem mathematischen Anhang

by

Georg Pick

옮긴이 머리말

이 책은 20세기 전반에 주로 활동한 독일의 정치·경제학자이자 사회과학자인 알프레트 베버(Alfred Weber)가 저술한《공업의 입지에 관하여. 제1부 입지의 순수이론》(*Über den Standort der Industrien. Erster Teil. Reine Theorie des Standortes*)을 우리말로 옮긴 것이다. 독일어 원서는 1909년에 처음 출판되었고, 1922년에 무수정 2판으로 다시 출판되었다. 우리말 번역본은 1998년 독일 마르부르크 소재 출판사인 메트로폴리스(Verlag Metropolis) 사가 간행한《알프레트 베버 전집》(*Alfred-Weber-Gesamtausgabe*)의 제 6권인《공업입지론에 관한 논저들》(*Schriften zur Industriellen Standortlehre*)에 실린 제 2판을 바탕으로 하였다.

이 책은 널리 알려져 있듯이 공업의 입지원리와 체계에 관한 이론을 제시한 것이다. 근대 이후 인간의 주된 경제활동으로 자리 잡은 공업의 입지적 구조와 패턴을 설명함에 있어서 거기에 작용하는 보편적 원리와 법칙이 무엇인지를 살펴보는 데 초점을 맞추고 있다. 저자인 알프레트 베버는 무엇보다도 공업의 입지지향과 입지선정을 결정하는 주요 요인들의 특성과 메커니즘에 관심을 갖고서, 이를 설명하기 위하여 복잡다단한 현실을 단순화시킨 가정을 전제한 뒤 공업의 일반적인 입지지향과 동태적 발전 그리고 그에 따른 공간적 질서원리와 구조적 체계를 일목요연하게 논구하고 있다. 이를 통하여 베버는 19세기 말과 20세기 초반에 걸친 기존의 공업입지에 관한 기술적(*descriptive*)이고 경험적(*empirical*)인 분석과 달리 입지요인을 중심으로 이들 요인이 입지지향에 미치는 작용을 총체적으로 파악하는 동시에 그 인과관계를 연역적 방법론을 통하여 밝히고 있다. 그러므로 베버는 공업의 최적입지란 곧 공업의 제품생산(및 판매) 과정에서 비용을 최소화할 수 있는 지점이라는 논리를 새롭게 개발하여 제시함으로써, 근대 공업입지론의 독창적인 체계를 구축했다.

물론 베버의 공업입지론이 처음 소개된 후, 그의 이론에 관해서는 다양한 측면에서 적잖은 비판이 제기되어 왔다. 우선 그의 이론이 최소비용입지의 원칙에 바탕을 두고 있기 때문에 지역에 따른 가변적인 시장수요와 원료공급의 공간적 변이 등을 충분히 고려하지 못한 정태적 성격이 뚜렷하며, 이론을 전개하기 위하여 제시된 가정들도 비현실적이라는 비판이 있었다. 그리고 또한 오늘날의 공업입지에서는 운송비의 비중과 그 중요성이 상대적으로 하락하고 있으며, 제품의 생산과 관련된 기술수준과 소비자의 기호가 크게 변하였을 뿐만 아니라 다국적 기업을 포함한 거대 독점기업들의 복합적 조직체계나 의사결정 그리고 또한 개방경제와 정보통신 혁명 등으로 말미암아 그의 분석논리가 복잡한 현실을 모두 설명하는 데 한계를 지니고 있다는 지적도 나오고 있다.

하지만 베버의 이론은 과거는 물론이고 현재와 미래의 공장입지를 원론적으로 설명하고 이해하는 데 여전히 유효하며, 공업뿐만 아니라 여타 산업에도 원용될 수 있는 가치를 지니고 있다. 더군다나 베버의 입지론에서 제시된 창의적이고 통찰력을 보여주는 다양한 개념, 갖가지 지수와 계수들은 경제활동의 입지구조와 그 전개과정을 설명하고 입지계획 등의 정책적 구상에도 손쉽게 적용할 수 있는 실천적 수단으로서 충분한 의의를 지니고 있다. 그리고 무엇보다도 베버의 《공업입지론》은 새로운 이론 구조와 접근방법을 통하여 공업입지에 관한 이론적 골격을 체계적으로 확립하고 최초로 종합화한 것으로서 높이 평가할 수 있다.

이 책의 번역은 이미 2006년 12월에 완료되었으나, 이런저런 사정으로 출판이 상당히 늦어졌다. 이 번역서가 나오기까지 많은 분들의 따뜻한 조언과 격려가 있었다. 먼저 번역과정에서 관심과 격려를 아끼지 않은 박영한(서울대 명예교수), 권용우(성신여대), 이정록(전남대), 주성재(경희대), 조영국(협성대), 남기범(서울시립대), 이원호(성신여대), 이승철(동국대) 등 여러 교수님들께 깊은 감사를 드린다. 또한 부실한 원고를 곰곰이 읽어주시고 귀중한 논평을 주신 한국연구재단 심사 및 평가과정의 익명의 논평자들께도 감사를 드린다. 아울러 그림 작업을 도와준 전남대 지리학과의 권성택 군과 유금일 군에게 고마운 마음을 전하고자 한다. 끝으로 고전적 학술서를 2004년 명저번역 사업을 통하여 기꺼이 지원해 준 한국연구재단과 편집 및 출판과정에 세심한 신경을 써주신 나남출판 조상호 사장님과 편집부 관계자 분들께도 다시 한 번 감사드린다.

2009년 10월

안 영 진

일러두기

- 원서에서 지은이가 강조한 부분(이탤릭체)은 고딕체로 바꾸어 표기하였다.
- 원서의 불명확하고 혼란스러운 장과 절 등의 구분 및 기호체계를 일부 수정하여 표기하였다.
- 본문 내용에 대한 옮긴이의 보충설명은 각주에서 〔역주〕로 표시하여 원주와 구별하였다.
- 본문에 나오는 외국의 인명과 지명 등은 현행 외래어 표기법을 따르는 것을 원칙으로 하였으나, 표기원칙이 정해지지 않은 것들은 일반적으로 통용되거나 굳어진 표현을 사용하였다. 인명과 지명 등 고유명사와 주요 개념어는 처음 나올 때 한 번만 원어를 병기하는 것을 원칙으로 하고 반복을 피하였다.
- 본문과 각주의 〔 〕은 부연설명 또는 문맥의 이해를 돕기 위하여 옮긴이가 덧붙인 것이다.
- 각주와 참고문헌의 인용방식에서 주요 용어 및 약어의 뜻은 다음과 같다. a. a. O. (앞의 책 또는 논문), Bd. ... 또는 ... Band (제... 권), Heft ... (제... 호), ... Aufl. (제... 판), usw. (기타 등등), S. ... (... 쪽), S. ... ff. (... 쪽 이하).

제 1 판 서 문

나는 공업입지론이 오늘날의 인구집중과 같은 일반적 사회현상뿐만 아니라 우리 시대의 수많은 또 다른 사회·문화적 힘의 추이를 설명하는 열쇠들 가운데 하나를 제공한다고 생각한다. 이에 따라 공업입지론을 두 부분으로 나누어 다루고자 하는데, 이 책은 그 첫 번째의 추상적인 부분에 해당한다. 이 두 부분은 그 성격상 서로 매우 다를 것이다. 제 2부에서는 현실과 그것이 보여주는 실제 현상에 다가가서 그것들을 명확히 하고, 사람들이 실천적 가치를 지닌 것으로 느낄 수 있는 해결책을 제시할 수 있을 것이다. 〔반면에〕 이 제 1부는 예비적인 것이며, 이론을 제시한다. 그런데 이것은 단순히 이론이 아니라 오직 '순수'이론, 즉 모든 자세한 현실의 모습을 도외시한 이론만을 포함한다. 더군다나 제 1부는 이론에 수학적으로도 접근하고자 한다. 나는 이것이 이중의 범죄라는 점을 잘 알고 있다. 왜냐하면 오늘날 독일에서는 이론적 연구들이 다시금 받아들여지고 있긴 하지만, 그럼에도 불구하고 그것들이 전체적으로 여기서 행한 것만큼 그렇게 추상적이지 않기 때문이다. 진정한 의미의 엄밀한 추상은 오늘날에도 — 적어도 독일인들에게는 — 여전히 '금기'이다. 그렇지만 이론을 한 번 추구해야만 한다면(사람들은 어떤 실패한 현상을 염두에 두고서 이론에 대한 편애가 때로는 사라져 주기를 당연히 원할 수도 있지만), 이론이 지닌 형식의 하나인 추상을 철저히 추구하는 것도 필요하다. 더군다나 이론은 — 유감스럽지만 — 매우 복잡다단한 인간생활을 어느 정도 확고한 최종적인 사고(思考) 상의 틀로 포섭하려고 할 경우 거의 어디서나 반드시 필요한 출발점이 된다.

여기서 이론은, 그 모든 부분 가운데 아주 작은 부분에서만 수학적일 필요가 있는 만큼, 순수한 수학적 직관형식이 어느 정도 내재된 그러한 부분에서 수학적이어야만 한다. 그 본질상 공간적 직관으로 끊임없이 탐구해야 할 경제력의 장소적 분포 문제가 이 경우에 해당한다는 사실은 아마도 의심을 품을 만한 여지가 전혀 없을 것이다. 따라서 '순수'이론이 필요하며, 더군다나 '수학적' 이론이 필요하다. 특히 수학적 이론이 필요한 것은 수학적 정식화가 문제를 명확히 해줄 뿐만 아니라, 결정적인 해법과 설명도 직접적으로 제시해 주기 때문이다. 만약 수학자의 도움이 없었더라면, 구체적으로 프라하(Prag)에서 다행히 조우할 수 있었던 게오르크 피크(Georg Pick)의 친절한 협조가 없었더라면, 여기에 내놓은 연구 전체가 불가능하였거나 적어도 그 최종결론에 이르기까지 진행될 수 없었을 것이다. 모든 부분에서 어느 정도 진행된 문제가 마지막에 언제나 수학적 정식화를 '요청하고', 이를 통하여 완전히 해결될 수 있었던 점은 분명하다. 그러므로 여기서 말하는 수학은 '놀이'가 아니라, 꽤나 고통스럽게 느껴지는 필수품이다. 여기에 제시된 무미건조한 소재를 철저히 숙독하는 사람들은 이 점을 곧바로 이해할 수 있을 것이다.

〔위에서 언급한〕 제 2부는 본래 이 제 1부와 동시에 출간할 계획이었다. 왜냐하면 제 1부는 제 2부가 없이는 어쩌면 공허할 수도 있기 때문이다. 그런데 그렇게 하지 못한 것은 제 2부가 〔저술 작업으로서〕 내부적으로 마

무리되지 않았거나, 더욱이 그 자체가 〔출판작업으로서〕 외부적으로 완성되지 않았기 때문만은 아니다. 오히려 그렇게 된 것은 단순히 최근의 독일 사업체(통계) 조사 자료가 아직까지 발표되지 않고 있기 때문이다. 1860년 이후 독일의 공업발전이라는 사실을 다루는 제 2부의 귀납적 논증에서 이 '최신의' 자료를 무시한다는 것은 그냥 아무 일 없는 듯이 넘어갈 수 있는 사안이 아니다. 따라서 사업체(통계) 조사 자료를 기다려야만 할 것이다. 다른 한편으로 제 1부를 제 2부와 함께 출간할 수 있을 때까지 보류할까 하는 생각까지 해보았다. 그러나 그렇게 하는 것을 단념해야만 했는데, 왜냐하면 내가 좀더 오랫동안 망설인다면 다른 연구자들이 이 문제영역에 등장하는 것을 방해할 수도 있다는 사실을 잘 알고 있기 때문이다. 이 점은 피하고 싶다.

이 책은 아마도 이와 동시에 〔이 주제와 관련된〕 후속연구에 적잖은 자극을 줄 것이다. 여기서 다루어진 문제들은 본질적인 것이고 이들 문제가 결국 전개될 곳은 구체적인 현상들 속이며, 그것들은 두말할 나위도 없이 '매력적'인 것이다. 나는 지속적인 연구가 큰 가치를 지니고 있다고 믿는다. 비록 내가 절실히 느끼고 있듯이, 이 제 1부가 제시하는 입지론의 '입문'이 — 강조해서 말하지만 — '체념한 채 쓰여야 했고, 체념한 채 읽혀질지라도', 후속 연구는 가치가 있을 것이다.

1909년 봄, 하이델베르크

알프레트 베버

제 2 판 서 문

〔공업입지론의〕 이론적 문제를 다루는 이 제 1부의 2판은 수정 없이 출간해도 괜찮을 것 같다. 그 동안 제기된 입지론의 본질을 둘러싼 논의들[1]은 내가 여기서 서술하고자 하는 기초에 저촉되지 않는다. 예를 들어 베르너 좀바르트(Werner Sombart)의 대단히 중요한 견해(특히 그의 《현대자본주의》의 신판에서)[2]는 경험적이고 자본주의적인 이론에 해당한다. 나는 이 책과 동시에 출간되는 제 2부의 (이 연구의 귀납적 부분의 운명에 관해 서술한) 제 1장에서 경험적이고 자본주의적인 이론과 그 실행에 대하여 나의 견해를 자세히 밝히려고 한다. 여기서는 다만 이 책에서 제시

---

1) 〔역주〕 베버의 《공업입지론》이 출간된 후 이에 관해 서평과 많은 토론이 있었다. 이에 대한 자세한 내용은 옮긴이의 해제 부분을 참조하라.

2) 〔역주〕 베르너 좀바르트(Werner Sombart, 1863~1941)는 독일의 경제 및 사회학자로 경제학을 공부하고 베를린대학 등의 교수를 역임하였다. 당시의 몰이론적 역사학파를 비판하고 이론과 역사의 종합을 시도하여 '경제체제'의 개념을 확립하는 등 경제 사회를 총체적으로 분석하려고 시도하였다. 이러한 연구 성과가 집약된 것이 《현대자본주의》(*Der moderne Kapitalismus*, 제 1, 2권 1902년; 제 3권 1927년)이며, 그 방법론적 기초를 정리한 것이 《세 가지의 국민경제학》(*Die drei Nationalökonomie*, 1930)이다.

되는 추상적인 부분에 관하여 몇 가지를 지적해 두고자 한다. 나는 1판의 원고를 작성할 때 〈가장 합목적적인 공업입지의 결정〉이라는 라운하르트(Launhardt)의 연구[3]를 부주의로 말미암아 파악하지 못하였다. 이 연구 역시 운송지향의 부분 문제(국지원료만을 사용하는 고립적인 생산과정의 최적 운송입지의 위치)를, 〔거기에서〕 힘으로 〔작동하는〕 원료산지 성분과 소비지 성분을 통하여 고찰하고 그것들이 〔최적〕입지에서 균형을 유지해야만 한다는 고찰방법에 의거하여 풀이하고 있다. 이 고찰방법은 수학적 · 기하학적 작도(作圖)의 형태로 행해지고 있으며, 그 기술적 합목적성은 어떤 경우라도 부정될 수 없다. 그렇지만 그것이 공업입지의 일반이론을 구축하기 위하여 충분한 넓이를 지닌 토대를 제시하고 있다고는 결코 생각되지 않는다. 따라서 나는 수학적 작도를 이 책의 본문 속에 삽입하였지만 그것에 관해서는 설명하지 않았다. 사실 수학적 작도는 (국민)경제학자의 연구영역이라기보다는 오히려 수학자의 연구영역에 해당한다고 볼 수 있다.

1922년 5월, 하이델베르크

알프레트 베버

---

3) 〔역주〕 라운하르트의 다음 논문을 말한다. Launhardt, W., 1882, "Die Bestimmung des zweckmäßigsten Standortes einer gewerblichen Anlage," *Zeitschrift des Vereins Deutscher Ingenieure*, Band 26, Heft 3.

공업입지론

차 례

■ 옮긴이 머리말 5
■ 일러두기 8
■ 제 1 판 서문 9
■ 제 2 판 서문 13

서 장 19

1. 경제입지론의 의의 19
2. 공업입지론에 대한 한정과 그 이유 23
3. 연구방법 27
4. 결과의 한계 35

제 1 장 입지요인과 입지동태 37

1. 입지요인과 입지단위의 개념 38
2. 입지요인의 분류 41
3. 일반적 입지요인의 확정 46
4. 입지요인의 체계와 동태 59

제 2 장 단순화를 위한 가정 63

1. 원료기반, 소비기반 그리고 노동력기반에 관한 '가정' 63
2. '자연력'에 대한 고려 65

제 3 장 운송지향 67

1. 운송비의 분석 67
2. 운송지향의 법칙 77
3. 현실에 대한 접근 106

제 4 장 노동지향 127

1. 노동비의 분석 127
2. 노동지향의 법칙 134

제 5장 집적 157

1. 집적요인과 분산요인의 분석 157
2. 집적의 법칙 168
3. 현실에 대한 적용 194

제 6 장 전체적 지향 205

1. 생산단계의 구분 206
2. 독립적인 생산과정의 상호 연결관계 231

제 7 장 전체 경제조직에서의 공업 247

도 입 247
1. 역사적 입지동태 250
2. 이론적 분포층과 그 상호 연결관계 251
3. 이상의 설명 결과와 남아있는 문제 259
4. 노동비의 차이 264

■ 보 론 1 이제까지의 문헌 267
■ 보 론 2 일반적으로 알려져 있는 오류와 학문적 오류 275
■ 부 록 수학적 해설 281
■ 옮긴이 해제 311
■ 찾아보기 339
■ 약력 349

서 장

1. 경제입지론의 의의

공업입지의 문제는 인간이 전개하는 경제활동의 지역적 분포라는 일반적 문제의 한 부분이다. 그 어떤 경제형태에서도 그리고 그 어떤 기술적·경제적 발전단계에서도 생산과 유통 그리고 소비가 '어떻게' 행해지는지와 더불어 '어디서' 행해지는지의 문제는 반드시 존재한다. 더군다나 전자뿐만 아니라 후자를 규정하는 규칙들도 늘 존재하기 마련이다. 그런데 경제학이 〔경제의〕 기본적 사실에 관한 분석과 경제행위의 순수이론에만 만족하지 않는 한, 경제학이 당연히 그리고 필연적으로 맨 먼저 수행해야 할 일은 경제방식에 관한 기술과 이론일 것이다. 경제조직의 방식과 서로 다른 '방식들' 간의 순서와 병존을 서술하고 이론적으로 분석하는 일은 경제학이 구체적인 현실을 다룰 때 수행해야 할 지극히 당연한 그 첫 번째의 내용이다. 그런데 이것만으로도 그 내용이 대단히 폭넓기 때문에, 역사가 짧은 이 학문은 우선 〔그 주요 관심사를〕 이러한 문제에 한정시키고 경제활동이 '어디서' 행해지는지의 문제를 — 이 문제를 고려하더라도 — 간단히 경제방식의 한 함수로서 다루고, 따라서 지역적 분업과 국제적 분업 그리고 기타 등에 대한 몇 가지 일반적인 규칙을 갖고서 다루고 있다는 사실은 전혀 놀랄 일이 아니다. 실제로 이제까지 경제학은 대체로 이렇게 일을 처리해 왔다. 비록 경제입지는 부분적으로 경제방식의 함수에 지나지 않지만, 경제학은 이를 전적으로 이렇게 취급해 왔다. 더군다나 경제학은 (지표) 평면 상에서 발생하는 국지적 현상으로서 경제활동에 대한 이론적 고찰을 주로 경제지리학에 맡겨 왔다. 그러나 경제지리학은 두말할 나위도 없이 자신에게 맡겨진 (연구) 대상을 자연과학적으로만 다루어왔을 뿐이다. 다시 말해 이 현상을 경제(학)적 측면이 아니라 순전히 자연(과학)적 측면에서 설명해 온 것이다. 이는 마치 경제방식에 대한 분석을 단순히 기술(技術) 과학에 위임한 것과 다르지 않다.[1]

우리는 지금까지 입지론을 '거의 대부분' 경제지리학적으로 고찰해 왔지만, 이것이 전부라고는 할 수 없다. 〔입지론과 관련하여〕 확실히 어느 누구라도 곧바로 튀넨(Thünen)[2]의 입지론을 생각할 것이다. 이 분야에

---

1) 경제지리학과의 관계에 관해서는 이 밖에도 〈보론 1〉을 참조하라.
〔역주〕 베버의 언급은 당시의 경제지리학이 자연과 인간의 관계, 즉 환경(결정)론적 관점에서 경제현상의 지리적 분포패턴을 주로 기술적으로 설명하는 지지(地誌)적 접근방법에 머물러 있었고, 따라서 자연적 요인에 따른 결정론적 분석에 몰두한 경제지리학의 자연과학적 경향을 비판적으로 평가한 것으로 볼 수 있다.

2) 〔역주〕 요한 하인리히 폰 튀넨(Johann Heinrich von Thünen, 1783~1850)은 독일의 농업경제학자로, 메클렌부르크의 텔로브(Tellow)에서 농장을 경영하면서 고전경제학파의 영향하에 농업경제학을 연구하였다. 1826년 출판된 그의 저서 《농업과 국민경제학의 관계에서 살펴본 고립국》(*Der isolierte Staat in Beziehung auf Landwirtschaft und Nationalökonomie*)은 리카도와 마찬가지로 추상적 방법에 의거하여 아담 스미스의 이론을 보완하고 있으며, 특히 차액 지대론과 자연 임금론 등의 분야에서 독자적 이론을 펼치고 있다. 전체 3부로 구성된 이 책은 제 1부에서 농업입지를, 제 2부에서 자연임금론을 그리고 제 3부에서는 임업에 대하여 다루고 있다. 이 중 가장 널리 알려진 농업입지론을 살펴보면, 튀넨은 어떤 평야의 중앙부에 자리 잡고 있는 한 도시가 주변으로부터 농산물을 공급받는다고 가정하고, 이에 따라 이 평야에 행할 수 있는 가장 합리적인 농업 경영방식, 즉 농업적 토지이용패턴을 서술하고 있다. 그에 따르면, 일

대하여 튀넨이 오래 전에 행한 연구 외에도 그 후에 수많은 연구들이 행해졌다. 그럼에도 불구하고 여전히 불충분하다. 오늘날 우리는 과거에 결코 관찰할 수 없었던 경제력의 심대한 장소적 이동, 즉 자본과 인간의 이동을 목도하고 있다.[3] 우리는 '제국의 흥망과 성쇠'를 관찰하고 있지만, 그것도 명백하게는 그러한 경제지점의 이동에 따른 결과이다. 우리는 이러한 사정을, 그것이 우리에게 던져주는 의미와 더불어 열정을 갖고서 추적하고, 미래의 집중과 분산 경향 그리고 공업국가의 발전과 붕괴를 예측하고 있다. 한걸음 더 나아가 우리는 무역정책을 통하여 이러한 일에 관여하고 그것을 지배하려고 한다. 요컨대, 우리는 수많은 일을 끊임없이 행하고 있는데, 그러한 일들은 기본적으로 거기에 작용하는 법칙에 대한 명료한 통찰을 바탕으로 하여 행해져야만 할 것이다. 그러나 우리는 과연 그러한 통찰을 지니고 있다고 주장할 수 있는가? 우리는 우리의 논의를 전개할 때, 분업 등에 관하여 그리고 특정한 경제방식의 함수로서 경제지점에 관하여 몇 가지 일반적인 명제 이상의 것들을 활용하고 있다고 주장할 수 있는가? 튀넨과 그 계승자들이 존재함에도 불구하고 우리는 이제까지 이 이상의 것들을 거의 활용할 수 없었다고 나는 생각한다.

더군다나 우리는 〔위에서 언급한 것과〕 유사한 〔경제력의〕 심대한 〔장소

반적인 경영방식은 도시를 중심으로 동심원 모양으로 배치되며, 도시에 가까울수록 단위 면적당 수확량이 많은 농산물부터 재배하고 대개의 경우 집약적 영농을 행한다고 지적하고 있다. 이에 따라 도시를 중심으로 여섯 개의 동심원이 나누어지고 각 원에 적절한 농업부문이 배치된다고 한다. 즉, 제 1원에는 채소와 감자 등과 같은 운송비가 비싼 농작물이 집약적으로 경작되고, 제 2원에는 연료 및 목재용의 임업이 행해지고, 제 3원에는 곡물이 재배되며, 제 4원에는 목축이, 제 5원에는 삼포식(三圃式) 농법이 그리고 마지막 제 6원에는 수렵 등이 행해진다는 것이다.

3) 〔역주〕 이는 베버가 공업입지론에 관한 연구를 어떤 동기와 목적에서 시작하였는지를 잘 나타내어 준다고 할 수 있다. 그것은 당시에 거대한 물결처럼 진전되고 있던 산업화 과정과 이를 수반한 인구이동(특히 도시화) 현상에 주목하고, 이를 논리적으로 설명하고 분석하는 데 토대가 되는 동인과 구조적 메커니즘이 무엇인지를 탐색하고자 한 사실에 있음을 알 수 있다.

적〕 이동이 한 국가영토 내에서도 영향을 미치고 있다는 사실을 관찰할 수 있다. 즉, 어떤 지역은 인구와 자본의 급속한 궁핍화를 겪는 반면, 다른 지역은 과포화 상태에 직면하고 있다. 그래서 우리는 무한히 지속될 것으로 여겨지는 도시로의 심대한 집중을 관찰할 수 있다. 우리는 이러한 사실에 대하여 고찰하고, 이러한 사실이 지닌 이익과 불이익에 대하여 그리고 이것이 초래하는 '아스팔트 문화' 또는 '문화의 타락'에 대하여 토론한다. 우리는 또한 이 점에 관해서도 당연한 것이지만 오랫동안 논쟁했다. 어떤 사람들은 인간이 '향락'만을 좇아 대도시로 '몰려들고', 거기서 자신과 그 후손들을 파멸시키고 있다고 지적했다. 또 다른 사람들은 인간이 불가피한 법칙을 따르고 있다고 하는데, 예를 들어 사회적 압력 등이 가장 낮은 '지점'으로 흘러들고 있다는 것이다. '도시로의 흡인'에 관해서는 — 그 결과뿐만 아니라 그 원인에 대해서도 — 이미 대단히 많은 연구가 이루어졌다. 그렇지만 경제활동의 입지를 규정하는 일반적인 법칙에 관해서는 그 어떤 진정한 지식을 여전히 갖추고 있지 못하며, 또한 그 어떤 방식이든 간에 입지에 더불어 영향을 미치는 순수한 경제적 메커니즘을 여전히 밝혀내지 못하고 있는 상황에서 우리는 과연 그 원인이 무엇인지에 관한 결론에 도달하였다고 말할 수 있는가? 대도시로 사람들이 몰려드는 것은 무엇보다도 그들이 우선 그곳에서 '경제생활을 영위'하기 위해서이다. 그런데 그들이 이때 가장 긴박한 경제적 강제라는 청동사슬에 단순히 얽매여 있는지 그렇지 않은지를 알지 못하면서, 우리는 과연 그들을 〔도시로 이동하도록〕 자극하는 고도의 심리적·문화적·사회적 이유에 대해 논의할 수 있는가? 오늘날 우리가 관찰하고 있는 심대한 집적은 단순히 특정한 경제적·기술적 발전단계에서의 불가피한 입지현상일 수도 있다. 혹시 이것이 아니라면, 그것은 우리의 경제가 일정한 사회질서에 필연적으로 연계됨으로써 발생하는 입지이동일 수도 있다. 우리는 이 모든 것들을 근본으로부터 파악하지 않으면 안 된다. 그리고 그 어떤 경우일지라도 우리는 마치 인구의 지리적 이동과 관련하여 경제지점에 관한 법칙이 전혀 존재하지 않으며, 〔각각의〕 경제방식에서 엄격한 규칙 아래

포섭되는 사람들이 경제지점을 선정하는 데 단순히 향락이나 그 밖의 불합리한 동기에 의해 유도될 수 있는 것처럼 고찰해서는 안 될 것이다. 여기서 확실히 〔기존의 논점과 이 책의 논점 사이에〕 커다란 〔인식의〕 간격이 존재한다.

2. 공업입지론에 대한 한정과 그 이유

우리가 야심만만하게 추구하는 것이자 또한 기본적으로 〔위에서 제기한 문제를 해결하는 데〕 진정으로 유일하게 도움을 줄 수 있는 것은 다름 아닌 경제입지의 일반이론(*Allgemeine Theorie*)을 정립하는 일일 것이다. 왜냐하면 어느 한 특수한 영역에 대한 고찰이 아니라 경제력의 국지적 분포법칙에 대한 총체적인 파악을 통해서만 우리는 이것과 우리의 눈앞에 펼쳐지고 있는 거대한 변동과정 간의 동태적 관계를 명확히 밝혀낼 수 있기 때문이다. 그리고 또한 예를 들어 각 시기에 따라 인구집중이 어느 정도까지 경제활동의 함수이자 어떤 종류의 함수이며, 또한 이와는 정반대로 어느 한 입지의 경제활동이 어느 정도까지 다른 영역으로부터 유래하는 변동경향에 의해 영향을 받고 있으며, 언제 어떤 종류의 변동경향에 의해 영향을 받고 있는지를 제시할 수 있기 때문이다. 우리는 우선 이 과정의 경제적인 측면을 완벽하게 파악하지 않으면 안 된다. 그리고 이 점에서 〔논의를〕 시작함으로써 우리는 전체 운동에 대하여 〔경제 외의〕 기타 일반 문화적 측면의 힘들이 어떤 의미를 지니고 있는지를 언급할 수 있다.

그러나 개개인이 지닌 사적 시간과 힘을 모두 도외시하더라도, 우리의 연구를 적어도 일시적으로 공업입지론에 한정시키는 데에는 타당하다고 생각할 수 있는 몇 가지 이유들이 존재한다.

우선 언급할 것은 경제방식에 관한 이론에서도 〔생산과 유통 그리고 소비 등의〕 서로 다른 (경제) 분야 상호간의 법칙성에 대한 고찰을 분리시켜 행하는 것이 유용하다는 점이다. 이 경우에 우리는 의식적으로 당장은 사실들을 완벽하게 설명하는 일을 포기해야 하지만, 고립화시켜 〔문제를〕 고찰함으로써 오히려 매우 많은 것을 얻을 수 있다. 왜냐하면 우선 어느 한 분야를 고찰할 때 다른 분야의 현상을, 비록 유효하게 영향을 미치는 현상이라고 하더라도, 우선은 밝혀지지 않은 현상으로 간주함으로써 이 분야의 독특한 본질로부터 연유하는 법칙성뿐만 아니라 이 분야가 바로 이 현상을 통하여 다른 분야와 법칙적으로 연결되는 방식에 관해서도 명료한 통찰에 도달할 수 있기 때문이다. 더군다나 우리는 이를 통하여 일반적인 성질의 상호 관련성을 인식하기 위해 필요한 논거도 손에 넣을 수 있다. 이상이 〔여기서 논의를 한정하는〕 형식적 이유이다.

다음으로 〔우리의 논의를 공업입지론에 한정시키는〕 실질적 이유는 무엇인가? 서로 다른 경제 분야 사이의 입지적 동태는 매우 독특하다는 점이다. 우리가 생산과 유통 그리고 소비를 각각 분리시키는 일은 사고상 가능할지도 모른다. 그렇지만 경제의 장소적 성격을 분석할 경우 우리는 어느 한 분야에 대한 설명을 동시에 다른 분야에 대한 대부분의 설명과 항상 연결시킨다. 소비 분야의 입지적 위치는 꽤 소수의 예외가 있을지라도 다른 두 분야의 입지적 위치 이외의 것이 아니며, 단순히 이것을 별도의 측면에서 살펴본 것에 지나지 않는다. 공무원과 군인 그리고 〔퇴직한〕 연금생활자 등 비교적 소수의 경제적 순수 소비자들만이 다른 두 분야와 상관없이 장소적으로 이동한다. 그 밖의 모든 생산자와 노동자 그리고 상인 등은 그들이 자리 잡고 있는 장소가 바로 소비〔와 관련된 입지〕지향의 일부를 결정한다. 그리고 각 소비자들의 경우에는 그들이 자리 잡고 있는 장소가 동시에 다른 두 분야의 지리적 위치의 일부를 결정한다. 이것이 의미하는 바는 다음과 같다. 즉, 다른 두 분야의 위치가 — 이 경우에 이들 분야가 사고상 각각 독립적이라고 상정하더라도 — 설명된다면, 나머지 한 분야의 위치도 더불어 설명될 수 있다는 것이다. 우리는 이것들을 함께 설명할 필요가 있다.

그러므로 우리의 고찰을 〔공업입지론에〕 한정시키는 것은 실질적으로 이러한 측면에서 살펴보더라도 대개 피상적인 것에 지나지 않는다. 그렇지만 이 밖에도 다음과 같은 사실이 존재한다. 즉, 유통부문 가운데 물적 재화의 이동, 다시 말해 좁은 의미의 상품 유통이 일부는 다양한 생산부문(생산적 유통과정) 간에 그리고 또 다른 일부는 생산부문과 소비부문(소비적 유통과정) 간에 지리적으로 자리매김 되고 있다는 점이다. 따라서 생산부문을 입지적으로 설명하는 일은, 사고상 단순히 하나의 방향을 향하여 전개하더라도 그 모든 부문에서 물적 재화의 유통을 함께 설명하지 않고서는 불가능하다. 그래서 경제방식에 관한 이론에서 우리는 '생산'을 제품이 어느 한 상인에게 판매되는 부분에서 개념상 종결된 것으로 고찰할 수 있으며, 그래서 여기서 논의를 끝맺을 수 있다. 그러나 생산의 경제지점을 설명하는 경우에는 이와 같지 않다. 각 부분 부분의 생산은 소비지를 겨냥하여 지리적으로 조정된다. 그리고 이러한 조정 작용에 대한 설명(곧, 입지론)은 이러한 소비지에 이르는 경로를 포함하지 않으면 안 된다. 그리고 이를 행할 경우에는 사실상 물적 재화의 유통도 〔여기에〕 포함된다.

이러한 불가피한 공동설명을 통해서도 우리의 이론이 여전히 유통분야에 대한 완전한 입지론이 되는 것은 아니다. 왜냐하면 그것은 또한 재화의 실질적인 이동을 이끄는 '대형 대리점'이 자리 잡고 있는 위치, 따라서 대규모 도매상의 소재지나 거래소의 위치를 결코 설명할 수 없기 때문이다 — 재화의 유통에 대한 '관리'와 재화의 유통 자체는 지리적으로 상당히 떨어져 있을 수 있으며, 또한 떨어져 있을 수밖에 없다. 더군다나 그것은 채권과 화폐의 유통을 그 내용으로 하는 분야의 (입지)지향, 즉 자본과 신용거래가 이루어지는 중심(지)의 위치에 관해서는 그 어떤 결정적인 것도 말해주지 않는다. 그래서 여기서도 부차적인 분야의 일정 부분 — 고립적으로 접근할 경우에 원칙적으로 분리되는 부분 — 은 〔뒤에〕 남아 있게 된다. 이 부문은 독자적으로 지리적 운동을 전개하고 있기 때문에, 사실상 그 입지는 별도로 설명되어야만 한다. 그러나 이 경우에도 고립화의 과정은 대부분 형식적인 사고상의 보조과정에 지나지 않으며, 사실상 표면적인 것에 불과하다.

따라서 생산 분야를 선택하여 그 입지를 〔설명할 수 있는 한〕 끝까지 설명하고자 한다면, 우리는 사실상 그 독특한 운동을 통하여 그 밖의 경제부문이 보여주는 전체 운동의 대부분도 함께 설명할 수 있을 것이다. 여기서 우리는 사실상 경제입지의 전체적인 문제를 어느 특정한 관점에서 해명하는 것과 크게 다르지 않게 된다. 그 첫걸음은 생산입지에 관한 고립적인 이론이 될 것이며, 그 마지막 걸음은 본질적으로 일반 입지론이 될 것이다. 그리고 그 어떤 경우라도 이곳에서 출발하여 그곳에 도달하는 것은 그다지 어렵지 않을 것이다.

〔우리의 논의를〕 생산 분야에 한정시킬 경우 한편으로 모든 일이 그러하듯이 공업생산의 입지를 설명하는 것이 무엇보다도 긴요하다. 그리고 다른 한편으로 여기서 추구하는 목적에 비추어 어쨌든 당장은 공업만을 특별히 분석하는 데 만족해야할 이유가 있다. 내가 생각하고 있는 것처럼, 우리는 비록 오늘날의 상황에서 다소 수정하고 특히 계속적으로 발전시켜 나가야할 필요가 있지만, 농업생산의 입지에 관한 튀넨의 이론을 갖고 있다. 그렇지만 우리는 — 로쉬(Roscher)와 쉐플레(Schäffle)의 연구[4]를 부당하게 평가〔절하〕하는 것이 아니라면 — 아직까지 공업입지에 관한 이론을 갖고 있지 못하다. 더군다나 이와 동시에 오늘날의 거대한 변동과정을 설명하는 데 공업입지론이 〔농업입지론보다〕 한층 더 중요하다는 사실은 명약관화하다. 확실히 현대의 농업적 생산방식의 입지이동을 규정하는 사정이 대단히 미묘하고 흥미롭다는 점만은 틀림없다. 그러나 그것들이 미세한 기술적 문제를 뛰어 넘어서서는 국제경제상의 역학관계의 변화와 현대의 인구집적에 영향을 미친다는 점과 관련하여 전체

4) 〔역주〕 베버의 공업입지론이 발표되기 전에 독일에서는 튀넨 이후 적잖은 학자들이 입지론을 활발히 연구해 왔다. 로쉬와 쉐플레는 라운하르트 등과 함께 그 대표적인 학자들이며, 이들은 주로 역사적 관점에서 접근하였다. 베버가 이미 지적한 것처럼 물론 불완전한 것이지만 베버가 공업입지의 문제를 이론적으로 설명하고 해석하는 데 이들의 연구가 부분적으로 영향을 미쳤음은 분명하다.

적으로 단순하고 상당히 연구가 진척된 잘 알려진 사안이다. 더군다나 그것은 어떤 의미에서 단지 최근의 일반적인 입지혁명에 기초를 부여하는 것에 지나지 않는다. 이 기반 위에 비로소 우리가 풀어야 할 현대적 '수수께끼'로 명백히 느끼고 있는 경제적 역학관계의 변화와 인구집적이라는 특유의 동태가 진행되고 있다. 그 진정한 비밀은 농업분야에 함축되어 있지 않다. 만약 그 비밀이 주로 경제적 사정과 생산 분야에서 발견될 수 있다면, 그것은 공업부문과 그것을 지배하는 입지규칙 속에서 발견될 것이다. 그 어떤 경우라도 오늘날의 대규모 인구집적의 '실체'—나는 이것을 원인이라고 말하지 않는다—가 되는 것은 공업의 입지적 배치이다. 우리가 아주 본능적으로—물론 어쩌면 너무나도 무비판적일 수도 있지만—적어도 일반적인 의미에서 국제적 세력이동의 '징후'로 보는 것도 역시 공업의 입지변동이다. 그런데 이 공업 분야의 입지경향에 관해서는 사실 현재 활발히 논의되고 있다—우선 이 점을 분명히 밝혀두는 것은 대단히 중요하다. 왜냐하면 그럼에도 불구하고 이 분야는 실제로 가장 소홀히 다루어지고 있을 뿐만 아니라, 이 점이 또한 사실 가장 폭넓게 유효하기 때문이다.

3. 연구방법

그렇다면 우리는 이 문제를 어떻게 풀어나갈 수 있는가? 물론 〔농업과 공업이라는〕 두 분야의 특성을 통하여, 다시 말해 공업이 한층 복잡하다는 사실로도 설명할 수 있으나, 우리는 공업의 입지분포 실태보다는 농업의 입지분포 실태를 한결 잘 파악하고 있다는 점에 주목할 필요가 있다. 우리는 다양한 농산물의 경작 면적과 수확량 등을 크게는 국제적 분포상황의 측면과 아울러 협소한 지역 내의 (입지적) 지향—후자의 경우에는 적어도 여러 많은 국가들과 관련하여—에 비추어 상당히 양호하게 추적할 수 있는 잘 정비된 통계(자료)를 갖고 있다. 우리는 이 점에서 단순히 자료를 갖고 있는 것이 아니라, 이들 자료가 또한 사실상 전체적으로 보아 과학적으로 수집되고 있다는 점을 지적할 수 있다. 오늘날 농업의 입지분포와 그 전개의 본질적 측면은 잘 알려져 있다. 만약 우리가 그것을 잘 알지 못한다면, 그 책임은 우리에게 있다. 그러나 공업의 경우에는 우선 단순한 자료를 수집하는 데에도 이미 큰 어려움이 존재한다. 우리가 국제적 생산 분포의 개략적인 수치라도 손에 얻을 수 있는 것은 몇몇 소수의 업종, 예를 들어 제련업·염업·제당업·담배 제조업(경우에 따라서는 섬유 가공업의 기계적 부문) 등에 제한되며, 이러한 업종에 관해서는 재정적으로 또는 기타 특별한 이유에서 확실한 생산 관련 통계들이 제시되고 있다. 만약 우리가 공업의 국제적 역학 분포에 관하여 논의한다면, 그 밖의 모든 업종에 대해서는 원리적으로 허용될 수 없는 방법이지만 〔하나의〕 궁여지책으로서 수출과 수입에 관한 수치를 활용할 수밖에 없다. 물론 이러한 수치들은 본래 그 근간이 되는 생산의 규모와 어떻게 관련되는지를 파악할 수 없는 경우에는 이 목적에 전혀 활용될 수 없다. 공업통계는 종사자 수의 형태로 생산 규모를 파악할 수 있는 근거를 제시하고 있으나 그것들을 〔서로〕 비교하기란 쉽지 않으며, 따라서 이 목적에 거의 활용될 수 없다.

어쨌든 공업의 국제적 입지분포는 이상과 같은 자료를 통해 해결된다면, 한 국가의 경계 내에서의 입지분포는 어떠한가? 이와 관련해서는 비록 부분적으로 이제까지 공표되지 않은 경우도 있지만, 자료는 존재한다. 여기에는 공장 통계나 그 원(原)자료와 중간 자료가 존재하며, 우리는 〔이를 통해〕 대단히 정확하고도 논란의 여지가 없이 〔공업의〕 지역적 이동을 설명할 수 있다. 그렇지만 이러한 대량의 〔통계〕자료들도 지금까지 이 목적을 위하여 수집된 것은 아니라고 누군가가 지적한다면, 그 사람이 잘못 언급한 것이라고 할 수 없다. 아직까지 어디서도 그리고 그 어떤 나라에 대해서도 지리적 분포와 지역적 집적상황을 단 하나의 공업과 관련해서 이러한 자료를 갖고서 수치적으로 정확히 추적한 경우는 없었다. 왜냐하면 이러한 자료를 갖고서 작성된, 어떤 공업이 '주로' 행해지는 지역을 표현해 주는 아주 근사한 지도들이 이 목적에는 별로 소용이 없기 때문이다.[5] 우리는 이 사실을 통하여 동일한 공업이 이 국가의 이러한 지역 '밖'에서도 행해지고 있다는 점을 파악할 수 있으나, 하여튼 정확한 입지에 대한 관념을 얻기 위해서는 〔동일한 산업이 어떤 지역〕 안팎에서 행해지는 것이 수량적으로 서로 간에 어떤 관련성을 맺고 있는지를 파악하지 않으면 안 된다. 이 밖에도 — 이와 동일한 목적을 위해 작성된 — 인구에 대비되는 각 공업의 '상대적인 지리적 중요성'을 제시해 주는, 또 다른 측면에서 매우 가치 있는 지도들도 있다.[6] 우리는 이를 통하여 각 지역의 서로 다른 인구구성에 관한 정보는 얻을 수 있지만, 공업의 지역적 분포에 관한 정보는 얻을 수 없다. 만약 우리가 공업의 지역적 분포에 대하여 어떤 방식이든 간에 수치적으로 정확한 관념을 얻고자 한다면, 모든 국가에서 모든 공업에 대하여, 아마도 광업과 제련업을 제외하고는, 암중모색해야 한다는 사실을 곧바로 알게 될 것이다. 우리는 (공업) 발전의 개별 시점에 관해서도 암중모색해야 하는데, 발전 그 자체에 관해서도 역시 그러하다. 그러므로 오늘날 공업의 지역적 분포를 다루는 경제활동에 대한 기술은 모두 다 높이 평가받을 만하다. 이러한 상황에서는 그것들에 대하여 그 어떤 것도 〔비판적으로〕 말하기란 어렵다. 다만, 그것들이 사실상 상당히 자유롭게 그려진 스케치 이상의 의미를 갖고 있지 않다는 점

---

5) 예를 들어 잉글랜드의 공업에 관한 많은 저서들에 첨부되어 있는 지도와 잉글랜드의 공장시찰 보고서에 첨부되어 있는 공업의 분포에 관한 지도가 존재한다.

6) 예를 들어 독일(정부)의 공식적인 공업 통계보고서의 지도가 존재한다. 이러한 지도들은 — 분명히 부득이한 것이지만 — 토이버너(Teubner) 사의 《독일 경제총람》(*Handbuch der Wirtschaftskunde Deutschland*)에서 공업의 입지를 설명하는 데 사용되고 있으며, 더군다나 자세히 설명되어 있다. 이들 지도는 공업의 입지를 설명하는 데 '원리적'으로 사용될 수 없을 뿐만 아니라, 사실 종종 대단히 왜곡된 관념을 제시하고 있다는 점에 관해서는 제 2부〔즉, 베버가 당초 구상한 공업입지론에서는 이 책이 제1부 이론 편에 해당한다면, 출간되는 않은 제 2부는 제1부에서 논의한 이론을 독일에 적용한 응용 편을 말한다〕에서 보다 자세히 살펴보고자 한다.

도 분명히 인식해 둘 필요가 있다.

여기서는 우선 접근방법을 수정할 필요가 있다. 이미 발표된 자료를 어느 한 시점을 기준으로 하여 — 우리는 이를 위하여 1860년 이후의 독일의 (공업) 발전을 파악하고자 한다 — 체계적으로 검토할 필요가 있다. 우리는 또한 개별 공업의 분포와 집적상태 그리고 그 이동을 정확히 수치적으로 파악하는 것을 통하여 신뢰할 만한 표상을 얻도록 노력해야 할 것이다. 이것은 피할 수 없는 하나의 방법이다. 즉, 다른 지역과 어느 정도 분리시킬 수 있는 어떤 지역에 대하여 가령 제한된 기간만이라도 실제의 입지상황과 그 변화과정을 정확히 밝혀낼 필요가 있다는 것이다. 우리는 여기서 문제로 삼은 대상을 어느 한 가지의 논점과 관련하여 명확하고 투명하게 그리고 무엇보다도 그 모든 부분과 관련하여 '측정할 수' 있도록 해야 할 것이다.

그렇지만 우리는 이 정도에 그쳐서는 안 되며, 이미 언급한 바에 따라 한층 더 많은 것을 시도해야 할 것이다. 우리는 이 조직체의 운동에 관한 '법칙들'을 찾아내고자 한다. 그리고 그것들은 — 다름 아닌 — 우리가 그것들에 의거하여 경제력의 추이를 실제로 측정할 수 있을 정도로 엄정한 형태의 법칙이 되지 않으면 안 된다. 다시 말해, 경제력과 기타 사정이 어느 정도까지 오늘날 발생하고 있는 강력한 지리적 변혁의 토대가 되고 있는지를 명확히 지적해 줄 수 있는 법칙이 되지 않으면 안 된다는 것이다.

순수한 경험주의의 입장에 선 사람들은 우리의 이러한 중요한 시도를 기껏해야 어깨를 움츠리며 경멸하듯 바라볼 것이다. 잘 알려져 있듯이 만약 우리가 정확한, 다시 말해 '자연과학적' 법칙을 모색하고 있다면, 대상이 되는 사회생활과 그 힘을 자연과학처럼 '실험적으로' 통제할 수 있어야만 할 것이라고 그들은 지적할 것이다. 그렇지만 그와 같은 일은 불가능하기 때문에, 우리가 언급할 수 있는 것은 '확률'과 정도의 차이가 있으나 명료한 '관계'와 '규칙성' 그리고 '과도적 현상' 등을 확인하는 것이다. 위의 입장에 서 있는 사람들에게는 이것 이상의 모든 것은 아무런 소용이 없다. 우리는 이러한 사람들에게서 그 어떤 동의도 기대할 수 없다. 하지만 우리는 우리와 같은 생각을 가진 사람들에게서 다음과 같은 동의를 기대할 수 있다. 즉, 우리는 오히려 경험을 통하여 확인되는 과도적 현상이라는 '기적'의 절반 또는 전부를 그 복잡성에도 불구하고 실험에 기대지 않은 순전히 집중적인 사고 활동에 의거하여 보다 깊이 있게 밝혀내고, 고립화라는 방법을 통하여 그 인과관계를 완벽히 이해하며, 또한 모든 것은 아니지만 어느 정도 그 일련의 원인들을 측정하는 것이 가능하다는 점이다. 고립화의 방법을 신봉하는 사람들은 우리의 시도를 — 그것이 성공적인지 그렇지 않은지 와는 별개로 — 원칙적으로 인정할 것이다. 그리고 이 시도가 실패로 끝난다 해도 그 책임은 방법 그 자체에 있는 것이 아니라, — 우리가 희망하듯이 — 이를 시도한 사람의 서투름에 있다고 생각해야 할 것이다.

이러한 입장에 선다면, 우리는 이 시도를 어떻게 진행시켜 나갈 것인지를 이해할 수 있을 것이다. 말하자면, 실질적으로 두 가지의 서로 다른 일을 수행할 필요가 있다고 생각된다. 그 첫 번째는 공업입지의 법칙들 — 가장 엄밀한 의미의 법칙들 — 을 우선 '순수하게', 바꿔 말해 그 어떤 특수한 경제방식과 무관하게 도출하지 않으면 안 될 것이다. 그리고 두 번째는 이러한 법칙들이 오늘날의 경제 질서하에서 작동함에 따라 어떤 특수한 양상이 드러나며, 또한 어떤 추가적인 법칙 또는 여기서 아마도 단순히 규칙성이라고 언급할 수 있는 것들이 그로부터 발생하는지를 제시할 필요가 있다. 후자의 경우에는 두말할 나위도 없이 이 두 종류의 법칙과 우리가 설명하려고 하는 위에서 언급한 사회적 대변혁 사이의 동태가 어떠한지의 문제가 포함될 것이다.

이상이 〔공업입지론에 대한 한정과 관련한〕 실질적 이유이다. 이 경우에 방법론으로서는 첫 번째의 '순수'이론 부분뿐만 아니라 두 번째의 '구체적인' 부분에 있어서도 언제나 고립화 또는 추상화가 시도될 것이다. 물론 양자 간에는 하나의 차이점이 존재한다. 즉, '순수한' 입지규칙을 확인하려는 과제에 대해서는 오로지 연역적인 접근만이 가능하다는 점이다. 여기서는 어떤 종류의 매우 단순한 잘 알려져 있는 전제로부터 출발하고,

그로부터 '순수한' 입지규칙의 전체 역학을 도출하는 것이 가능할 것이다. 당연히 이 역학은 오로지 이 전제의 작용에만 관계할 뿐이며, 그 밖의 것과는 아무런 관련이 없다. 그러나 이러한 성질의 것이라도 이 순수한 입지규칙은 그것이 일반적인 성질의 것인 한, 다시 말해 정도의 차이가 있을지라도 모든 공업과 관련되는 것인 한, 이것을 충분히 (확대) 발전시킬 수 있다. 이에 대한 보다 자세한 기본적인 논점에 관해서는 제 1장을 참조하기 바란다.

그러나 현대 자본주의에서 현실적인 입지법칙을 도출하려는 과제는 더 이상 단순히 연역적인 방법으로만 해결될 수 없다. 이와 관련하여 순수한 규칙을 적용하는 특수한 형식과 추가적인 현실의 규칙을 만들어 내는 전제가 우리에게는 그다지 많이 알려져 있지 않다. 이러한 전제를 우선 확인할 필요가 있다. 그리고 이를 위하여 우리는 오늘날의 경제방식이 형성하고 있듯이 공업의 입지지향이 보여주는 현실의 양상을 파악하지 않으면 안 될 것이다. 그리고 이 입지지향이 순수한 규칙으로 어느 정도까지 완전한 형태로 설명되는지를 제시할 수 있어야만 한다. 다음으로 이 입지지향은 어느 정도까지 일반적 이론이 무시하였고[7] 그리고 계속하여 무시할 수 있는 또 다른 밝혀지지 않은 특수적 원인에 따른 것인지를 파악할 필요가 있다. 그리고 우리는 결국 일반적 성질의 아직까지 설명되지 않은 원인의 작용을 명확히 파악할 필요가 있으며, 이를 위해서는 오늘날의 경제생활 또는 일반 생활의 독특한 속성 속에 어떤 방식이든 간에 자리 잡고 있음에 틀림없는 전제를 찾아내지 않으면 안 된다. 그리고 우리는 이 전제로부터 오늘날의 입지패턴을 완전히 분석하는 동시에 아마도 또한 오늘날의 일반적 인구집중을 해명하는 데 관건이 될 수 있는 '현실적' 입지규칙을 도출할 수 있을 것이다. 이렇게 할 경우 추상적인, 따라서 현실을 충분히 고려하지 않은 '이론'은 존재할 수 없다고 말할 수 있을 것이다.

분명한 사실은 현실적 이론이라는 최종적인 과제를 위해서는 앞서 언

7) 보다 자세한 것은 제 1장에 설명되어 있다.

급한 사실에 대한 연구를 선행할 필요가 있다는 점이다 — 이 점은 다만 이 과제와 관련해서 뿐이다. 나는 실제로 이 예비적인 연구, 즉 1860년 이후의 독일 공업입지의 발전을 확인한 뒤에 비로소 이론적 관점을 얻을 수 있었다. 하지만 이 예비적인 연구를 통하여 얻은 자료를 논리적으로도 실질적으로도 적당하다고 생각되는 곳, 즉 순수이론의 뒤에 그리고 현실이론의 앞에 삽입할 수 있다고 생각한다. 순수한 입지이론이 존재하지 않는다면, 이 자료는 개념적으로 분석되고 조직될 수 없다. 우리의 경우에도 이와 같은 현실이론이 성립한다. 우리는 순수이론과 사실 연구를 통해서만 여기서 고찰하려는 유형의 현실이론을 손에 넣을 수 있다.

따라서 이 연구는 다음과 같이 구성된다. 제 1부는 '순수이론'(*Reine Theorie*)에 관한 것이며, 이는 다음과 같은 두 부분으로 나누어진다. (a) 공업의 입지지향을 주로 지배하는 경제력을 개념적으로 밝히는 것, 따라서 공업의 입지요인(*Standortfaktoren*)을 분석하는 것과 (b) 이러한 입지요인들이 그것에 의거하여 작용하는 법칙을 확립하는 것이다. 그리고 제 2부는 현실이론(*Realistische Theorie*)으로 구성되며, 거기서는 (a) 1861년 이래 독일의 공업입지를 분석하는 일과 (b) 현대 자본주의 국가들의 인구집중에 관하여 파악하고 있는 그 밖의 몇 가지 자료들을 분석하는 일을 진행시키는 것이다.

오늘날 우리가 관찰하고 있는 공업의 배열 방식은 '순수한' 입지규칙을 통하여 남김없이 완전히 설명될 수 없다. 그리고 그것은 전적으로 '기술적·경제적'으로만 결정되는 것도 아니다. 오히려 그 주요 원인은 자본주의의 기본적 속성 속에 자리 잡고 있으며, 그것은 자본주의의 작용이자 자본주의의 소멸과 함께 사라진다는 사실이 밝혀지고 있다. 즉, 주된 논점을 정리해 보면, 그것은 노동력을 격하시켜 아침에 구매하고 저녁에 팔아 치우듯이 하나의 상품으로 간주하는 자본주의의 본질과 이로부터 발생하는 '노동시장의 형성' 법칙과 이 법칙이 만들어 내는 국지적 '노동자의 집적'에 기인하고 있다. 그리고 무엇보다도 이러한 노동자의 집적으로부터 필연적으로 오늘날 우리가 관찰하고 있는, 잠정적으로 '공업의 단계적 집적' (*Stufenagglomeration*) 이라고 일컫고자 하는 공업 집적의 독특한 형태가 발생하고 있다. 다음으로 나중에 제시할 것으로서, 이와 병행하여 노동자의 집적으로부터 우리의 눈앞에서 펼쳐지고 있는 오늘날과 같은 인구의 집중현상과 함께 기타 대단히 많은 현상들이 발생하고 있다는 점이다.

여기서 이 사실을 언급하는 것은, 현실적 고찰단계에서 어느 경우든지 간에 적어도 오늘날의 지리적 대변혁이라는 동태의 일부를 설명하는, 어떤 의미에서 상당히 일반적인 결론에 최종적으로 도달하는 것이 가능하다는 점을 보여주기 위한 것일 뿐이다. 이 결론은 이러한 동태 가운데 '일부'만을 설명하는 데 지나지 않는다. 제 2부의 결론이 보여주는 한계는 곧 자료의 한계라고 언급할 수 있다. 이러한 자료들은 본래 국제적 경제조직의 부분 영역, 즉 국가로서 또한 국민으로서 통일된 영역에서의 공업의 이동에 관한 것이다.[8] 이러한 제한은 자본주의적 공업의 운동을 어느 정도 '순수한' 형태로 표현해주는 장점을 지니고 있다. 다시 말해, 그러한 고찰은 한편으로 국가조직의 차이나 무역정책에 의한 영향 등과 무관하게 행해지고, 다른 한편으로 인종과 기후 그리고 국민의 문화적 환경과 무관하게 행해진다. 그것은 마치 기후적 · 인종적 · 문화적 · 정치적으로 동일한 경제 유기체 속에서 발생하는 것과 같다. 따라서 이러한 고찰은 의심할 여지도 없이 '한 국가'의 동태를 분석하는 데 그치지 않고 전체로서 세계경제에 대한 동일한 이론을 확립하기 위한 최초의 필수적인 단계이기도 하다. 왜냐하면, 일반이론은 기본적으로 위에서 언급한 차별적 요인을 우선은 도외시하고, 그것을 다음의 한층 더 진전된 사고 작업 속에서 비로소 고려할 필요가 있기 때문이다.[9] 그러나 다른 한편으로 이러

---

8) 〔역주〕 한 국가영토 내에서의 지리적 이동과 공간적 배치를 의미한다.

9) 이러한 많은 차별적 요인들(무엇보다도 무역정책)의 의미가 오늘날 일반적으로 필요 이상으로 높이 평가되고 있다는 점은 자명하다. 하지만 이와 다른 요인들, 즉 기후와 문화환경 그리고 아마도 '인종' 등도 매우 큰 의의를 지니고 있다는 점도 자명하다. 그러므로 이러한 차별적 요인들이 지닌 의미도 대단히 크

한 자료의 제약이 다음과 같은 결점, 즉 그것이 두 번째 단계로의 상승, 앞서 언급한 차별적 요인의 의미를 확인할 수 없다는 결점을 안고 있다. 그리고 자료의 제약과 함께 여기서 우리가 행하는 모든 시도에 대한 제약이 존재한다. 우리는 이 점을 특별히 강조하지 않을 수 없다.

4. 결과의 한계

두말할 나위도 없이 이 점이야말로 좀더 '연구'되어야 할 필요가 있는 것이다. 하지만 동시에 이 길이 유난히도 험난하다는 사실을 지적해 둘 필요가 있다. 이 길을 〔앞으로〕 한걸음 더 내딛기 위해서는 우리는 꽤나 많은 여러 가지 새로운 것들을 필요로 한다. 우리는 무엇보다도 국민성과 환경과 같은 기본적 요인의 일반적 의미와 이것과 오늘날 우리가 '노동공급원'이라고 지칭하는 것과의 관계에 대한 개념과 사실을 명확히 정리해 둘 필요가 있다. 더군다나 우리는 공업이 어떤 부문에서 어떤 지역에서 그리고 어떤 민족과 관련해서 질적으로 어느 정도까지 '노동공급원'에 의존하며, 그리고 오늘날의 경제적·기술적 발전의 틀 속에서 이러한 의존관계가 어떻게 변하는지 등을 명확히 밝혀 둘 필요가 있다.[10)]

국제적 문제에 대해서 우리는 지금까지 무역정책에 관한 다양한 이론에도 불구하고 여전히 갖고 있지 못한 국가의 간섭(무역정책, 산업정책 등)이 지역적·경제적 역학관계에 어떤 영향을 미치는지를 보다 심도 있

기 때문에, 얼핏 통일적으로 여겨지는 독일이라는 조직(체)의 분석에서도 이러한 차별적 요인들이 감지될 수 있을 정도이다. 그리고 입지지향과 관련하여 〔아직 해결되지 않은 상태로 남아있는〕 몇 가지 '불명료한 점'은 이들 외의 것에 의거해서는 전혀 해명될 수 없다. 우리가 의존하고 있는 통계자료는 유감스럽게도 이 문제를 해결해 주지 않는다.

10) 이와 관련하여 〔독일〕 사회정책학회(Vereins für Sozialpolitik)의 《공업 노동자의 자연도태와 적응》(*Auslese und Anpassung der Industriearbeiter*)에 관한 연구는 많은 측면에서 시사점을 던져 줄 것이다.

게 연구할 필요가 있다. 물론 우리는 무엇보다도 국제적 공업입지에 관한 방대한 자료를 수집하고, 이를 계속하여 보완해 나갈 필요가 있다. 따라서 〔이를 행하는 데에는〕 수많은 어려움이 뒤따르게 될 것이다. 그러나 이를 도외시한다고 해도 이 연구의 협소한 범위 내에 주어진 것들도 정도의 차이는 있을지라도 수정하지 않으면 안 된다는 점도 분명하다. 이 책을 읽는 독자들은 해결되지 않은 상태로 남아 있을 수밖에 없는 문제들이 여전히 많다는 사실을 벌써 이해하였을 것이다. 이런 점에서 이 작은 책자는 결론이 아니라 출발점일 따름이다.

제 1 장

입지요인과 입지동태

공업의 입지를 결정하는 경제적 이유는 개별 공업에 따른 차이를 차치하더라도 지극히 복잡다단하며, 더군다나 개별적인 입지지향의 경우에도 대단히 다양한 요인들이 때로는 임의적으로 때로는 우연적으로 조합되어 성립한다고 볼 수 있다. 따라서 개별 사례를 분석하는 일 이상을 행하는 것은 불가능하게 여겨진다. 대부분의 공업과 관련하여 개별 경영이 필연적으로 지향해야 할 지점에 대하여 그리고 또한 이때 개별 경영이 〔입지를 결정할 때〕 의존하는 원인에 대하여 그 어떤 보편적인 것을 언급하는 일은 불가능해 보인다. 만약 우리가 개별 기업가에게 입지선정에 관하여 이러한 유형의 질문을 던진다면, 그는 단순히 역사적 요인을 거론하고서 "내가 여기에 있는 것은 이 공업이 예전부터 여기서 성장해 왔기 때문이다"고 답변하더라도, 대개는 일반적 이유와 특수적 이유가 교묘히 혼합된 답변을 내놓을 것이다. 즉, 이 혼합된 답변의 내용은 공장마다 다르며, 또한 일반적인 입지지향의 이유로서 고찰된 것이 다시금 특수한 개별적 요인으로 설명되는 경우도 존재할 것이다. 결과적으로 위에서 언급하였듯이, 이는 각종 일반적 요인의 작용에 대한 보편적 공식을 찾아내고 또한 단순히 그 한계를 분명히 규정하는 일에 대해서조차도 우선 회의하는 것으로 비추어질지도 모른다. 그러나 이것이야말로 이론적 입장에서 가장 필요한 것이다. 그리고 아무리 어렵게 여겨지더라도, 우리는 현실에서 항상 부닥치는 입지지향의 이유라는 실타래를 풀고 이 실타래를 구성하는 요인들을 분류하고 고립화시켜 분석하는 일을 시도하지 않으면 안 된다.

1. 입지요인과 입지단위의 개념

이를 위해 우리는 우선 두 가지의 개념, 즉 경제적 입지지향의 이유로서 작용하는 힘인 '입지요인'과 이 힘이 그 위에서 작용한다고 고찰되는 대상인 '입지단위'(*Standorteinheit*)에 대하여 명확히 (정리)해 둘 필요가 있다.

(1) 입지요인이란 경제활동이 어느 특정한 지점 또는 일반적으로 어느 특정한 종류의 지점에서 전개될 때 발생하는, 그 종류에 따라 엄격히 제한되는 이익(*Vorteil*)을 말한다. 여기서 말하는 '이익'이란 곧 '비용'(*Kost*)의 절약을 뜻하며, 따라서 공업입지론에서는 특정한 제품을 어떤 곳에서 다른 장소에서보다 적은 비용으로 생산할 수 있는 가능성을 말한다. 좀더 정확히 말하면, 이것은 어떤 특정한 공업 제품의 생산과정과 판매과정 전체가 어느 한 지점에서 다른 장소에서보다 저렴하게 행해질 수 있다는 것을 말한다.

(2) 우리는 여기서 특정한 제품의 생산과정과 판매과정이라는 용어를 사용하였다. 우리가 공업의 입지요인을 대변하는 생산 이익을 비교하는 것은 언제나 동일한 제품과 관련해서만이다. 왜냐하면 동일한 제품의 제조만이 일반적으로 평면상의 특정한 분포패턴을 논의하는 데 하나의 단위(*Einheit*)가 되기 때문이다. 그리고 이때 우리는 다음과 같이 자세히 규정할 필요가 있다. 즉, 품질이 양호한 특정 상품은 품질이 열등한 동일한 종류의 상품과 적어도 원칙적으로 동일한 제품이 아니라는 점이다. 이 두 상품의 생산은 원칙적으로 그 자체로서 각각 자신의 특성에 따라 평면상

에 분포하는 하나의 '단위'로서 간주될 수 있다. 이 단위는 서로 경쟁할 수 있으며, 그리고 실제로도 경쟁하고 있다. 즉, 양호한 상품이 열등한 상품을 배제시키거나 열등한 상품이 양호한 상품을 배제시킬 수 있으며(품질을 둘러싼 경쟁), 이 때문에 하나의 '생산지'가 다른 '생산지'를 배제시킬 수도 있다. 그러나 이러한 경쟁과 배제는 그 본질상 결코 '입지경쟁', 즉 입지적 이유에 기인하는 경쟁이 아니라, 다른 종류의 경쟁 원인에 기인하는 경쟁이다. 따라서 이 점은 당분간 우리에게 전혀 문제되지 않는다. 이 경쟁은 우리에게 어느 한 공업이 다른 공업에 의해 배제된다는 사실을 말해 준다. 정확히 말하면, 예를 들어 도자기류와 나무제품이 철(鐵) 제품에 의해 오늘날 완전히 밀려나고 있는 것과 같은 것이다. 그런데 〔경쟁에서〕 승리한 공업 또는 패배한 공업, 열등한 품질 또는 우수한 품질의 상품 생산이 어디를 지향하는지는 당연히 또한 우리의 고찰 대상이 된다. 우리는 이 문제를 이 특정한 품질, 즉 '입지단위'에 대하여 결정적인 의미를 지니고 있는 생산 이익이 어떻게 국지적으로 분포하는지를 분석하는 것을 통하여 해결해야 할 것이다.

실제로 동일한 제품의 서로 다른 품질과 관련해서 문제가 되는 생산 이익의 정도와 중요성이 그 어떤 체감할 수 있는 차이를 보여주지 않을 경우, 다시 말해 어떤 제품을 상이한 품질로 생산하는데 입지요인이 지닌 의미가 거의 동일하고, 더군다나 그 의미가 적어도 '실제로' 동일하다고 할 정도로 유사한 경우가 존재할 수 있고, 앞으로도 때때로 존재할 것이라는 점은 명약관화하다. 그렇지만 이와 같은 경우에도 우리는 이 서로 다른 품질을 입지 고찰에서 독자적인 입지지향의 단위로서 다루고자 한다. 왜냐하면 우리는 다음과 같은 점을 고려해야 하기 때문이다. 즉, 소비에 있어서 상이한 품질의 상품은 각각 전혀 다른 상품이기 때문이다. 이러한 품질의 상품은 다른 품질의 상품과 아마도 경쟁하고 있지만, 각각 구별되는 〔독자의〕 소비 영역을 지니고 있으며, 따라서 또한 국지적인 소비분포를 위해서 독자적인 조직을 갖고 있으며 소비지의 독자적인 체계를 지니고 있다. 그러므로 각각의 품질이 이 밖의 경우에 총체적으로 서로 다른 품질의 생산과 전적으로 유사하게 진행되더라도〔품질이 서로 다른 생산과 동일한 '원료산지'(*Materiallager*)와 기타 실질적인 입지기반을 공통적으로 갖고 있더라도〕, 그 생산을 서로 다른 품질의 생산과 더불어 하나의 입지적 단위로 다루는 것은 불가능하다. 이 경우에 우리는 오히려 우연히 동일한 원칙에 의거하여 입지를 지향하는 두 가지의 서로 다른 생산을 고찰하지 않을 수 없다.

이상이 순수이론의 사고 규범에 따른 '원리적' 설명이다. 물론 실생활에서는 품질의 경쟁이 가격의 경쟁으로 전환되는 지극히 폭넓은 영역이 존재한다. 여기서 서로 다르긴 해도 거의 유사한 품질의 제품이 사실상 품질은 무시되고 가격수준이 서로 다른 동일한 제품으로 취급된다. 엄밀히 고찰하여, '모든 가격경쟁'은 이러한 '변환'에 바탕을 두고 있다고 지적하지 않을 수 없다. 왜냐하면 사실 현실의 그 어떤 제품도 다른 제품과 품질이라는 측면에서 완벽하게 동일할 수 없기 때문이다. 따라서 순수한 가격경쟁은 품질의 차이를 고려하지 않을 경우에만 가능하다. 현실적으로 품질의 차이가 존재하지 않는 경우, 우리는 당연히 이론을 현실에 적용할 때 더 이상 이러한 구분을 행할 필요가 없다. 이 경우에 우리는 이론을 현실에 적용함에 있어서 생산이 지향하는 '단위', 즉 생활을 통하여 서로 다른 종류의 제품으로 구성되는 단위를 인식하게 된다. 왜냐하면 소비가 이러한 제품을 그렇게 취급하기 때문이다. 이 경우에 우리는 서로 다른 종류의 제품군(群)을 입지단위로서 다루고, 평면상에서 그 단위의 생산 분포를 하나의 단위로서 검토할 수 있다.

이상이 입지요인이라는 개념의 내용이며, 또한 우리가 이것과 관련하여 입지요인과 그 입지요인이 작용한다고 고찰하는 단위, 다시 말해 입지단위 개념의 내용이다.

2. 입지요인의 분류

그런데 일반적이고 개념적인 이름표를 통하여 알게 된 이 입지요인이라는 '신사들', 즉 우리가 아울러 파악해야할 신사들을 우선 어떻게 분류할 수 있는가?

1) 일반적 요인과 특수적 요인

우리는 입지에 관한 일반이론에 다가서려고 한다. 다시 말해 우리는 그동안 무질서한 혼돈상태에 놓여 있는 것처럼 생각된 생산의 지역적 분포를 사고상 일반 법칙에 맡겨 설명할 수 있기를 기대한다. 만약 그러한 일반 법칙이 존재한다면, 우리는 그것을 분명 **일반적인** 성질의 입지요인, 다시 말해 **모든** 공업과 관련하여 존재하는 것으로 생각되는, 단 서로 다른 공업에 대한 작용에 있어서는 '정도의 차이'와 일반적으로 작용하는 방식만이 문제가 되는 입지요인의 작용으로부터 도출할 수 있다. 그러므로 추측컨대 모든 공업에 해당하는 이러한 입지지향의 이유가 과연 존재하는지의 문제를 맨 먼저 제기해야만 할 것이다. 그리고 이어서 특수한 종류의 (입지) 지향의 이유, 즉 특정 공업 또는 공업군(群)과 관련하여 문제가 되며, 게다가 이때 확실히 공업 또는 공업군의 특수한 기술적 또는 기타 특별한 속성에 기인하는 (입지) 지향의 이유가 과연 존재하는지 그리고 존재한다면 과연 어떤 방식으로 존재하는지의 문제도 제기된다. 공업의 군집화가 어느 정도까지 전자, 즉 일반적 입지요인으로 설명되며, 또한 그것이 어느 정도까지 후자, 즉 특수적 입지요인을 고려할 때 비로소 설명되는가? 바꿔 말해 우리는 입지요인을 방금 언급한 의미에서 우선 **일반적**(*generell*) 요인과 **특수적**(*speziell*) 요인으로 개념적으로 구분할 수 있다. 이 두 요인의 차이를 설명하면, 다음과 같다. 전자의 유형에 속하는 요인, 즉 일반적 요인은 예를 들어 운송비와 노동비 그리고 지대(地代) 등이다. 왜냐하면 이러한 입지지향의 이유들은 모든 공업과 관련하여 문제가 되며, 이러한 공업에 '어느 정도로', '이래저래' 영향을 미치기 때문이다. 이에 반하여 신선한 상태에 있는 원료의 '부패성', 공기 속에 포함된 습도가 생산에 미치는 영향 그리고 흐르는 물(流水)에 대한 의존성 등은 후자의 유형에 속하는 요인, 즉 특수적 요인이다. 왜냐하면 이러한 요인들은 실제로 특정 공업 또는 공업군에만 관련되고, 이러한 공업의 생산 특유의 성격에 따라 몇몇 요인들만이 의미를 지니기 때문이다.

2) 지역적 요인과 집적요인

다음으로 모든 입지요인 — 일반적 요인인지 아니면 특수적 요인인지와는 상관없이 — 은 그 작용방식에 따라 공업을 '**지역적**'(*regional*)으로 분포시키는 요인과 공업을 지역적 분포 내에서 '**집적**' 또는 '**분산**'시키는 요인으로 구분될 수 있다. 여기서 '지역적으로 분포시킨다'는 것은 공업을 지리적으로 구체적으로 주어진 지점, 즉 지표상의 특정한 개별 지점을 지향하도록 하며, 그래서 공업 지향의 일차적인 기본망(*Grundnetz*)을 형성하는 것을 말한다. 그리고 '집적시키거나 분산시킨다'는 것은 이렇게 조성된 기본망 내에서 — 이 기본망이 지리적으로 구체적으로 어디에 자리잡고 있는지 와는 상관없이 — 공업을 정도의 차이가 있을지라도 어떤 지점에 집중시키고, 그래서 공업이 이 기본망 내에서 보여주는 집적상황을 규정하는 것을 말한다. 이 요인은 앞의 요인과는 전혀 별개의 것이다.

만약 공업이 운송비나 지리적으로 주어진 노동비의 차이로부터 영향을 받는다면, 공업은 이로 인하여 그 개별 생산에서 전적으로 특정한, 경제발전과 함께 그 위치관계라는 측면에서 어느 정도 변하긴 해도, 지리적으로 어느 정도 결정된 지점으로 견인된다. 이렇게 작용하는 것이 지역적 입지요인이다. 이와 달리 만약 공업이 집적에 의한 그 어떤 저렴화 — 이는 기계의 효율적 이용이나 보조적 공업과의 장소적 통합[1]에 의거한 이

---

1) 〔역주〕 입지적 근접 또는 결집을 뜻한다.

익일 수도 있다 — 로 말미암아 특정 지점에 집적하거나 지대로 인하여 그러한 집적으로부터 쫓겨난다면, 공업은 그 자체로서 지리적으로 전혀 규정되지 않은 방식으로 단순히 그 기본적 지향 내에서 일정한 일반적인 규칙에 따라 집적하거나 분산하게 된다. 이처럼 작용하는 것이 곧 집적적(*agglomerativ*) 요인 또는 분산적(*deglomerativ*) 요인이다.

3) 자연적 · 기술적 요인과 사회적 요인

뿐만 아니라 우리는 제 3의 구분을 행할 필요가 있다. 이 구분도 역시 서로 다른 입지요인이 지닌 작용의 성질에 의거한 것으로서, 물론 작용의 성질에 관해서는 별도의 관점에서 살펴볼 필요가 있다(그렇지만 이 구분은 곧 살펴볼 이유로 인하여 여기서도 완전히 행해질 수 없다). 그것은 '자연적 · 기술적'(*natürlich-technisch*) 종류의 입지요인과 '사회적 · 문화적'(*gesellschaftlich-kulturell*) 종류의 입지요인 사이의 구분이다. 우리가 이렇게 구분할 때, 이것은 다음과 같을 것을 의미할 수 있다. 즉, 공업을 특정 지점으로 견인하는 이익은 어떤 '자연 상태' 속에 주어진 것일 수 있으며, 더군다나 그 이익은 자연 상태의 변화와 자연에 대한 서로 다른 지배 정도에 의해서만, 따라서 무엇보다도 '기술'에 의해서만 변화할 수 있다는 것이다. 이때 그 이익은 지배적인 특정 사회적 · 문화적 상태와 무관하거나 적어도 '직접적인' 관련성이 없다. 또는 그 이익은 이와 정반대로 자연적 · 기술적으로 주어진 것이 아니라 오히려 사회적 · 문화적으로 주어진 것이며, 특정한 경제 및 사회 형태와 특정한 문화수준 등의 결과일 수도 있다. 더군다나 이럴 경우에는 이익이 이러한 사정과 그 의미에 전적으로 좌우될 수 있다. 예를 들어 서로 다른 장소의 위치와 풍토로부터 비롯되는 모든 (생산)비용의 차이, 따라서 특히 서로 다른 장소에서의 모든 운송비의 차이는 전자의 유형에 해당하는 입지요인, 즉 자연적 · 기술적 입지요인이고 기술발달에 의해서만 변할 수 있는 자연적 여건이다. 어쩌면 있을 법한 노동비의 차이도 이와 동일한 성질을 지니고 있거나(주민의 인종상의 유전적 특질의 차이!) 사회적 · 문화적 환경으로부터 유래한 것일 수도 있다(임금수준의 차이와 후천적 노동능력의 차이). 그래서 노동비의 차이는 종종 혼합된 성질의 입지요인이 된다. 그렇지만 마지막으로 만약 서로 다른 공업입지에서 상이한 이자율이 유지된다면, 이는 자연 상태와 전혀 관련이 없고, 따라서 순수한 '사회적' 입지요인을 지칭하는 것이 된다.

입지요인을 개념적으로 설명하는 데 이러한 구분을 먼저 명확히 해 두는 것이 좋을 듯싶다. 이러한 구분이 우리의 연구방법과 관련하여 나중에 언젠가 다시 한 번 대단히 중요한 의미를 띠게 될 것은 틀림없다. 왜냐하면 우리가 확인할 수 있는 자연적 · 기술적 종류의 것이 아니라 사회적 종류의 모든 입지요인은 '원칙적으로 고찰하여' 특정한 경제 및 사회 형태와 무관한 순수이론의 대상이 아니라, 경험적 이론의 대상이 될 수 있다는 사실이 명백하기 때문이다.[2] 따라서 여기서 입지요인을 이렇게 구분하는 것처럼, 동시에 우리의 이론적 고찰에서도 중요한 두 가지 큰 영역 간에 경계선을 긋는 일이 행해진다. 그러므로 이 구분이 중요하다는 점은 명백하다.

그러나 이러한 입지요인의 구분은 나중에 비로소 그 가치가 충분히 입증될 것이다. 당장은 이 구분을 완전히 적용하지 않는 것이 오히려 좋을 듯하다. 우리는 이 구분을 엄격히 행하는 것이 아니라, 오히려 '순수'이론을 진정으로 구성하려는 의미에서 시도한다. 다시 말해 현실에 대한 분석이 보여주는 순수한 사회적 · 문화적 종류의 모든 입지요인을 순수이론의 고찰로부터 분리시키고, 이를 경험적 이론의 고찰에 맡기는 방법을 시도하게 될 것이다. 하지만 분석이 보여주는 자연적 · 기술적 종류의 모든 요

2) 〔역주〕 이 책은 베버가 공업입지론에 관해 구상한 논저의 이론 편에 해당한다. 베버는 당초 이 이론 편과 함께 독일 공업입지의 발달과정에 관한 경험적 · 실증적 분석을 구상하였지만 실행하지는 못하였다. 따라서 여기서 이러한 언급은 베버의 당초 구상의 일면을 보여주는 것이자 장차 수행해야할 경험적 · 실증적 연구를 염두에 둔 것으로 볼 수 있다.

인들이 어느 정도까지 우리의 눈앞에서 펼쳐지고 있는 표현양상 속에서 순수한 자연적 · 기술적 요소 외에 오늘날의 특별한 경제 및 사회 질서와 특별한 문화상황이 약간 추가하는 사회적 · 문화적 종류의 요소들도 내포하고 있을 것이라는 점에 대해서는 더 이상 깊게 분석하지 않으려고 한다. 엄격히 말해 이러한 방법은 당연히 채택되지 않으면 안 되며, 이 추가적인 요소들은 경험적 이론의 고찰에 위임되지 않으면 안 될 것이다. 그러나 이 같은 연구는 아직까지 시도되지 않고 있다. 오히려 순수이론에서는 자연적 · 기술적 입지요인이 오늘날의 경제적 · 사회적 · 문화적 세계가 제시하는 특별한 추가적인 요소들인 모든 '불순한' 혼합물과 함께 다루어질 것이다. 이러한 일이 일어날 수도 있는데, 왜냐하면 이러한 추가적인 요소들이 자연적 · 기술적 요소가 작용하는 '법칙성'의 원칙적 성질을 변화시키는 것은 아니기 때문이다. 오히려 이러한 추가적인 요소들은 위에서 언급한 원칙적 작용을 특수하고도 구체적으로 규정하는 데 지나지 않기 때문이다. 그리고 일반적인 명제에 의한 이 특별한 규정도 차후의 특별한 논의에 맡겨 둘 필요 없이 '순수'이론의 원론적 설명의 틀 안에서 동시에 해결하는 방법이 실질적이라고 할 수 있다.

그러므로 우리는 자연적 · 기술적 입지요인과 사회적 · 문화적 입지요인을 구분하긴 하지만, 순수한 사회적 입지요인을 당분간 논외로 할 것이다. 뿐만 아니라 우리의 관찰은 '순수'이론에서의 자연적 · 기술적 상태라는 입장으로부터 현대 경제에서 사물의 표현양상이 제공하는 지엽말단의 사소한 문제로까지 이어질 것이다. 이렇게 함으로써 우리는 우선 몇 가지의 설명원리를 갖고서 현실의 표면에 다가서고, 뒤이어 실생활의 활동에 비추어 이 원리를 기술적으로 검증할 수 있을 것이다.

그러므로 일반적 입지요인과 특수적 입지요인, 지역적 입지요인과 집적적 입지요인의 구분은 기본적인 구분이 되는 반면, 그 밖의 구분, 즉 자연적 입지요인과 사회적 입지요인의 구분은 우리의 논의에 있어서 암묵적인 동반자에 지나지 않는다.

3. 일반적 입지요인의 확정

그렇다면 여기서 우리는 서로 다른 공업'군' 속에 숨어있는 개별 입지요인을 개관할 수 있는가? 확실히 이것은 전적으로 경험적으로만 가능한데, 왜냐하면 개별 공업에 대하여 그 어떤 특수한 자연적 또는 기술적 특성으로부터 발생하는 특수적 입지요인을 이미 알려져 있는 전제로부터 도출하고, 따라서 선험적으로 파악할 수 있는 방법은 존재하지 않기 때문이다. 그러나 우리가 혼란스러운 사실을 분석할 수 있도록 분류하고 그런 연후에 그것을 일반적인 이론에 수용하기 위해서 필요한 것은 이 특수적 입지요인만이 아니다. 이를 위하여 우리에게 필요한 것은 일반적 입지요인, 즉 정도의 차이가 있을지라도 모든 공업에 문제가 되는 입지요인에 관한 지식이다. 만약 우리가 이 일반적 입지요인을 알고 있다면, 우리는 공업의 입지지향이 어느 정도까지 이러한 요인만으로도 설명되며, 따라서 어느 정도까지 일반적 요인에 의해 진정으로 지배받는지 하는 질문을 던질 수 있다. 그리고 이렇게 행한 연후에도 설명되지 않는 현상에 관해서는 그 밖의 특별한 이유를 사실 확인을 통하여 탐색하는 것이 마침내 또 하나의 과제가 된다. 이러한 이유들은 개별 공업 또는 공업군의 독특한 성질에 기인하며, 우리가 사전에는 알 수 없고 이렇게 행해야만 비로소 확인할 수 있는 '특수적' 입지요인임에 틀림없다. 그리고 그러한 이유 각각에 대해서도 '이론'을 제시하는 것이 원리적으로 가능하다. 그러나 우리는 〔이 연구에서〕 이를 시도하지 않으려고 한다. 우리는 다만 일반적 요인의 작용을 탐구하고, 그래서 또한 특수적 요인의 작용을 이해하는 (분석) 틀을 구성하는 이론을 전개하고자 시도할 따름이다. 그리고 이 이론은 그 기초로서 일반적 요인에 대하여 개관할 수 있을 때, 비로소 구축될 수 있다.

여기서 우리는 이 이론의 토대로서 필요로 하는 입지요인을 개관함에 있어서 일반적 요인들 가운데 **지역적 작용**을 지닌 요인만을 개별적으로 파악하는 데 〔논의를〕 한정시킬 수 있다. 왜냐하면 이 지역적 요인들과 그 작용을 알게 되면, 우리는 사고상 이러한 지식을 바탕으로 하여 그것이 만들어 내는 공업의 입지지향의 지리적 기본망을 구축할 수 있기 때문이다(앞의 설명을 참조하라). 그리고 우리는 사고상 단일의 힘으로서 작용하는 전체 집적요인과 분산요인, 즉 일반적 입지지향에 관한 이유의 나머지 전부를 당분간 더 이상 분석하지 않은 채 이 기본망에 집어넣어 고찰할 수 있다. 그리고 이 단일의 힘은 이 기본망 가운데서 일정 수의, 그 자체로서 지리적으로 결정되지 않는 일정한 크기의 생산의 집적을 만들어 낸다. 이 단일의 힘을 다른 입지지향의 이유와 같이 단일의 개념으로 파악하기 위해서는 그것들의 결과, 즉 집적요인과 분산요인의 상반(相反) 작용으로부터 독자의 최종적인 (입지) 지향력으로서 실제로 어디서나 성립하기 마련인 '결과적 집적'(*Agglomerationsresultante*) 만을 고찰할 필요가 있다. 우리에게 문제가 되는 것은 이 점뿐이며, 그 의미와 작용을 분석한다면 좋을 것이다. 그런데 일반적인 규칙을 도출할 경우에는 그것을 구성하는 개별 성분에 관해서는 이해할 필요가 없다.[3] 요약하면, 순수이론은 그 개별적 지식의 기초로서 공업을 지배하는 일반적인 지역적 요인만을 필요로 한다고 볼 수 있다.

우리는 이러한 일반적인 지역적 요인을 확정하는 간단한 방법을 갖고 있다. 말하자면 우리는 집적요인과 분산요인 외에 공업을 지배하는 모든 일반적인 입지요인, 즉 여기서 구하고 있는 지역적 요인을 고립적으로 고찰한 생산과정과 판매과정에 대한 분석으로부터 연역적으로 도출할 수 있다. 우리는 이러한 과정에 대한 분석을 통하여 일반적인 입지요인을 손에 넣을 수 있다는 것이다. 왜냐하면 집적요인 또는 분산요인 외의 모든 일반적인 입지요인은 그러한 고립적 생산과정과 판매과정 가운데서 일반적 요인으로서 총체적으로 작용하며, 그러므로 이것을 분석하는 것을 통하여 그 가운데서 도출할 수 있기 때문이다. 단, 집적요인과 분산요인을 찾

3) 이에 관한 보다 자세한 것은 '집적'에 관한 장(제 5장)의 집적요인에 대한 분석에서 논의하고자 한다.

아내는 데에는 이러한 고립적 방법을 통한 분석이 분명 충분하지 않다. 왜냐하면 이러한 국지화요인[4]은 다름 아닌 우리가 개별적인 과정을 고립적으로 고찰할 때 무시되는 사상(事象)으로부터 발생하기 때문이다. 따라서 이러한 국지화요인은 이처럼 고립적으로 고찰하는 과정에서는 결코 찾아 낼 수 없다. 그렇지만 우리는 이러한 요인들은 탐색하지 않는데, 이는 우리가 이미 살펴본 것처럼 이들 요인에 대한 개별적인 지식을 필요로 하지 않기 때문이다. 우리는 지역적 요인만을 탐색하고, 그것을 위에서 서술한 방법에 의존하여 찾아낼 것이다.

그러면, 본론으로 들어가 보자.

우리는 생산과정과 판매과정을 사고상 고립시켜 분석하는 것을 통하여 그 비용요소 가운데서 다음과 같은 것, 즉 생산입지의 위치와 생산입지로부터 이동거리에 따라 변하고, 국지적으로 차이가 드러나는 요소들을 도출할 필요가 있다. 만약 우리가 이들 비용요소를 도출할 수 있다면, 우리는 분명 우리가 구하고자 하는 일반적 종류의 지역적 입지요인들을 도출할 수 있다. 왜냐하면 '입지요인'이란 우리가 정의한 것처럼 생산이 이곳저곳으로 이동하는 것에 달려있고 생산을 이곳저곳으로 견인하는 '비용상의 이익'을 말하기 때문이다. 그러므로 생산과정과 판매과정의 요소들 가운데 생산이 이곳저곳으로 이동함에 따라 비용이 변하고, 이에 '비용상의 이익'과 '비용 상의 불이익'을 발생시키는 요소들은 '입지요인'임에 틀림없다. 이 입지요인이야말로 생산을 이곳저곳으로 '견인'한다. 이 개념을 명확히 해둘 필요가 있으며, 이 절은 이후의 우리의 전체 논의를 통하여 대단히 중요하다.

그런데 공업의 생산과정과 판매과정에 대하여 추상적으로 고찰할 때, 그 각각의 단계 — 우리는 어느 한 단계를 분석하지만, 기본적으로 모든 단계를 분석하지 않으면 안 된다 — 에는 구체적으로 다음과 같은 것들이 포함된다.

---

4) 〔역주〕 입지요인을 다른 말로 표현한 것이라고 할 수 있다.

① 입지 장소(입지로서의 토지)와 물적 고정자본의 조달
② 가공원료(원료, 보조원료, 반제품)와 동력원료(석탄, 목재 등)의 조달
③ 소재(素材)의 가공과정
④ 제품의 출하

이러한 각 단계에는 일정 양의 자연재와 노동력이 투입된다. 단, 이러한 투입이 ①과 ②에서는 개별 생산단계의 입장에서 볼 때 정도의 차이가 있을지라도 사전에 행해지고(물적 자본, 반제품) '결정화(結晶化)되어' 있으며, ③과 ④에서는 전적으로 고찰하고 있는 생산단계 자체에 투입된다. 이러한 모든 투입이 우리가 살아가고 있는 오늘날의 자본주의 경제하에서는 〔모든〕 가치가 화폐로 표시되는 성질을 통하여 제품을 특정 장소[5]에서 판매함으로써 회수되는 상품가격의 형태로 반영된다. 즉, ③과 ④의 경우에는 투입이 인적 화폐비용으로, ①과 ②의 경우에는 투입이 물적 화폐비용으로 반영된다. 여기서는 당장 이 점 이상으로 자세히 논의하지 않으려고 한다. 그렇지만 그 어떤 경우라도 공업 제품의 가격을 분석할 때, 우리는 생산과정에서 자연재와 노동력의 실질적인 투입을 구성하는 모든 '자연적' 비용요인을 화폐적 요소의 형태로 다시 마주치게 될 것이다. 그리고 이때 우리는 다음과 같은 문제에 주목할 필요가 있다. 첫째 화폐요소가 비용요소인 한, 이 화폐요소의 어떤 부분이 '입지'의 위치에 따라 달라지는지의 문제에 주목할 필요가 있다 — 그것들은 입지의 일반적인 지역적 요인들이다. 둘째 (화폐요소의) 어떤 부분이 특정한 경제 질서의 표현형태이며, 어떤 부분이 모든 〔일반적인〕 경제 질서의 표현형태인지 하는 문제에 주목할 필요가 있다. 그러므로 후자의 경우에서 우리는 비록 오늘날의 자본주의 경제 질서의 형태로 윤색되기도 하지만 공업 제품의 일반적인 지역적 요인, 즉 우리가 추구하는 '순수 경제에서 공업의 일반적인 지역적 요인'을 얻게 된다. 우리는 우리의 이론에서 이러한 요

5) 〔역주〕 제품의 교환이 향해지는 시장을 말한다.

인들을 표면적으로 분석이 제공하는, 오늘날 우리가 실제로 이해할 수 있는 유일한 자본주의적 형태 내에서 다루지 않으면 안 된다. 그럼에도 불구하고 우리는 여기서 내면적으로 사실상 순수 경제의 요소들을 다루고, 따라서 이 순수 경제에 적합한 이론을 수립하고자 한다.

이상의 도식에서 분석한 공업의 '자연적' 생산과정과 판매과정이 자본주의 경제로 인하여 이처럼 변형되는 점과 관련해서는 미리 다음과 같은 사실을 언급해 둘 필요가 있다.

이 (생산과 판매) 과정을 '물적 · 자연적으로' 구성하는 노동과 자연재의 모든 투입은 최종 제품의 장래 가격에 대한 화폐를 통한 사전보상의 형태를 띠며, 이 사전보상은 각 생산단계의 기업가가 임금과 봉급의 형태로 근로자들에게 지불하며, 또한 원료와 기계 등 주로 물적 재화의 구입가격으로 전(前) 단계의 기업가들에게 지불된다. 각 생산단계의 '화폐비용'은 기업가가 부담해야만 하는 이 모든 사전보상의 총계와 다름없다. 그런데 이때 우리가 주목해야 할 점은 각 (생산) 단계가 이 사전보상에 이 밖에도 두 가지의 것들을 추가한다는 사실이다. 그 첫 번째는 각 생산단계가 사전보상을 위해 필요로 하는 경영자본의 이자이며, 두 번째는 그것이 형성하는 '이윤'이다. 이러한 '추가분'은 그 이후의 모든 생산단계에서 각 단계에 수반되는 물적 재화비용의 상승으로 표현된다. 따라서 제품의 화폐비용은 현재와 그 이전의 생산단계에서 발생하는 자연재와 노동의 투입에 대한 사전보상일 뿐만 아니라, 동시에 이전 단계의 이자와 이윤도 포함하고 있는 사전보상인 것이다. 이 설명은 우리가 지금부터 보다 자세히 분석하려고 하는 '침전과정' (*Niederschlagsprozeß*)[6]의 형식적 성질을 사전에 명확히 해두기 위한 것이다.

앞서 서술한 생산단계가 보여주는 '자연적 구성'과 관련하여 고찰할 때, 이 침전과정은 어떤 형태를 취하는가?

---

6) 〔역주〕 이 용어는 우리말로 번역하기가 쉽지 않는 은유적 표현이라고 할 수 있다. 의미상으로는 각 생산단계에서 제품의 생산비용에 작용하는 다양한 요소들 간에 형성되는 복잡한 상호 연계 및 반영 과정을 말한다.

(1) 자연적 생산과정의 첫 번째 부분은 입지로서 토지와 고정적인 물적 자본재의 조달이다. 이 부분에서 토지의 조달에 관한 것은 지대의 형태를 띠며, 물적 자본재에 관한 것은 일반적인 화폐적 자본비용의 형태를 띤다. 그런데 입지로서 토지는 '소모'되지 않지만, 물적 자본은 서서히 소모된다. 따라서 양자는 최종적인 상품가격에 공히 양자에 투입된 경영자본에 대한 이자의 형태로 포함된다.[7] 더군다나 물적 자본에 대한 화폐비용은 물적 자본의 소모기간에 상응하는 만큼의 화폐로 표현되는 감가상각 할당(割當)의 형태로 장부에 기록된다.

(2) '자연적' 생산과정의 두 번째 단계에 해당하는 원료와 동력원료의 조달이 자본주의 생산에 있어서는 생산지에서 화폐로 표현되는 조달비와 이 생산지로부터 이것들을 사용하는 소비지까지의 운송비로 분해된다. 우리는 운송비를 당분간 이것 이상으로 분석하지 않으려고 한다. 원료와 동력원료의 조달비는 그 구입을 위해 사용된 선불자본의 이자와 함께 전액 상품가격 속에 포함된다. 운송비도 이와 마찬가지이다.

(3) 세 번째 단계, 즉 소재가공과정 자체도 비용의 측면에서 원료의 사

7) 선불자본(*Vorschußkapital*)이 '차입금'의 형태로 생산과정에 산입되고, 따라서 계약에 의한 (약정)이자가 발생하는지 아니면 선불자본이 '자기자본'으로서 (생산과정에) 산입됨으로써 계약에 의한 이자가 발생하지 않는지 하는 점은 당연히 여기서 문제되지 않는다. 선불자본은 언제나 존재하고 늘 '사용'되며, 그래서 그 이자분은 항상 가격에 산입된다. 차입된 선불자본에 대한 계약이자(율)는, 이 또한 이론상의 공통된 사실로서, 특정한 외적 조건하에서 형식적으로 명료하게 드러나는 일반적인 자본이자의 표현형태에 다름 아니다. 다만 여기에 제시된 비용분석에서 중요한 것은, 내가 원리적으로 뵘바베르크(Böhm-Bawerk)에 의거하여 (비록 그보다는 좀더 좁은 의미로) 이 일반적인 자본이자를 일반적인 '시간극복가격'(보다 정확히 말하면 시간극복재의 처분가격), 다시 말해 자신을 위해 지불한 '선불자본'과 마찬가지로 타인을 위해 지불한 '선불자금'에 대한 가격으로 해석하고 있다는 점이다. '선불자본'에 대한 가격은, 다시 말해 경제과정, 즉 여기서 말하는 공업의 생산과정에서 '시간'이라는 요소를 극복할 수 있도록 해주고, 따라서 이러한 까닭에 위에서 서술한 것처럼 생산과정의 '화폐비용'을 구성하는 모든 사전보상을 가능하게 하는 자본에 대한 가격인 것이다.

용과 고정자본의 이용 그리고 노동력의 부가를 의미한다. 처음 두 가지의 비용요소에 대해서는 이미 고찰하였다. 후자도 노동임금의 형태를 띠며, 이 경우에도 당연히 그 임금의 사전지불을 위하여 필요한 선불자본의 이자를 포함하고 상품가격에 포함된다.

(4) 네 번째 단계인 출하는 운송비로 표현되며, 이 운송비는 그 전액 — 이자를 포함하여 — 만큼 (상품) 가격을 상승시킨다.

여기서 우리가 또한 주목해야 할 것은 이 단계와 이전 단계에서 오늘날 우리가 '일반비'라고 그럴듯한 집합명사로 부르곤 하는 비용, 다시 말해 관리, 조명, 난방, 세금, 보험료 등의 일반적인 비용이 발생하고 있다는 사실이다.

이 모든 비용요소들을 자본주의하의 성격에 따라 분류하고, 이것에 상품가격을 구성하는 마지막 요소로서 이상에서 고찰한 각 생산단계에서 기업가가 벌어들이는 이윤을 추가한다면, 우리는 상품가격이 다음과 같은 요소로 구성되어 있다는 점을 파악할 수 있다.

① 이윤
② 각 (생산) 단계에서의 선불자본(설비자본, 경영자본)에 대한 이자
③ 고정자본의 감가상각 할당
④ 원료와 동력원료의 조달비
⑤ 임금
⑥ 운송비
  ⓐ 원료와 동력원료의 조달을 위한 운송비
  ⓑ 제품의 출하를 위한 운송비
⑦ 일반비

이러한 요소들 가운데 우리는 두 가지 요소(말하자면 ①과 ⑦)를 우리의 앞으로의 고찰에서 제외시킬 수 있다.

(1) 당연하게도 일반비(⑦번)는 〔여기서〕 제외될 수 있다. 왜냐하면 그 가운데서 정치적 또는 기타 기구(機構)에 의해 인위적으로 행해지는 제

품의 일반적 가격상승과 관련된 부분(세금, 보험료 등)은 그 성질상 〔여기서 우리가 전개하는〕 '순수'이론의 범위에 해당되지 않기 때문이다. 또한 '자연적' 비용에 속하는 부분(관리비, 광열비)과 관련해서는 지리적으로 조건 지워진 국지적 차이 — 이것에 의해 이 부분은 지역적 입지요인이 될 수 있다 — 가 일반이론에서 고찰해야 할 정도로 현저하지 않다.

(2) 다른 한편으로 기업가의 이윤(①번)은 적어도 각 공업부문의 최종 생산단계에서 결코 입지요인이 되지 못한다. 왜냐하면 이윤은 비용요인이 아니라 가격의 결과이기 때문이다. 이윤은 이전의 (생산) 단계에서 기업가의 이윤으로서 이후의 (생산) 단계에서 물적 재화를 조달할 때 사전 보상금 속에 포함되는 경우에만 비용요인이 될 수 있다. 그리고 그러한 비용요인으로서 이윤은 말하자면 그것이 지역적으로 서로 다른 방식으로 물적 재화의 '자연적' 조달가격을 상승시킬 수 있는 경우에만 이후의 생산 단계에서 입지요인이 된다. 이 점을 명확히 하기 위해서 하나의 사례를 거론하면, 다음과 같다. 만약 오늘날 어느 석탄 신디케이트[8]가 지리적으로 지구별로 서로 다른 석탄가격을 책정하고, 이때 모든 지구에서 동일한 이윤을 얻는데 만족하지 않고 오히려 '보장된' 지구에서 가격조작을 통하여 다른 지구에서보다 높은 이윤을 챙기려고 할 경우, 석탄가격의 국지적 차이는 지정이윤이 다르다는 점에 의하여 변하고, 이 지정이윤의 차이는 석탄 가격의 차이 자체가 지역적 입지요인이므로 석탄을 사용하는 공업

8) 〔역주〕 카르텔이 가맹 기업들의 제품을 공동판매 기관을 통하여 판매하기로 협정을 체결한 경우 그 독점판매기관과 공사채인수사업단 그리고 협조융자은행단 등을 가리키는 말이다. 카르텔은 생산량의 제한과 가격협정 등의 공동행위를 하지만, 제품의 판매는 기업에 맡기는 경우가 많다. 그래서 종종 협정가격과 수량제한이 지켜지지 않아 카르텔이 깨지기도 한다. 이와 같은 카르텔의 협정위반을 막기 위해 가맹 기업의 제품을 한 장소에서 판매하는 공동판매기관을 설치하여 수량제한과 협정가격의 준수를 확보하려고 한다. 따라서 신디케이트(*Syndikat*)는 카르텔의 일종이며, 유통과정에서 카르텔이 발전한 것으로 볼 수 있다. 이에 대한 대표적인 예로는 '라인-베스트팔렌 석탄신디케이트'(Rheinisch-Westfälisches Kohlensyndikat AG)를 들 수 있다.

의 모든 생산단계에서 지역적 입지요인이 된다. 석탄가격이 그렇다는 것은 〔이것 이상의〕 설명을 필요로 하지 않는다. 따라서 이윤의 차이도 또한 입지요인이 될 수 있다. 그럼에도 불구하고 우리는 자본주의적 기업가가 얻는 이윤의 지역적 차이를 이 고찰에서 제외시킬 수 있다. 왜냐하면 그것은 〔자본주의적 기업가가 얻는〕 이윤 자체와 마찬가지로 순수한 경제의 요소가 아니라 바로 자본주의 경제의 요소이기 때문이다. 그러므로 그것은 우리의 '순수'이론과 관련이 없다. 여기서 중요한 것은 자본주의 경제가 '순수' 경제의 제반 상황에 부가하는, 나중에 언급하게 될 변경이다.

우리는 순수이론에 적합한 나머지 다섯 가지 상품가격의 구성요소들(②~⑥번)을 한층 단순하게, 다시 말해 우리가 출발점으로 삼았던 '자연적' 생산과정에 좀더 밀접히 연관시켜 분류할 수 있다. 상품가격을 구성하는 두 번째 요소, 즉 경영자본에 대한 이자 부분의 크기는 분명 다음 두 가지 요인에 달려 있다. 다시 말해 그 첫 번째 요인은 현행의 이자율이고, 두 번째 요인은 사용된 경영자본의 규모이다. 이때 사용된 경영자본의 규모는 간단히 그것이 투입되는 개별 생산요소(따라서 토지, 물적 고정자본, 원료, 임금, 운송비)의 가격에 의해 결정된다. 결과적으로 우리는 이처럼 두 번째 요소를 두 가지 요인으로 분해함으로써 우리에게 적합한 상품 가격의 구성요소로서 간단히 다음과 같은 것들을 거론할 수 있다.

① 토지비
② 건물비, 기계 및 설비비용(물적 고정자본)
③ 원료 및 동력원료의 조달비
④ 노동비
⑤ 운송비
⑥ 이자율
⑦ 고정자본의 감가상각 할당

이 분류가 보다 기본적인 것이라는 점에서 앞서 제시한 것과 다르다. 이러한 요소들 가운데 어느 것이 생산지의 위치가 다름에 따라 달라지며,

그에 따라 일반적인 지역적 요인으로 볼 수 있는가? 우리는 마지막 요소부터 검토를 시작하고자 한다.

(1) 고정자본의 감가와 그에 따른 상각할당(⑦번)은 두말할 나위도 없이 일반적으로 지리적 위치와 무관하다. 단, 이 경우에 기후의 차이는 예를 들어 기계의 부식 정도가 다르다는 (습도의 차이에 따른) 사실로 말미암아 의미를 지닐 수도 있다. 그러나 그것이 '특수한' 일정 공업에만 해당하는 입지요인일 뿐으로 '일반적' 입지요인이 아니며, 따라서 (서장에서 살펴본 것처럼) 여기에는 해당되지 않는다.

(2) 이와 마찬가지로 이자율(⑥번)도 우리가 '순수'이론을 고찰하는 데 사고의 바탕이 되는, 경제적으로 통일된 한 국가영토와 관련하여 살펴볼 경우 생산입지와 전혀 관련이 없다. 선불자본의 이자율은 이러한 국가영토 내에서도 당연히 기업가나 기업의 질에 따라 들쭉날쭉하다. 따라서 이자율은 입지선정을 잘못하고 수익이 의문시되는 경우에 그 결과로서 해당 기업에게서 확실히 상승하는 경우도 존재할 수 있을 것이다. 그렇지만 이자율은 일반적으로 〔한 국가 내에서〕 지역에 따라 다르지 않다. 물론 세계의 서로 다른 국가들 간에는 그 (불) 확실성의 정도와 자본의 풍부함 등이 다르다고 하는 일반적인 이유로 말미암아 이자율은 당연히 다르다. 그러므로 순수이론이 상정하는 경제조직에서는 이자율이 입지선정에 〔관여하는〕 지역적 요인이 될 수 없다. 사실 이자율은 이러한 경제조직(예를 들어 오늘날의 독일)에서는 도시와 농촌, 따라서 공업의 분산지와 집적지 사이에 반드시 일반적인 차이를 보여주지 않는다. 따라서 그것은 공업의 일정한 지역적 분포 내에서 작용한다고 여겨지는 집적요인으로서도 더 이상 문제되지 않는다.[9]

---

9) 통일적인 경제조직(체) 내에서의 자본의 조달상황과 관련해서는 집중하여 입지하는 경우에 존재하는 다소 유리한 '형식적인' 자본조달의 가능성(은행거래의 용이성)만이 입지요인 — 즉, 집적요인 — 으로서 작용한다. 그러나 이것은 여기서 우리와는 아무 관계가 없으며, 이 밖에도 사실 실질적으로 어떤 중대한 의의를 갖는 것도 아니다.

(3) 공업의 입지요인으로서 토지비용(①번)은 국지적 집적정도에 의해서만 다를 뿐이며, 지역적 입지요인으로서 설명될 만큼 지역적으로 현격한 차이를 보여주지 않는다. 이때 문제가 되는 것은 농업적으로 이용되는 토지의 가격이다. 왜냐하면 이 (토지)가격만이 지역적 작용을 행사하기 때문이다. 이 밖에 토지와 관련하여 위치에 따른 나머지 모든 가격이 의미를 갖는 것은 집적 또는 분산과 관련되는 경우뿐이며, 가격은 집적과 분산의 결과일 따름이다.

그런데 농(경)지의 가격이 인구밀도 등에 따라 정도의 차이가 있을지라도 한 국가의 어떤 지역에서는 아르(*Ar.*)당 평균 5마르크(*Mk.*), 다른 지역에서는 15마르크 그리고 제 3의 지역에서는 25마르크 혹은 30마르크가 될 수 있다. 이처럼 토지의 비용은 농업적 생산방식에서 큰 의미를 지니고 있다. 그러나 공업생산의 입지선정에 있어서는 토지비용이 전혀 중요하지 않다. 왜냐하면 공업생산의 가격형성에 그 어떤 중대한 영향을 미치지 않기 때문이다. 예를 들어 넓은 부지를 사용하는 (기계를 층으로 쌓아 배치하는 구조가 아니다) 근대적인 방적공장은 연간 1,200톤의 방사(紡絲)를 생산하기 위해 100아르의 부지를 필요로 할 경우 100아르의 토지에 대하여 기업이 500마르크 또는 2,500마르크를 지출한다면, 1톤의 방사 생산비에서는 크게 문제되지 않는다. 다시 말해 후자의 경우 연간 200마르크의 이자는 1톤의 방사가격(즉, 1,200~4,000마르크)을 20페니히(*Pfg.*)씩 상승시킬 뿐이며, 따라서 이 증가분은 입지요인으로서 그 어떤 중대한 의미를 전혀 갖지 않는다. 그리고 극히 넓은 부지를 사용하며 저렴한 제품을 생산하는 제철소와 같은 공업도 이러한 토지비용의 지역적 차이에 대해서는 별로 민감하지 않다. 예를 들어 연간 30~40만 톤의 철강을 생산하는데 약 100헥타르(*ha*)의 토지를 필요로 하는 것으로 추정할 수 있는[10] 토마스(Thomas)[11] 방식의 제철소가 아르당 5마르크가 아

10) 하이만의 《독일의 대형 제철공업에 있어서의 혼성공장》(Heymann, 1904, *Die gemischten Werke im deutschen Großeisengewerbe*, München, S. 25)을 참조하라.

니라 25마르크를 지불해야 하며, 따라서 연간 5만 마르크 대신에 25만 마르크의 토지비용 계정을 갖고 있다면, 연간 5,000마르크의 이자의 차이는 톤당 제품의 가격에 대하여 — 반제품에서는 평균적으로 100마르크 이상의 가치를 지닌다 — 2페니히, 즉 0.02%에 불과하다. 이 경우에도 이 액수는 입지에 어떤 영향을 미칠 만큼 크지 않다.

물론 국지적 집적이 관계하고, 오늘날 알려져 있듯이 토지가격이 가파르게 상승하여 아르당 5마르크에서 500마르크, 1,000마르크, 5,000마르크 이상이 될 경우에는 사정이 전혀 달라진다.[12] 이러한 〔지가〕 상승과 함께 토지가격은 당연히 공업 제품에 대해서도 중요한 비용요인의 대열에 끼게 된다. 왜냐하면 토마스 방식의 제철소의 경우 예를 들어 지대비용이 톤당 50페니히, 1마르크, 5마르크 정도로 상승하는 것을 의미하기 때문이다. 그리고 이러한 사실은 이것만으로도 중요하지만, 이와 아울러 이러한 종류의 제품에서도 지대는 입지를 규정하는 요인이 될 수 있다.[13] 다만 이 경우의 지대는 집적경향이라는 틀 속에서 작용하는 입지요인이며, 지역적 요인으로서 고찰할 필요는 없다.

(4) 건물비, 기계비, 설비비(②번) 및 원료비와 동력 원료비(③번)는 다음과 같은 가격형성의 결과에 다름 아니다. 즉,

① 원료와 동력원료를 공급하는 원(原) 생산
② 공업에서 전(前) 생산단계와 보조생산단계이다.

---

11) 〔역주〕 토마스(S. G. Thomas, 1850~1880)는 영국 출신의 야금학자이다.

12) 예를 들어 〔베를린〕 샬롯텐부르크(Charlottenburg)의 토지가격 상승에 대해서는 안드레아스 포이그트〔파울 포이그트(Paul Voigt)에 의해 인용〕의 〈베를린의 토지 소유관계 등〉(Andreas Voigt, "Bodenbesitzverhältnisse etc. in Berlin," *Schriften des Vereins für Sozialpolitik*, Band 94, S. 205)을 참조하라.

13) 이와 같은 현상으로서, 하이만(Heymann, a.a.O., S. 34)은 로트링겐(Lothringen) 지방의 토마스법 제철공장의 토지가격이 1아르당 500마르크로 앙등한 것을 보고하고 있다.

②와 관련하여 언급하면, 그것들이 생산의 전단계와 보조단계의 결정화된 비용에 지나지 않으며 기본적으로 새로운 것이란 없다. 왜냐하면 이러한 생산단계는 추상적 분석을 위하여 우리가 추출한 (생산) 단계와 기본적으로 동일하기 때문이다. 그러므로 (이러한 단계의) 비용은 우리가 앞서 분해한 비용과 동일한 요소로 분해되지 않으면 안 된다. 그것은 원리적으로 새로운 비용요소가 아니며, 알려지지 않은 새로운 입지요인을 함축하고 있는 것도 아니다.

①에 관해서는, 이 범주에서 고찰되는 새로운 비용요소로서 원생산의 가격형성 결과, 다시 말해 원료가격과 동력원료의 가격이 고찰의 대상이 된다. 사실 이것들은 단순히 새로운 비용요소일 뿐만 아니라 분명히 지리적으로 상이한 비용요소, 곧 지역적 입지요인이기도 하다. 동일한 원료 또는 동력원료의 조달가격은 생산지가 다르면 산출방식과 채취의 난이도 등이 달라짐에 따라 상이할 것이다. 우리가 지칭하고자 하는 것처럼 생산에 어떤 '장소', 어떤 '산지'(*Lager*)를 이용하는지에 따라 원료와 동력원료를 생산하는 비용은 달라질 것이다. 그리고 보다 저렴한 원료산지를 이용하는 것이 보다 유리한지 하는 문제는 분명히 생산의 입지선정과 연결된 문제이다. 이처럼 지리적 비용의 차이는 입지에 영향을 미친다. 그래서 이 경우에 하나의 지역적 일반 입지요인이 존재한다는 것은 의심할 여지가 없다. 이것이 지역적 일반 입지요인의 첫 번째의 것이다.

(5) 두 번째의 지역적 입지요인은 노동비가 지역적으로 다르다는 것이다(④번). 두말할 나위도 없이 노동비의 수준이 지역적으로 다르다는 것이 간접적으로는 이전 단계의 제품의 가격결정을 통하여 그리고 직접적으로는 우리가 주목하는 생산과정의 현 단계에서의 (원료) 가공비용을 통하여 생산을 한 지방에서 다른 지방으로 견인할 수 있다. 다만 여기서 주목해야 할 점은, 임금의 절대적 수준이 아니라 제품 1단위당 임금수준, 즉 오늘날 우리가 엄밀한 의미에서 '노동비'(*Arbeitskosten*) 라고 부르는 것이 문제가 된다는 사실이다.

(6) 끝으로 마지막 항목(⑤번), 즉 원료를 집하하고 제품을 출하하는

데 소요되는 운송비가 존재한다. 이 운송비가 가공이 어디서 행해지는지에 따라 다르다는 점은 명약관화하다. 운송비는 원료를 산지로부터 그리고 〔생산된〕 제품을 판매지로 수송하는 경로의 길이와 종류에 따라 다르며, 또한 이용하는 운송수단의 종류에 의해서도 다를 것이다. 그러므로 운송비도 또한 일반적인 성질을 지닌 지역적 입지요인이다.

4. 입지요인의 체계와 동태

따라서 원료산지의 상대적 가격 수준, 노동비 수준 그리고 운송비가 모든 공업에 있어서의 지역적 입지요인이다. 그런데 우리는 이 가운데서 하나, 다시 말해 원료산지의 가격 차이는 개념적으로 다른 요인, 즉 운송비의 차이로 바꾸어 표현할 수 있으며, 이렇듯 두 가지의 지역적 (입지) 요인을 다루면 되기 때문에 이론 작업을 한층 손쉽게 진행할 수 있다.

동일한 원료의 서로 다른 산지에서의 가격 차이는 이러한 원료산지로부터 생산지까지의 거리의 차이와 동일한 작용을 지니고 있다. 즉, '저렴한' 원료산지는 생산지에 한층 가깝게, 그리고 '비싼' 원료산지는 한층 멀리 위치하는 것과 같다. 그러한 가격의 차이는 위치의 차이, 따라서 운송비의 차이와 동일한 작용을 지니고 있다. 우리는 이 점을 명확히 하기 위해 각각의 원료에 대하여 생산지 (따라서 우리의 용어로 말하면 '산지') 에서의 어떤 종류의 평균가격을 정상가격 (*Normale Preis*) 으로서 고찰하고자 한다. 각각 원료산지의 가격과 이 정상가격과의 차이는 이것을 이용하는 생산지의 입장에서 살펴보면, 생산지까지의 운송비의 차이와 전적으로 동일한 의미를 지닌다. 바꿔 말해 원료산지의 가격 차이는 개념상 운송비의 차이로 표현될 수 있다. 그러므로 우리는 이것을 특별한 입지요인으로서 고찰할 필요가 없고, 나중에 서술할 (뿐만 아니라 물론 자세한 설명이 요구되지만) 운송비가 보여주는 작용의 수정에 지나지 않는다고 고찰할 수 있다.[14] 결론적으로 우리는 (순수) 이론상 단 두 가지의 일반적인 지역적 요인, 즉 운송비와 노동비만을 갖고서 논의할 수 있다.

이 점은 우리에게 비상하리만큼 중요한 결론이다. 왜냐하면 우리가 위에서 살펴본 것처럼 일반적인 입지요인들 가운데 지역적 요인이 아닌 것(따라서 나머지 전부)은 집적요인 아니면 분산요인일 수밖에 없으며, 우리는 이후의 요인들을 하나의 단일의 집적력(*Agglomerationskraft*)으로서, 곧 제 3의 단일의 입지요인으로서 다룰 수 있기 때문이다. 이처럼 우리는 일반적 입지요인의 추상적 체계와 그 동태이론을 동시에 구축할 수 있다.

공업의 모든 고립적 생산과정이 우선 한번 '자연적 · 기술적'으로 최적(*optimal*)의 운송비지점으로 견인된다는 사실로부터 논의를 시작해 보자. 이렇게 성립한 '기본망'을 일단 '제 1의 입지요인'인 운송비 요인에 의한 입지지향의 결과로 상정해 보자. 이처럼 노동비의 차이('제 2의 입지요인')는 분명 이 기본망에 대한 첫 번째 '변경력'(*Alterationskraft*)이다. 최적의 노동비 지점은 입지지향을 변경시키려는 견인지점에 다름 아니며, 그것은 최적의 운송비지점으로부터 '편향'(*Deviation*)을 초래하며, 공업의 입지패턴에서 운송비에 의한 기본망에 대하여 최초의 '왜곡'을 만들어 낸다. 이렇게 하여 우리는 〔최적의〕 운송비지점으로의 공업의 기본적인 입지지향과 '노동지'에 의한 이 기본적인 (입지) 지향의 변경에 대한 관념을 얻을 수 있다. 따라서 공업은 이러한 두 가지 확인된 지역적 요인의 영향하에 놓이게 된다.

그런데 모든 집적경향, 다시 말해 우리가 지금까지 고려하지 않았던 그 밖의 모든 입지요인군은 운송비에 의한 '기본망'을 어떤 별도의 지점, 즉 '집적지점'으로 향하게 하며, 생산을 그곳으로 집결시키는 제 2의 변경력, 제 2의 '편향경향'에 다름 아니다. 그리고 그것은 그 작용이라는 관점에서 살펴보면, 다른 '변경요인', 즉 노동비의 차이와 마찬가지로 하나의 '단위'를 이루고 있는, 다시 말해 통일적으로 작용하는 '입지요인'이다. 그것은

14) 이에 관해서는 아래에서 서술한 〔제 3장 제 3절〕 '현실에 대한 접근'을 참조하라.

외적으로 관찰하여 위에서 언급한 다른 '요인'과 '경쟁'한다.

이상이 일반적 입지요인의 '체계'와 이 일반적 입지요인이 작용하는 동태과정에 대한 전반적인 고찰의 모든 것이다. 적어도 '순수'이론에 대한 사고와 개념의 기초로서 필요로 하는 것의 전부이다. 운송비 요인은 운송에 의한 공업의 최적의 생산입지를 결정하고 그 (입지) 지향의 기본망을 형성한다. 그리고 노동비 요인은 이 기본망에 대하여 생산의 일부를 최적의 노동비지점으로 견인하는 것을 통하여 한 쪽으로의 '편향'을 초래하며, 집적요인은 생산의 일부를 집적지(점)에 응축시키는 것을 통하여 제 2의 '편향'을 발생시키고 있다. 이것이 〔설명의〕 모든 것이다. 공업의 입지지향에 영향을 미치는 이 밖의 일반적인 요인들은 존재하지 않는다. 문제는 이들 세 가지 요인이 어느 정도로 그리고 어떤 법칙에 따라 공업조직의 다양한 부분을 지배하는지 하는 점이다. 이 점을 제시하는 것이 순수이론의 과제이다. 우리는 이를 해명함에 있어서 집적요인을 도입하고 생산과정을 고립화시켜 단순히 분석하는 것이 아니라, 일반적 법칙에 의거하여 공업의 전체적인 입지패턴을 밝혀보려고 한다.

제 2 장

단순화를 위한 가정

1. 원료기반, 소비기반 그리고 노동력기반에 관한 '가정'

여기서 제시하려는 이론은 현실을 설명하기 위한 것이다. 그렇지만 현실의 공업입지는 방금 위에서 고찰한 '일반적' 입지력과 '특수적' 입지력의 상호작용에 따른 결과일 뿐만 아니라 다양한 '경제 분야' 사이의, 또한 같은 분야의 여러 부문 사이의 상호작용에 따른 결과라는 점에서도 '복잡다단'하기 그지없다. 그러므로 우리는 이 이론에서 고립화를 행하며, 이렇게 하여 성립하는 동태과정의 일정 부분을 우선은 무시하고자 한다. 이 이론에서는 실제로 이론이 분석하려는 과정을 통하여 비로소 성립하는 사상의 일부도 이 과정과 무관하게 '주어진 것'처럼 상정하고, 그것을 주어진 현상으로서 받아들이고, 우선 그것 외의 동태과정만을 고찰하고자 한다. 우리의 이론은 이러한 고립화된 부분을 명확히 한 뒤, 마침내 완전한 인과관계의 메커니즘을 취급하려고 한다. 다시 말해 이제까지 주어진 것으로 살펴 본 가정을 해제하고, 그것에 의해 어떤 '변화'가 발생하는지를 고찰하는 것이다.

이러한 접근방법에 따라 아래에서 우리는 공업의 입지지향의 문제를 다음과 같은 가정의 틀 안에서 분석하게 된다.

(1) 원료기반(*Materialbasis*)의 지리적 형상은 '주어진 것'으로서 가정한다. 이 점은 석재와 흙 그리고 광물 등과 같이 단순히 '채굴'하고 '채취'하는 것 등, 말하자면 사실상 자연적으로 여러 곳에 존재하는 원료에 대하여 적용된다. 그런데 사용되는 원료가 우선 '생산'되어야만 하는 경우에는, 즉 농업적 성질의 것인 경우에는 이 논점이 꼭 맞아 떨어지지 않는다. 공업의 '농업적' 원료기반은 그 자체로 '주어진 것'이라고 고찰할 수 없다. 오히려 그 지리적 결정은 본래 그 제품의 판로, 즉 공업의 입지분포 자체에 의존하는 동태적 과정에 달려 있는 것이다(튀넨!). 따라서 우리가 지리적으로 주어진 연료산지의 기반 위에서 공업의 분포를 고찰할 때, 공업이 그 기반에 대해 행사하는 반작용을 우선은 의식적으로 무시하고 하나의 '가정'을 설정하며, 이 가정을 나중에는 해제할 것이다.

(2) 다음으로 '소비분야'의 지리적 형상도 우선은 주어진 '현상'으로서 다루고자 한다. 다시 말해 공업이 목표로 하는[1] 소비지의 위치와 규모가 순수이론에서는 전부 입지지향에 하나의 주어진 틀로서 가정된다. 이때 공업의 모든 입지분포 자체가 이미 그것이 만들어내는 노동력의 분포를 통하여 자연히 소비의 분포를 의미하고, 공업 제품의 소비 분포를 의미한다는 점은 무시된다. 즉, 공업과 그 '생산 계열'이 의존하는 '소비분야'도 부분적으로 공업의 지리적 분포에 의해 그 지리적 분포 자체가 결정된다는 사실을 무시하는 것이다. 이와는 정반대 방향의 동태도 당분간은 고려하지 않는다. 물론 이러한 점들은 나중에 고려하게 될 것이다.

(3) 마지막 세 번째로 공업의 노동력기반(*Arbeitskraftbasis*)과 관련해서도, 그것이 현실적으로 이동성을 지니고 있다고 해도 이 이론에서는 고려되지 않는다. 오히려 우리는 적어도 오늘날의 현실에서 살펴볼 수 있듯이 개별 노동력이 이동성을 지니고서 분포하고 있다고 고찰하는 대신에 당장은 평면상에 몇몇 고정적으로 주어진 노동지(*Arbeitsplatz*)[2]가 존재한

---

1) 〔역주〕 여기서는 구체적으로 각종 공업 제품의 판로를 말한다.

2) 〔역주〕 노동력이 모여 있는 장소 또는 노동력이 집결하고 일자리가 군집을 이루고 있는 지점을 뜻한다.

다고 모식적으로 고찰하고자 한다. 뿐만 아니라 이 이론에서는 이러한 노동지에서 행해지는 모든 생산에서 노동비의 수준은 '일정'한 것으로 고찰하는 한편, 이 비용으로 각 노동지에서 구할 수 있는 노동력의 양은 '무제한적'이라고 상정한다. 이 가정의 근거와 내용에 관한 자세한 것은 제 3장 제 1절의 마지막 부분을 참조하기 바란다. 따라서 여기서도 현실에서 작용하는 동태의 일부가 사상되는데, 왜냐하면 공업의 입지경향 자체는 당연히 노동력에 대한 국지적 수요 양상을 통하여 서로 다른 노동지의 노동비 수준을 결정하기 때문이다. 더군다나 우리는 당분간 노동력의 국지적 분포상태 자체, 즉 '노동지'의 위치와 규모가 공업의 입지경향이 보여주는 반작용을 통하여 규정된다고 하는 사실과 그 정도에 대해서는 논의하지 않으려고 한다. 우리는 노동력기반이 '주어진 것'이라는 가정을 설정함으로써, 당장 이 모든 문제들을 논외로 하고자 한다. 그리고 여기서 미리 다음과 같이 언급해 둘 필요가 있다. 즉, 머지않아 명확해질 이 세 번째 가정은 '순수'이론의 틀 안에서 완전히 해제될 수 없는 것이며, 노동력의 국지적 분포상태와 공업의 입지경향 간의 동태적 관계에 대한 설명은 현실에 대한 고찰을 통하여 비로소 가능하다는 점이다.

두말할 나위도 없이 연구과정에서 또 다른 가정과 단순화도 필요할 것이다. 그러나 그 모든 것들은 잠정적인 것에 지나지 않는다. 위에서 언급한 세 가지의 가정만이 영속적인 것이며, 순수이론이 운신할 수 있는 틀을 제공한다.

2. '자연력'에 대한 고려

이상의 입지요인에 대한 분석적 설명이 보여주듯이, 우리는 모든 공업생산을 오로지 '원료', 다시 말해 소재(素材)인 가공원료 또는 동력원료(목재, 석탄)를 사용하는 것에 국한시켜 고찰한다. 그리고 또한 '운송할 수 있는' 원료를 사용하는 경우에 국한시켜 논의한다. 그렇지만 현실의 공업생산에 있어서는 막연히 원료, 즉 '소재'가 사용될 뿐만 아니라 '자연력'(*Naturkraft*) 도 사용된다. 다시 말해 자연력은 운송 가능한 원료형태(석탄) 로 사용될 뿐만 아니라, 자연이 주는 형태 — 이렇듯 특히 수력 — 또는 변형된 형태 — 이렇듯 전력 — 를 지닌 살아있는 에너지로서 직접적인 작용형태로도 사용된다. 여기서 문제는 운송할 수 있는 원료의 개념만을 다루는 이론이 이러한 동력의 입지에 미치는 영향도 포괄할 수 있는지 하는 점이다. 그렇지 않다면, 이 동력과 그 작용에 대해서도 별도의 '이론체계'가 필요한지 하는 점이다.

이 점에 대해서는 다음과 같이 답변할 수 있다. 즉, 이 '원료형태'를 지니고 있지 않는 자연력의 입지적 의의를 특히 저렴한 운송이 가능한 동력자원이 존재하는 경우와 마찬가지로 살펴보고, 그 입지적 의의를 사고상 특히 저렴한 '석탄산지'가 존재한다고 상정하는 것으로서 표현할 수 있다는 데 있다. 이렇게 할 때 — 그 개개의 경우에 대하여 어떻게 표현할 수 있는지는 운송지향에 관한 장의 마지막 절에서 제시하고자 한다 — 우리는 자연력의 입지적 의의에 대해서는 원래 운송 가능한 자원에만 적용하려고 만든 일반적 규칙에 대하여 약간의 수치상의 수정을 행하면 될 것이다. 이 밖에 우리의 이론에 적용시킬 수 없는 특별한 작용이라는 것은 존재하지 않는다. 이에 따라 우리의 이론은 그것이 적용하는 단순한 형식을 갖고서 공업의 모든 면모, 다시 말해 공업이 현실에서 이용하는 모든 원료와 동력을 포함하여 포괄하게 된다.

제 3 장

운송지향[1)]

1. 운송비의 분석

우리가 해결해야 할 문제는, 만약 공업의 국지적 입지지향에 영향을 미치는 요인이 운송비 외에는 존재하지 않는다면 공업생산의 입지가 운송비에 의해 평면상에서 어떻게 분포하는지 하는 것이다. 즉, 운송비가 공업생산을 어디로 견인하는지 하는 것이다. 최소운송비지점으로서 한편으로 소비지가, 다른 한편으로 원료산지가 문제가 되는 것은 분명하다. 어디가 과연 그 장소인가?

우리는 우선 이 점을 아주 일반적으로 결정하고자 하며, 이를 위해 운송비 수준은 과연 어떤 요소에 좌우되는지 하는 질문을 던지지 않을 수 없다. 이러한 요소들의 본질에 관하여 분석하는 것이 필요하다.

운송비를 결정하는 가장 기본적인 요인은 운송될 중량과 극복될 거리임에 틀림없다. 왜냐하면 운송이란 어떤 중량을 일정 거리만큼 이동시키

1) 〔역주〕 이 책의 차례에서는 '운송비지향'으로 표기되어 있으나, 본문의 제목은 '운송지향'으로 표기되어 있다. 차례보다는 본문의 제목이 올바른 것으로 판단되며, 또한 제 4장의 제목도 '노동지향'으로 표기되어 있으므로, 이와 균형을 맞추고 일관성을 유지하기 위해서도 운송지향이 적절한 것으로 사료된다.

는 것이며, 이를 행하기 위한 노동은 순수하게 물리적으로 살펴볼 경우 일차적으로 중량과 거리에 의존하기 때문이다. 이 두 가지의 요인은 수학적으로 두말할 나위도 없이 엄밀하게 파악될 수 있으며, 따라서 가능한 수학적 공식화로 연결되는 추상적 이론의 명백한 토대라고 할 수 있다.

우리는 이 이론에서 우선 이 두 가지 요인만을 모든 것을 결정하는 요인으로서 다루고자 한다. 이 방법이 타당하다고 고찰하는 것은 다음과 같은 이유 때문이다.

확실히 일반적인 관점에 설 경우, 우리는 두 가지 종류의 '운송비'를 구별하지 않을 수 없다. 다시 말해 그 하나는 일반적인 기술적·경제적 의미에서 말하는 운송비 또는 '순수한' 국민 경제적 의미에서 말하는 운송비이며, 다른 하나는 스스로 운송을 행하는 민간기업의 입장에서 말하는 운송비이다. 전자는 각 시기의 기술적 수준에서 일정한 운송을 행하기 위하여 필요로 하는 자연재와 노동이며, 후자는 각 시기의 운송을 행하는 조직이 운송을 희망하는 것으로부터 얻는 금액이다. 우리가 중량과 거리를 운송비를 구성하는 가장 기본적인 요인이라고 언급할 경우 우리는 분명히 전자의 기술적·경제적 의미에서 말하는 운송비를 염두에 두고 있다.

그런데 우리의 아래 설명은 다음과 같은 가능성에 의해 규정된다. 즉, 우리의 설명을 사고상 우선 단일의 운송수단을 갖고 있는 지역에 한정시킬 경우 우리는 중량과 거리 외에 운송비에 여전히 영향을 미치는 나머지 모든 요인들, 즉 모든 기술적·경제적 요인뿐만 아니라 기업이 운송을 행할 때 부가되는 모든 요인들도 사고상 중량과 거리로 표현할 수 있다. 다시 말해, 여타 요인들은 모두 이론상으로 이 두 가지 요인으로 환원시킬 수 있다는 것이다.

이것이 무엇을 의미하며 그리고 왜 그러한지에 대해서는 간략한 설명이 필요하다. 이때 주목해야 할 것은 우리가 여기서 분석하려는 운송수단은 오늘날 폭넓게 이용되는 철도이며, 분석은 특히 독일의 운임제도에 의거하여 진행된다는 점이다. 이 분석을 다른 운송수단과 운임제도에 대해서도 동일하게 진행시킬 수 있으나, 이러한 수고는 필요하지 않다. 왜냐하면 그 어떤 경우에도 기본적인 진행과정은 동일하기 때문이다. 그렇지만 철도라는 운송수단을 분석의 대상으로 선택한 것은 여기서 운송비에 의거하여 한 국가영토 내에서의 공업의 분포를 연구하려고 하기 때문이며, 한 국가영토 내에서 지배적으로 이용되는 운송수단은 오늘날 두말할 나위도 없이 철도이기 때문이다. 더군다나 여기서는 〔논의를〕 한층 더 단순화시키기 위하여 철도를 유일한 운송수단으로 가정하고자 한다. 여러 다양한 운송수단이 서로 다른 비용결정 원리에 기초하여 상호 작용하는 것(구체적으로 언급하면, 철도 외에 수로에 의한 보다 저렴한 운송수단이 존재하고, 도로에 의한 보다 값비싼 운송수단이 존재한다는 사실)이 어떤 의미를 지니는지에 대해서는 나중에 추상에서 현실로 단계적으로 접근할 때 검토하게 될 것이다.

일반적으로 운송원가(*Transportselbstkosten*)가 중량과 거리 외에도 일반적으로 다음과 같은 요인에 달려 있음은 분명하다.

① 운송수단의 종류와 그 이용 정도
② 해당 지역의 구체적인 자연조건과 이에 좌우되는 운송로의 성질
③ 중량 외에 운송의 용이성과 관련성이 깊은 운송 화물의 특성, 간략히 말해 운송 화물 자체의 성질

①에 대하여. 두말할 나위도 없이 운송수단의 종류와 그 이용 정도에 따라 다양한 운송수단 사이에는 대단히 큰 비용 차이가 존재한다. 동일한 중량에 동일한 거리라고 할지라도 오늘날 철도로는 옛 하마차(荷馬車)의 1/4에서 1/10의 비용으로 운송할 수 있다. 그러므로 (운송)원가도 이에 상응하여 하락하고 있음은 틀림없다. 하지만 우리가 모든 것을 지배하는 단 하나의 '운송수단'이라는 가정에서 출발하고 있는 이상, 이러한 〔운송원가에서의〕 큰 차이도 당분간 우리와는 무관하다. 또한 그러한 유일한 운송수단의 서로 다른 부문 사이에 그 이용 강도가 다를 경우에는 동일한 중량에 동일한 거리를 운송하기 위한 원가에 있어서도 차이가 발생한다. 이 때문에 스스로 화물열차를 마련하지 않을 수 없는 노선에서는 100톤의

석탄을 운송하기 위한 비용이 같은 열차로 200톤의 석탄을 운송할 수 있는 경우의 비용보다 높으며, 또한 반송(返送) 화물이 전혀 없는 경우의 비용은 반송 화물이 늘 존재하는 경우보다 높다. 또한 같은 노선에서도 교통의 강도[2]에 따라 톤·킬로미터(*Tonnenkilometer*) 당 운송원가는 들쭉날쭉하다. 이러한 사정은 잘 알려져 있다. 그렇지만 또한 이러한 이유로 발생하는 개별 운송활동의 원가 차이를 산정한다는 것은 대단히 어려우며, 그래서 이러한 차이가 오늘날의 통일적인 철도운임을 결정하는 데에는 고려되지 않으며, 철도운임은 오히려 이러한 차이를 무시하고 모든 노선에 대하여 톤·킬로미터의 비율에 따라 기본적으로 동일하게 — 적어도 독일에서는 — 설정되고 있다는 점이 잘 알려져 있다.

따라서 운송수단 자체는 그 운임에서 중량과 거리에 따른 비용 계산의 이러한 수정을 고려하고 있지 않기 때문에, 우리의 고찰에서도 이러한 수정을 고려할 필요가 없다. 그렇지만 이러한 관점에서 운임률의 차이가 실제로 존재하는 경우에는 사고상 다음과 같은 고찰방법으로 해결할 수 있다. 즉, 높은 운임률이 매겨진 구간의 길이는 운임이 높은 비율만큼 연장되고, 보통 운임률보다 낮은 운임률이 매겨진 구간은 그 비율만큼 단축된다고 고찰하는 것이다. 따라서 만약 통상의 킬로미터 운임이 1인 것이 1과 1/2로 상승한다면, 일률적인 킬로미터 운임을 적용하는 입지 고찰에서는 간단히 이 구간의 길이가 지리적으로 1과 1/2배로 된다고 고찰할 수 있을 것이다. 단, 이러한 조작은 앞서 언급한 것처럼 독일의 상황에서는 일반적으로 필요하지 않다.

그러나 가능한 고도의 이용을 통하여 원가의 인하를 도모하는 운송 기관의 이해관계가 운임률에 반영되는 또 하나의 형태가 존재한다. 다시 말해 일반적으로 소량의 운송에는 대량의 운송보다 높은 킬로미터 당 운임률을 설정하고, 또한 단거리 탁송에는 장거리 탁송보다도 높은 운임률을 설정하는 형태이다. 이것을 철도 용어로 표현하면, 〔낱개로 포장된〕 개별

2) 〔역주〕 여기서 교통의 '강도'는 문맥상 교통의 '빈도'를 의미한다.

화물의 탁송에는 화차(貨車) 분량의 화물의 탁송보다 높은 운임률을 부과하고 반차 분량의 화물의 탁송에는 한차 분량의 화물의 탁송보다 높은 운임률을 부과하며, 또한 탁송 거리에 따라 운임률이 체감하고 단계화되어 있다는 것이다. 하지만 여기서 이러한 운임률의 설정이 차량[3]의 이용을 높이려는 이해관계로부터 어떻게 그리고 언제 발생하며, 또한 이러한 운임률의 설정이 대량의 화물을 동시에 장거리로 처리함에 따라 일반적으로 운송 단위당 운영비가 낮아진다는 사실에 어떻게 부합하는지에 관해서는 자세히 설명하지 않으려고 한다. 어쨌든 그러한 것들이 존재한다는 사실만으로 충분하며, 우리에게 문제가 되는 것은 이러한 사실들을 운송비가 중량과 거리의 함수로 다루어지는 것과 어떻게 조화시킬 수 있는지 하는 점이다. 이 경우에 거리가 늘어남에 따라 운임률이 단계적으로 체감한다는 점에서는 그 어떤 어려움도 존재하지 않는다. 이것은 사고상 앞에서 이미 이용한 동일한 원리에 따라 해결될 수 있는데, 다만 원리를 반대로 적용하는 것을 통하여 해결될 수 있다.

이러한 체감운임이 존재하는 경우 우리는 지도상의 거리를 그 실제 거리로 계산하지 않고, 체감운임분(分) 만큼 감소시킬 수 있다. 만약 독일의 보통 등급의 개별 화물의 운임을 50km까지는 11페니히, 다음 150km까지는 10페니히 그리고 그 이상의 100km에 대해서는 9페니히 등으로 산정한다면, 이 경우 100km의 거리는 그 전체 길이가 아니라 $50+(50-\frac{50}{11})$ km, 즉 95. 4km로 볼 수 있다. 따라서 이전과 마찬가지로 이 경우에도 지리적 거리는 상이한 운임 설정방식에 따라 수정된다. 그러나 이 작업이 오늘날 독일의 운임제도 하에서는 다행히도 대개 필요하지 않다. 왜냐하면 이 작업은 개별 화물과 그 일부, 소수의 대량 화물에 대해서만 필요할 뿐이며, 그 밖에 오늘날 어디에서도 체감운임은 적용되지 않기 때문이다.

---

3) 〔역주〕 여기서 말하는 이용 대상은 좁은 의미의 차량뿐만 아니라, 넓은 의미의 철도시설까지도 포함할 수 있다.

그런데 개별 화물과 반 차 또는 한 차 분량의 화물 사이의 운임차별은 어떻게 해결될 수 있는가? 이 경우 한 차 분량의 화물에 대하여 계산되는 운임률을 보통의 톤·킬로미터 운임률로 간주하는 것이 가장 좋은 방법이다. 즉, 소량으로 운송되기 때문에 높은 운임이 부과되는 화물은 실제 중량 외에 그 양이 적기 때문에 관리당국에 의해 〔조작적으로〕 '덮어씌워진' 관념중량(*Ideelles Gewicht*)[4]을 지닌 것으로 고찰된다. 이러한 화물들은 간단히 이러한 관념적 포장을 더해 계산될 수 있다. 만약 한 차 분량의 화물에 대한 통상적인 운임률이 예를 들어 6페니히이고 반 차 분량의 화물에 대한 운임률이 이보다 높은 6.7페니히이며, 그리고 개별 화물에 대한 운임률이 11페니히라고 한다면, 한 차 분량으로 운송되지 않는 모든 화물은 그 실제 중량 외에 11%[5]와 83.3% 만큼의 중량이 관념상으로 가중되어 운송되고, 따라서 그만큼의 중량이 늘어난 것으로 볼 수 있다. 이와 반대로 이를 테면 일반적으로 예외적인 운임률(이른바 특별운임 또는 예외운임)이 적용되는 화물은 이 예외적인 운임률이 통상적인 운임률에 미치지 못하는 비율만큼 그 중량을 줄인 것으로서 고찰될 수 있다. 즉, 이것들은 관념적인 '중량감소'로 볼 수 있다.

이에 따라 명확해지듯이, (운송)원가가 다르기 때문에 운송비가 단순히 중량과 거리에 따라 계산한 것과 일치하지 않는 경우에도 사고상 중량과 거리의 두 가지 요소로 표현하는 것이 가능하며, 이것에 기초하여 이론에 편입시키는 것은 실제로 별로 어렵지 않다.

더군다나 일반적 원칙으로서 그 밖의 생산비 요인도 이 두 가지의 기본요인의 형태로 표현될 수 있다는 것은 자명하다. 이러한 나머지 모든 요인들의 영향은 언제나 톤·킬로미터 운임의 상승 또는 하락이라는 형태로 표현된다. 만약 이러한 상승 또는 하락이 특정 구간 또는 특정 거리와 관련된 것이라면, 거리가 확대 또는 축소된 것으로 파악할 수 있다. 만약

---

4) 〔역주〕 중량을 부가하거나 공제하는 등 '조작적으로 부여받은' 중량을 일컫는다.

5) 〔역주〕 원문에는 1.1%로 되어 있으나, 이는 11%의 오기로 판단된다.

이것이 특정 화물 또는 운송방식과 관련된 것이라면, 그 '계산상의 중량'이 증가 또는 감소한 것으로 파악할 수 있다. 그러므로 그 어떤 경우라도 이 운임률의 상승 또는 하락은 중량 혹은 거리로 표현될 수 있다. 중량과 거리라는 단 두 가지의 요인만으로 운송비를 구성하는 기본적 요인이라고 보는 이론적 작업의 타당성에 대해서는 이것 이상으로 논의할 필요가 없다.

우리는 이러한 계산 방법을 앞서 언급한 다른 두 가지의 운송비 요인군에서 발생하는 (단순한 중량과 거리에 의한 것으로부터의) 편차의 실제로 가장 중요한 경우에 대하여 신속히 적용해 보고자 한다.

②에 대하여. 나는 수정 요인의 두 번째의 것이 해당 지역의 〔자연지리적〕 특성과 이로부터 연유하는 교통로의 형상이라고 지적하였다. 이것은 한편으로 지역 특성에 의하여 '교통로'의 건설비용이 다르다는 점으로부터 발생하고, 다른 한편으로 계곡으로의 운송에서는 중량의 이동이 용이하고 산지로의 운송에서는 곤란을 겪는다는 점에 의하여 운영비가 다르다는 사실로부터 발생한다. 그러나 두말할 나위도 없이 운송원가(톤·킬로미터로 표현되는 한)의 이러한 국지적 상승 또는 하락은 개별 노선의 교통강도의 높고 낮음[6]에 따른 운임의 수정과 같이 해당 구간 킬로미터 수(數)의 연장이라는 형태로 표현될 수 있다. 따라서 이러한 국지적 운송원가의 상승 또는 하락을 우리의 이론에 적용하는 데에는 그 어떤 어려움도 발생하지 않는다. 뿐만 아니라 오늘날처럼 철도라는 운송수단이 전국적으로 하나의 기관에 의해 운영되는 경우에는 전반적으로 이러한 수정은 행해지지 않는다. 예를 들어 독일에서는 철도의 운임률이 각 구간의 건설비용을 특별히 고려하지 않고, 또한 산악 또는 계곡으로의 운송을 고려하지도 않고 일률적으로 설정되고 있다. 이 점을 문제로 삼는 한(우리가 나중에 행할 귀납적 고찰의 경우에도), 우리의 입지론과 관련이 있는 것은, 산악과 계곡으로 이루어진 복잡한 파도 모양의 지형[7]이 산은 깎기고 계

6) 〔역주〕 다시 말해, 교통량의 많고 적음을 의미한다.

7) 〔역주〕 굴곡이 심한 구릉성 지형을 일컫는다.

곡은 메워지고 습지는 매립된 수학적으로 평탄한 지면이라는 것이다. 따라서 독일에 있어서 철도의 실제 운임구조는 이러한 측면에서 현실과 관념적인 모습을 동일시하고 있으며, 우리는 연역에 의거한 단순화를 위하여 우선 이 관념적인 모습에서 출발하고자 한다.

③에 대하여. 운송수단의 이용강도와 해당 지역의 특성 외에 세 번째로 **화물의 특성**이 차별화의 원인이 된다. 운송원가, 따라서 기술적 · 경제적 의미에서 말하는 비용으로서, 여기서는 무엇보다도 '**부피**'의 크고 작음과 따라서 중량에 비해 공간을 〔많이〕 필요로 하는 정도 및 **부패성**과 **폭발성**이 문제가 된다. 전자는 운송수단에 대한 요구량을 증가시키는 것에 의하여, 부패성과 폭발성은 화물의 적재와 운송 자체에 보다 신중을 기할 필요가 있다는 점에 의하여 비용을 높인다. 따라서 이 두 가지의 성질은 톤당 킬로미터 운임을 상승시킨다. 하지만 이 밖에도 원가를 높이는 것은 아니지만 운임률을 높일 수 있는 화물의 성질을 고찰할 수 있다. 이러한 것으로는 특히 **가치가 높은** 화물이 존재한다. 예를 들면 중량은 무시하고 단순히 가치의 크고 작음과 거리만을 기초로 하는 운임을 언급하는 것이다. 하지만 이러한 운임은 실제로 존재하지 않는다. 오히려 실제상으로는 이른바 가치운임이 모두 중량운임이며, 운송화물이 지닌 가치의 크고 작음에 의한 단계화의 이면을 감추고 있을 뿐이다. 중량이 같고 가치가 높은 화물이 가치가 낮은 화물보다 높은 비용을 요구하는 것은 아니기 때문에, 그러한 종류의 가치에 의한 단계화가 과연 정당한지 하는 점은 여기서 우리와 상관없다. 그것이 존재한다는 사실〔을 지적하는 것〕만으로 충분하다.

그러나 실제로 비용이 다르다는 사실로부터 발생하는, 화물의 '특성'에 수반한 단계화의 경우와 마찬가지로, 이 경우에도 이론상으로는 그 어떤 어려움도 발생하지 않는다. 동일한 중량에 대한 킬로미터 운임의 상승은 그것이 어떤 이유에 의거한 것이더라도 여기서는 단순히 관념적인 중량부가 — 반대의 경우에는 중량감소 — 를 의미할 뿐이다. 이것이 〔설명의〕 전부이다. 독일의 철도 운임에서는 '**용적화물**'(容積貨物) 이 그 실제 중량의 1.5배로 계산되며, 따라서 이론상으로는 이 중량으로 취급된다. '가치'에 대한 고려는 마이너스(−) 형태로 행해지는데, 가치가 낮은 특정 화물은 통상적인 운임률의 적용으로부터 제외되고 보다 낮은 운임률로 운송된다. 예를 들어 특정한 낮은 가치의 개별 화물은 11페니히 대신에 8페니히로, 특정한 낮은 가치의 한 차 분량의 화물은 6페니히 대신에 〔각각〕 4.5, 3.5, 2.6페니히로 운송된다. 이러한 경우에는 단순히 그 감소에 상응하는 만큼의 관념상의 중량감소를 행하고, 따라서 예를 들어 6페니히 대신에 2.6페니히로 수송되는 석탄은 독일의 현실을 고찰할 경우 그 실제 중량의 56%를 줄여 계산해야 할 것이다.

이상의 모든 것은 명명백백하다. 따라서 중량과 거리 외에 결정적인 영향을 미치는 요인이 이 두 가지의 기본적인 요인의 형태로 표현되고 있다는 원칙은 명백할 뿐만 아니라, 우리는 이 원칙이 현재의 철도 운송구조에 실제로도 폭넓게 적용되고 있다는 점을 알 수 있다. 다만 문제가 되는 것은 단순히 중량과 거리에 의한 운임 형성으로부터의 편차가 상당히 크고, 또한 환산을 요구하는 값이 대단히 크며 — 특히 다른 운송수단의 경우에 대단히 크다 — 이러한 모든 운송비를 사고상 중량과 거리로 표현하는 것이 이것과 전혀 다른 방식으로 행해지는 수많은 운임 형성의 실정을 설명하는 데 적절한지 하는 점이다. 이에 대해서는 다음과 같이 답변할 수 있다.

첫째, 중량과 거리는 철도뿐만 아니라 기타 모든 경우에 있어서도 사실상 언제나 운송비 가운데서 가장 중요한 기초적인 요인이며, 따라서 운임 형성에 있어서도 가장 중요한 요소이다. 왜냐하면 운송에 필요한 노동이 전부라고는 할 수 없어도 거의 대부분을 규정하기 때문이며, 게다가 노동은 — 그것이 어떤 형태로 행해질지라도 — 모든 운송에서, 따라서 운임 형성에서 가장 중요한 요인이기 때문이다. 그러므로 이 점에 근거하여 추상하더라도 다른 요인들의 영향에 의해 왜곡되고 있는 현실을 설명하는 데 쓸모없는 모델을 제시할 위험은 없다.

둘째, 특히 오늘날 독일에서 행해지고 있듯이 철도의 운임제도는 여기서 행한 추상〔상황〕에 거의 근접하고 있다. 독일의 철도는 그 운임의 일반적인 기초로서 톤·킬로미터 운임률, 즉 중량과 거리에 따른 단순 계산에 의거하고 있으며, 이 계산에서는 이미 언급한 것처럼 한 국가 전체를 수학적으로 완전히 평탄한 지면으로서 간주하고 있다. 거기서는 이로부터의 편차로서 반 차 분량의 화물과 〔낱개로 포장된〕 개별 화물, 또한 용적화물과 폭발물에 대하여 오로지 관념적인 '중량부가'가 행해진다. 다른 한편으로 가치가 낮은 많은 종류의 화물에 대해서는 관념적인 '중량감소'가 행해진다. 이는 한편으로 한결같은 '중량계산'에 대한 수정이자 또 한편으로 한결같은 '킬로미터 계산'에 대한 수정인데, 어떤 구간에 대하여 예외적인 운임률을 적용하고 이렇게 함으로써 그 구간을 단축하며, 거리 증가에 따른 체감운임을 제한적이긴 하나 적용하는 것이다. 후자[8]는 이미 언급한 것처럼 통상적인 등급의 (낱개로 포장된) 개별 화물과 한층 제한된 범위의 특정한 낮은 가치의 대량 화물에 대해서만 적용될 뿐이다. 따라서 이 경우에 현실이 우리의 추상과 그렇게 크게 동떨어져 있지 않다. 그러므로 이론에서 매우 단순히 중량과 거리, 구체적으로 말하여 톤·킬로미터를 운송비의 기준으로 삼는 것은 원리적으로도 실천적으로도 충분히 가능하다고 생각된다. 다만, 이렇게 행할 수 있는 것은 그 어떤 경우일지라도 하나의 통일된 운송수단을 가진 지역에 대해서이다.

그런데 우리가 운송비의 작용에 관하여 연구하는 지역에 단 하나의 운송수단이 존재한다는 위에서 언급한 단순화를 위한 가정을 원리적으로도 실천적으로도 타당성을 지닌 것으로서 당장은 인정할 수 있다. 마지막으로 남은 일은 상당히 발달한, 여러 가지의 운송수단이 함께 작용하는 복잡한 상황도 이를 통하여 설명할 수 있다는 점을 제시하는 것이다. 따라서 우선 이 일부터 시작해 보자.

---

8) 〔역주〕 체감(遞減) 운임을 말한다.

2. 운송지향의 법칙

만약 중량과 거리 양자가 유일한 결정요인이라면, 운송비가 한편으로 소비지를, 다른 한편으로 원료산지와 동력 원료산지를 고려할 때 공업생산이 생산과 판매의 전체 과정에 걸쳐 운송 톤·킬로미터가 최소가 되는 지점으로 견인되는 사실은 명약관화하다. 왜냐하면 생산을 이 지점으로 이동시킬 때 바로 운송비가 최소로 되기 때문이다. 다시 말해 운송비 입지는 소비지와 원료산지 및 동력 원료산지를 고려하여 선정된 '톤·킬로미터의 최소지점'인 것이다.

그렇다면 톤·킬로미터의 최소지점은 생산을 실제로 어떻게 평면상에 분포시키는가? 그것은 어떤 생산지를 지정하는가? 이것이 우리가 해결해야할 기본적인 문제이다.

이 문제를 해결하기 위해서는 앞서 살펴본 장의 결론이 제시하는 전체 이론을 단순화하기 위한 기본적인 가정에 주목할 필요가 있다. 즉, 우리가 고찰하는 경제에서 소비지는 우선 그 위치와 각종 제품의 소비량이 주어져 있지 않으면 안 된다. 그리고 이러한 소비지가 이용할 수 있는 원료산지도 역시 사고상 주어진 것으로서 간주해야만 한다. 더욱이 적어도 잠정적으로(말하자면 제 6장까지) 견지해야 할 다음과 같은 가정하에서 출발할 필요가 있다. 그것은 〔다름 아닌〕 각 제품이 단 하나의 생산단계에서만, 따라서 어느 하나의 생산지에서 단숨에 원료에서 최종 소비재로 완성된다는 사실이다.

우리는 일단 어떤 주어진 소비지에서 주어진 양이 소비된다는 점을 상정하고자 한다. 우선 소비지가 단 하나라고 생각하는 것이 좋을 것 같다. 이 소비지에서 살펴볼 경우 거기서 소비되는 모든 종류의 제품에 대하여 그것을 사용할 경우 톤·킬로미터가 최소로 되는 특정한 원료산지(원료, 동력원료)가 존재할 것이다. 우리는 이것을 간단히 운송비가 최소로 된다는 말로 표현할 수 있다. 그것은 필요로 하는 모든 원료에 대하여 반드시 소비지에 가장 가까이 자리 잡고 있는 산지이어야 할 필요는 없다. 개별

원료에서 다른 원료산지에 대한 위치가—전체 과정에서 발생하는 운송비를 고려한다면—소비지에 대한 위치보다 중요한 경우도 있고, 소비지에 대한 위치가 아니라 다른 원료산지에 대한 위치에 의해 최적으로 선정되는 경우도 있을 수 있다.[9] 어쨌든 소비지에서 살펴보면, 각종 제품에 대하여 의심할 여지없이 '최적의' 산지가 〔생산에〕 사용되는 각각의 원료와 관련하여 존재한다. 그리고 순수하게 교통 측면에서 살펴보면, 해당 소비지에서의 필요를 충족시키기 위하여 생산에 이용되는 것은 분명히 이러한 산지일 수밖에 없다. 생산지의 위치는 소비지의 위치와 이 원료산지를 감안하여 결정되어야만 한다. 이처럼 각각의 소비지에서 각종 제품에 대하여 그 소비지와 최적의 원료산지에 의해 형성되는 '입지도형'(*Standortsfigur*)이 성립하며, 각종 제품의 생산지(입지)의 선정은 이를 바탕으로 하여 이루어진다. 예를 들어 그 생산에 분산된 산지로부터 유래하는 두 개의 원료가 사용되는 재화의 경우를 가정해 보면, 생산의 '입지도형'은 소비지와 그 소비지에 속하는 최적의 원료산지로 형성되는 간단한 '삼각형'으로 표현된다. 이를 테면 〈그림 3-1〉, 〈그림 3-2〉, 〈그림 3-3〉과 같다.

여기서 분명한 점은 다음과 같다. 즉, 입지선정에 운송비 외에 그 어떤 요인도 작용하지 않는다면, 그리고 특히 운송비도 입지도형이 갖고 있는 것과 동일한 수와 형태의 구성분자로 분해하는 것이 조직적으로 아무런 지장 없이 이루어질 수 있다면—우리는 잠정적으로 집적요인과 분산요인을 모두 무시한 채 이 점에서 출발할 수 있다—, 이러한 입지도형이 입지지향에 대하여 유일한 수학적 기초를 부여하는 것은 명백하다.

그러므로 우리는 이 '입지도형'으로부터 우리의 이론에서 최초의 그리고 가장 중요한 관념적인 기초를 얻게 된다. 그런데 우리는 이 관념을 한층 복잡다단한 모든 사실의 복합체에 적용시켜 보고자 하는데, 왜냐하면 이를 통하여 이 복잡한 사실에 함축되어 있는 입지지향의 일반적인 구성

---

9) 이에 관한 보다 자세한 것은 97페이지에서 설명하고자 한다.

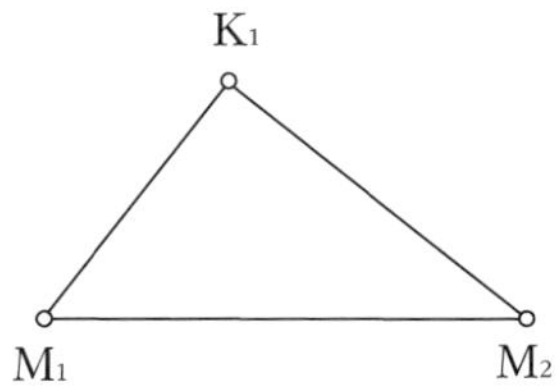

〈그림 3-1〉

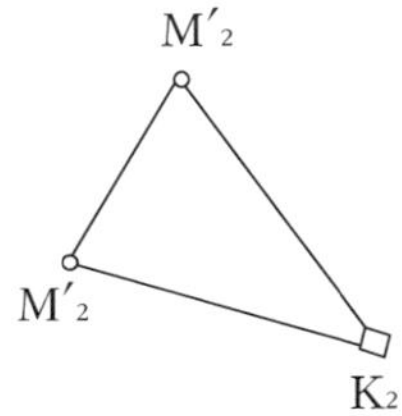

〈그림 3-2〉

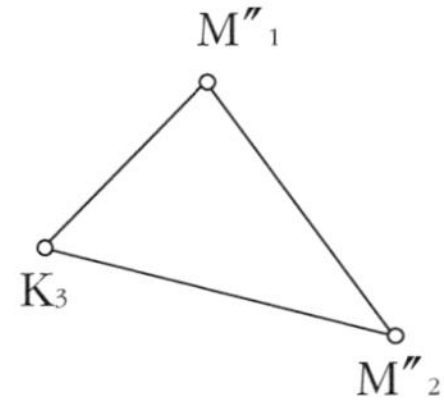

〈그림 3-3〉

요소가 밝혀질 수 있기 때문이다.

그렇다면 운송에 의한 생산의 입지지향이 이 입지도형에 의거하여 어떻게 행해지는 것인가?

이 점에 대해서는 우선 예비적으로 해답을 제시할 수 있다. 원리적인 성격에 비추어 볼 때, 그 어떤 공업에 관해서도 모든 개개의 입지도형에서 입지지향은 동일하지 않으면 안 된다. 왜냐하면 그 어떤 경우에도 그것은 공업이 지닌 일반적인 운송과 관련된 성격에 의존하며, 이것에 의해 결정되기 때문이다. 따라서 이론적인 '최소운송(비) 지점' (*Transport-Minimalpunkt*) 을 지향하는 입지의 원리적 성격을 이해하기 위해서는 사고상 우선 개별 입지도형을 다루는 것이 바람직하다.

그러나 여기에 여전히 몇 가지 용어상의 문제점이 존재한다. 그것은 공업에 사용되는 원료의 성질과 관련된 것이며, 그것이 산출되고 또한 그것이 제품으로 이행되는 방법과 관련된 것이다. 왜냐하면 다양한 공업의 '운송상의 성격'이 전적으로 이 세 가지 사정에 좌우되는 것은 분명하기 때문이다.

1) 공업원료에 관한 용어

(1) 산출방식

(a) 공업에 사용되는 원료 가운데 어떤 것은 사실상 대부분의 경우 '어디서나' 산출되며, 따라서 크게 보아 장소와 무관하게 자연에 의해 주어져 있다. 이 점은 아주 일반적으로 말해, 즉 지구상의 모든 지점과 관련

하여 공기에 대해서만 유효한 것이지만, 우리가 입지 고찰을 행하는 협소하고 제한된 영역과 관련해서는 다른 많은 것에 대해서도 유효하다. 예를 들어 어떤 지역에서 '사실상' 어디서나 존재하는 벽돌을 만드는 흙과 목재 그리고 곡물 등을 생각해 볼 수 있다. 우리는 이러한 원료를 '보편원료'(*Ubiquität*) 라고 일컬을 수 있으며, 전자의 경우는 '일반적' 보편원료이며 후자의 경우는 '지역적' 보편원료이다. 이들 원료는 두말할 나위도 없이 각 지점에 제한된 양으로만 부존하거나 제한된 양으로만 산출될 수 있다. 그렇지만 그 지점의 수요가 보편원료의 최종 한도에까지 이르지 않은 경우도 있을 수 있다. 이러한 경우에 보편원료는 사실상 '절대적' 보편원료가 된다. 만약 수요가 이 한도를 넘어선다면, 이 원료는 그 지점과 지역 등에서 '상대적' 보편원료가 된다. 이렇듯 물은 독일의 많은 지방에서 그 수요 상태로 보아 사실상 한도에 도달하고 있지 않으며, 따라서 '절대적' 보편원료이다. 벽돌을 만드는 흙도 대부분의 지역과 관련하여 이와 마찬가지이다. 이에 반해 예를 들어 곡물은 모든 '곡물수입' 지역에서 두말할 나위도 없이 '상대적' 보편원료일 뿐이다. 물론 '보편원료'란 한 국가에서 수학적 의미의 모든 지점 또는 지방과 관련하여 존재하거나 생산할 수 있는 것을 말하지 않는다. 이는 이 원료가 지역에 널리 분포하고 있으며 소비지가 어디에 존재하더라도 산지 또는 취득 가능한 장소가 항상 그 주변에 자리 잡고 있다는 것을 의미한다. 이것은 수학적 개념이 아니라 실천적 '근사(近似) 개념'이다.

(b) 이에 반해 사용되는 원료가 이 범주에 속하지 않는 경우가 있다. 즉, 입지 고찰의 대상이 되고 있는 국가와 지역의 어디에 소비지가 존재하더라도, 원료를 이 소비지 주변에서 얻을 수 없고 지리적으로 명확히 특정 장소에서만 얻을 수 있는 경우가 있다. 또는 '기술적으로는' 어디에서도 얻을 수 있어도 경제적 이유에서 어떤 특정한 장소에서만 광업적으로 채굴되고 농업적으로 생산되는 경우도 있다. 그래서 오늘날에는 대부분의 공업원료 가운데 광석과 석탄, 세라믹 그리고 화학공업에 사용되는 원료들은 일반적으로 제 1의 범주, 즉 기술적으로도 장소적으로도 국지

화된 원료에 속하며, 예를 들어 목재와 면화 등은 경제적으로 그리고 장소적으로 국지화된 원료에 속한다. 이 경우에 두말할 나위도 없이 '국지원료' 또는 '보편원료'라는 공업원료의 성격은 언제나 그러한 것이 아니라, 오히려 우리가 입지 고찰을 위하여 문제로 삼는 국가와 지역과 관련하여 매번 구체적으로 결정되는 것이다. 예를 들어 미국의 남동부 지방을 고찰의 대상으로 삼는다면, 면화는 (아마) 실제로 보편원료일 것이다. 그러나 전 세계적으로 살펴보면, 면화는 당연히 보편원료가 아니며, 독일에서는 면화가 특정 외국의 지방으로부터 수입되지 않으면 안 되는 전혀 반대의 원료가 된다. 더군다나 또한 상대적 보편원료의 경우 어느 한 지점의 수요가 그곳에서의 조달 가능성을 넘어선다면, 그 초과분은 이미 보편원료라고 할 수 없으며 국지원료(*Lokalisiertes Material*)에 해당하는 것도 자명하다. 예를 들어 보리는 양조공장의 수요가 공장 '주변'의 생산을 넘어서는 경우에 그러하다.

(2) 생산으로의 이행 방법

더욱이 우리는 〔공업원료에 대하여〕 다음과 같이 실제로 한층 엄밀하게 구분할 수 있다.

모든 원료가 하나도 남김없이 제품으로 이행되는 경우도 있고, 생산에서 잔류물이 발생하는 경우도 있다. 이 잔류물은 재차 생산에 사용되는 경우도 존재하지만, 최초의 생산이라는 관점에서 살펴보면 폐기물에 다름 아니다. 따라서 우리는 그것들을 구별하기 위해 '**순수원료**'(*Reinmaterial*) 또는 '**조**(粗) **원료**'(*Grobmaterial*)라는 용어를 사용할 수 있다. 물론 '보편원료'도 이 두 가지 가운데 하나일 수 있다. 그러나 이 구분이 보편원료의 경우에는 입지적 의미를 전혀 갖고 있지 않기 때문에, '순수원료'와 '조원료'라는 용어는 설명을 간략히 하기 위하여 '국지'원료와 관련해서만 사용하고자 한다.

제품으로의 이행에서 우리는 이 두 가지 원료의 차이를 다음과 같이 고찰할 수 있다. '순수원료'는 제품에 그 전체 중량을 이전시키고, '조원료'

는 그 일부만을 이전시킨다. 이렇게 고찰할 때, 생산에 사용되는 연료(목재, 석탄 등)는 조원료의 극단적인 예로 볼 수 있다. 그것들은 그 중량이 추호도 제품으로 이행되지 않는 조원료이다. 거기서는 물질의 변화(화학적 과정)나 물질의 변형(물리적 과정)이 있으나, 그 사용에 의하여 제품의 중량은 전혀 증가하지 않는다. 그 사용이 아무리 중요하다고 해도 생산의 입지 고찰의 입장에서 살펴보면, 그 전체 중량은 이것과 관련이 '없다'. 우리의 고찰에서 물론 이 조원료를 생산에서 '기술적으로' 전혀 다른 역할을 맡고 있는 진정한 조원료와 함께 하나의 통일된 개념, 즉 '중량감소원료'(*Gewichtsverlustmaterial*)로 파악하는 것이 타당할 것 같다. 따라서 두 종류의 중량감소 원료가 존재하는 것이 된다. 그 하나는 연료로 그 전체 중량을 제품 밖에 남겨 놓고, 다른 하나는 조원료로 그 중량의 일부만을 '잔류물'로서 제품 밖에 남겨놓는다. 이러한 두 개념을 하나로 합치는 일은, 입지론으로서 여기서 우선 중량의 경과[10] 만을 고찰하는 이 이론에 대단히 중요하다.

따라서 아래 고찰에서 공업에 사용되는 원료는 '보편원료'와 '국지원료'로 나누어지고, 후자는 다시 '순수원료'와 '조원료'로 나누어진다.

2) 수학적 해법

(1)

우리는 생산이 운송비의 영향하에 이미 서술한 '입지도형'에 기초하여 일정한 입지지향을 보여준다고 언급하였다. 우리가 설명한 것처럼, 생산은 입지도형에서 생산에 필요한 톤·킬로미터가 최소로 되는 지점을 구한다. 이 지점은 운송비의 측면에서 살펴 본 〔공업〕입지이다.

그렇다면 우리는 이 지점을 우선 일반적으로 어떻게 구할 수 있는가? 우리가 출발점으로 삼은 고찰방법은 입지가 어디에 자리 잡는지 하는 것이

---

10) 〔역주〕 생산과정에서 중량의 변화 여부와 그에 따른 입지적 작용을 포괄하는 것이다.

며, 이 입지는 운송이라는 측면에서 항상 다음과 같은 관계를 지니고 있다. 즉, 이 입지를 향하여 원료산지에서 생산에 사용되는 모든 원료의 중량이 이동하고, 이곳으로부터 소비지를 향하여 제품의 중량이 이동한다는 것이다. 다시 말해 입지는 입지도형의 각 '꼭짓점'과 직선으로 연결되며, 이 선 위를 이러한 꼭짓점들에 속하는 중량(원료중량 또는 제품중량)이 이동한다. 이러한 원료산지들의 선 — 우리는 이러한 선들을 성분(*Komponent*)이라고 지칭한다 — 위를 생산에 필요한 원료중량이 이동하고 소비지의 성분 위를 제품중량이 이동한다. 여기서 두 가지의 국지원료를 사용하는 생산을 고찰해 보자. 1톤의 제품을 생산하는 데 각각 3/4톤과 1/2톤의 원료가 필요하다고 상정해 보자. 이 경우 입지도형에서는 원료산지의 성분 위를 3/4과 1/2의 중량이 이동하고, 소비지의 성분에 더해지는 중량은 1이다.

이 중량은 중량과 거리만이 운송상의 의미를 갖는다는 가정하에서 입지도형의 각 꼭짓점이 입지를 자신의 방향으로 견인하는 힘이다. 왜냐하면, 입지가 꼭짓점을 향하여 성분 위로 접근하는 경우에는 그 성분 위를 이동하는 중량과 거리로 성립하는 톤·킬로미터에 상응하는 만큼의 절약이 발생하기 때문이다. 그리고 만약 톤·킬로미터만이 입지지향을 결정짓는 것이라면, 각 꼭짓점이 지닌 중요도는 그것으로의 접근을 통하여 절약되는 톤·킬로미터 수에 정확히 비례하지 않으면 안 된다. 다시 말해 각 꼭짓점의 중요도는 입지성분 위를 이동하는 중량에 의하여 결정되지 않으면 안 된다. 이 점으로부터 우리는 다음과 같은 일반적인 결론을 도출할 수 있다. 입지는 각 꼭짓점의 입지성분의 중량이 지닌 상대적 중요도에 따라 각 꼭짓점에 가깝거나 멀리 (떨어져) 자리 잡는다.

수학자(부록 제 1절 제 2항을 참조하라)의 입장에서 언급하면, 입지도형상의 입지는 일반적으로 하나의 〔기계적〕 장치를 이용하여 역학적으로 정확히 규정할 수 있다. 즉, 이 장치에서는 입지도형의 각 꼭짓점에 해당하는 곳에 부착된 롤러를 통하여 실이 부착되고 이 실에 각 성분중량에 상응하는 만큼의 무게의 추가 달리며, 실은 입지도형 안쪽에서 결합된다〔바리

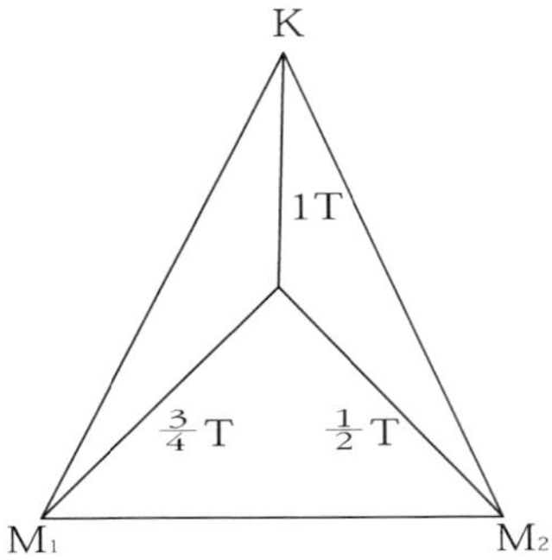

〈그림 3-4〉

농(Varignon)[11]의 장치. 부록의 그림을 참조하라〕. 이 실의 매듭 — 매듭은 꼭짓점을 넘어서서 움직이지 않도록 하는 것이 필요하다 — 이 중력의 작용에 의하여 정지하는 곳이 곧 입지이다. 따라서 이 입지는 추 가운데 어느 하나가 어떤 특정한 크기일 때(게다가 각 꼭짓점의 지리적 위치가 특정한 상태에 놓여 있을 때)에는 꼭짓점에 위치할 수 있다. 그러나 그 밖의 경우에 그것은 입지도형 내부의 어느 한 정지지점에 자리 잡을 것이다.

(2)

입지가 역학적으로 결정되는 경우와 동일한 일반적인 고찰에 바탕을 둔 수학자는 다음과 같이 말할 것이다. 즉, 각각의 생산에 대하여 각기 서로 다른 개별적인 성질의 입지도형이 존재하는 것 외에도 또한 일반적인 성질을 지닌 '중량도형'(*Gewichtsfigur*)이 존재한다는 것이다. 이 도형은 생산의 성질이 어떠한지에 따라 입지도형의 성분 위를 이동하는 중량의 상대적 크기를 길이로 나타내는 것을 통하여 성립한다. 이제까지 사용된 예와 마찬가지로 입지도형은 삼각형이며, 성분중량이 각각 $1 = a_1$, $3/4 = a_2$, $1/2 = a_3$이라고 한다면, 이러한 중량에 의해 구성되는 중량도형(삼각형)은 〈그림 3-5〉와 같다.

11) 〔역주〕 피에르 바리뇽(Pierre Varignon)은 18세기 프랑스 출신의 수학자로, 이 책의 부록에 실려 있는 〈그림 부록-3〉의 기계장치를 고안하였다.

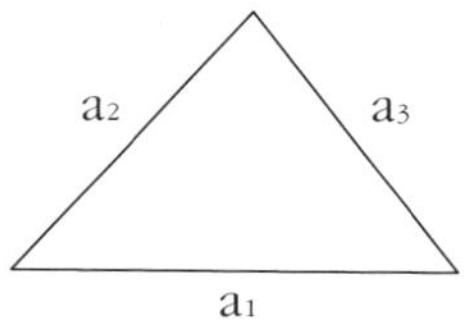

〈그림 3-5〉

입지의 위치와 관련하여 수학자는 다음과 같은 경우를 구별한다.

(1) 성분의 중량을 길이로 표현하는 데서 하나의 삼각형을 만들 수 없는 경우, 즉 어느 하나의 길이가 나머지 모든 것을 합친 것과 같거나 긴 경우에는 입지가 이 성분의 꼭짓점에 위치한다. 단, 이 성분중량이 나머지를 합친 것과 같거나 그것보다 큰 경우에는 '중량의 동태관계'의 시각에서도 이러한 사실을 직접 확인할 수 있다. 왜냐하면 견인하는 힘이 다른 모든 것을 합친 것과 같거나 그보다 큰 경우에는 그것을 꼭짓점으로부터 벗어나게 하는 것이 불가능하기 때문이다.

(2) 이에 반해 중량도형을 그릴 수 있는 경우, 즉 하나의 힘이 나머지 모든 힘을 합친 것보다 작은 경우에는 입지도형의 방식이 의미를 지니게 된다. 이러한 경우에는 입지도형이 삼각형 이상으로 복잡하지 않다면, 작도에 의해 입지를 구하는 간단한 방법이 존재한다. 우리가 입지 도형의 각 변(邊)에 중량삼각형(*Gewichtsdreieck*), 즉 성분중량의 상대적 '길이'를 바탕으로 하여 작도된 삼각형을 그리고, 〔또한〕 이것에 외접하는 원을 그린다면, 이러한 원들의 공동의 교점이 운송상의 최소지점, 즉 입지이다(보다 자세한 것은 부록 제 1절 제 4항을 참조하라).

이 작도법(*Konstruktion*)의 일반적 의미는 입지로부터 두 개의 '입지도형의 꼭짓점'을 향한 선이 만드는 각의 크기가 이 두 꼭짓점이 지닌 성분의 상대적 중량에 의존한다는 점에 있다. 이들의 상대적 중량이 크다면, 각(角) 역시 크며 입지는 원주각의 정리에 따라 두 개의 꼭짓점을 연결하는 선 위 낮은 아치 모양을 하는 호(弧) 위에 자리 잡게 된다. 즉, 이 호가 나타내는 것처럼 두 개의 꼭짓점 가까운 곳에 있게 된다. 반대로 두 꼭짓점의 성분중량이 작다면, 각도 작고 입지도 꼭짓점을 연결하는 선 위 큰

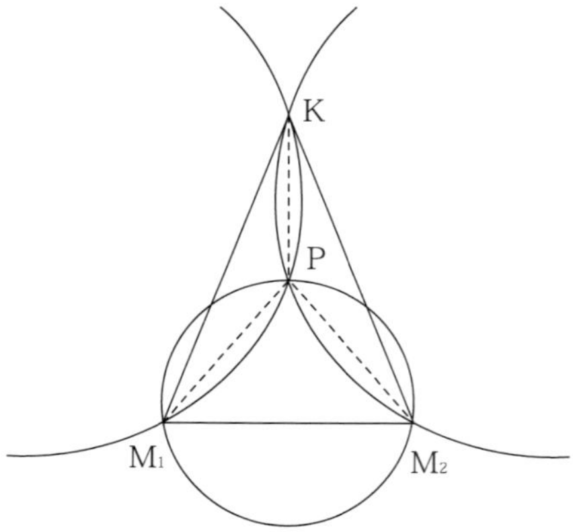

〈그림 3-6〉

아치 모양을 하는 호 위에 있으며, 따라서 두 개의 꼭짓점 또는 적어도 작은 꼭짓점으로부터 먼 곳에 있게 된다. 이상은 중량의 상대적 크기가 어떻게 입지를 꼭짓점에 가깝도록 하는지를 분명한 형태로 서술한 것이다.

더군다나 여기서 한 가지를 더 지적해 둘 필요가 있다. 즉, 입지도형에서 두 꼭짓점이 제 3의 꼭짓점에 대한 관계 여부와 이 제 3의 꼭짓점의 지리적 위치 여부에 따라〔입지도형에서 두 꼭짓점의 제 3의 꼭짓점과의 관계와 이 제 3의 꼭짓점의 지리적 위치에 따라〕 이 제 3의 꼭짓점이 나머지 두 꼭짓점을 잇는 규정호(*Bestimmungskreisbogen*)의 내부에 있을 수 있고, 따라서 그럴 경우 이 호에 의해 둘러싸이며, 그래서 규정호가 입지도형의 내부가 아니라 외부에서 교차하는 경우가 존재한다(〈그림 3-7〉과 〈그림 3-8〉을 참조하라). 이러한 일이 발생하는 것은 두 꼭짓점의 중량이 제 3의 꼭짓점에 비해 유난히 작고, 그 위에 펼쳐지는 규정호가 유난히 높은 곳을 지나는 경우(〈그림 3-7〉) 또는 제 3의 꼭짓점이 다른 두 꼭짓점을 잇는 직선 가까운 곳에 자리 잡고 있는 경우(〈그림 3-8〉)이다.

이러한 경우에는 입지가 이를 둘러싼 꼭짓점을 향하여 이동하는 것이 아니라, 이 꼭짓점이 중량적으로 다른 것을 현격히 뛰어넘는 제 1의 경우와 마찬가지로 꼭짓점 자체에 자리 잡게 된다(부록 1-7을 참조하라).

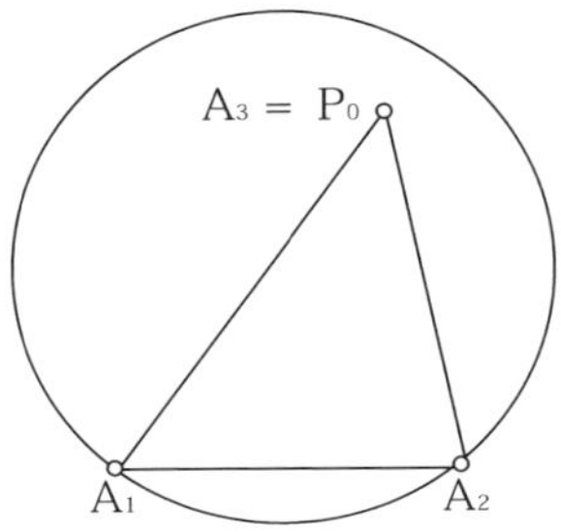

〈그림 3-7〉

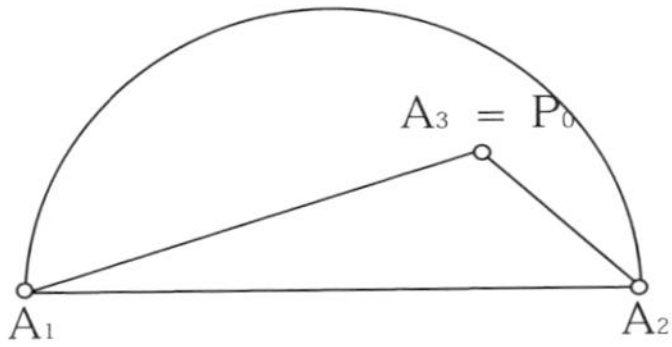

〈그림 3-8〉

따라서 입지도형이 삼각형인 경우에는 입지를 다음과 같이 세 가지 경우로 구분해 볼 수 있다.

첫째, 한 꼭짓점의 중량이 절대적으로 다른 두 꼭짓점의 중량을 합친 것과 같거나 넘어서는 경우이다. 이 경우에는 입지가 반드시 이 꼭짓점에 자리 잡게 된다.

둘째, 위에서 서술한 경우, 즉 제 3의 꼭짓점이 현저히 가까운 곳에 자리 잡고 있는 경우에는 별도로 한 꼭짓점의 중량이 절대적으로 다른 것을 넘어서는 것이 아니라 상대적으로 현저히 우세한 경우이다. 이 꼭짓점이 너무 멀리 떨어진 곳에 있지 않다면, 그것이 입지가 된다.

셋째, 마지막으로 이 밖의 경우, 즉 '규정호'가 입지를 결정하는 경우이다. 이 경우의 입지는 위에서 서술한 것처럼 두 꼭짓점의 중량에 따라 이들 꼭짓점에 가까이 또는 멀리 자리 잡는다.

(3) 삼각형 외의 입지도형인 경우에는 이러한 간단한 입지의 작도는 더 이상 가능하지 않다(부록 제 1절 제 12항을 참조하라). 이 경우에 입지를 규정하기 위한 가장 손쉬운 방법은 앞서 언급한 바리뇽이 고안한 장치의 역학(力學)을 이용하는 것이다. 그러나 입지가 주어진 입지도형의 임의의 두 꼭짓점에 그 성분중량의 상대적 크기에 의해 견인된다고 고찰할 때, 우리는 규정호를 가진 삼각형과 관련하여 얻는 일반적인 고찰방법을 이보다 한층 더 복잡한 경우에도 적용시킬 수 있다. 다만 견인력은 삼각형의 경우와 달리 그렇게 간단히 수학적으로 표현될 수 없다. 이 경우에

는 규정호가 높은지 아니면 낮은지 하는 점이 두 개의 꼭짓점 각각이 입지를 움직이는 '견인력'을 수학적으로 표현하는 것이 아니라, 그것에 의해 이 복잡한 도형의 어디에 입지가 놓이는지에 대한 일반적인 관념을 제시한다.

(3)

이 간단한 수학적 귀결이 현실에서는 어떤 의미를 지니는가? 이것은 현실과 완벽하게 일치하는가?

국지원료를 사용하는 경우, 이것이 입지를 충분히 설명한다는 점은 분명하다. 다수의 원료를 작용하는 복잡한 입지도형이 성립하는 경우에도, 두 개의 원료만을 사용하는 간단한 삼각형의 경우에도, 또한 단 하나의 원료를 사용하고 그것이 원료산지와 소비지를 잇는 '직선'이 되는 경우에도 그 사이의 모든 동태는 동일하며, 원료산지는 원료중량에 의해 그리고 소비지는 제품의 중량에 의해 견인되고, 따라서 입지는 이상과 같은 방법으로 결정된다. '입지도형'이 직선을 이루는 경우에는 그 동태와 결정이 간단해진다. 이 경우에는 단 두 개의 성분, 즉 원료산지와 소비지의 성분만이 존재할 뿐이며, 이들은 두 지점을 잇는 직선과 지리적으로 일치한다. 이 직선 위에서 원료중량은 한 방향으로, 제품중량은 또 한 방향으로 견인하고, 따라서 이 경우에는 어느 방향이 우세한지에 따라 직선 위에 입지가 성립한다. 바꿔 말해, 원료의 중량이 우세하다면 '원료산지'에, 제품의 중량이 우세하다면 '소비지'에 그리고 양자가 동일하다면 '직선상의 임의의 지점'에 자리 잡는다.

이처럼 국지원료의 사용과 관련해서는 〔입지를〕 원리적으로 완전히 설명할 수 있다. 그러나 이와 더불어 보편원료, 다시 말해 물이나 그 밖의 것이 사용되는 경우는 어떠한가? 위에서 살펴본 것처럼, 이것에 의해 제품의 중량이 〔생산에〕 사용되는 국지원료의 중량을 넘어서는 경우에는 어떻게 되는가? 보편원료는 입지도형에 관계하는 정해진 '산지'를 갖고 있지 않고, 그 명칭이 시사하는 바처럼 '어디서'나 존재한다. 따라서 그 작용은 입지도형에 의거해서는 분석되지 않는 것처럼 생각된다. 하지만 보편원료의 개념에 관하여 (보다) 철저히 고찰해 보면, 그렇지 않다는 점을 알 수 있다. 보편원료는 생산이 이루어지는 곳에서는 어디서라도 얻어질 수 있는 것이기 때문에, 실제로 입지한 곳에서 얻어질 수 있다. 이것은 보편원료가 원료로서 입지도형에 작용하는 것이 아니라, 오히려 그것이 제품에 가공된 형태로 작용하는 것을 의미한다. 왜냐하면 보편원료가 제품이 되는 경우에 비로소 입지와 관련한 지리적 의미를 갖게 되기 때문이다. 바꿔 말해, 그 작용이 입지도형의 동태 속에서 (입지에서 소비지를 향하여) 소비지 성분의 강화라는 형태로 드러나고 있다. 이는 이전까지 드러나지 않았던 중량을 그 성분에 더하기 때문이다.

이 점을 고찰하게 되면, 이 이론이 국지원료를 사용하는 경우와 보편원료를 사용하는 경우를 공히 포함하는 것에 의해 고찰방법상으로 현실의 모든 경우를 포괄하는 것이 된다. 따라서 이 이론을 통하여 현실의 모든 경우를 설명하는 것은 당연히 가능하게 된다.

우리는 이 설명을 동시에 행하여야 할 것이다. 그러나 우선 오늘날까지 이론적인 고찰을 통하여 얻은 몇 가지 일반적인 결론에 대하여 서술하고자 한다. 이것을 간단한 공식으로 요약하기 위해서는 두 가지의 개념이 동시에 필요하다.

3) 원료지수와 입지중량 그리고 이론적 결과

우리는 입지가 입지도형의 '꼭짓점' 사이를 이동하는 운송비를 통해 결정된다는 점을 범주를 달리하는 꼭짓점 사이의 투쟁, 즉 소비지의 꼭짓점과 원료산지의 꼭짓점 사이에 입지를 둘러싼 투쟁으로 고찰할 수 있다. 이처럼 모든 입지지향은 소비지 지향이거나 정도의 차이가 있을지라도 원료산지 지향일 수밖에 없다. 그렇다면 이 투쟁은 무엇에 의해 결정되는가? 그것은 원료가 제품의 생산에 사용되는 정도, 즉 제품 1톤에 사용되는 원료의 톤 수에 따른 것인가? 다시 말해 1톤의 생산에 많은 톤 수의 원료가 사용되는, 따라서 원료의 감소 정도가 큰 생산은 원료 지향적이며, 그렇지 않는 생산은 소비 지향적인가? 이것은 우리의 결론에 비추어 볼 때 잘못된 것이다. 소비지 성분이 보편원료에 의해 상대적으로 얼마나 강화되는지에 따라, 제품 1톤당 동일한 양의 석탄과 그 밖의 중량감소 원료가 사용되어도, 입지가 (입지) 도형에서 원리적으로 전혀 다른 지점에 자리 잡을 수 있는 경우가 존재한다. 즉, 어떤 경우에는 소비지에, 다른 경우에는 하나의 원료산지 또는 여러 개의 원료산지에 인접하여 자리 잡는 것이다. 중요한 것은 사용되는 원료중량의 제품중량에 대한 비율이 아니라, 사용되는 **국지**원료의 제품중량에 대한 비율이다. 이때 모든 보편원료는 제품중량을 증가시키는 것으로서의 의미만을 지닌다. 우리는 국지원료 중량의 생산 중량에 대한 비율을 생산의 **'원료지수'**(*Materialindex*) 라고 부르고자 한다. 예를 들어 1톤의 제품에서 1톤의 국지원료와 1/2톤의 보편원료를 사용하는 생산의 '원료지수'는 1이며, 1톤의 국지원료와 1톤의 보편원료(예를 들어 1톤의 보편적으로 존재하는 흙과 1톤의 석탄) 를 사용하는 생산의 원료지수도 동일하게 1이다. 더군다나 1톤의 순수원료만을 사용하는 경우도 1이다. 이 모든 것들은 원리적으로 동일한 입지지향을 보여준다.

이러한 국지원료의 중량 — 그것이 어떤 것으로 구성되는지 와는 상관없이 — 과 제품 중량과의 비율을 공업의 '원료지수'로 파악할 때, 우리는 한걸음 더 나아가 다음과 같이 언급할 수 있다. 즉, 어떤 종류의 생산이 행해질 때 제품 1단위에 대해 입지도형 내에서 이동에 문제가 되는 총중량은 확실히 그 공업의 원료지수의 크기에 달려 있다는 것이다. 왜냐하면, 이 원료지수는 제품의 중량 외에 어느 정도의 국지원료 중량이 입지도형 내에서 이동하지 않을 수 없는지를, 즉 제품 중량 외에 어느 정도의 중량이 입지도형 내에서 이동하지 않으면 안 되는지를 시사하기 때문이다. 따라서 이것에 의해 이동하는 총중량이 측정된다. 우리는 제품 단위당 입지도형 내에서 이동하지 않을 수 없는 총중량을 이후로 그 공업에 대한 **'입지중량'**(*Standortsgewicht*) 이라고 부르고자 한다. 이 입지중량의 최소값은 분명 1인데(원료지수＝0에서는 보편원료만이 사용되는 경우), 이것은 원료지수가 증가하면 나란히 증가하게 된다. 원료지수가 1/2이라면, 입지중량은 1과 1/2이 되는 것 등이다.

이러한 두 가지의 개념, 즉 '입지중량'과 '원료지수'를 사용하면, 우리는 소비지와 원료산지 사이의 입지를 둘러싼 투쟁에 관하여 다음과 같이 언급할 수 있다.

첫째, 일반적 결과로서 입지중량이 높은 공업은 원료산지를, 낮은 공업은 소비지를 지향한다. 왜냐하면 전자는 높은 원료지수를 그리고 후자는 낮은 원료지수를 갖고 있으며, 따라서 전자는 원료'산지'의 상대적으로 강한 견인력을, 후자는 미약한 견인력을 갖고 있기 때문이다. 더군다나 수학적 결과를 상기할 때, 원료지수가 어떤 이유에서든지 1보다 크지 않고, 따라서 입지중량이 2보다 크지 않은 모든 공업은 소비지에 자리 잡는다.

이것이 첫 번째의 (분석) 결과이다. 그리고 두 번째의 결과는 원료지수의 조합에 기초하여 도출할 수 있다.

순수원료는 생산을 그 산지에 결코 결합시킬 수 없다. 왜냐하면 원료가 전부 제품으로 이행되므로, 산지의 성분중량이 최대인 경우라고 할지라도 제품의 중량보다 크지 않고, 따라서 이를 바탕으로 한 원료지수는 1을 결코 넘어설 수 없기 때문이다. 보다 자세한 점에 관해서는 아래에서 곧바로 살펴보고자 한다.

이에 반해 중량감소원료는 생산을 그 산지로 견인할 것이다. 그러나 이를 위해서는 첫째 중량감소원료가 그 일부로서 영향을 미치는 원료지수가 1보다 크고, 둘째 원료지수 가운데 중량감소원료가 차지하는 부분이 나머지 부분에 제품 중량을 더한 것과 같아야만 한다. 좀더 간단히 말하면, 중량감소원료의 중량이 제품 중량에 그 밖의 국지원료의 중량을 더한 것과 같거나 크지 않으면 안 된다는 것이다.

4) 사례 검토

이제 현실에서 살펴 볼 수 있는 다양한 사례에 관하여 서술하고, 〔원료의〕 모든 가능한 조합에 관하여 고찰하고자 한다. 다양한 공업에서는 다음과 같은 원료의 조합이 가능하며, 따라서 이를 순차적으로 살펴보고자 한다. 가능한 것은

(1) 보편원료만을 사용하는 경우

(2) 국지적 순수원료만을 사용하거나 이것과 보편원료를 함께 사용하는 경우

(3) 중량감소원료만을 사용하거나 이것과 기타 원료를 함께 사용하는 경우 등이다.

(1) 보편원료만을 사용하는 경우

(a) 하나의 보편원료만을 사용하는 경우. 이 경우에는 대단히 명백한데, 생산은 항상 소비지를 그 입지로 선정한다. 우리의 이론에 따르면, 입지도형은 하나의 '지점', 다시 말해 소비지로 압축되며, 생산은 이곳에 자리 잡지 않으면 안 된다. 이는 간단한 고찰만으로도 파악할 수 있는 것이기도 하다. 왜냐하면, 단 하나의 보편원료를 사용하는 경우에는 생산은 소비지에 자리 잡고 따라서 운송은 전혀 필요로 하지 않지만, 다른 입지가 선정될 경우에는 생산 후에 운송이 필요로 하기 때문이다. 그러므로 운송을 절약해야할 필요성에 따라 입지는 소비지에 위치하게 된다.

(b) 여러 개의 보편원료를 사용하는 경우. 이 경우 단 하나의 보편원료가 사용되는 경우와 다른 입지가 선정될 이유는 전혀 없다. 이 경우에도 입지는 소비지에 자리 잡는다.

(2) 국지적 순수원료만을 사용하거나 이와 함께 보편원료를 사용하는 경우

(a) 하나의 순수원료만을 사용하는 경우. 다른 부분에서 이미 언급한 것처럼, 이 경우에는 입지도형이 압축되어 원료산지와 소비지를 잇는 '직선'

이 된다. 이 직선 위에서 원료 중량과 소비재 중량은 〔입지를〕 서로 정반대의 방향으로 견인한다. 여기서 문제가 되는 경우는 원료가 전부 제품으로 이행되고 그 밖의 원료가 사용되는 것이 아니기 때문에, 원료지수는 1과 같고 두 힘의 강도는 동일하다. 생산이 소비지에서 행해지든 원료산지에서 행해지든, 아니면 노선 위의 어느 곳에서 행해지든 간에 운송되는 중량은 전적으로 동일하다. 입지는 이동할 수 있다. 이것은 이 '노선' 위의 어떤 지점 또는 그 양쪽 끝의 한 지점, 즉 소비지나 원료산지에 자리 잡을 수 있다.

(b) **보편원료가 부가되는 경우**. 이 경우에는 입지가 즉시 결정된다. 원료지수는 1보다 작고 원료산지의 성분은 (보편원료가 차지하는 부분만큼) 소비지의 성분보다 미약하며, 따라서 입지는 이 소비지에 자리 잡는다.

(c) **여러 개의 순수원료만을 사용하는 경우**. 이 경우에도 입지도형은 성립하는데, 여기서의 원료지수는 1과 같다. 따라서 우리의 이론에 따르면, 입지는 소비지에 자리 잡지 않으면 안 된다. 왜냐하면 이 경우에 원료지수의 제품 중량에 대한 견인력은 하나의 직선 위에서 작용하는 것이 아니라, 원료가 존재하는 수만큼의 다양한 선 위에서 작용하기 때문이다. 그러나 이들 가운데 어느 하나도 소비지의 성분에 필적하지 못하고 후자는 전자를 모두 합친 것과 같은 강도를 지니고 있으며, 따라서 생산지는 소비지에 놓이게 된다. 우리는 이것을 우리의 중량역학모델을 사용하지 않고 다른 방법을 통해서도 설명할 수 있다. 다시 말해 모든 원료는 원료의 형태로 존재하는지 아니면 제품의 형태로 존재하는지 하는 점과는 상관없이 그 전체 중량이 〔원료〕산지에서 소비지로 이동하지 않으면 안 된다. 이때 이들 원료가 어떤 여분의 우회로를 만들지 않는다면, 이들 원료는 소비지를 향한 직선 위에 놓여 있어야만 한다. 어떤 원료의 노선이 때때로 다른 원료의 산지를 통과하는 경우를 제외하면, 모든 노선이 소비지에서만 만나게 될 것이다. 그리고 원료가 동일한 장소에 모이는 것은 이들을 결합하여 제품으로 만들기 위한 전제조건이기 때문에 노선이 한번 만나는 소비지만이 입지가 될 수 있다. 그러므로 여러 개의 순수원

료만을 사용하는 생산은 언제나 소비지에서 행해진다.

(d) 보편원료가 부가되는 경우. 이 경우에는 입지가 소비지에 한층 더 강력히 결합하게 된다. 이전에 1이었던 원료지수는 1 이하로 떨어진다. 소비지의 우월성은 단순히 다른 성분들의 합과 같은 것이 아니라, 그것 이상으로 크다. 그러므로 입지가 소비지로부터 떨어지는 것은 불가능하다.

(3) 중량감소원료만을 사용하거나 중량감소원료와 기타 원료를 함께 사용하는 경우

(a) 하나의 중량감소원료만을 사용하는 경우. 이 경우에도 입지도형은 압축되어 하나의 '노선'이 된다. 하지만 이때의 입지는 더 이상 '이동할 수' 없는데, 왜냐하면 이에 작용하는 원료산지의 성분이 원료가 중량을 감소시킨 부분만큼 한층 강력하게 되기 때문이다. 원료지수는 중량을 감소시킨 부분만큼 1보다 크고, 따라서 입지는 '원료산지'에 자리 잡게 된다.

(b) 보편원료가 부가되는 경우. 이것은 소비지의 성분을 한층 강화시킨다. 입지선정과 관련하여 문제가 될 수 있는 것은, 이 보편원료의 부가가 소비지의 성분을 어느 정도 강화시키는지 하는 점이다. 보편원료가 부가됨에도 불구하고 〔소비지의 성분보다〕 원료의 성분이 강화되고, 원료지수가 1보다 클 경우에는 입지는 명백히 '원료산지'에 머무르게 될 것이다. 그리고 〔소비지의 성분에 보편원료가 더해져〕 원료지수가 1이하로 떨어진다면, 입지는 바로 소비지로 이동하게 된다. 그러므로 소비지와 원료산지 사이의 입지선정은 중량 감소의 정도와 보편원료의 양에 달려 있다.

(c) 여러 개의 중량감소원료만을 사용하는 경우. 이 경우에는 우리의 이론에서 말하는 입지도형의 전체 동태가 작용하며, 이 동태를 고찰하지 않고서는 입지에 대하여 정확히 서술하는 것이 불가능하다. 중량감소원료만이 생산에 작용하는 경우에는 원료지수는 언제나 1을 반드시 넘어서고, 생산지는 반드시 원료산지와 관계를 맺으면서 지향하게 된다. 우리는 두 가지의 원료를 사용하는 경우에 두 원료산지를 통과하는 어떤 원호에 의해 입지가 결정된다는 점을 잘 알고 있다. 우리는 또한 소비지가 (공업)

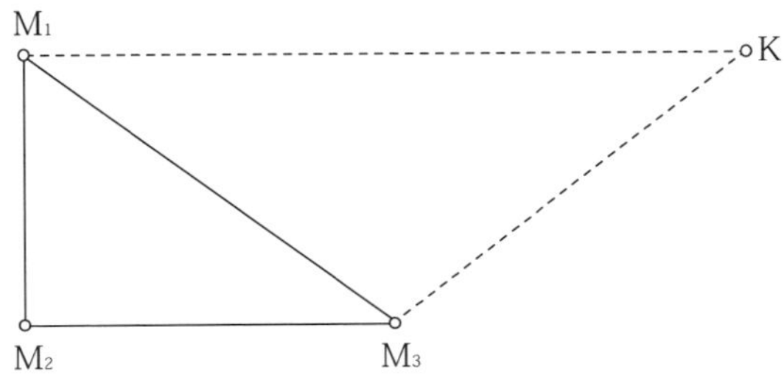

〈그림 3-9〉

입지가 되는 것은 그것이 우연히 이 원호의 내부에 자리 잡는 경우만이라는 사실을 잘 알고 있다. 더군다나 여러 개의 원료가 사용될 경우에도 어느 한 원료산지의 중량이 나머지 모든 원료산지와 제품의 중량을 합친 것과 같을 경우에는 입지가 언제나 이 산지로 이동한다는 점을 알고 있다. 이 밖에도 우리는 이 점으로부터 예를 들어 석탄이 어떤 경우에 입지를 자기 쪽으로 견인하는 힘을 갖게 되는지 하는 점을 설명할 수 있다. 즉, 이는 석탄의 중량이 제품 중량에 다른 모든 국지적 가공원료의 중량을 더한 것과 같은 경우라는 것이다.

이미 서술한 것처럼, 세 가지 이상의 원료가 사용되는 경우에는 바리뇽의 장치가 유용하다. 하지만 우리는 원료지수가 우세하다는 점으로부터 발생하는 입지 견인의 지리적 영역을 몇몇 원료산지를 단순히 결합시켜 그린 하나의 도형을 통하여 명시할 수 있다. 예를 들면 〈그림 3-9〉와 같다. 여기서 삼각형 $M_1M_2M_3$은 입지 견인 영역이다. 견인력은 원료지수의 우월 정도가 크면 클수록 그만큼 더 강력히 작용하게 된다.

(d) **중량감소원료와 순수원료를 사용하는 경우.** 생산에서 중량감소원료에 순수원료를 더한다면, 순수원료는 소비지의 성분 가운데서 그 전체 중량이 다시 나타나기 때문에 원료지수는 작고, 따라서 원료산지로의 입지 경향은 약화된다. 그러나 이 경우에도 보편원료의 추가로 소비지의 성분이 보다 강화되는 한, 입지가 소비지로 다가서는 것은 — 소비지가 앞서 언급한 원호의 내부에 있는 경우를 제외하면 — 결코 아니며, 입지는 반드시 원료산지와 어떤 관계를 맺고 있는 곳에 자리 잡지 않을 수 없다. 하

지만 이 경우에 순수원료의 산지가 견인력을 발휘하는 것은 아니다. 그러므로 이 경우에도 우리는 중량감소원료에 관한 〈그림 3-9〉를 사용하고, 입지의 지리적 견인 중심이 어디에 놓여 있고 그 견인력이 얼마나 강력한지를 파악할 수 있다.

(e) 마지막으로 보편원료가 부가되는 경우. 이 경우에도 이것이 입지에 미치는 영향은 이제까지 서술한 것만으로도 명백히 드러난다. 즉, 보편원료가 부가되는 것에 의해 정확히 그것이 사용되는 것만큼 원료지수가 떨어지고, 기타 원료의 중량 감소에 의해 그 지수의 초과분이 삭감된다. 중량감소가 보편원료의 사용으로 실제로 상쇄되는 경우에는 원료지수가 중량 감소에도 불구하고 1과 같아지고, 입지는 소비지에 자리 잡는다. 그리고 보편원료의 사용으로 이 상태에 근접하는 것에 정확히 비례하여 원료산지의 견인력은 자연히 하락하고 소비지의 견인력은 상승한다. 이 모든 종류의 원료를 사용하는 경우에 생산이 본질적으로 원료산지를 지향하는지 아니면 소비지를 지향하는지를 파악하고자 한다면, 우리는 국지원료의 중량 감소와 사용되는 보편원료의 중량을 〔서로〕 비교해 보면 될 것이다. 어떤 중량이 보다 큰지에 따라 전자 또는 후자의 입지지향이 나타난다.

위에서 서술한 모든 것은 원리적인 수학적 도식을 구체화하고 그것이 개개의 경우에 어떻게 적용되며, 또한 어떤 경우를 포괄하는지를 보여주기 위한 것이다. 물론 각 사례에서 입지의 정확한 규정은 우리의 작도법에 의거하여 혹은 도형이 복잡한 경우에는 바리뇽의 장치에 의거하여 제시된다.

그렇지만 이러한 작도법과 장치는 개별 사례에 대한 이상의 개관이 보여주듯이 중량감소원료가 사용되는 경우에 필요할 뿐이다. 왜냐하면 이러한 경우에만 '입지도형'이 실제로 성립하고 입지가 소비지 외의 장소에 자리 잡기 때문이다. 그 밖의 모든 경우에는 입지가 소비지에 자리 잡는다. 단, 입지가 다음과 같이 간단한 방법으로 결정되는 경우는 제외된다.

ⓐ 하나의 순수원료만을 사용하는 경우. 이 경우에는 입지가 원료산지와

소비지 사이에서 이동할 수 있다.

ⓑ 하나의 중량감소원료만을 사용하는 경우. 이 경우에는 입지가 이 원료산지에 자리 잡는다.

ⓒ 하나의 중량감소원료와 함께 보편원료를 사용하는 경우. 이 경우에는 입지가 중량감소 원료와 보편원료 사이의 양적 관계에 따라 원료산지 또는 소비지에 자리 잡는다.

이상이 일반적인 수학적 최소지점의 이론을 다양한 공업이 보여주는, 위에서 개괄적으로 제시한 상황의 조합에 적용한 경우의 결과이다.

5) 전체적 입지지향

우리는 이제까지 고립시켜 살펴 본 입지도형에서 운송지향의 과정에 관하여 제한적으로만 살펴보았다. 이제 우리는 논의를 좀더 확대시켜서 전체 공업의 입지지향에 관하여 살펴보고자 한다. 이러한 경우에도 기본적인 사정이 전적으로 동일하다는 점은 분명하다. 왜냐하면, 이 전체적인 (입지) 지향은 운송이라는 측면에 비추어볼 때, 간단히 말해 정도의 차이가 있을지라도 다수의 독립적인 입지도형의 병립을 의미할 뿐이기 때문이다. 하지만 여기서 몇 가지 문제를 명확히 하는 것이 필요하다.

(1) 우선 첫째로 어느 한 공업의 전체적인 입지지향에서 입지도형은 어떻게 형성되는지 하는 문제이다. 소비지에서 그 이용상 가장 양호한 위치에 있는 원료산지는 어느 것인가? 그것은 단순히 그리고 그 어떤 경우라도 소비지로부터 지리적으로 가장 근접해 있는 원료산지인가?

상호 작용하는 힘을 지닌 복잡한 입지도형이 성립하지 않는 단순한 상황에서는 사실상 그것은 항상 지리적으로 가장 가까운 원료산지이다. 단 하나의 원료가 사용되는 경우에는 생산지가 원료산지에, '노선' 위에, 그리고 또한 소비지에 자리 잡을 수 있어도 가장 가까운 원료산지가 선정되는 것은 자명하다. 더군다나 여러 개의 순수원료만이 사용되거나 이것과 보편원료가 함께 사용되고 입지가 항상 소비지에 자리 잡고 있는 경우에

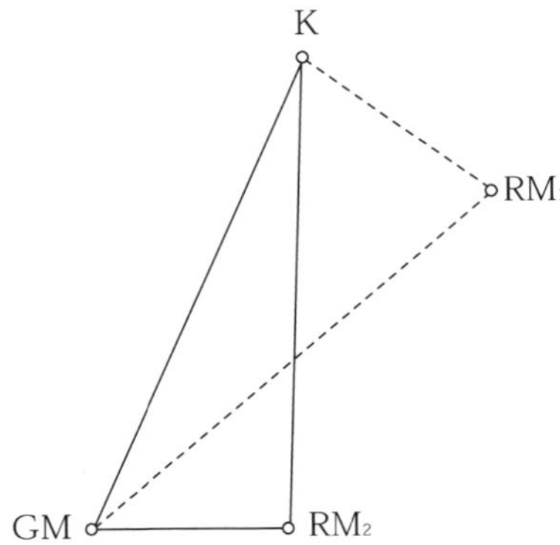

〈그림 3-10〉

도 보편적이지 않은 원료를 이 소비지로 가져오기 위해서 가장 가까운 원료산지를 이용하는 것은 명백하다. 그리고 마지막으로 중량감소원료가 다른 원료와 함께 사용되지만 복잡한 입지도형이 성립하지 않는 경우, 즉 그러한 원료의 하나에만 보편원료가 부가되고, 입지가 이미 살펴본 것처럼 그 원료산지와 소비지 중 어느 한 곳에 자리 잡고 있는 경우에도 역시 또한 지리적으로 가장 가까운 (원료) 산지가 선정되는 것은 명백하다.

그러나 실제로 입지도형이 성립하는 경우에는 반드시 이와 같지는 않다. 입지도형을 형성하는 원료산지가 반드시 소비지에서 살펴보았을 때 그것들 중 지리적으로 가장 가까이에 있는 것은 아니다. 이 점을 곧바로 파악하기 위해서는 예를 들어 다음과 같은 경우를 고찰해 볼 수 있다. 중량감소원료의 산지인 GM은 넓은 주변지역을 포괄하고 있으나 고립되어 있고 경쟁자가 존재하지 않는다. 그러나 순수원료에 대해서는 두 개의 원료산지가 경쟁하며, 그 가운데 RM_1은 소비지에 가장 가까이에 있으나, 〈그림 3-10〉이 보여주는 것처럼 GM으로부터는 제 2의 원료산지인 RM_2보다 멀리 떨어져 자리 잡고 있다. 입지는 중량감소원료의 견인력이 우세하기 때문에 항상 GM 근처에 있다. 이 경우 소비지에 지리적으로 가장 가까운 RM_1이 아니라 GM에 가장 가까운 RM_2가 생산에 이용되고, 따라서 이것이 합쳐져서 '입지도형'이 형성되는 것은 분명하다. 왜냐하면 입지가 GM 가까이에 있는 경우에는 RM_1에서 취득한 순수원료는 우선 GM까지 운송되고, 더군다나 다시 소비지까지 운송되지 않으면 안 되기 때문이다. 반면에 RM_2가 생산에 이용될 경우에는 운송거리가 절약된다. 첫 번째의 경우에 성립하는 입지도형에서는 두 번째의 경우보다 총운송비가 커지게 된다. 이처럼 여기서 제시한 것은 하나의 사례에 지나지 않는다.

일반적으로 우리는 다음과 같이 언급할 수 있다. 입지도형이 형성될 경우, 어떤 원료산지가 선정되는지를 결정하는 것은 입지도형의 **운송비지수**(*Transportkostenindex*)이다. 이 지수는 이 도형 내에 성립하는 입지의 위치를 고찰하여 구해지는 것이다. 운송비지수가 가장 낮은 입지도형이 경쟁에서 이기고, 이론적으로 말해 '형성'될 수 있는 것으로 볼 수 있다. 따라서 이러한 입지도형의 형성에 관여하는 원료산지가 생산에 이용되는 것이다. 원료산지는 경우에 따라 지리적으로 소비지에 가장 가까운 것이 아닐 수도 있다. 오히려 입지도형 내에서 입지가 소비지 가까이가 아니라 어떤 원료산지 가까이에 자리 잡고 있으면 있을수록, 다시 말해 원료, 특히 그 가운데서 어느 하나가 입지 결정에서 우세하게 작용하면 작용할수록, 이 하나의 원료에서는 그 소비지로의 지리적 근접이 원료산지를 선정하는 데 그만큼 더 결정적이다. 그러나 다른 원료에 대해서는 소비지로의 근접이 아니라 그 우세한 원료산지로의 근접이 이들 산지가 생산에, 따라서 입지도형의 형성에 관여하는지 그렇지 않은지를 규정할 것이다. 예를 들어 오늘날의 공업에서는 석탄이 이러한 우세한 원료인 경우가 많으며, 소비지로의 근접이 아니라 석탄산지로의 지리적 근접이 다른 조원료산지가 생산에 이용되는지 그렇지 않은지를 결정하며, 여기서 말하는 석탄이 입지 결정과 관련하여 주된 역할을 맡는다. 이 경우에 생산입지는 소비지로부터 가장 가까이에 있는 석탄산지와 그 밖에 가능한 이 석탄산지 가까이에 있는 조원료산지로 형성되는 입지도형 내에서 지향하지 않으면 안 된다. 따라서 이 도형은 석탄산지에 협소한 기반을 갖고 있고 소비지로 길게 펼쳐져 있는 뾰족한 끝을 지닌 모양을 취한다. 소비지에 아주 근접해 있으나 석탄산지로부터 멀리 떨어져 있는 원료산지는 이용되지 않는다.

그래서 현실에서 드러나듯이, 이용 가능한 원료산지가 많은 경우에도 입지도형이 어떻게 형성되는지 하는 점은 원리적으로 명명백백하다. 어떤 원료의 최적산지가 확정되어 있으며 이것에 단 하나의 제 2의 원료가 더해질 경우, 입지도형의 성립과 관련된 정확한 수학적 해법은 부록 제 1절 제10항과 〈그림 부록-9〉에 제시되어 있다. 〈그림 부록-9〉에서 A_1은 소비지를 나타내고 A_2는 이용되는 산지가 확정되어 있는 우세한 원료산지를 나타낸다. A_3은 이동이 가능하지만 확정되어 있지 않는 제 2의 원료산지이다. 가능한 다양한 A_3의 위치에서 성립하는 입지도형에 대하여 그어진 동일한 운송비선은 다수의 구체적인 제 2의 원료산지 중 어느 것이 실제로 입지도형의 형성에 사용되는지를 설명해 준다. 그 선정된 제 2의 원료산지는 두말할 나위도 없이 그 이용에 대한 운송비지수가 최소이며, 〈그림 부록-9〉에 제시된 동일한 운송비선 가운데서 최소인 것의 내부에 있는 산지이다. 이상에서 우리는 입지도형의 형성에 관하여 원리적으로 또한 구체적으로 서술하였다.

(2) 운송비에 따른 전체적인 입지지향에 대해서는 두 가지를 더 언급해 두고자 한다.

(a) 개별 소비지에 각 제품을 공급함에 있어서 단 하나의 입지도형만이 존재할 필요는 없으며, 따라서 그것을 공급하는 산지가 단 하나만 존재할 필요도 없다. 왜냐하면 첫째, 운송비지수가 같거나 또는 실제로 거의 같은 다수의 입지도형이 존재하기 때문이다. 예를 들어 가능한 하나의 입지도형에서는 어느 하나의 원료가, 가능한 다른 입지도형에서는 또 다른 하나의 원료가 소비지 가까이에 존재할 경우에는, 양자의 운송비지수는 동일해진다. 이 경우에는 대등한 경쟁이 이루어지고, 두 입지도형의 생산지가함께 이용될 수 있다. 이상은 자연적 상황에 따른 경우이나 이밖에 운송비정책에 의한 운송비지수가 동일해지는 경우도 존재한다. 둘째, 특별히 중요한 것으로, 가장 유리한 입지도형의 원료산지가 통상적인 채취를 행할 때 소비지의 수요를 만족시키기에 충분하지 않은 경우가

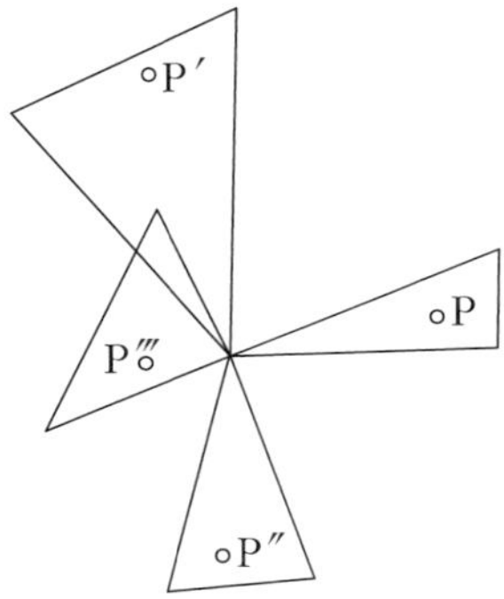

〈그림 3-11〉

존재한다. 이 경우에는 두말할 나위도 없이 다른 원료산지에 의해 한층 불리한 입지도형도 순차적으로 이용될 수 있을 것이다. 그래서 큰 소비지, 무엇보다도 근대적인 대도시에서는 종종 각기 다른 운송비지수를 가진 입지도형에 해당하는 대단히 많은 생산지로부터 〔제품을〕 공급받는 경우가 있다. 이러한 도시는 성장함에 따라 점차 이제까지 '방치되었던 원료산지'에 새로운 생명을 불어넣고 끊임없이 소비지를 그 속에 품은 새로운 입지도형을 성립시켜 끊임없이 새로운 생산지를 창출하지 않으면 안 된다.

(b) 어느 한 원료산지의 산출 가능량이 입지상의 위치로 보아 우선 첫째로 그것에 속할 만한 소비지의 필요량을 만족시키기에 충분하지 않은 경우가 존재한다는 점과 마찬가지로 그 산출 가능량이 필요량보다 큰 경우 또는 현저히 큰 경우도 있을 수 있다. 이는 산출량이 큰 모든 국지원료에 대하여 말하는 것이다. 따라서 다음과 같은 현상이 발생한다. 즉, 이 원료산지가 최초의 소비지에서 이용될 뿐만 아니라 순서에 따라 그 밖의 그 이용의 운송비지수가 최적이듯이, 다시 말해 그 밖의 원료산지의 지수보다 유리하듯이, 다른 모든 소비지에서도 사용될 수 있는 것이다. 이러한 원료산지는 위에서 언급한 큰 소비지의 경우와 정반대로 그것을 둘러싸고 있는 여러 입지도형의 중심이 된다. 이 원료산지가 동시에 모든 것을 자기에게로 견인하는 입지상의 우월한 원료산지이기도 하다면, 이

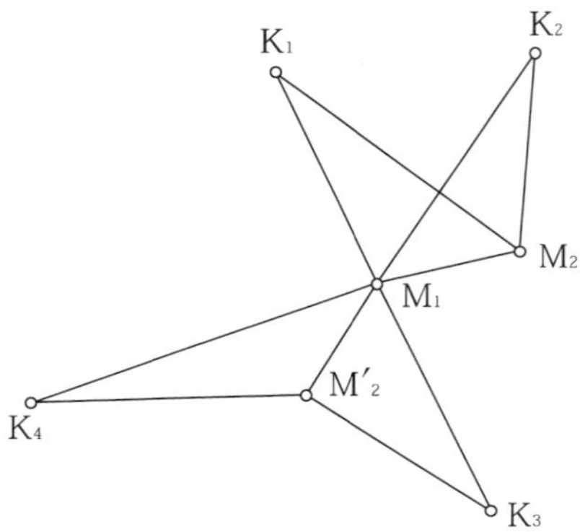

〈그림 3-12〉

원료산지는 동시에 모든 방향으로 그 제품을 판매하는 생산의 중심이 될 수 있다.

이상을 통하여 운송비에 따른 개별적인 입지지향뿐만 아니라 전체적인 입지지향도 명료하게 설명할 수 있다. 물론 이는 개념적으로 명확히 한 것에 지나지 않는다. 왜냐하면 전체적인 입지지향이 실제로 어떻게 되는지에 관해서는 두말할 나위도 없이 추상적인 형태로 언급하는 것이 불가능하기 때문이다. 입지지향이 의존하는 요인들, 이러한 요인들이 현실의 발전과정에서 어떻게 변하고 있는지에 관해서는 좀더 많은 논의가 필요하다.

6) 운송지향의 요인

형식적으로 말하면, 어떤 공업의 운송비에 의한 입지 선정의 본질을 결정하는 유일한 요인은 그 공업의 원료지수와 그 구성이다. 그리고 실제로 특별히 강조해야 할 점은 전적으로 서로 다른 생산부문의 각각의 기술적 특성에 의존하는 이 요인 외에 운송에 의한 입지지향의 기본망을 규정하고 변화시키는 것은 존재하지 않는다는 사실이다. 우리는 나중에 운송비 외의 입지요인이 이 기본망에 불러일으키는 편향의 정도가 첫째, 서로 다른 생산부문의 '특성'에 바탕을 둔 그 밖의 요인들에 의해 어떻게 결정되고, 둘째, 무엇보다도 각각의 '소비밀도'와 이에 기인하는 '생산밀도' 그리고 일반적인 '운송비 수준'과 같은 일반적인 '환경조건'에 의해 어떻게 결정되는지를 파악할 수 있을 것이다. 이러한 요인들은 운송에 바탕을 둔 공업지향이 보여주는 기본망의 형성과는 기본적으로 아무런 관계가 없다. '소비밀도'의 상승으로 이제까지 이용된 원료산지만으로 충분하지 않고, 새로운 원료산지를 이용할 필요가 있고, 그 결과 기존에 성립한 것에 더해 새로운 입지도형과 생산입지가 성립하고, 기본망에 구체적인 추가가 이루어지는 경우가 존재한다. 이것이 전부이다. 일반적인 '운송비 수준'의 상승 및 하락이 전체 도식을 변화시키는 것은 결코 아니다. 그것은 모든 입지도형에서 그 '비용지수'를 높이기고 하고 낮추기도 한다. 하지만 그것에 의해 입지도형 내에 있는 입지가 변하거나 도형을 형성시키는 상호간의 조건이 변하는 것은 아니다. 오로지 운송비의 영향에 따라 형성된다고 여겨지는 공업 입지지향의 기본망 자체가 운송비의 일반적 수준과는 무관하다는 역설적인 사실이 성립하는 것이다.

그러나 운송에 따른 공업의 입지지향이 이상과 같이 실질적으로 원료상황에 의해 결정되는 것이지만, 그것은 사실 이 원료상황을 통하여 〔다음의〕 두 가지 조건에 의존하고 있다. 즉, 이미 살펴본 것처럼 공업에 기준이 되는 원료상황의 이론적 표현인 각 공업의 '원료지수'가 보여주는 기본적 성질은 두 가지 요인에 의해 결정된다. 그 하나는 생산에서 국지원료의 중량 감소의 정도이며, 다른 하나는 사용된 보편원료의 중량이다. 생산에서 중량 감소가 클 경우에는 원료지수가 상승하고, 보편원료의 사용량이 클 경우에는 원료지수가 하락한다. 그 역도 성립한다. 그리고 이 점이 중요한데, 왜냐하면 이 두 가지 요인이 지수를 상승시키거나 하락시킬 수 있는 유일한 요인이기 때문이다. 이 양자에 의해 원료지수의 원리적 성질이 결정되고, 이 지수의 크기에 의존하는 문제, 즉 공업의 원료지향 또는 소비지향의 정도가 규정된다. 공업이 일반적으로 어떤 시점에 소비지에 자리 잡는지 아니면 원료산지로 이동하는지 하는 문제에 기본적인 해답을 주는 것은 공업에 사용되는 보편원료의 공업 생산에 즈음하여 발생하는 국지원료의 중량 감소에 대한 비율이다.

7) 발전경향

그러면 위에서 서술한 것이 운송지향의 발전에 대하여 갖는 의미는 무엇인가? 이러한 두 가지 조건은 어떻게 변하고 그 결과는 무엇인가? 이 경우의 사정은 다음과 같다. 만약 우리가 현실적인 입장에 서서 양호한 시대에서 현실의 발전이 일반적으로 자연(에 대한) 지배의 지속적인 진행과 (단위) 면적당 인구의 지속적인 조밀화를 의미한다고 고찰하면, 이것은 운송지향의 조건이 보여주는 변화에 대하여 다음과 같은 의미를 지닌다. 즉, 한편으로 보편원료와 관련하여 '발전'은 인구를 조밀화하고 현재의 보편원료에 대한 수요를 점점 더 증대시키는 것과 같다. 그 결과 재생 불가능한 종류의 보편원료가 장소에 따라서는 모두 사용되어 버릴 수도 있다. 또한 재생 가능한 종류의 보편원료와 관련해서는 많은 장소에서 수요가 그 국지적 생산 가능성을 초과할 수도 있다. 그러므로 어떤 경우라고 할지라도 그 장소에서는 이제까지 보편원료였으나 그 목록에서 제외될 수 있다. 전자의 경우에는 완전히 제외되고, 후자의 경우에는 적어도 그 원료 수요가 국지적으로 더 이상 충족되지 않은 생산부문과 관련하여 제외된다. 발전의 진행에 따라 목록에서 삭제되는 보편원료는 인구 조밀화의 정도가 클수록, 인구가 조밀한 장소일수록 그만큼 더 많아질 것이다. 실제로 이러한 발전은 인구가 조밀한 지역에서 가공 자체, 다시 말해 인구가 조밀한 지역에서는 어디에서도 기술적으로 생산 가능한 원료의 가공을 사실상 전적으로 외부로부터 구득한 원료의 가공, 즉 국지원료의 가공으로 사실상 완전히 전환시킬 정도까지 나아갈 수 있다. 이것은 전반적인 현상으로서 다음을 말해 준다. '발전'은 인구밀도의 증가를 의미하는 한, 보편원료를 대신하여 국지원료를 사용함으로써 보편원료가 생산 전체의 원료에서 차지하는 비율을 지속적으로 낮춘다. 그러므로 이것은 소비지

성분의 중요도를 부단히 하락시킨다. 이상이 원리적으로 결정적인 의미를 지니는 두 가지 조건 중 하나에 대하여 발전이 미치는 작용이다.

또 하나의, 즉 생산에 점점 더 많이 사용되는 국지원료의 중량감소 정도와 관련해서는 발전이 또 하나의 측면인 기술적 진보 또는 자연지배의 확대를 통하여 작용한다. 우리는 이 경우에 자연지배의 확대를 통해 자연이 인간에게 그 자체로 이용할 수 있는 형태로 제공하는 목재와 흙 등의 이용에서 광물과 화학품 등과 같이 가공을 통하여 비로소 자연으로부터 '추출하는' 것이 가능한 원료의 이용으로 끊임없이 이행한다는 것을 알 수 있다. 그런데 이것은 생산에서 중량감소의 증가를 의미한다. 첫째, 새로운 원료의 '추출과정'은 일반적으로 연소과정이며, 따라서 연료의 사용에 따른 대규모의 '중량감소과정'이기 때문이다. 둘째, 이에 더해 '새로운' 원료는 우선 '추출되지' 않으면 안 되는 것이기 때문에 큰 중량감소가 있고, 과거의 연료였던 목재나 흙 등보다도 평균적으로 큰 '잔류물'을 남긴다. 따라서 새로운 원료가 생산에 많이 이용되면 될수록, 이용된 '원료'의 중량 감소는 그만큼 더 커지게 된다. 자연지배에 따른 영향은 이에 그치지 않는다. 자연에 대한 지배를 수반하여 일반적으로 생산의 '기계화'가 진전되고, 따라서 막대한 연료가 사용되기 때문에 기계화된 생산과정으로의 이행은 '중량감소 과정'이며, 이것이 적용되는 곳에서는 다시 일반적인 중량감소의 증가가 발생한다.

생산에서 이러한 중량 감소의 증가, 더군다나 유난히도 다방면에 걸친 뚜렷한 증가와 이에 따른 원료산지 성분의 현저한 강화는 우리가 앞서 다른 측면에서 살펴본, 보편원료의 소실에 따른 소비성분의 약화와 대조를 이룬다. 그 결과 공업은 소비지향에서 원료지향으로 강력하고도 지속적으로 변하지 않을 수 없다. 그리고 만약 우리의 고찰방법에 입각하여 우리가 19세기에 목격한 산업에서의 거대한 변혁과정의 가장 일반적인 토대를 이해하려고 한다면, 우리는 발전에 대하여 이상과 같은 고찰이 필요하다. 19세기에 인구밀도의 급속한 상승과 급격한 기술진보(생산의 기계화와 금속사용으로의 이행을 수반한) 라는 두 가지의 발전은 이러한 발전과 동일하게 빠른 속도로 운송비로 인하여 공업입지가 소비지와 일치한다는 당시까지 지배적이었던 경향을 파괴하는, 바꿔 말해 공업생산의 입지가 소비지로부터 분리되는 경향을 초래하는 방향을 향하여 수렴되었다. 그런데 '공업생산으로부터 소비지의 입지상의 이탈'은 수공업의 붕괴를 의미하는 것이었다. 왜냐하면 수공업은 공업입지와 소비지의 일치를 전제로 한 것이었기 때문이다. 우리가 입지론의 관점에서 살펴본다면, 여기에 이러한 종류의 공업조직이 필연적으로 붕괴한다는 사실에 대한 일반적인 고찰의 근거가 존재한다.

수공업은 매우 다양한, 더군다나 거의 모든 경우에서 대단히 강력한 힘에 의해 붕괴되어 갔다. 하지만 이때 위에서 언급한 입지조건의 변화가 결코 그 가운데서 가장 미약한 것이 아니었다는 사실은 확실하다.

3. 현실에 대한 접근

여기서 우리는 이제까지 전개해온 상당한 수준의 추상에 의한 이론 모색에서 벗어나 손에 넣은 성과를 구체적 현실에 비추어보면서 수정하고자 한다. 이를 위해 두 가지의 가정을 폐기할 필요가 있다. 그 첫 번째는 중량과 거리만이 비용을 결정하는 유일한 요인이라는 가정이다. 이 가정은 우리의 전체 논의의 기본적인 가정이며, 입지도형과 입지는 이 가정의 토대 위에 비로소 성립할 수 있었다. 두 번째는 운송비가 개별적으로 이래저래 결정되는 경우에도 그것이 단 하나의 운송방식에 의해 전국에 걸쳐 일률적으로 결정된다고 하는 가정이다. 이 두 번째의 가정은 우리의 전체 논의에서 언제나 비용척도를 단순화하기 위한 첫 번째 가정의 토대가 되고 있다. 이 두 가지의 가정을 배제하는 것이 갖는 적극적인 의미는 우리의 논의를 현실에 비추어 살펴볼 때 우리가 첫째 현행 운임제도의 구체적인 성질, 둘째 여러 가지 운송수단의 실질적인 상호작용을 고려하지 않으면 안 된다는 점이다.

1) 운임제도의 구체적 성격

우리는 이미 제 1절에서 어떤 운송체계의 운임제도가 순수한 ‘중량 계산’과 ‘킬로미터 계산’에 의거한 것과 일치하지 않을 경우에, 그것을 어떻게 하여 두 가지 요소〔즉, 중량과 거리〕로 표시하는지에 대하여 서술하였다. 여기서는 이미 언급한 것을 상기해보고자 한다. 우리가 알고 있는 것은 ‘킬로미터 계산’을 연장하거나 단축하는 것으로서의 편차, 즉 특정한 ‘노선범주’, 특정한 구간 그리고 일반적으로 어떤 거리에 대하여 운임률을 높이거나 낮추는 것으로서의 편차가 운송체계에서 그 구간 또는 거리에 대한 연장과 단축, ‘킬로미터의 추가’와 ‘공제’로 표현될 수 있다는 점이다. 또한 순수한 ‘중량 계산’의 변화로서의 편차, 즉 어떤 특정한 ‘화물범주’에 대한 운임률의 상승과 하락은 그것이 일반적인 화물범주에 관한 것인지 혹은 특정한 조건하에 있는 화물범주에 관한 것인지 하는 점과는 상관없이 그 화물범주에 대한 중량 증가 또는 중량 감소를 상정하는 것, 즉 관념적인 ‘중량추가’ 또는 ‘중량공제’를 상정하는 것을 통하여 드러날 수 있다고 하는 것이다. 이상은 원리적인 해법이었다. 우리는 또한 이미 독일의 현실에서 철도에 대하여 순수한 ‘킬로미터 계산’의 편차로서 거리에 의한 운임률의 체감과 ‘노선에 따른 예외운임’만이 문제가 되고, 또한 순수한 ‘중량 감소’의 편차로서는 가치가 낮은 화물에 대한 운임할인과 소량으로 포장된 취급하기 힘들고 폭발〔의 위험〕성이 있는 물품에 대한 운임인상만이 문제가 된다는 점을 알았다. 이 모든 수정이 사고상으로 행해지는 방법에 대해서는 더 이상 의심할 여지가 없다. 그러나 문제는, 이러한 방법이 운송지향의 구조에 어떤 의미를 지니는가 하는 점이다. 그것이 입지도형의 형성을 어떻게 변화시키고, 거기서의 입지의 위치에 어떤 영향을 미치는지 하는 점이다.

이러한 문제들은 그다지 흥미로운 것이 아닐 수도 있지만, 여기서는 좀 더 자세히 서술할 필요가 있다.

(a) 순수한 킬로미터 계산으로부터의 편차. 저렴한 예외적인 운임에 의

하여 어떤 구간의 킬로미터 수가 단축되거나 체감 운임제에 의해 일반적으로 장거리의 킬로미터 수가 단축될 경우, 이것은 단순히 입지도형을 형성할 때 문제가 되는 여러 지점의 지리적 위치가 서로 이동하는 것을 의미할 뿐이라는 사실은 분명하다. 소비지에서 살펴볼 경우, 사실 어떤 원료산지는 실제 지리적 위치보다 소비지에 다가서 있다. 원료산지에서 살펴볼 경우, 여러 원료산지 상호간의 거리에 대해서도 같은 일이 발생할 수 있다. 원료산지의 소비지로부터의 실제 거리와 원료산지 상호간의 실제 거리는 어떤 입지도형이 최소 운송비지수의 법칙에 따라 형성되는지를 결정하는 기초가 되기 때문에(위의 97페이지를 참조하라), 실제 거리의 이러한 인위적 변화는 소비지에 공급되는 원료를 둘러싼 산지 사이의 경쟁상태를 변화시키고, 입지도형의 형성도 변화시킨다. 그렇지 않다면, 특정 소비지에 대한 입지도형의 형성에 관여하지 않았어야 할 원료산지가 이용되고, 반면 이용되었어야 할 원료산지는 배제된다. 이렇게 하여 소비지에의 공급과 관련하여 단순히 지리적 위치로서 고찰한 것과는 전혀 다른 입지도형이 사실상 성립하고, 따라서 전혀 다른 생산지가 성립할 것이다. 그러나 여기서 성립하는 입지도형 내의 생산의 입지는 기본적으로 이제까지 서술한 법칙에 의한 경우와 거의 동일하게 결정된다. 바꿔 말해 입지의 원료산지와 소비지에 대한 **원리적** 관계는 적어도 변하지 않고, 그 가운데서 입지가 결정되는 **구체적인** 입지도형이 변할 뿐이다. 따라서 지도를 검토할 때, 왜 이 입지들은 지리적으로 한층 가까이에 있는 다른 원료산지를 이용하지 않았을까 하고 놀랄 것이다. 그러나 실제로 선정된 원료산지를 살펴보면, 입지결정의 일반적인 법칙으로부터 적어도 벗어나지는 않는다는 점을 우리는 알 수 있다.

(b) **순수한 중량 계산으로부터의 편차**. 개별 화물 범주에 의한 운임설정에 따라 행해지는 관념적인 '중량부가' 또는 '중량공제'라는 두 번째의 경우는 첫 번째의 경우와 전혀 다르고 오히려 정반대이다. 이 경우 입지 계산에서 중량부가 또는 중량공제가 행해지는 화물은 그 실제 중량과 다른 것으로 취급된다. 이 화물이 보여주는 입지도형의 꼭짓점에서의 견인력

은 실제 중량에 의한 경우보다 강하거나 약하다. 그리고 그만큼 관념적인 중량부가 또는 중량공제가 사용되는 모든 원료와 제품에 대하여, 따라서 모든 꼭짓점에 대하여 동일하게 행해지지 않는 경우에는 입지도형 내에서 입지의 기본적인 변화가 발생한다. 즉, 중량이 수정된 꼭짓점에 가까워지거나 꼭짓점에서 멀어지게 된다. 예를 들어 공업 노동의 제품이 부피가 큰 화물(분리할 수 없는 의자, 통, 항아리) 이고, 이것에 사용되는 원료는 그렇지 않을 경우 독일의 운임률하에서는 소비지 성분, 즉 간단히 말해 소비지가 제품 중량의 1과 1/2배로 작용하고, 따라서 일반이론이 제시하고 있듯이 사용된 원료 중량의 단순한 합(예를 들어 2) 이 아니라 예를 들어 3으로서 작용하는 것이다. 이러한 경우에는 제품의 부피가 크지 않다면, 입지도형 중 원료산지와 소비지 사이의 어딘가에 자리 잡아야 할 입지가 이제 제품 중량이 원료 중량의 2배가 되는 것에 의해 소비지로 오지 않으면 안 된다. 이러한 과정은 부피가 큰 화물의 경우 실제로 결코 드물지 않다. 이와는 반대로 원료는 부피가 큰 화물(양모) 이나 그 제품(방사) 은 그렇지 않은 경우, 이 원료는 실제로 순수이론에 따르면 다른 장소에서 행해져야할 입지를 그 원료산지 또는 그 부근으로 견인할 것이다. 이렇듯 부피가 큰 화물과 관련해서뿐만 아니라 폭발물과 관련해서도 동일하다는 점은 두말할 나위도 없다.

방향은 반대지만, 저가인 화물의 운임할인도 동일한 작용을 한다. 이러한 운임할인은 거의 언제나 원료의 중량공제의 형태로 나타나며, 제품에 대해서는 거의 나타나지 않거나 미미한 할인만이 나타날 뿐이다. 왜냐하면 제품은 원료에 비해 상대적으로 고가의 화물이기 때문이다. 따라서 저가인 화물의 운임할인은 거의 언제나 제품의 꼭짓점이 지닌 견인력에 대한 원료의 꼭짓점이 지닌 견인력의 감소를 의미하고, 이 제품의 꼭짓점을 향하여 입지를 이동시키는 것을 뜻한다. 예를 들어 독일에서는 흙과 광석, 목재와 같은 거의 모든 저가의 원료에 대해서는 통상 운임의 60%, 석탄에 대해서는 56%의 할인이 이루어지고, 이것이 원료 및 석탄 산지로부터 소비지를 향하여 입지를 이동시키는 강력한 작용을 행사했다는 점은 확실하다. 즉, 이는 실제로 생산입지를 '분산'시키는 작용을 했다. 우리의 이론은 이러한 조치에 의해 분산이 어느 정도까지 발생하며, 또한 이것에 따라 개개 공업의 운송에 의해 입지가 어디로 이동하는지를 설명해준다. 왜냐하면 우리가 알고 있는 입지의 동태과정에서는 할인을 받은 화물이 할인에 상응하는 중량공제를 받은 채 포함되는 만큼, 그러한 중량공제가 이루어지지 않은 단순한 경우와 거의 동일하게 운송비가 입지를 어디에 자리 잡도록 하는지 정확히 계산하는 것이 가능하기 때문이다.

특정한 화물 범주의 운임할인 또는 운임할증에 의해 야기되는 입지이동은 기본적인 것이지만, '입지도형' 내에서 정확히 규정될 수 있다. 단, 여기서 우리가 주목해야 할 점은 이것이 유일한 작용이라는 사실이다. 이용되는 원료산지가 변하는 것은 결코 아니다. 왜냐하면, 이 경우의 특별운임은 언제나 동일한 화물 범주에 속하는 모든 원료산지에 대하여 똑같이 적용되고, 전술한 것처럼 일반적으로 말해 이것은 투입된 일반적인 중량과 관계할 뿐이며 킬로미터 수(數)와는 무관하기 때문이다. 이 킬로미터 수(다시 말해 거리)의 변화만이 여러 원료산지 상호간의 경쟁을 변화시키며, 따라서 원료산지가 입지도형에 포함되는지 그렇지 않은지 하는 점을 변화시킨다. 처음 언급한 것처럼 순수한 킬로미터 계산의 편차가 입지도형의 형성에 영향을 미치는 경우와 전혀 상이하게, 이 경우에는 입지도형, 따라서 생산입지가 보여주는 지향의 전체적인 구조적 기초는 전혀 영향을 받지 않는다. 이 기초 내에서 입지 자체가 변할 뿐이다.

더군다나 특별히 언급할 필요가 있는 것은 소량 화물(반차 분량의 화물과 낱개로 포장한 개별 화물)의 운임이 높다는 점이다. 이러한 운임할증도 이렇게 하여 운송한 화물의 관념적인 중량부가로 표현될 수 있다. 그러나 이 운임할증은 특정의 적시된 화물범주와 관련이 있는 것이 아니라 모든 화물을 특정한 형태로 수송할 때 적용되는 것이며, 따라서 일반적인 입지에 관한 고찰에서는 명확한 크기의 요인으로서 다루어질 수 없다. 왜냐하면 우리는 어떤 제품에 대해서도 입지도형 내에서 생산될 때, 이동하는 원료와 제품이 통상의 요율이 적용되는 양에 이르는지 그렇지 않은지를 말할 수 없고, 따라서 입지도형 중에서 인상된 운임률이 적용되어야 하는지 그렇지 않은지를 말할 수 없기 때문이다. 이렇게 하여 유도된 '이론적' 입지상(*Standortsbild*)의 변형은 개별적인 경우 각각의 입지도형에 대해 정확히 계산할 수 있을지라도, 일반적인 형태로 기술하는 것은 불가능하다. 실제로 사정은 이상과 같으나, 이러한 변형을 당장은 무시해도 좋을 것이다. 왜냐하면 실제로 성립하는 각 '입지도형'에서는, 그 내부에서 이동하는 화물량과 관련하여 그것이 제공하는 소비지의 크기에 따라 규정되는 일정한 한도가 존재하기 때문이다. 즉, 하나의 입지도형 내에는 '한 차 분량'의 화물이 이동하고, 다른 입지도형 내에서는 '반 차 분량'의 화물이 이동하는 것 등이다. 그러므로 운송비, 따라서 생산과 소비의 비용이 어떤 입지도형 내에서는 저렴하고 다른 입지도형에서는 비싸지만, 이것이 입지도형 자체 및 그 내부에 자리 잡고 있는 입지의 '위치'를 기본적으로 변화시키는 것은 아니다. 따라서 순수한 '중량 계산'의 이러한 수정은 우선 당분간 실제로 고찰하지 않는 것이 좋다.[12)]

2) 운송수단의 구체적 성질

이제까지 우리의 이론에서는 고찰 대상으로 삼은 전체 지역에 대하여 운송수단은 언제나 통일된 상태이며, 단 한 종류의 운송수단밖에 존재하

12) 이 수정은 몇몇 입지도형의 생산이 집적에 의해 서로 '결합'될 때 비로소 의미를 지니게 된다. 이렇게 하여 성립하는 '입지도형'에서는 개별 소비지의 크기가 일반적으로 운반되는 화물량의 한도, 즉 운임률을 더 이상 결정하지 않는다. '결합생산지'로 원료의 운송은 아마도 한 차 분량으로 행해지고 낮은 운임률이 적용될 것이다. 그러나 이러한 경우에도 개별 소비지로의 제품 출하는 개별 소비지가 작기 때문에 낱개로 이루어지며 높은 운임이 부과된다. 이것은 제품의 '중량부가'로서 작용하고, 소비지성분의 강화를 의미한다. 이것은 '결합입지'를 소비지의 방향으로 이동시키는 경향을 갖고 있는 것이다. 다만 '결합입지'와 관련해서 다른 '이동'이 발생하며, 이 이동경향을 더 이상 추구하는 것이 무의미하게 되는 경우는 별개이다.

지 않는다고 가정하였다. 전자의 가정이 반드시 성립한다고 말할 수 없다. 현존하는 모든 운송수단은 독립적인 부분으로 나누어질 수 있다. 그리고 후자의 가정도 현실에서는 성립하지 않는다. 철도와 수로망 그리고 도로망은 공존한다. 이미 서술한 것처럼, 우리의 '현실에의 접근'이라는 두 번째 과제는 추상으로부터 이러한 편차가 어떤 의미를 지니는지를 명백히 하는 것이다.

(1) 운송수단이 분할되어 있는 것

이상과 같이 운송수단이 비록 기술적으로는 상호 작용할지라도 경제적으로는 독립적으로 운용되는 몇 개의 부분으로 분할될 수 있는 가능성에 대해서는 간략한 서술만으로도 충분하다. 분할된 각 부분에서 각각 독립적인 운임이 설정될 경우 — 이러한 경우에만 분할은 운송수단 형성에 의미를 지닌다 — 운임이 서로 다른 각 지역을 각기 독립적인 공업입지의 지향 지역으로 다루는 것이 간단히 말해 합목적적인지 그렇지 않은지는, 각 부분의 운임률의 차이가 어느 정도인지에 달려 있다. 예를 들어 전체 지역에서 정상 운임률로 고찰되는 것에 대하여 각 지역의 관념적인 '중량부가'와 '중량공제'가 대단히 복잡한 경우에는, 이렇게 행하는 것이 합목적적일 것이다. 이러한 경우에는 각 지역에서 성립하는 입지의 위치가 '원리적으로' 매우 다르므로, 오히려 독립적으로 고찰하는 것이 바람직하기 때문이다. 또한 이상과 달리 운임의 차이를 단일의 입지지향 영역 내 단일의 운임제도에 대한 국지적인 수정으로서 다룰 수 있는 경우도 존재한다. 예를 들어 운임이 아주 소수의 화물범주 또는 아주 소수의 지점에 대해서만 다를 뿐인 경우에는, 이 점이 가능하고 합리적이다. 그 하나의 경우는 예를 들어 앞서 언급한 독일의 운임체계의 경우이며, 이 경우에 우리는 독일 전역을 공업입지의 지향과 관련하여 하나의 단일체로 취급할 수 있다.

(2) 종류가 다른 운송수단의 협력

사실 서로 다른 종류의 운송수단이 협력하는 경우에는 한층 더 복잡한 문제가 존재하는 것으로 보이지만, 그것은 다만 그렇게 보일 뿐이다. 우리는 오늘날의 구체적인 상황에 대하여 고찰할 때, 이 문제를 해결할 수 있다. 그러나 이를 해결하기 위해서는 다음과 같이 고찰할 필요가 있다.

예를 들어 운송수단으로서 철도에 대하여 고찰하면, 철도는 도식적으로 살펴볼 수 있듯이 지리적으로 〈그림 3-13〉과 같은 '운송망'을 형성할 것이다.

예를 들어 이 도식에서 표현되듯이, 소비지와 원료산지는 이 철도망 중 어떤 지점에 자리 잡고 있다. 철도망은 이러한 여러 개의 중심(지)들이 서로 결합되어 있듯이 형성되어 있다. 그러나 그 결합은 직선적인 것이 아니라, 다른 중심에 대한 고려와 지리적 조건의 제약 때문에 많은 굴절을 내포하고 있다. 수학적 직선으로 결합된 이상적인 입지도형과 실제의 결합관계는 예를 들어 〈그림 3-13〉이 보여주는 것과 같다. 현실의 운송은 실제의 결합에 의존하지 않을 수 없다. 기껏해야 이 그림은 또한 존재하지 않으나 입지도형의 필요로부터 성립하는 양호한 결합에 대한 시사점을 던져주며, 아마도 그 성립 가능성을 제시할 뿐이다. 그 어떤 경우라고 하더라도 입지도형 중에서 원료산지에서 생산지로 이어지고 생산지에서 소비지로 이어지는 수학적 직선이, 현실에 의해 더해진 굴절을 수반하지 않을 수 없다. 이는 자명한 사실이다. 그렇다면, 이것이 우리의 법칙을 적용하는 데 어떤 의미를 지니는가? 이에 대한 답변은 다음과 같다. 즉, 현실의 입지가 직선이 아니라 교통망에 대한 필요상의 자기적응인 한, 그 입지선정도 이상적인 입지에의 접근에 지나지 않을 뿐이며, 이상적인 입지를 순수하게 현실에 반영시킨 것이라고는 말할 수 없다. 교통망의 성질에 따라 실제로 문제가 되는 지점 가운데서 이상적인 입지조건에 가장 적합한 지점이 선정될 것이다. 〈그림 3-13〉은 이상적인 입지에 근접하는 다수의 현실적인 지점이 어떻게 문제가 되며, 그 가운데서 하나(P′)가 어떻게 선정되는지를 보여준다. 그 이유는 이 지점이 지리적으로

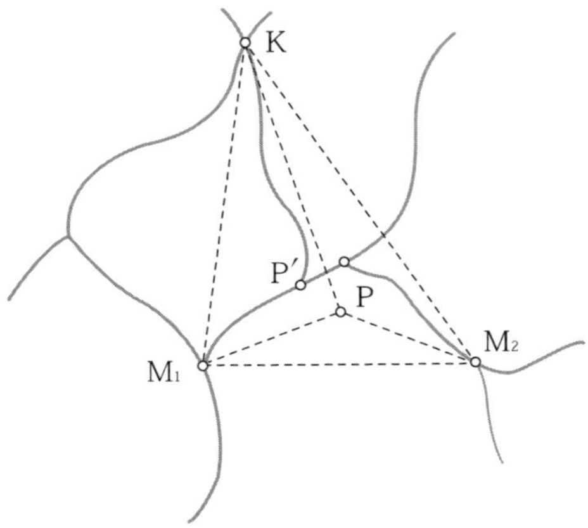

〈그림 3-13〉

이상적인 지점으로부터 떨어져 있으나, 그 원료산지와 소비지에 대한 위치와 관련해서는 이상적인 요건에 가장 적합하다는 점에 있다.

그 어떤 경우라도 문제가 되는 이러한 현실의 '변형'작용에 대하여 앞서 고찰한 것을 바탕으로 하여 몇 가지 종류의 운송수단이 협력하는 경우를 살펴보고자 한다.

(a) **수로의 작용**. 오늘날 철도와 수로 그리고 도로는 〔서로〕 협력하고 있다. 다시 말해 만약 철도를 표준으로 하여 고찰한다면, 수로는 이보다 다소 저렴하고 도로는 이보다 상당히 비싼 교통수단이다. 수로(水路)[13]의 운임은 잘 알려져 있는 것처럼 오늘날 독일에서는 철도의 최저요금의 절반 정도이며 톤·킬로미터당 약 1페니히이지만, 수로의 경쟁이 입지와 관련한 의미는 과연 무엇인가? 오늘날 수로와 철도가 지리적으로 어떤 관계에 있는지는 명백하다. 어디서나 조밀한, 전국에 걸쳐 펼쳐져 있는 철도망이 존재하고, 그 사이를 '띠 모양'(帶狀)으로 엮는 개별적인 자연적 또는 인공적 수로가 존재한다. 이것들이 서로 결합하여 '망'(網)을 형성하는 경우도 있고, 결합되지 않은 채 수계(水系)로만 되어 있는 경우도

13) 〔역주〕 가항(可航) 하천이나 운하를 모두 포함한다.

있다. 하지만 전자의 경우에도 얼개가 조직적이지 않기 때문에 국내의 모든 원료산지를 개발할 수 없고 그 모든 소비지에 대해 〔제품을〕 공급할 수도 없다. 이 때문에 오히려 수로는 이 두 가지의 임무를 충족시키고, 따라서 공업과 관련한 입지지향의 진정한 담당자인 철도망 중에 자리 잡고 있는 몇몇 지점들을 저렴하게 연결시키는 것에 지나지 않는다. 독일 내의 대다수 소비지와 대다수 원료산지는 철도망에 접속되어 있다. 그러므로 이것들이 견인점이며, 이를 기준으로 하여 입지도형, 따라서 공업입지의 기본 얼개가 형성된다. 그 결과 철도망을 가로질러 흐르는 수로가 입지적으로 갖는 의미는, 철도망에 부속된, 특별히 운송비가 저렴한 노선 이상의 것이 아니라는 점이다. 그것은 철도망 가운데서 운임이 특별히 저렴한 부분으로서 고찰할 수 있다. 이렇게 고찰할 때, 수로는 개념상 통일적인 운송망의 일부로서 고찰될 수 있고, 우리의 이론에 통일적으로 적용될 수 있다. 왜냐하면 우리는 하나의 통일적인 운송수단 가운데서 특별히 요금이 저렴한 구간은 낮은 운임률에 비례하여 거리가 단축되었다고 고찰하면 바람직하다는 점을 잘 알고 있기 때문이다. 따라서 이 운송거리의 단축은 개념적으로 이미 설명한 공업과 관련한 입지지향의 구조적인 기초에 변화를 뜻한다. 이것이 입지도형의 형성에 미치는 작용은, 단순히 이 단축된 노선을 이용하는 원료산지가 이것을 전부 또는 동일한 정도로 이용할 수 없는 다른 원료산지를 입지도형으로 구축하는 데서 '물리치는' 것에 지나지 않는다. 그래서 어떤 원료산지의 공급 영역의 확대, 타 원료산지의 배제 그리고 공업입지의 이동 등이 발생한다. 이상이 수로와 철도 사이의 경쟁이 가져오는 결과의 정확한 내용이다. 만약 우리가 문제가 되는 수로의 구체적인 운임률을 알고 있다면, 그것을 우리의 고찰에 입지요인으로서 자리 매김하고 협력에 의한 입지 형성을 우리의 법칙에 따라 확정하는 것은 전혀 어렵지 않다. 도식적으로 우리는 협력에 의한 영향을 예를 들어 다음과 같이 분명히 설명할 수 있다.

사례 1. 수로의 영향에 의해 원료산지의 하나가 배제되고, 다른 원료산지가 부가되고, 입지도형과 입지가 변하는 경우(〈그림 3-14〉를 참조하라).

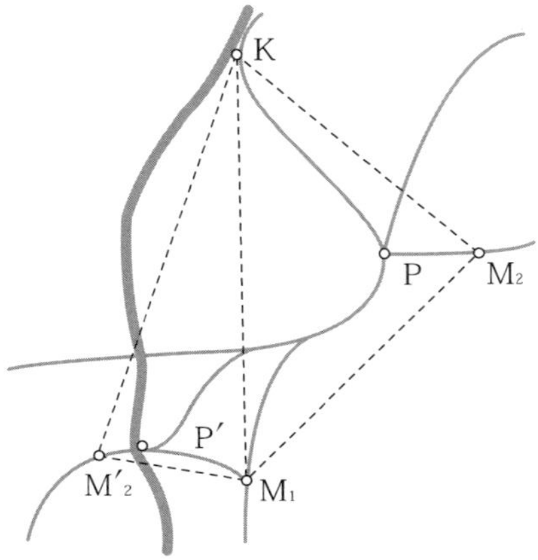

〈그림 3-14〉

이 경우에 원료산지 M_2는 입지도형을 형성하는 데 지리적으로 원료산지 M'_2보다 한층 유리한 곳에 놓여 있다. 만약 수로가 없다면, 소비지에 공급하기 위한 생산지 P를 포함하는 입지삼각형이 형성될 것이다. 그러나 수로가 존재하는 결과로 M'_2와 K 사이의 계산상의 킬로미터 거리가 M_2와 K 사이의 거리보다 훨씬 단축된다. 그래서 M'_2의 위치가 대단히 불리한 위치임에도 불구하고 M'_2를 포함하는 입지삼각형과 생산지 P′가 유력하게 (부각) 된다. 수로의 협력이 최대의 효과를 발휘하는 것은 여기서 서술한 것과 같은 경우에서이다.

사례 2. 물론 효과가 언제나 반드시 이처럼 크다고는 말할 수 없다. 이용되는 원료산지가 변하지 않는 경우도 존재한다. 이러한 경우에는 입지도형이 변하지 않고, 다만 생산지가 이동하는 것에 의해 이상적인 입지가 실현된다. 이처럼 영향이 작은 경우는 〈그림 3-15〉에 의해 명확히 제시되고 있다.

이 경우에도 M_2는 M'_2보다 소비지에 대하여 유리한 위치에 놓여 있다. 다만, 이 경우에는 M_2를 이용하여 형성된 입지삼각형 M_1M_2K에서도 수로를 이용하는 것이 가능하고, 이것을 이용하는 경우의 입지 P′는 삼각형 $M_1M'_2K$의 입지보다 운송비지수가 작다. 따라서 M_2는 배제되지 않

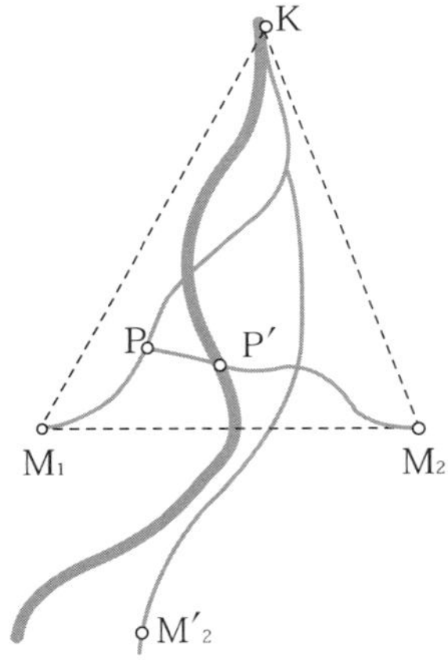

〈그림 3-15〉

는다. 이용되는 원료산지와 입지삼각형은 수로가 없는 경우와 동일하다. 그렇지만 아무 일도 발생하지 않는 것은 아니다. 입지는 입지도형 내에서 수로에 인접한 곳으로 이동한다. 이상적인 입지는 철도만을 이용하는 경우의 최적의 지점 P가 아니라, 수로입지 P′에서 실현되는 것이다.

이 모든 것은 수로가 미치는 크고 작은 작용을 명확히 하는 동시에 현실에서 수로가 어떻게 공업 생산지에서 '장식'되는지를 보여주는 것이다. 요약하면 입지가 '구체화'될 때, 현실에서는 수로에 의하여 이론적인 위치로부터 적어도 좌우로 약간 이동할 뿐이다. 그래서 '본래' 그 '부근'에 있어야 할 것이 수로에 면하여 굴뚝에서 연기를 내뿜는 것이다.

(b) **도로망의 협력**. 잘 알려져 있듯이 도로에 의한 운송비는 철도 비용에 비해 평균 4~10배, 경우에 따라서는 20배에 달하며, 이 때문에 도로망에 의한 장거리 화물운송은 이루어지지 않고 있다. 도로망은 오늘날 철도역으로 화물을 모으고 또한 철도역으로부터 화물을 배분하는 연락기구의 역할을 수행할 뿐이다. 그 결과 이 교통 노선망은 오늘날 (공업) 입지와 관련한 독자적인 의미를 전혀 갖고 있지 않다. 그 기능은 오히려 철도라는 운송수단의 부속물로서 기능하는 것이다. 만약 우리가 이러한 부속물로서 도로의 의미를 명확히 〔파악〕하려고 한다면, 철도역 주변에 모이

는 그러한 집산(集散) 기능을 수행하는 지구(地區)를 철도역을 중심으로 하는 하나의 단위로 고찰하는 것이 가장 바람직할 것이다. 이러한 단위로서 지구는 그것이 원료산지인지 아니면 소비지인지 하는 점과는 상관없이 철도역을 통하여 전체적인 공업입지의 지향에 등장한다. 이때 이 지구의 내부가 이 도로망의 영향하에 어떻게 조직되는지는 당장 문제되지 않는다. 그것은 대도시에서 공업이 거기에 있는 교통요인의 영향 아래 어떻게 집단화되는지의 문제와 동일한 성격의 입지문제, 즉 국지적 집적 또는 분산의 문제이며, 이 문제는 〔집적의 장에서〕 별도로 다루어질 것이다. 여기서 중요한 것은 이러한 **철도역단위**(*Bahnplatzeinheit*) —나는 이렇게 부르고자 한다—가 공업입지의 지향에서 원료산지로 등장하는 경우에는 원료산지의 인도(引渡) 가격이 아니라 철도역의 인도가격(원료산지의 인도가격에 도로운임을 더한 가격)을 원료의 **구입가격**으로 간주할 수 있다는 점이다. 왜냐하면 분명 이 가격을 바탕으로 원료산지가 비로소 공업입지의 지향에 작용하기 때문이다. 원료산지에서 원료 구입비용의 차이가 공업입지의 지향에서 어떤 특별한 의미를 지니는지에 대해서는 곧장 서술할 수 있다(그 차이가 원칙적으로 운송비의 차이로 환원된다는 점에 대해서는 위에서 이미 살펴보았다). 이것에 의하여 본래의 원료산지 가격에 대해 도로 운송비 부가분의 대소, 바꿔 말해 원료산지의 철도역에 대한 위치의 우열이 공업의 입지지향에 어떤 의미를 갖는지도 명확해 질 것이다. 이것을 통하여 우리는 비로소 철도망과 〔기타〕 운송수단 사이의 협력의 의미를 충분히 파악할 수 있을 것이다.

이 밖에도 원료산지와 소비지의 위치가 근접해 있고, 그 사이에 철도를 사용할 필요가 없는, 다시 말해 양자가 동일한 '철도역단위' 내에 존재하는 경우가 있을 수 있으며, 실제로도 종종 관찰된다. 이러한 경우에는 거시적인 공업의 입지지향과 관련해서 이것들이 동일한 장소에 있는 것을 의미하고, 그 이론적 고찰은 대체로 필요로 하지 않다. 그러나 철도역단위 내의 국지적 입지지향과 관련해서는 두말할 나위도 없이 거기에 존재하는 도로망을 사용하고, 전국에 대해 대규모 운송수단과 관련하여 큰 규모로 적용되는 것과 전적으로 동일한 입지법칙이 작은 규모에 적용되는 것이다. 여기서는 모든 것이 간단히 작은 규모로 되풀이된다.

3) 기타 현실에 대한 접근

끝으로 몇 가지 중요한 단순화를 위한 가정을 해제하고 지금까지 무시되어온 현실의 여러 특수한 경우의 의미를 고찰하는 것이 이제야 가능할 것 같다. 그 첫 번째는 '원료산지 가격' 또는 원료산지의 철도역에 대한 국지적 위치에 의해 발생하는 원료의 가격차, 즉 원료가 입지의 형성과정에 관계할 때의 가격차이며, 두 번째는 생산과정에서의 수력의 협력이다. 원료의 가격차는 그 자체로 독립적인 지역적 입지요인임에 틀림없으나 이제까지는 사고상 그것을 원료 운송비의 차이로 표현하고, 이렇게 하여 우리의 이론에 접목시킬 수 있었다. 또한 수력과 관련해서는 사고상 그것을 특별히 저렴한 연료로 간주하고, 그 또한 원료가격의 차이로 표현하고, 마찬가지로 우리의 이론에 접목시킬 수 있다고 주장하였다. 그러나 수력과 협력하는 경우에는 몇 가지 대단히 본질적인 특성이 존재하며, 또한 원료가격의 차이를 운송비의 차이로 표현하는 방법 및 그것이 입지지향에 작용하는 방법과 관련하여 이미 밝혀낸 입지법칙을 원용하는 것을 통하여 한층 더 구체적으로 설명할 필요가 있다. 즉, 다음과 같다.

(1) 원료가격의 차이와 그 작용

원료가격의 차이가 무엇에 기인하는지는 여기서 문제되지 않는다. 그것이 생산비의 차이에 의한 것인지 인위적인 가격정책에 의한 것인지, 또는 원료가 대규모 교통노선(다시 말해 철도 또는 수로)에 도달하고 입지상의 기능을 수행하는 지점에 도달하기까지의 운송비의 차이에 의한 것인지는 문제되지 않는다. 이러한 지점은 대규모의 입지 메커니즘을 분석할 때 이론상의 '원료산지'이며, 이 지점에서의 가격이 계산상의 기초가 된다. 가격차 자체는 입지결정 메커니즘에서 입지도형 내의 입지를 기본적으로 변화시키는 작용은 결코 하지 않는다. 가격의 차이가 지닌 의미는 오히려 동종의 원료산지 사이에 성립하는 경쟁관계를 변화시키는 데 있다. '원료산지 가격'이 저렴한 원료산지는 그 지리적 위치 자체로부터 발생하는 범위 이상으로 폭넓은 작용이 가능하다. 이러한 원료산지들은 본래 지리적으로 보다 유리한 곳에 존재하는 원료산지가 이용되어야만 했던 소비지에 제품을 공급하는 데 이용될 수 있다. 따라서 이러한 원료산지는 보다 유리한 위치에 있는 원료산지의 지구를 포함시킨 입지도형이 형성되는 것을 방해하고, 이것을 바탕으로 하여 입지가 선정되는 것을 방해한다. 그 대신에 이 저렴한 원료산지를 포함한 별도의 입지도형을 형성하고, 이것에 의거하여 입지 선정이 행해지는 것이다. 물론 이 원료산지가 성립하는 입지도형 내의 입지의 위치를 기본적으로 변화시키는 것이 아니라, 순수하게 '지리적으로' 기대되는 상황에 대하여 뚜렷한 입지이동을 야기한다. 요컨대 원료가격이 저렴한 원료산지는 위에서 서술한 것처럼 어떤 구간의 운임률이 원료산지 사이의 경쟁에 미치는 작용과 일반적으로 동일한 작용을 미친다.

(2) 수력의 이용

오늘날 수력은 두 가지 형태의 생산의 동력원으로 이용될 수 있다. 즉, 직접적으로는 수차(水車)를 통하여 이용되고 간접적으로는 전력으로의 변환을 통하여 이용된다. 그 어떤 경우라도 이미 논의한 것처럼, 우리의 이론에서는 사고상 일정하게 저렴한 가격을 지닌 연료산지로서 다루어질 수 있다. 이 경우에도 물론 수력이 발생하는 마력(馬力) 시간은 동일한 마력시간을 발생시키는 석탄량에 기초하여 '계산상의 석탄'(*Rechnungskohle*)의 중량으로 환산되어야만 한다. 이 관념적 석탄의 양과 가격은 수력을 대체한 실제의 석탄의 양과 가격에 비교될 수 있다. 이 점은 간단하다. 그러나 이렇게 하여 얻어진 '계산상의 석탄량'이 입지에 미치는 작용에는 좀더 자세히 살펴볼 특성이 존재한다.

(a) 수차를 통하여 이용하는 경우. 이 경우의 특성은 이 '계산상의 석탄

량'이 하나의 지리적 지점, 즉 수차가 있는 장소에서만 이용될 수 있다는 것이다. '입지적'으로 그것은 양자택일적인 입지 작용을 행사한다. 즉, 입지는 입지 이익이 있는 지리적 지점을 따라가거나 또는 제자리에 머무르며, 따라서 그러한 이익에 의하여 전혀 영향을 받지 않을 수도 있다. 어떤 경우에 전자가 발생하고, 어떤 경우에 후자가 발생하는가? 후자의 경우, 즉 그러한 입지 이익이 이용되지 않는 경우에는 최선의 위치에 있는 석탄산지와 결합하는 입지도형이 형성되고 입지가 선정된다. 이렇게 성립하는 입지도형을 우리는 통상의 입지도형으로 간주하고자 한다. 이에 대해 수력을 이용하는 것은 석탄산지를 배제하고 수력이 존재하는 지점을 이용하는 새로운 입지도형이 형성되는 것을 의미한다. 그러나 이것만을 의미하는 것은 아니다. 그것은 동시에 입지가 새로운 입지도형 내에 원리적으로 전혀 다른 새로운 지점, 즉 수차가 있는 위치로 이동하는 것을 뜻한다. 단순히 하나의 석탄산지가 보다 저렴하거나 보다 유리하게 자리 잡고 있는 석탄산지에 의해 배제되는 것과 원리적으로 다르다는 사실은 단순히 새로운 입지도형의 성립에 의해 입지지향의 새로운 구조적인 기초가 성립할 뿐만 아니라, 이 경우에는 입지가 필연적으로 수력의 지점을 향하여 이동하는 것에 의해 — 옛 입지도형에서는 입지가 반드시 동력원료의 산지에 자리 잡고 있지 않았다 — 동시에 입지도형 내에서 입지의 근본적인 이동이 발생하기 때문이다. 이 점으로부터 다음과 같은 결론을 얻을 수 있는데, 첫째 잠정적으로 공식화해 보면 석탄산지에 대해 보다 유리한 위치에 있고 저렴한 수력의 입지적 작용이, 이것과 같은 정도로 유리한 위치에 있고 같은 정도로 저렴한 석탄산지의 작용만큼 크지 않다는 사실이다. 왜냐하면 그 작용은 이 경우의 입지, 즉 수력지점이 새로운 입지도형 중에서 통상적인 최소운송비지점으로부터 벗어남에 따라 발생하는 추가적인 운송비로 인하여 약화되기 때문이다. 그러므로 이러한 수력을 바탕으로 한 입지변혁은 사고상 수력을 저렴한 석탄동력으로 본 경우와 동일한 정도로 발생하지 않는다. 입지변혁은 그 이하로 머무를 것이며, 그 정도는 수력이 운반할 수 없다는 점에 의하여 입지도형에서 계산상의 입지이동의 필요성이 크면 클수록 그만큼 더 작을 것이며, 더군다나 이 이동은 '옛 입지도형'에서 입지가 동력산지 성분에 의해 영향을 받는 정도가 작으면 작을수록 그만큼 더 클 것이다.

둘째, 정확히 말해 수력이 어떤 경우에 석탄산지의 이용을 배제하고 입지를 자기 쪽으로 견인하는지 하는 것이다. 이 질문에 대한 답변은 다음과 같다. 일반적으로 동력에 대한 비용 절약이 운송비의 상승보다 큰 경우이다. 따라서 우리는 계산상의 석탄이 수력이 어떤 장소에 있을 경우에 발생하는 비용과 석탄이 그 산지에 있을 경우에 발생하는 비용의 차이를 옛 입지와 새로운 입지 사이의 운송비지수의 차이와 비교해 볼 수 있을 것이다. 우리는 다음과 같이 말할 수도 있다. 즉, 한편으로 새로운 수력입지의 수력비지수에 운송비지수를 더하고, 다른 한편으로 석탄동력비지수(산지에서의)에 이전 입지의 운송비지수를 더하여 양자를 서로 비교할 수 있다는 것이다. 결과적으로 만약 수력입지의 합계가 작다면, 그 방향이 한층 더 저렴하고 석탄은 배제된다. 반대의 경우에는 석탄이 배제되지 않는다.

〔여기서〕 간단한 예를 들어보자. 〈그림 3-16〉에서 P는 석탄(석탄은 M_2에 있다)을 사용하는 옛 입지도형(M_1M_2K)에서의 입지를 나타내고, W(수력지점)는 수력을 사용하는 새로운 입지도형 M_1WK[14]의 새로운 입지를 나타낸다. 여기서 W에서 제품 1단위당 사용되는 계산상의 석탄중량의 가격에 W의 운송비지수(a′, b′)를 더한 것과 P에서 제품 1단위당 사용되는 실제의 석탄중량의 가격에 P의 운송비지수(a, b, c)를 더한 것과 비교해 볼 수 있다. 전자의 합계가 작다면, P의 입지를 대신하여 W가 입지가 되고, 그 반대의 경우에는 그렇지 않다. 그러므로 전체 과정은 매우 간단하다. 운송 가능한 수력의 양자택일적인 작용을 아주 손쉽게 계산할 수 있다. 그 작용은 계산상의 석탄에 의한 경우의 저렴한 정도와 입지

14) 〔역주〕 원문에서는 석탄산지가 M_1으로, 수력을 이용하는 새로운 입지도형이 M_2WK로 되어 있다. 이는 오기로 판단된다.

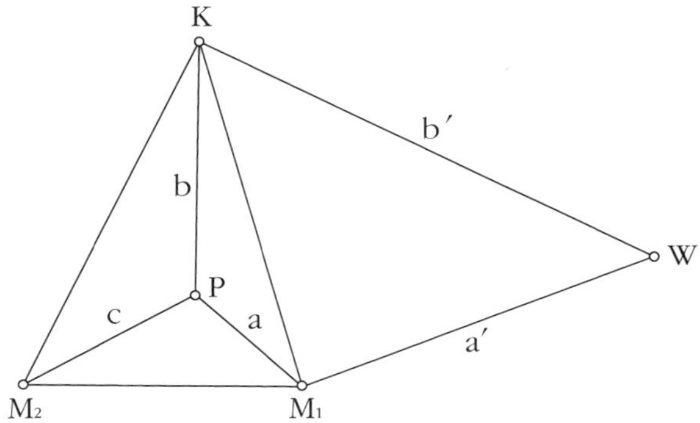

〈그림 3-16〉

도형 내에서 입지가 이동함에 따라 발생하는 운송비지수의 증가 정도의 관계에서 성립하는 좁은 범위 안에서 확정된다. 그것이 가장 멀리 떨어져 있는 공업으로 옮겨질 수 있는 것은 공업이 석탄산지에 자리 잡고 있는 경우인데, 왜냐하면 이 경우에는 입지가 근본적으로 이동할지라도 이것에 의해 비용이 상승하는 작용은 나타나지 않기 때문이다.

(b) 운송 가능한 수력. 운송할 수 있는 수력을 우리의 이론체계에 끌어들이기 위해서는 여기서 두 가지가 필요하다. 우선 첫째로 지금까지와 마찬가지로 수력이 전력으로 변형되어 소비되는 마력시간을 사고상 그 산출에 필요한 석탄중량, 즉 계산상의 중량으로 치환하지 않으면 안 된다. 이 중량의 계산상의 석탄가격(수력지점에서의)이 실제의 석탄가격(석탄산지에서의)과 비교된다. 이렇게 하여 사용되는 동력이 일정한, 일반적으로 아주 저렴한 가정적인 원료산지의 석탄의 형태로 표현된다. 더군다나 둘째로 사용되는 마력시간의 운송비용을 사고상·계산상의 석탄중량의 운송비용으로 간주할 필요가 있다.

전반적으로 살펴보면, 수력발전소의 건설이 용이한 수력 소재지에서는 '계산상의 석탄'의 가격이 대단히 저렴하고, 톤·킬로미터당 운송비가 낮다고 볼 수 있다. 발전 설비가 있는 수력 소재지의 작용은 가격이 매우 저렴한 석탄산지에서 특히 저렴한 특별 운임률이 적용되는 경우를 고찰할 때 얼핏 간단하게 생각된다. 이처럼 특별히 가격이 저렴한 계산상의 석탄산지는 이제까지 서술한 것처럼 그 이용범위를 확대시키고 지리적 위치에서 기대되는 것 이상의 입지도형을 형성하며, 입지도형의 형성과 관련해서는 지리적으로 훨씬 유리한 위치에 놓여 있는 석탄산지를 수력 소재지를 이용하는 것을 통하여 입지도형의 꼭짓점으로 이용하는 데서 배제한다. 계산상의 석탄 입지도형의 꼭짓점에서 톤·킬로미터당 운송비가 현저히 낮은 것은 이 계산상의 석탄중량에서 관념중량의 공제를 의미하고, 따라서 수력 소재지를 꼭짓점으로 하여 성립하는 입지도형 내에서는 입지가 배제된 석탄산지에 대하여 형성된 입지도형의 경우보다 입지를 원리적으로 한층 더 멀고 다른 입지도형의 꼭짓점(소비지, 다른 원료산지)을 향하여 이동시킨다. 즉, 이동할 수 없는 수력을 이용하는 경우와 마찬가지로 (1) 수력 소재지를 포함하는 입지도형이 형성되고, (2) 이 도형 내에서 원리적인 입지이동이 발생한다. 그러나 앞서의 경우와 달리 입지는 원료산지에 견인되는 것이 아니라, 반대로 이곳으로부터 해방되는 소비지와 그 밖의 원료산지를 지향한다. 새로운 입지도형 내에서 지리적 입지이동이 발생하는 것은 새로운 동력원료의 비이동성의 결과가 아니라, 정반대로 운송이 용이하게 되는 점에 따른 것이다.

이 점에서 끝으로 이동할 수 없는 수력을 사용하는 경우와 비교해 보면, 대단히 큰 차이가 존재함을 알 수 있다. 전자의 경우에는 마력시간당 취득비가 저렴하다는 점에 의해 수력의 지리적으로 주어진 넓은 '세력범위'가, 입지가 최소운송비지점으로부터 떨어지게 됨에 따라 운송비지수가 상승함으로써 다시 협소해진다. 이에 대해 후자의 경우에는 '계산상의 석탄'의 저렴한 운송비가 그 저렴한 취득비에 의해 넓은 세력범위를 한층 더 확대시킨다. 왜냐하면 계산상의 석탄의 '톤·킬로미터 운임'(송전의 형태로)이 저렴한 것은 문제의 입지도형 전체의 운송비지수를 낮추고 지리적으로 그렇지 않고서는 생각할 수 없는 다른 입지도형과의 경쟁을 가능하게 하기 때문이다. 이렇듯 수력 소재지에서의 마력시간이 충분히 저렴하고 송전 비용도 충분히 저렴한 경우에는 지리적으로 유리한 위치에 있는 수력이 대단히 포괄적인 석탄의 입지도형을 배제시키고 입지의 근본적인

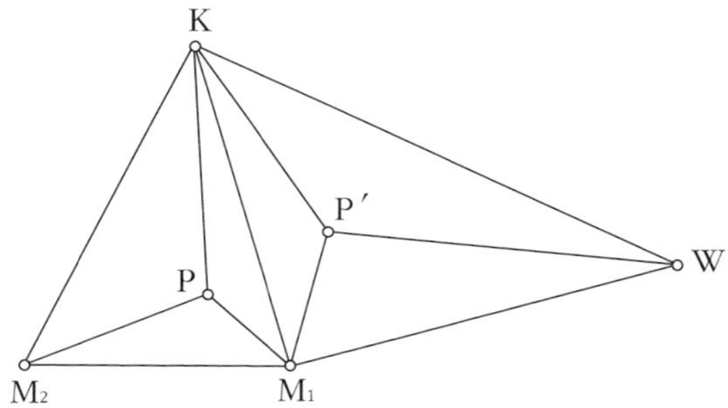

〈그림 3-17〉

이동을 야기하며, 특히 〔기존〕 입지의 해체를 가져오는 것은 틀림없다. 다른 한편으로 지리적으로 (즉, 소비지와 다른 원료산지에 대해) 불리한 위치에 있는 수력조차도 입지의 토대가 되는 생산의 기초로 작용하는 일이 없다고는 말할 수 없다.

이 수력이 오늘날의 경제에서 어느 정도까지 운송에 의하여 입지에 영향을 미치는지는 나중에 다시 서술할 것이지만, 우리의 이론을 통하여 정확히 규정할 수 있다. 이 문제에 대해서는 다시 앞에서 거론한 예를 활용하여 설명하고자 한다. 석탄산지 M_2를 대신하여 수력 소재지 W를 이용하는 '수력입지' P′는 이동할 수 없는 경우처럼 W가 아니라 〈그림 3-17〉에서 보여주듯이 새로운 입지도형 M_1WK 내에 있고, 옛 입지도형 M_1M_2K 내의 옛 석탄입지 P보다도 M_1과 K에 근접한 곳에 자리 잡고 있다. 그것이 새로운 입지도형 내에서 정확히 어디에 입지하는지는 잘 알려진 법칙을 통하여 명백해진다. 이 경우에 성분 WP′에 작용하는 중량은 두말할 나위도 없이 W에서 얻어진 '계산상의 석탄'의 중량에서 그 구간의 낮은 톤·킬로미터 운임에 해당하는 만큼의 관념적 중량공제를 행한 것이다. 이렇게 하여 얻어진 입지 P′가 가능한지 그렇지 않은지, 즉 M_2가 배제되는지 그렇지 않은지는 '계산상의 석탄'의 중량에서 P′의 운송비지수에 제품 단위당 필요한 '계산상의 석탄'의 가격(W에서의)을 더한 것과 비교하는 것을 통하여 파악할 수 있다. 전자의 합이 낮으면 P′가 가능하고, 그렇지 않은 경우에는 불가능하다. 이 예는 두말할 나위도 없이 일반적으로 적용될 수 있다. 이것을 통하여 수력의 이용과 그 작용을 운송(입지) 지향의 이론에 적용시킬 수 있으며, 따라서 우리는 오늘날 관찰할 수 있는 현실의 모든 수정에 우리의 이론을 적용할 수 있다.

제 4 장

노동지향

1. 노동비의 분석

우리가 위에서 입지요인을 서설적으로 분석하면서 개념적으로 한정된 의미로 지적한 것처럼, 일반적으로 공업의 노동비란 경제적으로 표현하여 생산과정 자체를 수행하는 데 사용되는 인간의 노동 에너지의 투입을 말한다. 이 노동비가 자본주의 경제하에서는 생산과정에 대하여 지불하는 임금과 봉급의 형태를 취하며, 그 과정에서 사용되는 노동 에너지와 '등가'로 고찰된다. 이 경우 '등가'라는 말에 대해서는 다소의 설명이 필요할 것이다. 우리는 투입된 인간의 노동 에너지가 '임금'에 의하여 매입되는 것은 아니라는 점을 잘 알고 있다. 왜냐하면 그것은 '상품'과 다른 성질의 것이기 때문이다. 어쨌든 투입된 노동 에너지에 대한 경제적 표현, 즉 우리가 여기서 문제로 삼고 있는 '노동비'는 오늘날의 자본주의 경제하에서 어떤 제품 단위에 대해 지불하는 임금과 봉급의 형태를 취한다. 그리고 우리는 경제현상을 언제나 우리가 파악할 수 있는 오늘날의 구체적인 현상형태로 다루고 있기 때문에, 우리는 이후의 고찰에서 그 어떤 제품 단위 — 이제까지 우리의 이론에서 논의한 제품의 '중량단위' — 에 대해서도 계산된 임금과 봉급을 문제로 삼고자 한다.

이렇게 고찰한 노동비가 입지요인이 되는 것은 확실히 그것이 국지적으로 상이하다는 점 때문이다. 이 점은 명약관화하다. 그러나 노동비의 이 국지적 차이는 우리가 공업의 지역적 분포에 관하여 연구하고 있기 때문에, 이 문제와 관계있는 한 의미가 있다는 점을 확인해 둘 필요가 있다. 즉, 우리에게 문제가 되는 것은 노동비가 지리적으로 특정한 지점과 필연적인 것은 아니지만 사실상 어떤 관계를 맺고 있는 경우만이다. 왜냐하면 이러한 경우에만 노동비는 공업을 지리적으로 특정한 지점으로 견인하고 공업의 기초적인 지리적 분포에 영향을 미치기 때문이다. 더군다나 현실의 노동비가 보여주는 국지적 차이 중 그 일부만이 특정한 지리적 의미를 지닐 뿐이라는 점도 분명히 밝혀 둘 필요가 있다. 어느 한 공업이 보여주는 노동비의 일반적 또는 국지적 차이는 두 가지의 전혀 다른 요인에 기인한다. 그 하나는 노동력의 능률과 노동임금의 수준, 즉 어느 정도는 개인적 이유에 기인하며, 다른 하나는 노동력이 배치된 조직과 기술적 장치가 지닌 능률의 차이, 즉 어느 정도 객관적인 요인에 기인한다. 이 가운데 개인적 이유에 바탕을 둔 국지적 차이만이 지리적 의미를 지니며 지리적으로 '규정되고' 있다. 그것은 이 차이가 인구의 지리적 분포의 함수이기 때문이며, 그것에 의해 각 지역의 임금수준과 능률수준의 차이가 결정되기 때문이다. 이에 비해 '장치'가 지닌 능률의 차이에 바탕을 두고 있는 노동비의 차이는 장치의 사용, 즉 그 원인인 노동조직과 기술 자체에 바탕을 둔 것이기 때문에 지리적으로 결정되는 것은 아니다. 물론 이러한 차이도 입지요인이 될 수 있으며, 이 점에 대해서는 우리가 나중에 언급할 집적이론에서 〔다시 한 번 자세히〕 설명하고자 한다. 여기서는 이 차이가 우리의 고찰에서 제외된다.

따라서 우리는 여기서 입지요인으로서 노동비가 지닌 의미에 관하여 모든 것을 다 논의하지 않는다. 여기서 다루는 것은 노동비의 차이 중에서 일부에 지나지 않기 때문이다. 즉, 이미 지적한 것처럼 개인적인 이유에 따른 능률과 임금수준의 국지적 차이에 바탕을 둔 것만을 여기서 다루고자 한다.

이 점과 관련하여 우선은 '순수'이론 전체에서 어떤 이유로 이 개인적인 능률과 임금의 지리적 차이가 발생하고, 또한 이것에 바탕을 둔 노동비의 차이가 발생하는지의 문제는 어떻든 (우리와) 상관없다. 특히 여기서 말하는 구체적인 〔노동비의〕 수준이 단순히 '순수한' 경제현상이 아니라 오히려 지극히 복잡다단한 역사적 · 자연적 상황의 가변적 결과라는 것 등은 아무튼 상관없다. 순수이론에서는 그것이 어떠해도 좋다. 왜냐하면 이 이론은 아주 일반적으로 말해 이러한 지리적으로 결정된 노동비의 차이가 어떤 의미를 지니는지에 대해서만 연구할 뿐이기 때문이다. 이 경우에 그 구체적인 수준과 그 구체적인 표출 방법은 전혀 문제되지 않는다. 이 이론은 그것을 하나의 '가능성'으로서 연구하며, 그 일반적인 결과에 대하여 연구한다.

그렇지만 이때 순수이론은 이러한 비용의 차이가 어떠한 지리적 '형태'를 띠는지 하는 점에는 관심을 두고 있다. 우리는 임금과 능률의 차이에 바탕을 둔 한 국가의 노동비의 지리적 차이가 어떤 특정 시점에 실제로 어떤 기본적인 형태를 띠는지를 파악할 필요가 있다. 이 차이는 '평면적인' 형태를 띠며, 그래서 우리는 한 지역 전체의 노동비가 다른 지역에 비해 저렴하다고 말할 수 있는가? 그것들은 '국지적인' 것이며, 개개의 지점 또는 대국적으로 '하나의 지점'(수학적인 점) 으로서 다루어도 큰 문제가 없는, 정도의 차이가 있을지라도 집중된 소규모 지구에 관한 것인가? 이 둘 가운데 어느 것이 나타나는지에 따라 여기서 수학적 관점에서 행하는 우리의 고찰에 본질적으로 전혀 다른 의미가 부여될 것이다. 평면적인 차이가 존재한다는 전자의 경우에는 수학적 '평면'의 개념을 적용할 필요가 있고, 후자의 경우에는 '점'(點) 의 개념을 적용할 필요가 있다.

만약 우리가 이와 관련하여 잘 알려져 있는 현실을 편견 없이 바라본다면, 우리는 이러한 차이가 나타나는 방식에 대하여 여러 가지의 경우를 구별하지 않으면 안 될 것이다.

우선 우리는 어떤 지역적 임금수준의 차이를 고려해야 할 것이다. 예를 들어 독일의 동부에 비해 서부와 남부의 일반적인 임금수준이 높다는 점을 염두에 두자. 우리는 건강보험 자료로부터 얻을 수 있는 각 지역의 관행적인 일용(日傭) 임금의 잘 알려진 표를 살펴 볼 수 있다. 우리는 임금률(*Lohnsatz*)이 약간의 예외를 지니고 있을지라도 서에서 동으로 향하여 '단계적'으로 하락하며, 또한 이 '평면적인' 임금수준의 분포로부터 '점 형태'의 편차가 본래 대도시에서만 나타난다는 사실을 생각해 보자. 우리가 이처럼 잘 알려진 사실을 상기해 볼 때, 우리에게는 이 외견상의 '임금률'이 본질적으로 '평면적으로' 단계화되어 있는 것으로 여겨진다.

그러나 이러한 기억에 바탕을 둔 형상은 우리가 품고 있는 수많은 통계적 도식화 가운데 하나이며, 오류라고는 말할 수 없지만 자세한 점에서 현실에 관한 위험스러운 그릇된 관념을 내포하고 있다.

이를 증명하기 위해서 여기서 우선 주로 저숙련 노동자들로 구성된 독일 최대의 노동조합 가운데 하나인 상업·운수·교통노동자중앙조합(Zentralverband der Handels-, Transport- und Verkehrsarbeiter), 다시 말해 호텔종사자, 짐꾼, 시장 작업원, 마부, 운전수, 가구 운반인 등의 중앙조직을 사례로 1901~1902년도의 연차 보고서에 기록된 임금 통계의 수치를 살펴볼 수 있다. 이 수치는 조합이 (대도시 외에) 가장 잘 보급되어 있는 중부 독일에 대하여 가장 양호하게 조사되어 있다. 이에 따르면, 예를 들어 하르츠(Harz) 주변의 작은 지역에서 조합원의 마르크로 표시된 평균 주급은 다음과 같다. 즉, 노르트하우젠(Nordhausen) 14.2, 장거하우젠(Sangerhausen) 12.0, 할버슈타트(Halberstadt) 15.7마르크 등이다. 또한 남부 튀링겐(Thüringen) 산림지대의 꽤나 협소한 지역에서는 존네베르크(Sonneberg) 15.7, 줄(Suhl) 15.3, 잘펠트(Saalfeld) 17.2, 에어푸르트(Erfurt) 19.3, 예나(Jena) 17.0마르크 등이다. 작센(Sachsen) 공업지대의 주변부에서는 차이츠(Zeitz) 17.8, 그라이츠(Greiz) 16.7, 플라우엔쉬 그룬트(Plauenscher Grund) 19.4마르크 등이다. 따라서 여기서는 곳곳에서 주급이 2~2.70마르크, 다시 말해 아주 인접해 있는 지점들 사이에 22%에 달하는 차이가 발견된다. 비슷한 현상이 다른 곳곳에서도 발견된다. 서로 인접해 있는 슐레지엔(Schlesien)의 두 군(郡)인 슈트리가우(Striegau)와 발덴부르크(Waldenburg)에서는 예를 들어 각각 12.9마르크와 15.3마르크가 지불되고 있다. 따라서 저숙련 노동자에 대해서조차도 이러한 임금률의 '국지적' 차이가, 그 임금률이 주변의 농촌보다 당연히 높은 수준에 있는 대도시와 관련해서 발견될 뿐만 아니라 농촌의 작은 노동지와 관련해서도 곳곳에서 발견된다. '평면적 차이'는 국지적으로 아주 뚜렷한 차이가 존재하는 것을 단순히 평균한 결과에 지나지 않는다.

항상 동질적인 집단으로 여겨지는 최하층 노동자 범주에 관해서조차도 우리의 관찰을 바탕으로 하여 평균적인 임금 분포를 고찰할 수 없다면, 이 관찰에 기초한 숙련노동자 범주의 임금수준에 대해서는 임금수준의 '국지적' 구조라는 원칙이 적용되는 것은 분명하다. 중부 독일과 관련해서 말하면, 1903년 금속노동자조합(Metallarbeiterverband)의 보고서에 따르면, 예를 들어 모래주형 제조인의 임금은 시간당 페니히로 나타낼 경우 힐데스하임(Hildesheim) 41, 일젠부르크(Ilsenburg) 27, 탈레(Thale) 39, 장거하우젠 34, 고타(Gotha) 44 등이었다. 즉, 하르츠(Harz) 주변의 작은 지역에서 17페니히, 즉 60%라는 최고 임금과 최저 임금 간의 차이가 존재한다. 또한 차이츠에서는 24, 바로 그 옆에 자리 잡고 있는 게라(Gera)에서는 34인데, 그 〔최고와 최저 사이의 차이를 말하는〕 교차(較差)가 10페니히, 즉 약 30%에 이르고 있다. 더군다나 분츨라우(Bunzlau)에서는 31, 히르쉬베르크(Hirschberg)에서는 42, 슈바이트니츠(Schweidnitz)에서는 39페니히인데, 그 교차가 11페니히, 즉 32%에 달하고 있다. 숙련 목공노동자, 즉 가구공과 선반공 등과 관련해서는 목공노동자조합(Holzarbeiterverband)의 아주 포괄적이고 주도면밀한 1902년의 조사보고서에 따르면, 평균 주급이 마르크로 표시하여 프랑켄하우젠(Frankenhausen)에서 13.6, 칼베(Kalbe)에서 11.2, 장거하우젠에서 16.7, 쉬코이트니츠(Schkeudnitz)에서 21, 코르베타(Korbetha)에서 12, 나움부르크(Naumburg)에서 18.7마르크 등이며, 따라서 골데넨 아우에

(Goldenen Aue)에서 엘스터-잘레(Elster-Saale)에 이르는 협소한 지대에서 주급의 교차가 9.8마르크, 즉 86%에 달한다. 이와 비슷한 현상이 또 다른 곳에서도 발견된다. 코부르크(Koburg)에서는 14.7, 바이마르(Weimar)에서는 21, 고타에서는 20, 아이젠아흐(Eisenach)에서는 18.2이며, 따라서 주급에서 6.3마르크의 차이가 존재한다.

이상은 모두 소도시의 교외 및 평야지대를 대상으로 하여 살펴 본 국지적 차이이다. 대도시도 고려한다면, 국지적 등락은 〔이보다〕 훨씬 크게 나타날 것이다. 예를 들어 모래주형 제조인에 대한 고찰을 하르츠 지방에서 막데부르크(Magdeburg) 또는 하노버(Hannover)까지 연장시킨다면, 평균 시간급은 48~53페니히까지 상승한다. 이는 하르츠의 일젠부르크보다 거의 2배나 높은 것이다. 목공노동자와 관련해서도 마찬가지이다. 라이프치히(Leipzig)에서는 23.7마르크, 할레(Halle)에서는 22.3마르크인데, 이는 코르베타의 12마르크와 칼베의 11.2마르크에 비해 거의 2배에 달하는 것이다.

이처럼 오늘날의 임금은 숙련노동자에 관해서는 말할 필요도 없고 저숙련노동자에 관해서조차도 마치 깊은 계곡과 높은 봉우리를 가진 대단히 험준한 산악과 같다. 사정이 이러하기 때문에 비록 지역 전체를 통하여 기초가 되는 일반적인 평균 수준의 차이는 존재한다고 하더라도, 우리는 점 형태의 차이가 존재한다는 사실에 대하여 주목하지 않을 수 없다.

두말할 나위도 없이 노동 임금의 수준차가 그 자체로 노동비의 수준차를 의미하는 것은 아니다. 양자의 평행 관계는 능률의 차이에 의해, 더군다나 다음과 같은 사실에 의해 방해받을 수도 있다. 첫째, 자연적 · 문화적 상황(인구의 자질과 환경)에 바탕을 둔 국지적인, 동일한 임금하에서 능률의 차이에 의해 방해를 받고 있다. 둘째, 이것과는 별도로 높은 임금이 상당 정도까지 능률과 평행한다는 사회심리적 경험법칙에 따라 주지하고 있듯이 일반적으로 방해받고 있다. 이 후자의 명제는 대단히 험준한 산악 모양을 보여주는 노동 임금의 차이가 노동비의 차이로서는 보다 완만한 산악의 형상으로 반영되고 있다는 사실을 의미한다. 경우에 따라서는 봉우리와 계곡이 완전히 균등화되거나 역전되기도 하며, 높은 임금 지점이 종종 상대적으로 높은 능률로 바야흐로 가장 저렴한 노동비 지점이 될 수도 있을 것이다. 경험적 이론은 특정 종류의 (산업) 부문에서 사실상 이러한 일이 발생할 수도 있다는 점을 보여준다. 다만, 여기서 노동비의 차이가 보여주는 형상은 임금의 차이가 보여주는 형상과 정도의 차이는 있을지라도 평행한지 그렇지 않은지, 또한 노동비의 차이가 노동능률의 차이에 의해 임금의 차이와 전혀 다른 〔별개의〕 형상을 갖고 있는지 그렇지 않은지 등과 같은 것은 문제되지 않는다. 오늘날 각 부문의 기업가들이 경험에 기초하여 노동비의 '지역적' 차이뿐만 아니라 '국지적' 차이도 사실상 고려하고 있다는 사실을 확인한다면, 바람직할 것이다. 우리는 임금률이 대단히 급격히 뛰는 경우의 예로서 노동비의 차이가 국지적으로 변하는 방식을 직관적으로 명확히 하려고 노력하였다. 그래서 우리는 순수이론에서 노동비의 '평면적' 차이가 아니라 '국지적' 차이에서 출발하고, 높이가 서로 다른 '노동비평면' (*Arbeitskostenfläche*) 에 관해서가 아니라 높이가 서로 다른 **노동지** (*Arbeitsplatz*) 에 관해 논의하는 것이다.

이때 이 점에 관해서 일반적인 서설에서 이미 지적하였듯이, 노동비의 수준을 다르게 하는 '노동지'의 입지요인으로서의 작용을 이론적으로 대단히 명백히 하기 위해서는 우선 현실의 노동지가 갖고 있는 일련의 특성을 무시할 필요가 있다. 다시 말해 우리는 우선 각각의 노동지가 현행의 비용률 (*Kostensatz*) 에서 노동 (력) 을 무한정 제공할 수 없고, 따라서 노동지는 이 비용률에 의해 공업을 양적인 측면에서 무제한적으로 견인할 수 없다는 사실을 무시할 필요가 있다. 또한 우리는 각 노동지의 비용이 공업을 견인함에 따라 노동력에 대한 수요 변화에 의해 변한다는 사실도 무시할 필요가 있다. 우리는 이와 같은 사정을 무시하고 노동지의 비용률이 **일정**하며 각 노동지에서 이 비용률로 얻을 수 있는 노동력이 **무제한적**이라고 고찰할 필요가 있다. 왜냐하면 이렇게 함으로써 비용률의 차이가 공업 입지에 미치는 작용을 그 최종 결론에 이르기까지 추구할 수 있기 때문이다. 우리는 노동지의 비용 차이에 바탕을 둔 견인력을 공간적 한정 외의 모든 한정으로부터 해방시키고 사실상 무제한적이라고 고찰하는 것을 통해서만 그 공간적 작용, 다시 말해 바로 그 입지상의 작용을 명백히 밝혀낼 수 있다. 이때 우리는 물론 동시에 이 견인력이 일정한 크기를 갖고 있다고 고찰하지 않으면 안 된다. 이렇게 하지 않는다면, 우리는 견인력을 수학적으로 간단히 측정할 수 없다. 따라서 우리는 노동비의 차이를 '주어진' 것으로, 그 견인력을 무제한적인 것으로 파악할 필요가 있다.

이러한 가정을 '해제하고', 노동비의 차이가 사실상 변할 수 있는 가능성과 때때로 각 지점에 제한된 양으로만 존재하는 노동력에 대하여 각 공업 사이의 경쟁관계를 — 그 가운데서 추상적인 법칙이 작용하는 현실의 환경으로서 — 고찰하는 것은 경험적 이론에 맡기지 않으면 안 될 것이다. 이와 마찬가지로 노동력 집단의 국지적 이동과 일반적인 공업의 노동력기반의 변화 가능성을 고려하는 동시에 이를 설명하는 것도 경험적 이론에 의해서 비로소 가능하다.

2. 노동지향의 법칙

그렇다면 서로 다른 노동비 수준을 지닌 노동지로 성립하는 이 노동비기반이 공업의 입지지향에 어떻게 작용하는가?

1) 이론적 해법: 등비용선

여기서 다시 원료산지에 기초를 두고 최종적으로 소비지에 결합되어 있는 고립화된 공업의 생산과정과 판매과정을 염두에 두면서, 그 입지도형과 원료지수와 이것들의 결합에 의한 최소운송비지점에 대하여 고찰해 보자. 실제로 이 최소지점에서 생산이 이루어지는지 그렇지 않은지와 관련하여 문제가 되는 것은 무한한 평면상에 이 최소운송비지점보다도 낮은 노동비로 1톤의 제품을 생산할 수 있는 지점이 과연 존재하는지 그렇지 않은지 하는 점이다.

우선 분명한 것은 다음과 같다. 즉, 노동비가 비교적 낮은 이러한 지점은 모두 경제적으로 하나의 **견인중심**(*Attraktionszentrum*)이며, 생산을 최소운송비지점으로부터 자기 쪽으로 이동시키려는 경향을 지니고 있다는 것이다. 이때 이러한 지점의 견인력은 그 본질상 **접근적** 견인력이 아니다. 왜냐하면 노동비가 낮은 지점으로의 접근은 생산에 그 어떤 이익도 가져다주지 않기 때문이다. 필요한 것은 이 장소로의 완전한 이전뿐이다. 따라서 이 견인력은 **양자택일적** 견인력이다. 즉, 그것은 생산을 운송비가 최소인 지점에서 행하는지 아니면 노동지로 이동시키는지 하는 문제를 제기하는 형태로 작용한다는 것이다.

언제 생산이 노동지로 이동하게 되고, 언제 생산이 기존의 장소에 머무르게 되는가?

최소운송비지점으로부터 유리한 노동지로의 입지의 이동은 모두 운송의 측면에서 보면 하나의 **'편향'**, 즉 운송로의 연장과 따라서 최적의 상황에 비해 운송비의 상승을 의미한다. 따라서 입지이동은 이 이동이 의미하는 1톤당 운송비의 상승이 비용절약에 의해 상쇄되거나 또는 상쇄 이상이 될 경우에만 가능하다. 노동지로의 이전과 관련하여 문제가 되는 비용절약이란 곧 노동비의 절약을 말한다. 입지가 최소운송비지점보다 유리한 노동지로 이동하는 것은 **이 지점이 제공하는 노동비의 절약이 그 노동지가 초래하는 운송비의 증가보다 클 경우**이다.

이 일반적인 명제는 첫째로 정확히 이해되어야 할 것이며, 둘째로 그 귀결이 검토되지 않으면 안 된다.

그 일반적인 의미를 정확히 이해하기 위해서는, 이것을 이제까지 활용한 일반적인 수학적 개념과 유기적으로 결합시킬 필요가 있다. 이 점에 대해서는 부록 제 2절의 등비용선[1] 에 관한 기술이 〔분석에〕 필요로 하는

1) 〔역주〕 여기서와 마찬가지로 부록(제 2장 제목)에서도 '운송비가 같은 곡선'(*Linien gleicher Transportkosten*)이라는 문구가 사용되고 있고, 이것이 자

수단을 제공한다. 거기에 전개되고 있는 것은 다음과 같은 고찰에 바탕을 두고 있다. 즉, 최소운송비지점에서 고찰할 수 있는 모든 방향을 향하여 편향이 가능하다는 점과 이것이 행해지는 모든 방향과 관련하여 편향비용, 다시 말해 편향에 의해 제품 1톤당 운송비의 추가분의 크기가 동일한 지점은 반드시 존재한다는 사실이다. 이로부터 이러한 편향비용의 크기가 동일한 점들을 연결하는 선(線)도 반드시 존재한다는 결론이 도출된다. 이 선은 원료지수가 다르다는 사실에 따라 최소운송비지점을 둘러싸고 서로 다른 형태와 거리를 지니고 있다. 이 추가적인 운송비를 동일하게 하는 수준선, 즉 우리가 단순화를 위하여 '등비용선'(*Isodapane*)이라고 부르고자 하는 이 선은 최소운송비지점과 노동지로 일컬어지는 편향지점 사이를 연결하는 관념상의 결합원이다.

그 관계는 다음과 같다. 어떤 지점에 있든 간에 최소〔운송비〕지점에 대하여 특정한 크기의 절약지수(*Ersparnisindex*)를 가진 모든 노동지에는 반드시 그것을 통과하는, 문제로 삼고 있는 입지도형에 대한 '등비용선'이 존재한다. 그리고 이 '등비용선'은 생산이 입지도형의 최소지점으로부터 해당 노동지로 이동할 때 발생하는 편향비용(*Deviationskosten*)이 얼마나 큰지를 보여준다. 이것이 한 측면이다. 또 다른 측면은 다음과 같다. 모든 노동지의 절약지수에는 반드시 그것에 대응하고, 해당 입지도형 상에서 제품 1톤당 편향비용의 크기가 그 노동지의 절약지수가 보여주는 최소운송비지점에 비해 제품 1톤당 노동비의 절약액과 정확히 동일한 하나의 등비용선이 존재한다. 이것은 노동지가 이 등비용선보다 저차의 등비용선 위에 있을 때에는 그 절약액이 편향비용을 초과한다는 것을 뜻한다. 반대로 만약 그것이 보다 고차의 등비용선 위에 있는 때에는 편향비용이

칫 '등운송비선'으로 잘못 이해될 수 있다. 하지만 문맥상으로 이것은 '등운송비선' 또는 '등운임선'(*Isotim*)을 뜻하는 것이 아니라, 일반적으로 입지삼각형의 세 개의 꼭짓점을 중심으로 각각 그린 세 개의 (동력) 원료 또는 제품의 등운송비선이 교차할 때 그 운송비의 합이 같은 지점을 연결한 선인 등비용선(*Isodapane*)을 말한다.

절약액을 초과한다. 이는 어떤 절약지수를 지닌 노동지가 이 등비용선의 내부에 있는 경우에는 절약지수가 편향비용을 능가하고 그곳으로의 이동은 비용의 증가분 이상의 절약을 가져오며, 이 노동지는 입지도형상의 생산을 견인한다는 것을 뜻한다. 노동지가 이 등비용선의 외부에 있는 경우에는 이 노동지를 견인할 수 없으며, 생산의 이동은 발생할 수 없다. 이 경우에 절약지수는 편향비용 이하이다. 그러므로 이 등비용선은 이 노동지의 견인력과 관련하여 '임계등비용선'(*Kritische Isodapane*)이다. 어떤 장소에 있든 간에 하나의 절약지수를 가진 모든 노동지에 대해서는 반드시 이러한 임계등비용선이 존재한다. 그리고 노동지가 이 선 안에 있는지 아니면 바깥에 있는지를 살펴보게 되면, 문제가 되는 입지도형의 생산이 이곳으로 견인되는지 그렇지 않은지를 곧바로 파악할 수 있다.

그러므로 노동지의 견인력, 즉 '노동지향'을 '운송지향'으로 대체할 가능성은 우리가 이제까지 공업의 입지지향의 법칙성을 명확히 하기 위해 사용한 수학적 관념의 영역 속에 포함된다. 이에 따라 노동지향은 운송지향으로 변형된 형태를 취하며, 그 스스로 엄밀한 법칙을 따르게 된다. 그리고 개별적인 경우에 대하여 그 변형의 조건들은 이제까지 논의한 것으로 이미 충분할 정도로 명백하다.

2) 노동지향의 조건 도출

다음으로 문제가 되는 것은 개개의 구체적인 경우에 편향과 노동지향이 발생할 수 있고 또한 발생할 수밖에 없는 조건에 대하여 일반적인 고찰을 행하고, 따라서 개별적인 경우에 관한 분석으로부터 노동지향 일반이 의존하는 일반적인 조건을 도출하는 것이다. 여기서 우리는 두 가지의 문제를 동시에 제기할 수 있다. 그 첫 번째가 이러한 조건 가운데 어느 것이 개별 공업의 일반적인 '고유한 특성'인지 하는 점이며, 두 번째는 어느 것이 모든 공업에 균등하게 적용되는 상황, 즉 '환경조건'인지 하는 점이다. 우리는 공업의 기본적인 운송지향이 '원료지수'와 입지중량을 통하여 오로지 공업의 '고유한 특성'에 의존한다는 점과 달리, 공업의 노동지향 정도와 양상이 본질적으로 '환경조건'에 의해 결정된다는 점을 파악할 수 있다.

우선 갖가지 조건들을 이제까지 행한 개별 분석으로부터 도출하는 데서 우리의 논의를 시작하고자 한다.

공업생산의 노동지에 의한 입지편향이 의존하는 요인으로 이제까지의 분석으로부터 다음과 같은 것들이 도출된다.

첫째, 입지도형과 노동지의 상대적인 지리적 위치.

둘째, 입지도형의 최소지점을 둘러싸고 있는 등비용선의 경로.

셋째, 노동지의 제품 중량단위당 절약지수 등이다.

(1) 에 대하여. 입지도형과 노동지의 상대적인 지리적 위치는 각종 공업의 일반적인 특질과 직접적으로 아무런 관련이 없다. 그것은 아마도 이 일반적인 특질과 무관한 '우연적인' 현실상황에 기반을 두고 있다. 그러나 우리는 나중에 이것을 개별적이고 우연적인 것으로 다루는 것이 아니라 일반적인 맥락에서 고찰하려고 한다.

(2) 에 대하여. 입지도형을 둘러싼 등비용선의 경로는 두 가지 하위요인에 달려있다. 그 첫 번째가 전체 공업의 성질에 기인하는 요인, 즉 원료지수와 이를 바탕으로 한 입지중량이다. 나중에 상세히 논의해야 할 것이나, 부록에 첨부된 그림은 등비용선의 간격이 왜 이 요인에 의해 결정되며 그리고 또한 그 형태가 어느 정도까지 이 요인에 의해 결정되는지를 보여 준다. 그러나 등비용선 상호간의 간격에 대해서는 두 번째 요인, 즉 어느 한 시점에서 각각 적용되는 운임률이 관여한다. 이 점은 명백한데, 만약 어느 한 점을 둘러싸고 운송비의 증가분이 같은 선, 즉 그 상호간의 간격이 비용 1단위의 증가분을 나타내는 선을 긋는다면, 이러한 선 사이의 지리적 간격은 비용 1단위가 어떤 지리적 거리에 해당하는지에 의해, 즉 적용되는 운임률이 얼마나 높은지에 의해 정해진다. 이 운임률이야말로 개별 공업의 특성에 의존하지 않고 모든 공업에 동일하게 적용되는 노동지향의 제 2의 요인이다.

(3) 에 대하여. 노동지의 생산중량 단위당 절약지수가 하나의 요인이다. 이것이 무엇에 달려있는지를 파악하기 위해 우리는 이 절약지수, 예를 들어 생산액 1톤당 10마르크라는 수치가 도대체 어떻게 하여 성립하는지 하는 질문을 던질 필요가 있다. 명백하게도 이것은 우선 1톤당 노동비가 5%, 10%, 20% 등 일정한 퍼센트만큼 '압축'되는 것을 통하여 성립한다. 따라서 절약지수는 첫 번째로 이 압축패턴에 의존한다. 하지만 이것은 하나의 요인에 지나지 않는다. 전체적으로 1톤당 절대액의 절약이 얼마만한지는 확실히 이밖에 두 번째의 압축되는 노동비의 절대적 수준에 의해 결정된다. 노동비가 1톤당 1,000마르크라고 한다면 10%의 압축에 의해 노동지의 절약지수는 1톤당 100마르크가 되며, 그것이 10마르크라고 한다면 노동지의 절약지수는 1마르크에 지나지 않는다.

이 압축이 행해지고, 따라서 다시 말해 압축의 대상인 제품 1톤당 절대적인 노동비 수준은 특정 발전단계에 있는 한 국가의 각 공업과 관련하여 이 발전단계에서 1톤의 생산을 위해 그 투입이 '사회적으로 필요한' 평균 노동비라는 형태로 제시된다. 우리는 이것을 공업의 노동비지수(*Arbeitskostenindex der Industrie*) 라고 부를 수 있을 것이다. 제품 1톤당 필요한 노동비는 노동지향의 조건으로서 공업의 일반적인 특성의 한 부분에 해당한다. 그러나 특정 장소에서 이 노동비지수가 압축되는 퍼센트(%) 는 해당 공업이 지닌 특성과는 무관하고, 해당 노동지의 특성과 관련이 있다.[2] 즉, 서로 다른 노동지에서의 노동비지수의 압축 퍼센트는 일반적인 환경조건에 해당한다. 이것이 제 3의 조건이다.

그러므로 노동지향이 의존하는 공업의 일반적인 특성으로 다음과 같은 두 가지의 것이 존재한다.

① 입지중량(또는 그 원료지수)

---

2) 동일한 공업의 서로 다른 노동지에 대해서는 항상 그러하다. 공업이 다르면 공업의 '성격'도 다르기 때문에, 노동비의 크기가 같아도 일반적인 압축 가능성은 다르다는 점과 또한 이 점을 여기서 무시하는 이유에 대해서는 보론 2의 결론 부분을 참조하라.

② 노동비지수

그리고 노동지향을 결정하는 환경요인은 다음과 같이 세 가지가 존재한다.

① 입지도형과 노동지의 상대적 위치

② 적용되는 운임률

③ 노동지의 실제 압축 퍼센트

3) '공업의 특성'과 노동지향

환경조건에 관해서는 나중에 논의하고, 우리는 우선 〔공업의〕 **고유한 특성**에 관해서 논의하고자 한다. 이 특성은 입지중량 또는 원료지수 그리고 노동비지수가 노동지향을 규정하는 방법을 조건 짓는다.

(1) 개별적인 입지지향

(a) **노동비지수**. 이것이 지닌 의미는 매우 단순하며, 이미 본래부터 명백하다. 이것에 적용되는 공식은 이미 서술한 것처럼 다음과 같다. 즉, 높은 노동비지수 — 압축 가능한 큰 액수의 노동비 — 노동지에서 가능한 큰 절약지수 — 이에 상응하는 높은 임계등비용선 — 따라서 노동지의 높은 잠재적 견인력이다. 또한 반대로는 낮은 노동비지수 — 압축 가능한 작은 액수의 노동비 등이다. 다시 말해, 노동지의 잠재적 견인력은 각종 공업의 노동비지수와 나란히 움직인다. 노동비지수는 공업입지의 편향 가능성을 보여주는 잠재적 척도이다. 다수의 공업에서는 이것만으로 입지지향의 방식에 대하여 결정적인 판정이 내려진다. 왜냐하면 그것이 아주 낮은 경우에는 유효한 절약지수를 보여줄 만큼의 노동비의 액수가 존재하지 않기 때문이다. 또한 여타 공업들은 이 지수에 기초하여, 즉 입지편향과 관련하여 중요한 특성인 제품 1톤당 노동의 양에 의해 분류된다.

(b) **입지중량**. 그러나 공업의 특성에 내재되어 있는 입지편향의 **유효** 척도를 얻고자 한다면, 우리는 입지중량과 원료지수를 고려할 필요가 있다.

입지중량은 등비용선의 간격과 형태에 미치는 작용을 통하여 입지편향에 영향을 미친다. 우선적으로 등비용선의 간격에 대해 언급하면, 그것이 입지편향에 작용하는 방식은 지극히 단순하다. 즉, 낮은 입지중량 — 제품 1톤당 근소한 물자 운송량 — 등비용선 상호간의 넓은 간격 — 임계 등비용선까지의 큰 거리 — 기타 조건이 동일할 경우 장거리에 미치는 입지편향 등이다. 이 역도 마찬가지이다. 입지중량은 등비용선의 간격에 대하여 그 공업의 특성에 바탕을 둔 척도이다. 그것이 이 간격에 영향을 미치는 한, 기존의 공식에서 말하는 노동비지수에 의해 잠정적 척도를 단순히 한층 더 정확히 규정하는 것에 불과하다.

그러나 입지중량은 등비용선의 간격에 영향을 미칠 뿐만 아니라, 그것이 토대로 삼고 있는 원료지수의 크기와 구성을 통하여 부록편의 그림이 보여주는 것처럼 등비용선의 형태에도 영향을 미친다. 즉, 다음과 같이 언급할 수 있다. 각종 공업에서 입지편향의 가능성은 지리적 방향이 상이함에 따라 크게 다르다. 일반적인 법칙으로서 다음과 같이 언급할 수 있을 것이다. 즉, 입지를 규정하는 각 성분의 강도가 같고, 따라서 전반적으로 입지가 입지삼각형의 중심에 놓여 있는 공업인 경우에만 그 최소지점에서 모든 방향을 향하여 거의 동일한 입지편향을 갖는다(등비용선이 거의 원형을 이룬다). 이 밖의 모든 공업, 즉 각 성분의 강도가 서로 다르고, 따라서 편향적인, 하나의 꼭짓점이 최소지점에 접근하거나 그 위에 있는 공업은 가장 강력한 입지 꼭짓점의 방향으로 입지의 지리적 편향이 발생하기 쉬우며, 그 정도는 이 성분이 상대적으로 강하면 강할수록 그만큼 더 크다. 원료 사용량의 형식으로 표현하면, 원료지수가 매우 낮은 공업(국지원료가 아주 적고, 따라서 소비지의 성분이 우세하다)과 이와는 정반대로 원료지수가 매우 높은 공업(국지원료가 아주 많고, 따라서 어느 하나의 원료성분이 우세하다)은 지리적 입지편향의 가능성이 균일하지 않다(우세한 꼭짓점의 방향을 향하여 입지편향이 용이하다). 이에 대해 중간 정도의 원료지수(예를 들어 2)를 지닌 공업은 특히 그것이 균등한 구성을 가진 경우(1 : 1) 입지의 모든 방향을 향하여 동일하게 손쉽게 편향될 것이다.

그러나 이상의 것들은 그다지 중요하지 않다. 이상은 단거리의 입지이동과 본질적으로 입지도형의 내부 또는 그 부근에서의 단순한 편향에 대해서만 의미를 갖는다. 모든 원거리에 대해서는 부록편의 그림이 보여주는 것처럼 원료지수의 크기와 구성 여하를 막론하고 등비용선은 원형에 가깝다. 이 점은 당연한 것인데, 왜냐하면 원거리에 대해서는 입지도형 내에서 원료지수에 따른 입지의 위치가 — 거리가 멀 경우 입지도형은 점차 '점'으로서의 지리적 의미밖에 지니지 않으므로 — 미소한 의미밖에 지니지 않기 때문이다. 편향은 점점 더 동일선상에서의 운송의 왕복을 표현할 뿐이며, 따라서 모든 방향을 향하여 그 난이도는 뚜렷해진다. 그러므로 공업의 원료지수는 그것이 등비용선의 형태에 영향을 미치는 것을 통하여(간격에 미치는 영향에 의한 것 외에) 작은 입지이동에 대해서는 노동비지수에 의해 주어지는 입지편향의 가능성을 구체화하는 지리적 '방향'을 규정함으로써 의미를 갖지만, 원료지수가 지닌 이러한 의미는 장거리의 입지편향과 관련해서는 이미 사라진다. 더군다나 지리적 방향의 차이는 그림이 보여주는 것처럼 근거리에 대해서도 그다지 크지 않으며, 이 점에서도 등비용선이 형태상 적어도 원형에 아주 가깝기 때문에, 이론을 개략적으로 적용함에 있어서는 등비용선의 형태가 원형이 아니라는 점에서 드러나는 원료지수의 의미는 일반적으로 무시할 수 있다. 이론상 등비용선은 모두 원형이라고 고찰할 수 있지만, 이 경우에는 원료 사용량의 절대적 크기에 바탕을 둔 등비용선의 간격이 노동지의 노동비지수에 의한 입지편향과 관련하여 지니고 있는 실질적인 의미를 입지중량을 통하여 한층 더 자세히 결정하는 문제만이 남아 있다.

(c) **입지중량과 노동계수**. 그러나 제품 1톤당으로 측정된 이 노동비지수가 입지편향과 관련하여 갖는 실질적인 의미를 입지중량을 통하여 한층 더 자세히 규정하는 문제는 (이미 서술한 것처럼) 간단하다. 즉, 입지중량의 상승은 등비용선 압축을 통하여 노동비지수가 (입지)편향과 관련하여 갖는 의미를 떨어뜨리는 반면, 그 저하는 의미를 높인다는 것이다.

이것은 어떤 공업의 노동지수(*Arbeitsindex*)가 갖는 입지편향과 관련한 실질적인 의미가 (이제까지의 '노동비지수'라는 개념의 경우처럼) 제품중량에 의해 측정되는 것이 아니라 오히려 입지중량(제품중량+국지원료중량)에 의해 측정되는 것을 의미한다. 바꿔 말해, 우리가 노동계수(*Arbeitskoeffizient*)라고 지칭하고자 하는 것처럼 공업의 입지중량과 노동비 사이의 관계야말로 노동에 의해 입지편향의 가능성을 규정하는 일반적인 지표(공업의 특성에 내재하고 있다)인 것이다.

등비용선의 형태, 즉 공업의 입지편향의 가능성이 방향에 따라 다르다는 점을 무시한다면, 다음의 것 또한 분명하다. 즉, 편향이 발생할 경우에 이동해야만 하는 것은 입지중량이며, 따라서 이것은 노동비의 압축이 사실상 얼마만한 입지편향의 효과를 갖고 있는지를 규정하는 유일한 요인이라는 점이다. 그리고 공업 입지편향의 가능성을 보여주는 강도가 방향에 따라 다르다는 것, 즉 입지중량과 그 성분에 의해 입지편향의 질적인 결정이 별다른 의미를 갖고 있지 않다면, 우리는 입지중량을 노동비가 입지편향을 가져오는 힘의 양적 척도로서 노동비의 크기와 대비시키고, 그 입지 편향력을 계산하는 데 기초로 삼을 수 있을 것이다.

'노동계수'의 개념, 즉 공업의 입지중량과 노동비의 크기 사이의 관계를 나타내는 개념이 이 역할을 한다. 더군다나 이 노동계수는 본래 예를 들어 100：3(제품 1톤당 노동비가 100마르크로 입지중량이 3톤)과 같은 관계로 이루어지고 있으나, 각종 공업의 노동계수를 충분히 비교할 수 있기 위해서는 입지중량을 항상 1로 환산하고, 각 공업의 이동하는 중량 1톤당 노동비가 얼마인지를 질문하는 형식이 유용하다. 우리는 이렇게 행하고자 한다. 따라서 여기서 말하는 공업의 노동계수라는 것은 이동하게 되는 중량 1톤당, 즉 입지 톤 수당[3] — 우리는 이렇게 부르고자 한다 — 노동비를 의미한다. 이러한 맥락에서 우리는 이후로 다음과 같이 언급하고자 한다. 즉, 공업의 노동지향은 그것이 이 공업의 일반적인 특성에 의존

3) 우리는 이러한 입지 톤 수(*Standortstonne*)를 각각 입지중량에 상응하는 제품과 원료의 비율로 구성되는 것으로 고찰해야 한다.

하는 한, 그 노동계수에 의해 결정된다.

이 의미를 설명하기 위해 몇 가지의 예를 들고자 한다. 코르셋 제조업의 노동계수는 약 1,500마르크이고, 도자기 제조업은 약 55마르크이며, 원당 제조업(사탕무로 만드는)은 1.30마르크이다. 어떤 장소에서 10%의 노동비 절약은 이러한 여러 지수하에서 각각 입지 톤당 150마르크, 5.50마르크, 0.30마르크의 절약을 의미한다. 즉, 만약 톤·킬로미터당 운송비가 5페니히라고 한다면, 그것은 코르셋 제조업에서는 3,000km, 도자기 제조업에서는 110km 그리고 원당 제조업에서는 2.6km의 편향 가능성을 유발한다는 것이다. 이 수치는 이러한 세 가지 공업의 입지지향의 방식에 대단히 큰 차이가 존재한다는 점을 설명해 준다.

(2) 전체적인 입지지향

우리는 이제까지 고립적으로 고찰한 개별 제품의 입지편향에 대하여 살펴보았다. 그런데 위에서 전개한 노동계수와 그 압축 가능성의 영향하에서 어느 한 공업의 운명을 그 전체적인 입지지향의 측면에서 명확히 하는 것은 어렵지 않다. 이 입지지향의 모습은, 첫째 공업의 노동지수가 높고 낮음에 따라 그 개별 생산이 개별 입지도형의 최소지점으로부터 얼마만한 거리만큼 편향되어 있는지를 알고, 둘째 견인력을 지닌 각 노동지가 어디에 있든 원칙적으로 동시에 모든 공업의 입지도형에 영향을 미치고, 따라서 생산이 모든 방향에서 거기로 견인되는 경향이 있다는 점을 상기할 때, 아주 손쉽게 파악할 수 있다. 이 두 가지의 고려를 기초로 하여 생산이 모든 방향에서 이 노동지로 향하여 집적하는 양상은 명확히 된다. 그리고 이 집적화는 — 이 점이 중요하다 — 동일한 조건하에서 입지의 편향 정도에 상응하여 노동지의 수가 적으면 적을수록 그만큼 더 크다. 더군다나 이러한 양상의 아주 미세한 점까지도 이 두 가지 고려의 조합으로 설명된다. 왜냐하면 어느 한 공업의 노동지가 행사하는 견인력이 모든 방향을 향하여 모든 입지도형에 대하여 폭넓은 범위에 걸쳐 작용하는 경우에는 동시에 각 노동지 상호간에도 그 견인력과 관련한 경쟁이 발생하기 때문이다. 동일한 공업의 노동지에서 압축 가능한 노동비의 크기가 기본적으로 동일하다고 해도, 그 실제 압축률은 다른 경우가 존재한다. 따라서 이러한 경우에는 견인력이 정도의 차이가 있을지라도 다를 것이다. 실제의 압축 퍼센트가 높은, 견인력이 강한 노동지는 낮은 견인력의 노동지를 배제하고, 그 공업의 성격상 작용하는 반경 내의 모든 방향으로부터 생산을 자기로 향하여 견인할 것이다. 이 모든 방향으로부터의 견인, 곧 '약자'의 배제는 그 공업의 입지편향의 가능성에 따라 이 노동지의 작용반경이 크면 클수록 그만큼 더 클 것이다. 그래서 그 자체로 고도의 입지편향이 가능한 공업에서는 소수의 노동지로 집적이 발생하는 반면, 편향 가능성의 정도가 낮은 공업은 다수의 입지로 분산된 채로 있다.

그러므로 우리는 노동계수와 그 의미에 대한 고찰을 바탕으로 하여 공업의 전체적인 입지지향에 관하여 다음과 같이 언급할 수 있다. 즉, 어느 한 공업의 입지편향의 가능성은 그 노동계수의 높고 낮음에 달려 있기 때문에, 노동계수가 높으면 높을수록 이 공업은 더욱 더 소수의 노동지에 집적하게 되고 노동에 의한 집적은 그만큼 더 강력하게 이루어진다.

이 모든 점은 명백하고, 이로부터 직접 도출되는 입지지향의 전체 모습은 방금 시도한 것과 같은 논의를 일부러 행할 필요도 없이 올바른 것으로 기대된다. 만약 노동지로의 '집중'과 관련하여 명확히 해야 할 하나의 논점도 남아 있지 않다면, 우리는 공업의 전체적인 입지지향에 대하여 이것 이상으로 설명할 필요가 없을 것이다. 그 하나의 논점은 집중할 때 운송비에 변화가 나타나고 노동지의 견인력에 변화가 발생하는 점과 관련이 있다. 예를 들어 〈그림 4-1〉이 도식적으로 보여주는 것처럼, 두 입지도형의 생산이 하나의 노동지에 집중하는 가장 간단한 경우를 생각해보자. 이 경우에 생산이 견인되는 노동지에는 필요로 하는 각 원료가 여러 원료산지로부터 공급된다(제 1의 원료는 M_1과 M'_1로부터 그리고 제 2의 원료는 M_2와 M'_2로부터) 고 볼 수 있다. 생산이 둘 이상의 입지도형으로부터 견인되는 경우에는 입지도형의 수와 동일한 수의 원료산지로부터 공급을 받게 된다. 단, 이 입지도형의 생산이 각각 고유한 원료산지를 갖고 있다

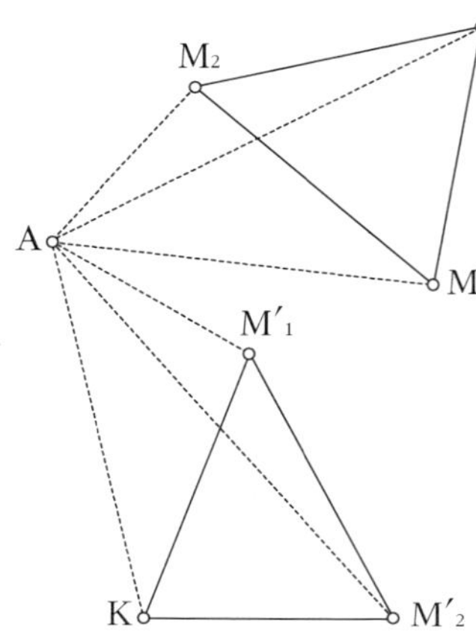

〈그림 4-1〉

고 가정한다. 그러나 이제 이용되는 원료의 전부에 대하여 각 노동지(이곳이 입지가 된다)와 관련하여 가장 유리한 위치에 있는 원료산지가 존재하는 것은 분명하다. 그리고 — 가장 유리한 위치에 있는 원료가 필요를 충족시킬 만큼 충분하지 않다면 — 노동지로 옮겨 간 생산도 이미 개개의 입지삼각형에서 사용된 원료 중 불리한 위치에 놓여 있는 것을 사용하지 않는다. 그것들은 '유휴화'되고, 전체 필요량은 가장 유리한 원료산지를 통하여 충족된다. 우리의 예와 관련하여 말하면, M_1과 M'_2가 유휴화되고 전체 필요량이 M_2와 M'_1로부터 충족된다. 사실 방금 언급한 경우에는 견인력을 행사하는 노동지는 생산의 모든 입지도형과 그것들의 원료산지를 통해서가 아니라, 그들의 판로인 소비지를 통하여 연결되어 있다. 우리가 일상적으로 살펴 볼 수 있는 것처럼, 그것은 '전 세계에' 판매되나 원료와 관련해서는 가장 가까이에 있는 충분히 공급 가능한 (원료)산지만을 이용하게 된다.

이러한 현상의 바탕이 되는 원료산지의 유휴화는 불필요한 운송비의 절약이라는 이유에서 행해진다. 따라서 생산의 입지편향이 발생하는 각 입지도형에 대해 노동지로의 편향 결과로 발생하는 절약과 대비시킬 필요가 있는 것은 옛 입지도형에 대한 편향비용 전부가 아니다. 이 편향비용에서 최적의 (원료) 산지만을 이용하는 것에 의해 적지 않는 운송비의 절약분이 공제되지 않으면 안 된다. 우리의 경우에 관하여 말하면, A가 제공하는 절약과 대비되는 것은 M_1M_2K 또는 $M'_1M'_2K'$에서의 편향비용의 전부가 아니다. 편향비용은 최초의 입지삼각형의 입지편향과 관련하여 M_1을 M'_1로 치환하는 것을 통하여 운송비의 절약분만큼 적고, 또한 제 2의 입지삼각형의 입지편향과 관련하여 M'_2를 M_2로 치환하는 것을 통하여 운송비 절약분만큼 적다. 이러한 운송비 절약분은 (원료) 산지까지의 선의 길이가 다르다는 것으로 표시된다.

우리는 이것을 반대의 측면에서 그리고 이 경향을 설명하기 위하여 한층 더 명확히 표현할 수 있다. 즉, 우리는 다음과 같이 말할 수 있다. 노동지가 노동비에 제공하는 절약에 (원료) 산지의 대체[4]로 얻는 절약이 더해진다는 것이다. 따라서 노동지의 유효 견인력을 어떤 입지도형에서의 생산과 관련하여 명백히 하기 위해서는 이 입지도형의 편향비용을 노동지의 단순한 절약지수와 비교하는 것이 아니라, 오히려 산지의 대체에 의하여 증가한 절약지수와 비교하지 않으면 안 된다. 이에 따라 우리는 노동지의 전체적인 견인력의 척도를 우선 문제로 삼고 있는 개개 입지도형과 관련하여 얻고, 이어서 이것을 종합하여 노동지의 작용범위 전체와 관련하여 얻을 수 있다. 그러므로 우리는 이 공업의 전체적인 지향과 노동지로의 집중화 정도 및 방식에 관한 올바른 이론적 모습을 얻을 수 있다.

이 경우에 여전히 다음과 같은 점을 고려할 필요가 있다. 편향이 발생하는 경우에는 새로운 원료산지가 이용될 수 있으며, 이 새로운 원료산지의 이용은 원료산지의 대체가 일반적으로 그러한 것처럼 노동지 상호간의 경쟁에 큰 의미를 지니며, 공업의 입지편향의 구체적인 양상을 결정하는 데 관여할 수 있다. 편향이 발생할 때, 새로운 원료산지가 이용될 가능성이 존재하는 것은 대단히 명백하다. 왜냐하면 원료산지의 선택은 두

4) 〔역주〕 이 책에서 대체(代替)라는 용어는, 이를 표현하는 일반적인 단어인 '*Substitution*'이 아니라 '*Remplacierung*'을 사용하고 있다. 아래에서도 동일하다.

말할 나위도 없이 종래의 입지도형에서 사용된 산지에 한정될 필요가 없으며, 이제까지 사용되지 않았던 노동지 가까이에 자리 잡고 있는 산지가 생산에 이용될 수도 있기 때문이다(다음 〈그림 4-2〉가 가장 단순한 경우를 보여주고 있다). 그러나 양호한 위치에 있는 새로운 산지를 이용할 크고 작은 가능성은 일반적으로 노동지로부터 멀리 떨어져 있는 산지 근처에 자리 잡고 있는 산지가 대체될 가능성이 있는 것처럼 두말할 나위도 없이 동시에 노동지 상호간의 선택요인도 된다. 원료산지가 가까이에 있어서 편향이 발생할 경우 유효한 원료산지의 대체가 이루어지는 노동지는 이 가능성이 결여된 다른 노동지를 제압할 수 있다. 그 정도는 절약지수의 견인력이 원료산지의 대체를 통한 운송비 절약에 의해 증대하는 정도가 크면 클수록 더 크다.[5] 위에서 서술한 것처럼 노동지로의 전체적인 편향 정도는 원료산지의 대체 가능성에 의해 비로소 정확히 제한되지만, 여기서 말하고자 하는 것은 원료산지의 대체가 노동지의 선택에도 관여하고, 따라서 성립하는 입지편향의 구체적인 양상을 결정하는 데에도 최종적으로 관여한다는 점이다.

그러나 우리에게 한층 더 중요한 것은 공업이 보여주는 입지편향의 정도가 일반적으로 여느 때와 마찬가지로 그 노동계수에 좌우된다는 점이다. 이 노동계수가 높으면 높을수록, 그에 따른 편향이 그만큼 더 멀리까지 〔영향을〕 미치고 산지의 대체범위가 그만큼 더 먼 거리까지 미치며, 그것에 의해 실현되는 운송비의 절약은 그만큼 더 크고 노동비의 견인력이 강화되는 정도도 그만큼 더 크다는 점이다. 따라서 어떤 공업의 노동지가 보여주는 견인력은 단순히 그 노동지수의 높고 낮음에 비례하여 증

5) 물론 우리는 다른 노동지와 비교한 한 노동지의 견인력이 이 원료산지의 대체 가능성에 의해 어떻게 변하는지를 아주 정확히 계산할 수 있다. 이를 위해서는 이들 노동지로부터 그 각각의 가장 가까이에 자리 잡고 있는 원료산지까지의 거리를 서로 비교할 필요가 있다. 정확히 한 노동지로부터의 거리가 다른 노동지로부터의 거리보다 짧은 정도만큼, 전자의 원료산지의 대체에 의한 운송비의 절약분은 후자보다 크고, 따라서 그 절약지수에 더해지는 부분도 후자보다 크다.

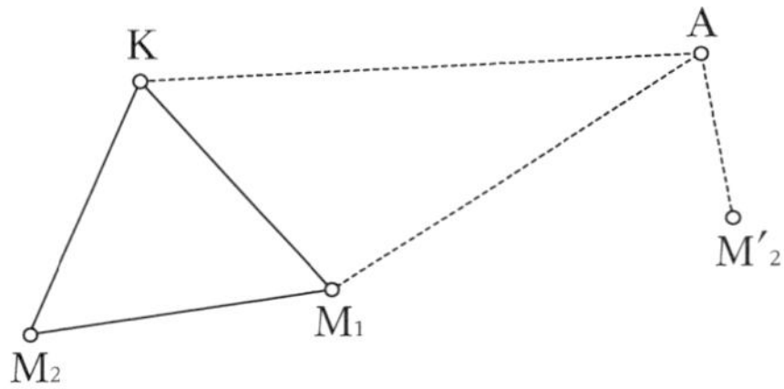

〈그림 4-2〉

대하는 것이 아니라, 원료산지의 대체가 점진적으로 발생하는 것에 의해 그 높이 이상의 비율로 증가한다. 노동계수가 어느 한 공업의 입지편향 가능성을 결정한다는 일반적인 법칙을 우리는 다음과 같이 한층 더 양호하게 설명할 수 있다. 즉, 이 양자는 마치 〔두 개의〕 곡선 같은 관계에 있고 어느 하나의 상승은 다른 하나의 상승에 의존하지만, 편향 가능성의 선이 보여주는 상승은 노동계수선을 넘어선다. 따라서 다음과 같이 설명할 수 있다. 즉, 편향의 가능성은 단순히 노동계수와 평행하는 현상이 아니라, 이것과 복잡한 함수관계에 있는 현상이라는 것이다. 실제로 높은 노동계수를 지닌 공업이 동시에 유난히도 강력히 집적하는 것은 틀림없다.

4) 노동지향의 환경조건

다음으로 위에서 거론한 입지편향의 환경조건에 대하여 서술하려고 한다. 이것에는 그 측면이 전혀 다른 두 가지의 특성이 존재하는데, 이 둘을 일반화하여 논의하는 것은 불가능하다. 그것은 입지도형과 노동지 사이의 거리와 노동지의 절약지수이다. 더군다나 이러한 조건들의 형상에는 언제나 대단히 구체적이고 개별적인 성질을 띠는 요소가 포함되어 있다. 왜냐하면 우리가 여기서 어떤 일반적인 법칙을 수립한다고 해도 현실의 개별적인 입지도형이 현실의 노동지에 대해 취하는 구체적인 위치는 각각의 경우에 항상 다르며, 또한 개별 노동지의 실제 압축 퍼센트는 각 노동지에서 서로 다르기 때문이다. 그러나 이 점으로부터 이러한 구체적인 형상이 하나의 일반적인 규칙 속에서 움직이는 것은 아니라고는 말할 수 없다. 사실이 그러하다. 입지도형과 노동지 사이의 거리 및 노동지의 사실상의 압축 퍼센트라는 양자는 전체적으로 상호 관련된 일반적인 사정, 즉 인구밀도와 문명의 (발전)정도에 의해 지배된다. 우리는 짝을 이루는 이 사실에 관하여 예전부터 알고 있다.

(1) 인구밀도가 낮은, 소비지 상호간의 거리가 먼 지역에서는 입지도형과 그 최소지점들이 넓은 간격을 갖고서 한 국가 내에 분포하는 것은 분명하다. 하지만 '노동지' 또한 인구밀도가 낮은 곳에서는 인구밀도가 높은 곳에 비해 희박하게 분포할 것이다. 이 두 가지의 사정은 입지도형과 노동지 사이의 거리가 평균적으로 멀다는 것을 의미한다. 이에 반해 인구밀도가 높은 곳에서는 입지도형이 다른 입지도형과 서로 접하고 노동지도 서로 접하고, 따라서 입지도형과 노동지 사이의 평균 거리는 짧다고 할 수 있다. 그러므로 극복해야 할 편향거리는 인구밀도와 나란히 변하기 때문에, 인구밀도가 상승함에 따라 극복해야 할 거리는 점점 더 짧아지고, 입지편향을 위한 조건은 점점 더 유리해진다. 이것은 얼핏 우연적으로 서로 무관한 것처럼 보이는 현상이 따르고 있는 일반적인 법칙이다.

더군다나 그 일반적인 타당성에 대하여 우리는 다음과 같이 명확히 지적할 수 있다. 즉, 인구가 희박한 지역은 동시에 보통 문화적으로도 정체되어 있다고 지적할 수 있다. 또는 문화적으로 '미분화되어 있다'고도 말할 수 있다. 이것이 의미하는 것은, 그곳에서 한 지점의 관행적인 노동임금에 대한 효율이 다른 지점과 현저히 다르지 않으며, 임금 자체도 동시에 현격한 차이를 보여주지 않는다는 점이다. 그러므로 노동지 사이의 노동비의 차이가 작고, 그 상대적인 압축 퍼센트도 작을 것이다. 이와는 정반대로 일반적으로 인구밀도의 상승과 함께 증가하는 문화적 차이와 평행하며, 노동비의 차이와 노동지의 상대적 압축 가능성도 증가할 것이다. 이상이 이 조건이 따르는 일반적인 법칙이다.

따라서 이 두 가지의 것들은 인구밀도와 이에 의존하는 문명의 진보로부터 다음과 같은 방식으로 공동으로 영향을 받는다. 즉, '조밀화'와 나란히 노동지향을 용이하게 하는 방향으로 변화가 발생한다. 왜냐하면 압축 퍼센트의 상승은 편향거리의 축소와 마찬가지로 노동지로의 입지이동을 손쉽게 하기 때문이다. 그래서 인구가 희박한 지역에서는 공업이 주로 운송지향의 경향을, 인구가 조밀한 지역에서는 주로 노동지향의 경향을 띠게 될 것이다. 이상에서 언급한 것이 이에 대한 열쇠를 제공한다.

(2) 마지막으로 제 3의 환경조건, 즉 운송비율(*Transportkostensatz*)이 지닌 의미는 대단히 간단하다. 톤·킬로미터의 운임률이 낮으면 낮을수록, 편향비용의 등고선은 그만큼 더 벌어지고 노동지의 필요 절약지수는 그만큼 더 작아지며, 멀리 떨어져 있는 노동지의 견인력은 그만큼 더 〔강력히〕 작용한다. 다시 말해, 노동지향은 생산부문의 수로 살펴 본 양적인 측면에서 공업의 전체적인 지향에 점점 더 큰 의미를 지니며, 〔입지를 이동한〕 편향된 공업의 생산은 최적 노동지의 견인 영역이 확대된 결과 점점 더 많이 이 지점으로 집중한다. 이상이 이 환경조건에 대한 일반적인 법칙이다.

우리는 19세기 후반 수공업과 대공업 사이의 경쟁에서 상당한 부분을 운송비 저하의 결과와 관련된 이 법칙을 증명하는 논거로 살펴볼 수 있다. 수공업의 몰락이 공업의 원료지수의 변화로 인하여 소비지에서의 생산을 어느 정도 비워주었는지에 대해서는 이미 서술하였다. 더군다나 여기서 철도의 발달로 생산을 가장 양호한 노동지로 (편향적으로) 이동시키는 것이 손쉬워졌기 때문에, 그것이 한층 더 조장되었다는 점은 되풀이하여 말할 필요가 없을 것이다. 과거에 운송비로 인하여 다소간 감추어져 있던 국지적인 노동비지수의 차이는 운송비의 급속한 저하로 갑자기 드러나고, 실제로 의미를 지니게 되었다. 그래서 과거에 운송비에 따라 배분된 소비지에 놓여 있었고 따라서 수공업적으로 조직될 수 있었던 생산이 양호한 노동지에 대량으로 집중하게 되었다. 그러한 일이 특히 어떤 공업에서 발생하는지에 관해서는 제 2부[6]에서 제시할 것이다. 그러나 우

6) 〔역주〕 이 책의 저자인 베버가 구상하였지만, 출간하지 못한 공업입지론의 응용편, 즉 1860년대 이래 독일 공업의 발전과정에 대한 실증적 분석을 담을 공업입지론의 제 2부를 일컫는다.

리는 이미 이 단계에서도 가구와 바구니, 통 등과 같은 제품의 생산이 왜 수공업적으로 생산된 소비지로부터 가장 양호한 노동지 — 이곳에서의 생산도 결코 기술적으로 상이한 조건하에서 행해지는 것이 아니라, 단순히 대량의 판매를 고려하여 대규모로 행해질 뿐이다 — 로 이동하는지를 질문할 수 있다. 우리는 그 이유가 저렴하게 된 운송비율에 있다는 점을 발견하게 될 것이다.

5) 발전경향

그러므로 환경조건의 모든 변화는 노동지향을 조장하는 경향을 지니고 있다. 왜냐하면 통상적으로 시대의 일반적인 발전방향은 확실히 운송비의 하락을 지향할 뿐만 아니라, 또 다른 일반적인 편향의 조건들, 즉 인구밀도와 문화의 분화에 대해서도 편향을 용이하게 하는 방향이 존재하기 때문이다. 즉, 그것은 인구밀도를 상승시키고 문화적 분화를 강화시키는 경향을 갖고 있기 때문이다.

그러나 다른 한편으로 운송비를 낮추는 이 동일한 기술적 진보가 동시에 그와는 별도의 측면으로서 생산의 기계화를 통하여 공업의 일반적인 성격을 변화시킨다. 기계화에 의한 공업이 지닌 일반적인 성질의 변화는 공업의 노동계수를 떨어뜨리는 방향으로 작용한다. 그것은 노동계수를 결정하는 두 가지 요인, 즉 제품 1톤당 노동 사용량과 원료 사용량에 대해 작용하는 방향은 서로 다르지만 동일한 결과를 가져오도록 한다. 즉, 그것은 당연하듯이 석탄 사용량과 중량감소 원료 사용량의 증가를 통하여 원료 사용량을 증가시킨다. 그러나 그 내용은 동시에 생산에서 인간노동을 불필요하게 하며, 따라서 노동 사용량을 감소시킨다. 이에 따라 노동은 점점 감소하고 입지중량은 점점 증가하게 된다. 이는 공업이 노동지향에서 운송지향으로 끊임없이 변화한다는 점을 의미한다. 〔운송지향의〕 이러한 구속경향을 우리 이론의 관념적인 보조수단을 갖고서 분명히 설명하려고 한다면, 우리는 한편으로 원료지수의 상승에 따른 등비용선 상호간의 거리의 압축 — 이것은 편향의 '어려움'을 뜻한다 — 을 고려할 필요가 있으며, 다른 한편으로 제품 1톤당 압축 가능한 노동량의 감소에 의해 노동지에서의 노동절약의 크기가 감소하고, 노동지의 '임계등비용선'이 등비용선의 간격이 좁은 그림[7]에서 그만큼 더 최소운송비지점에 근접하며, 이러한 측면에서도 편향의 가능성이 점점 떨어진다는 점을 고려할 필요가 있다. 이 두 가지의 사실을 동시에 고려하면, 우리는 노동과정의 기계화에 기인하는 이러한 구속경향이 유난히도 강력하다는 점을 알 수 있다.

이와 마찬가지로 이 구속경향이 동일하게 역사적 발전 중에서 발견되는, 위에서 언급한 '해제경향'보다 강한지 그렇지 않은지는 추상적으로 말할 수 없다. 왜냐하면 서로 반대방향으로 작용하는 이 두 가지의 힘, 즉 해제하는 힘과 구속하는 힘은 추상적으로 직접 대비될 뿐이며, 그 전체적인 효과는 사실에 의해서만, 즉 운송비의 하락과 원료 사용량의 증가에 관한 사실에 의해서만 평가되기 때문이다. 전체적인 발전경향에 대해 즉각적으로 고찰하기 위해서는 상호 작용하는 이 두 가지의 힘을 관련시키는 것으로 충분하다.

원료 사용량의 증가는 최소지점으로부터 편향을 보일 경우 운송되어야만 하는 중량이 증가하는 것을 뜻한다. 운송비율의 하락은 동일한 운임률에서 운송할 수 있는 중량의 감소를 의미한다. 따라서 만약 공업의 원료 사용량이 두 배로 증가하지만 이와 동시에 중량단위당 운송비율이 절반으로 떨어진다면, 결과적으로 (양자는) 서로 균등화되고 공업의 입지편향의 가능성과 관련해서는 모든 것이 이전과 다르지 않다. 우리의 이론이 고찰하는 방식으로 말하면, 이는 등비용선의 위치가 동일하다는 것을 뜻한다. 등비용선의 간격을 좁히는 경향(원료지수의 상승)과 이것을 넓히는 경향(운임률의 하락)이 서로 상쇄된다. 이 일반적인 관점에서 살펴보면, 우리는 19세기 후반 이래 구속경향과 해제경향의 종합적인 효과에 대하

---

7) 〔역주〕 142페이지를 참조하라.

여 적어도 무엇인가를 설명할 수 있다. 즉, 증기력이 가져온 막대한 운송비 절감으로 우리가 이미 살펴본 것처럼 육상의 톤・킬로미터 운임이 이전의 1/4, 1/10, 1/20 정도까지 떨어졌다. 노동과정의 기계화가 '의형제의 증기력'[8]의 도움으로 강력히 진행되었다고 해도, 그것에 상응하는 만큼의 운송중량의 증가를 가져온 공업은 많지 않았다. 등비용선 간격의 일반적인 확대를 완전히 상쇄하기 위해서는 이 점이 필요할지도 모른다. 따라서 각 공업의 기계화 정도에 따라 어떤 공업에서는 좀더 강력하고 어떤 공업에서는 좀더 미약한 등비용선의 성김 정도(*Hinausschiebung*)[9]가 관찰되지만, 전체적으로 살펴보면 그 정도는 어디에서나 상당히 크다. 기계화가 전혀 이루어지지 않은 생산부문에서 관찰되는 것처럼, 등비용선이 제약을 받지 않고 4배 또는 10배나 성기게 된 예로부터 우리는 오늘날까지 여전히 다수를 차지하는 생산부문에서 발생한 입지조건의 혁명적 양상을 파악할 수 있다. 우리는 이 점에서 노동지의 견인 반경이 현저히 증대한 것을 파악할 수 있으며, 예를 들어 수공업과 대공업 사이의 위에서 언급한 것과 동일한 종류의 투쟁도 이러한 견인력의 상승이 보여주는 단순한 결과로 설명할 수 있다.

등비용선의 성김이 기계화에 의해 제약되는 경우에 관해서는 다음과 같은 고찰이 성립한다. 즉, 등비용선의 성김이 나타나는 경우에는 — 우리가 살펴 본 것처럼 다수의 경우가 그러하듯이 — 해제와 노동지향의 강화가 발생한다. 다만 (이 경우에) 기계화가 동시에 노동지의 견인력을 저하시키고, 그에 따라 등비용선의 성김 효과를 완전히 무력화시키지 않는 것이 요구된다. 노동지의 상대적 절약지수의 하락은 임계등비용선의 최소운송비지점으로의 접근을 의미하기 때문에, 기계화된 생산부문의 발전이 보여주는 모습은 다음과 같다. 즉, 정도의 차이가 있을지라도 등비

---

8) 〔역주〕 산업 혁명기에 증기력을 이용한 증기기관과 이에 바탕을 둔 운송 및 교통수단의 혁명을 가져다 준 증기기선과 증기기관차를 말한다.

9) 〔역주〕 등비용선의 간격이 좁거나 빽빽하지 않고, 얼마나 드문드문하고 서로 벌어져 있는지를 말하는 것이다.

용선의 간격이 넓고, 동시에 그 눈금(*Skala*)에 있어서는 임계등비용선의 최소운송비지점으로의 접근이 발생한다. 이 두 가지 운동의 결과, 눈금에 있어서 최소운송비지점에 접근한 임계등비용선이 기계화와 운송비 하락이 발생하기 이전에 비해 지도상에서도 최소지점으로부터 멀지 않는 경우에만 해제가 발생하지 않는다. 이것이 이를테면 생산의 많은 부분에서 관찰되는지 그렇지 않은지는 경험을 통해서만 알 수 있다. 따라서 운송지향과 노동지향 가운데 어느 것이 전체로서 계속하여 진행되는지는 경험을 통해서만 파악할 수 있다.

이 마지막 문제를 구체적인 현실에 적용하는 것을 통하여 우리는 이제 순수이론에서 살펴본 노동지향의 법칙과 작별할 수 있다. 공업의 운송지향이 여기서 발견한 법칙에 기초하여 어떻게 노동지향에 의해 제약되는지는 경험적인 자료 연구에서 하나의 중요한 과제이다. 그것은 또한 동시에 이론 자체의 타당성을 사실에 의거하여 검증하기 위한 가장 훌륭한 수단 중의 하나를 제공한다. 왜냐하면 여기서 제시한 공업의 노동지향을 나타내는 일반적인 지표, 즉 노동계수는 명확하고 현실적으로 확정하기가 그리 어렵지 않은 공업의 한 성질이기 때문이다. 공업입지의 최소운송비지점으로부터의 편향과 관련하여 그것이 지닌 의미는 현실 속에서 밝혀져야만 한다. 만약 그렇지 않으면, 여기서 논의한 것은 어떤 가치도 없을 것이다.

제 5 장

집 적

운송비와 노동비는 오로지 지역적으로만 작용하는 두 가지 일반적인 입지요인이다. 우리가 〔위에서〕 살펴 본 것처럼, 그 밖에 모든 요인들은 지리적으로 그 자체로서는 규정하기 어려운 생산의 국지적 집중 또는 분산을 초래한다는 의미에서만 (집적 또는 분산적으로) 작용한다. 따라서 이 모든 요인들은 앞서 언급한 두 가지 요인에 의하여 형성된 일반적 토대라는 틀[1] 안에서만 작용한다. 이제 우리의 과제는 이러한 여타 요인들이 보여주는 작용을 일반이론 속에 맞추어 넣는 것이다.

1. 집적요인과 분산요인의 분석

1) 분석의 대상

이 추상적 이론과 관련하여 맨 먼저 설명해야 할 것은, 이 이론에서는 이러한 두 가지 군집의 요인들을 원론적으로 그 계산상 두 가지 〔서로〕 다

1) 〔역주〕 이 책의 제 1장에서 언급하고 있는 공업지향의 일차적인 기본망 (*Grundnetz*) 을 말한다고 볼 수 있다.

른 군집의 요인으로서가 아니라 한 군집의 요인, 즉 집적이라는 사실로서 해석할 필요가 있다는 사실이다. 이 점은 간단하다. 확실히 모든 분산요인은 개념상 집적과 반대되는, 즉 집적을 해제하는 경향 외의 그 어떤 것도 아니다. 그것은 곧 집적 해제의 경향을 말한다. 그런데 만약 분산요인이 그러하다면, 우리는 그것을 이론상으로 어떤 독립적인 요인으로 가정할 것이 아니라 집적의 저하로 다룰 수 있다. 왜냐하면 이론상으로 문제가 되는 것은 집적경향이 어떻게 작용하고 이와 정반대인 분산경향이 어떻게 작용하는지 하는 동태의 분석이 아니라 이러한 동태의 결과만이며, 이러한 결과만이 입지상(像)을 변화시키기 때문이다. 하지만 이 결과가 집적경향의 완전한 무력화일 수도 있으며, 이러한 경우에 이제까지 우리가 손에 넣은 입지상[2]은 전혀 변하지 않는다. 또한 때때로 집적경향이 지속적인 초과분으로 남아 있을 수도 있다. 이럴 경우에 이론은 이 초과분을 그 이전에 얻은 입지상을 변화시키는 요인으로서 고려할 필요가 있다. 따라서 사실 이론은 기본적으로 배후에 놓여 있는 복잡다단한 경과의 결과로서 아마도 결정적인 집적과정과 관계를 맺을 뿐이다.

그럼에도 불구하고 우리는 결국 추상적 이론이 이러한 '결과'를 가져오는 집적요인과 분산요인 사이의 상호 작용의 동태를 그 구성요소에까지 소급하여 해명할 수 있기를 기대할지도 모른다. 즉, 두 가지 군집을 그 개별 구성요소로 분해하고, 운송비와 노동비의 경우와 마찬가지로 하나의 지표를 설정하며, 이를 바탕으로 하여 각 공업이 어느 정도로 이 두 가지 요인의 영향하에 놓여 있는지 인식할 수 있기를 기대할 것이다.

그러나 유감스럽게도 이것은 순수하게 연역적으로만 행해질 수 없다. 이제까지 우리가 고찰해 온 입지의 이유들[3]은 각각 고립적으로 다룬 생산과정에 대하여 이미 알려진 사실로부터 도출할 수 있었던 주요 요인들이며, 각 공업에 대한 그 작용 정도는 이러한 사실의 의미로부터 추론할

---

2) 〔역주〕 이는 운송비와 노동비 요인에 의거하여 결정된 공업지향의 패턴, 즉 입지구조를 일컫는다.

3) 〔역주〕 운송비와 노동비를 말한다.

수 있었다. 여기서는 이 두 가지 요인들을 논외로 하고자 한다. 이에 반해 지금 우리가 고찰할 입지요인들의 군집은, 그것들이 생산의 사회적 성질로부터 연유하고, 따라서 고립적인 생산과정에서는 분석될 수 없는 특성을 지니고 있다. 그리고 이러한 집적에 의한 사회적 결합에 있어서는 무엇이 저렴해지고 비싸지는지를 선험적으로 언급하는 것이 전혀 불가능하다. 이 경우에는 그로부터 이러한 언술을 도출할 수 있는, 알려져 있는 복합적인 전제적 사실이 존재하지 않고, 개별적인 사실에 대한 경험적 지식만이 존재할 뿐이다. 여기서 이 경험적 지식은 어떤 생산요소가 저렴하고 어떤 생산요소가 비싼지를 말해 준다. 그리고 추상적 이론은 입지요인의 군집으로서 집적경향과 분산경향을 구성하는 개별적인 부분에 관해서는 알지 못하기 때문에, 두말할 나위도 없이 추상적 이론이 연역을 통하여 선험적으로 특정한 일반적인 공업 지표를 정확히 도출하려고 시도하는 것은 원리적으로도 불가능하다. 그런데 이러한 요인들의 군집이 개별 공업의 입지지향에 영향을 미치는 정도는 이 일반적인 공업 지표를 통하여 결정된다.

이처럼 여기서 추상적 이론이 지닌 과제는 앞 절에서보다 훨씬 제한된다. 엄밀히 말하면, 여기서 추상적 이론은 집적경향이 (입지) 지향에 미치는 작용의 종류와 정도에 관해 대단히 일반적인 규칙을 찾는 과제에 한정된다. 반면에 경험적 이론에 남겨진 과제는 개별 집적요인과 분산요인을 도출하고, 각 공업을 집적의 일반적인 법칙에 맞추어 정리하는 것이다.

그러나 논의를 진행할 때 고찰의 토대를 마련하기 위해서는, 완벽해야 한다는 요구를 하지 않을 경우 집적적 또는 분산적으로 작용하는 요인들 가운데 가장 중요하다고 알려진 요인에 대하여 간략히 개관하는 것이 합목적적이다. 이에 따라 순수이론의 틀 안에서도 적어도 공업의 잠정적인 군집화를 행하는 것이 가능하다는 점은 명백해진다. 바로 이 점에서 '엄정한 방법'은 무시될 수도 있다.

2) 정의

우선 〔이론적 논의와 관련하여〕 몇 가지 정의를 내려보고자 한다. 우리가 논의하는 의미에서 집적요인이란 일정 수량의 생산이 어떤 장소에 집중하여 행해지는 데서 발생하는 '이익', 다시 말해 생산 또는 판매의 저렴화를 말한다. 이에 반해 분산요인은 그러한 집중을 해제하는 데 수반되는 생산의 저렴화를 말한다. 우리가 잘 알고 있듯이, 집적요인과 분산요인이 상호 작용한 결과로 집적된 각각의 생산량에 대해서는, 이 두 가지 군집의 요인들이 상호 작용한 결과로서 특정 제품 1단위당 비용지수(*Kostenindex*)가 대응하게 되며, 이 지수는 집적 정도의 함수로 표시된다. 이때 만약 결과로서 이 비용지수가 〔공업의〕 높은 집적도에서 낮은 집적도에 비해 떨어진다면, 해당 공업의 비용지수는 확실히 절약지수(*Erspanisindex*)를 지칭하게 된다. 이것은 집적량이 일정 크기일 때, 제품 1단위당 비용이 집적의 결과로서 생산이 완전히 분할되는 경우 또는 집적의 정도가 낮은 경우에 비하여 일정 액수만큼 낮은 것을 의미한다.

이 절약지수의 개념은 어느 한 공업이 나타내는 집적의 절약함수 또는 간단히 '절약함수'(*Ersparnisfunktion*)라는 단일의 개념으로 정리된다. 이 함수는 '집적함수'(*Agglomerationsfunktion*)라고 일컬어질 수 있을지도 모른다. 하지만 이 용어는 집적의 정도를 정확히 산술적으로 규정하려고 할 때 중요한 다른 관계를 위하여 유보해 두는 것이 훨씬 낫다. 다시 말해, 각 집적 정도에 대하여 집적이 계속적으로 증가할 때 발생하는 총절약의 증가분을 나타내는 함수로서 유보해 두는 편이 훨씬 낫다고 생각된다(부록의 제 3절 제 2항을 참조하라).

우리는 여기서 우선 절약함수를 다루고자 한다. 이 함수는 집적의 각 단계에 대응하는 제품 1단위당 개별적인 절약지수로 구성된다. 만약 다수의 집적단계가 존재하고 그 각각의 단계마다 제품 1단위당 추가적인 비용절약을 얻을 수 있다면, 이 공업은 문자 그대로 하나의 절약함수를 갖게 된다. 이에 반해 절약이 단 하나의 특정한 집적의 요인과 결합되고 이 이상의 집적이 이루어지더라도 절약이 더 이상 증가하지 않는 경우에는 단순히 하나의 고정적인 집적의 절약지수만이 존재한다. 이 두 가지의 개념을 완전히 이해하기 위해서는 분산요인의 작용, 즉 마이너스(−) 작용을 고려할 필요가 있다는 것은 두말할 나위도 없다. 우리는 나중에 이것이 어떻게 작용하는지를 살펴볼 것이다. 잠정적으로 우리는 이 절약함수와 고정적인 절약함수의 성립을 설명하기 위하여 집적요인과 분산요인에 대해 몇 가지를 설명하고자 한다.

3) 집적요인과 분산요인

(1) 집적요인

(1) 우선 먼저 집적요인에 대하여 살펴보면, 우리는 집적요인이 작용하는 집적을 두 단계로 구분할 수 있다. 그 첫 번째의, 낮은 단계는 단순한 경영 확대로 발생하는 생산의 집적이다. 왜냐하면, 폐쇄적인 (조직) 체계로서 대(大) 경영은 필시 국지적으로 분산된 소(小) 경영에 비하여 국지적으로 집적한다고 여겨지기 때문이다. 주지하다시피 소경영에 비해 대경영이 지닌 경제적 이익은 —〔물론〕 대기업이 소기업에 비해 유리하지 않은 점에 대해서도 주의할 필요가 있다. 이것은 여기서 설명하는 논점과는 아무런 관련이 없다 — 이 첫 번째 단계에 작용하는 국지적 집적요인이다. 우선 특정한 퍼센트(%)의 저렴화를 가져오는 기술적 장치를 경영(내부)에 활용할 수 있게 됨으로써 집적의 최소 단위가 존재한다. 그리고 특정한 퍼센트의 저렴화를 가져오는 특정한 노동조직을 경영에 적용하는 것에 의하여 집적의 최소 단위가 존재한다. 끝으로 경영이 저렴한 대량구입, 저렴한 신용조달 등의 유리한 일반적인 경제관계를 갖기 위해서 필요한 집적의 최소 단위가 존재한다. 이 모든 집적요인이 조합되어 각 공업에 대한 대경영의 최소 규모가 성립한다. 그리고 그것이 성립하는 과정에서 기초가 되는 이러한 사실들은 각각 그 처음의 단순한 단계의 집적요인이 된다. 이렇게 하여 성립하는 대경영의 소경영에 대한 절약지수(대

경영지수) 는 동시에 이들 단계에 따른 각 공업의 집적지수가 된다.[4]

(2) 어떤 공업이 보여주는 집적경향이 이러한 경영확대에 의한 것에 머무르는지 아니면 그 이상의 집적경향에 의해 지배받는지 하는 점은 다음의 것, 즉 다수의 경영이 국지적으로 인접하여 나란히 자리 잡고 있는 것을 통한 이익이 어느 정도인가에 달려 있다. 우리는 이 사회적 집적에 대하여 잠정적으로, 체계적으로 개관(나는 다시 한 번 '잠정적'이라는 점을 강조하고자 한다) 하기 위해 다음과 같은 점을 명확히 밝혀두고자 한다. 즉, 보다 높은 단계에 있는 다수의 경영이 보여주는 국지적인 근접은 단순히 대경영의 이익을 계속하여 구축할 뿐이며, 따라서 이보다 높은 단계에 있는 사회적 집적을 성립시키는 집적요인은 대경영을 성립시키는 집적요인과 동일할 것이라는 점이다. 사실 이 점은 명백하다. 우리는 이보다 높은 단계의 집적을 가져오는 중요한 요인으로 다시금 기술적 장치의 확충과 노동조직의 확충 그리고 전체 경제조직에의 보다 양호한 적응 등과 마주칠 수 있다.

(a) 기술적 장치의 확충. 어떤 생산과정을 수행하는 데 사용되는 기술적 장치가 고도의 발전단계에서는 생산과정의 각 부분에 대하여 특화되어, 노동과정의 아주 작은 부분에 이르기까지 〔전문화된〕 개별적인 기계가 존재할 정도이기 때문에, 아주 고도로 발달한 대경영도 그 능력상 이것을 더 이상 충분히 활용할 수 없을 수도 있다. 이러한 부분 기계는 노동과정의 이 부분과 함께 어느 정도 개개의 대경영으로부터 분리되며, 다수의 경영을 위해 봉사할 필요가 있다. 즉, 이 일을 수행하는 독립적인 기술적 보조경영이 성립할 필요가 있다는 것이다. 이 때문에 이러한 기술적 보조

4) 〔역주〕 여기서 경영은 '*Betrieb*'을, 기업은 '*Unternehmung*'을 우리말로 옮긴 것이다. 물론 이 두 용어는 적절하게 구분하여 사용할 필요가 있다. 일반적으로 경영은 노동과 토지 그리고 자본과 같은 생산요소의 결합을 뜻하고 각종 투입을 산출로 전환시키는 과정을 포괄하기도 하지만, 기본적으로 재화나 서비스를 산출하여 시장에 제공하는 기술적·조직적 단위를 말한다. 이에 반해 기업은 운영자가 있는 법적·경제적·재정적으로 독립적인 경제단위를 말한다. 이런 의미에서 경영은 기업의 조직단위라고 할 수 있다.

경영의 공장들이 그것이 봉사하는 주(主) 경영으로부터 장소적으로 분리될 수 있을 때, 반드시 주경영의 국지적 집적을 가져오는 것은 아니다. 하지만 실제로 그것들은 그것이 봉사하는 주경영과 더불어 기술적 전체를 구성한다. 그리고 이 기술적 전체는 그것에 관계하는 모든 부분들이 국지적으로 집중될 때 가장 양호하게 기능한다. 왜냐하면 그것들은 모든 부분에서 '접촉'을 유지하기 때문이다. 바꿔 말해 이러한 전문 기계와 이에 속하는 보조 기계의 도입을 통하여 어떤 기술적 집적의 최소 단위가 성립하고, 이 단위는 그것이 경영의 사회적 집적을 가져오는 경우에 이제까지 고찰한 경영 내부 집적의 최소 단위 이상의 것이 된다. 그것은 이보다 높은 단계에서도 집적요인이 된다.

그리고 종종 사회적 집적의 이유로 거론된 제2의 요인, 즉 사회적 집적을 통하여 기계부품의 조달 및 기계수리의 편의성이 개선되는 것은 이상과 거의 같은 효력을 지닌다. 기계부품의 교환공장과 수리공장도 기술적 장치의 일부이다. 그것들은 어떤 의미에서 '가정의'(家庭醫) 이다. 그리고 이 부분(가정의의 역할) 을 고도로 전문화하여 정비하는 것도 일반적으로 개별 경영의 틀을 넘어서서 전체적인 기술적 장치를 통해서만 가능하다. 물론 이 점은 그것이 봉사해야 하는 공장이 분산되어 있어도 가능하다 ― '지방 진료'. 그러나 최선의 그리고 가장 저렴한 진료는 '도시'에서 행해진다. 그래서 장치의 전문적 기능을 충실히 하는 것도 사회적 집적의 한 요인이 된다. 그리고 기타 등등도 그러하다.

(b) **노동조직의 확충**. 충분히 발달하고 분화되고 통합된 노동조직 역시 어떤 의미에서는 하나의 장치이다. 이 장치도 너무나 전문화되어 통상적으로 개별 대경영의 공장에는 적합하지 않은 부분이 존재한다. 그것들 또한 전문화된 보조경영 또는 부분경영을 형성하는 경향이 있다. 그리고 앞서 언급한 '기술'에 기초한 부분경영의 경우와 마찬가지로, 이러한 '분업'에 바탕을 둔 부분경영도 사회적 집적을 가져오는 경향이 있다. 여기서 이미 서술한 것을 다시 한 번 되풀이할 필요는 없을 것이다.

(c) 마지막 군집, 곧 대규모 거래에서 **보다 양호한 적응**도 사회적 집적

의 단계에서 (다시) 나타난다. 고립적인 대경영은 소경영보다도 유리한 '입장에' 놓여 있다. 왜냐하면 대경영은 대규모로, 즉 중간 상인을 배제한 채 매매를 행할 수 있으며, 또한 보다 확실한 임차인으로서 한층 저렴하게 신용을 얻을 수도 있다. 하지만 대경영이 집합하게 되면, 무엇보다도 원료구입과 〔제품의〕 판매에서 (비용을) 훨씬 절약할 수 있다. 원료구입에서는 다음을 통해서절약이 가능하다. 즉, 공업이 집적하면, 원료에 대한 독자의 시장이 집적지 근처에 발달하고, 공업은 〔원료를〕 필요로 할 경우 그곳으로부터 필요한 품질과 필요한 수량의 원료를 직접 조달할 수 있다. 반면에 고립하여 자리 잡고 있는 기업은 필요한 원료를 일찍부터 그 '(원료) 산지'로부터 구입하지 않으면 안 된다 — 이것이 사(私) 경제적으로는 이자의 손실, 따라서 화폐비용의 상승을, 그리고 국민 경제적으로는 물적 자본의 비경제적인 일시적 사장(死藏) 을 뜻하며, 따라서 이것을 절약하는 일은 가능하다. 다음으로 판매와 관련해서 사회적 집적을 통하여 얻어지는 절약은, 집적된 공업이 여기서도 다시금 그 제품에 대하여 일종의 통일적인 대시장을 형성하는 데에 있다. 즉, 제조업자 측의 모든 판매조직을 〔폐지함으로써 비용을〕 절감할 수 있고, 제조업자에 의한 '출장판매'가 상인에 의한 생산지의 방문과 직접적인 구입으로 대체된다. 이것 또한 사경제적 절약뿐만 아니라 국민 경제적 절약을 의미하는데, 왜냐하면 이에 따라 '노동'이 절약되기 때문이다.

(d) 이상의 이유와 기타 이유로 인하여 생산의 일반적인 경제조직에서 가능한 완전한 '적합'이 고도의 집적단계에서도 일반적인 집적요인이 된다면, 우리는 보다 낮은 집적단계, 즉 대경영의 소경영에 대한 경우에 하나의 역할을 수행하는 '일반비'의 저하가 여기서도 동일하게 드러나는 점에 대해 서술하지 않으면 안 된다. 가스와 수도, 도로시설 그리고 모든 '일반적 장치'는 사회적 집적의 중심에서 드러나듯이 높은 기술적 완성도와 완전한 활용하에서 개별 기업에게 낮은 단계에서보다 저렴하게 된다.

이상에서 설명한 것을 요약하면, 각 공업에 대한 경영규모지수 (*Betriebsgrößenindex*) — 낮을 수도 있고 높을 수도 있다 — 가 존재하며,

이로부터 그 시점에 성취한 기술과 조직 등의 여건하에서 각 공업의 경영규모에 대한 제품 1톤당 비용을 파악할 수 있다면, 그리고 이것이 낮은 집적단계에서의 집적경향을 나타낸다면, 이 낮은 단계의 집적경향을 야기하는 동일한 요인은 아마도 대단히 빈번히 이 단계를 넘어서는 집적을 유도할 것이다. 다음으로 그것들의 공동작업으로부터 사회적 집적을 형성하는 경향이 발생하고, 이 경향은 낮은 단계에서의 경향과 아울러 제 2의 높은 단계에서의 집적의 정도를, 즉 집적의 모든 것을 규정한다. 이상이 적극적인 집적요인이 보여주는 잠정적인 위상이다.

(2) 분산요인

이미 지적한 것처럼 모든 집적은 반작용, 즉 비용증가를 초래할 수 있다. 그리고 적극적인 요인과 이 반작용 사이의 정산 결과에 의하여 개개의 경우에 작용하는 실제 집적력이 결정된다.

이 반작용은 집적 자체의 크기에 따른 결과이다. 이 반작용은 각 공업의 독특한 속성, 즉 기술과 조직수준 등에 의해 그 강도가 결정되는 집적요인과 달리, 이러한 독특한 속성과는 전혀 관련이 없다. 오히려 그 작용방식과 강도는 집적의 크기에만 관계할 뿐이다. 작용방식과 강도가 동일한 모든 집적은 동일한 반작용을 지니고 있다. 즉, 이 반작용은 모두 지가의 앙등으로부터 발생하며, 그리고 지가의 앙등은 집적에 수반되는 토지이용에 대한 수요의 증대, 이에 따라 발생하는 토지의 한계이용가치의 상승과 이 한계이용가치의 투기적 조작에 의한 자본 환원의 결과로서 발생한다. 즉, 분산경향은 모두 지대의 상승에 기인한다. 그리고 우리는 이것을 모두 지대의 상승이 여러 방향에 미친 작용의 결과로 평가할 수 있다.

여기서는 이러한 작용이 어떤 다양한 매개체를 통하여 발생하는지를 충분히 논의할 수 없다. 또한 이것으로 각종 생산비의 상승이 가져오는 영향의 종류와 정도에 대해 논의한다는 것은 더더욱 적절하지 않다. 이 모든 점들은 여기서의 논의 대상이 아니다. 여기서는 다만 그것들이 지닌 작용을 개념적으로 명확히 하는 것이 중요할 뿐이다. 즉, 여기서는 이미 언급한 바를 보다 자세히 살펴봄으로써 이러한 모든 작용들이 단순히 집적경향을 약화시키는 데 지나지 않다는 점을 확인할 수 있다. 예를 들어 만약 지대가 생산에 직접적으로 필요한 토지의 가격을 상승시킨다면(생산을 집적의 주변으로 이동시켜도 이 높은 가격으로부터 완전히 벗어날 수 없다), 그것은 일반비 — 우리는 집적에 의한 일반비의 하락을 방금 논의하였다 — 가 상승하는 것을 의미한다. 또한 만약 그것이 원료의 저장비용을 상승시킨다면(집적이 발생하는 경우에는 이 같은 일이 반드시 일어난다), 이것은 원료조달 비용 — 집적에 의한 그 하락을 또한 논의하였다 — 이 상승하는 것을 의미한다. 더군다나 그것이 노동비를 상승시킨다면, 그것은 고도의 노동조직에 의한 저렴화 — 이 점에 대해서도 이미 논의하였다 — 가 상쇄되는 것을 의미한다. 그리고 기타 등등이다. 그 어떤 경우라도 지대의 성립과 상승은 독자의 전혀 새로운 입지요인이 도입되는 것을 의미하는 것이 아니라, 단순히 집적요인으로부터 감산(減算)을 의미할 뿐이다. 일반적으로 지대의 높고 낮음은 집적의 크기에 비례하기 때문에, 이 마이너스 값의 증가는 단순히 집적의 크기에 비례한다.

이상으로부터 우리는 다음과 같은 중요한 결론을 도출할 수 있다. 첫째, 우리는 분산요인의 의미를 낱낱이 살펴볼 경우 특정 상황에서 발생하는 집적요인의 약화, 즉 집적의 크기에 비례하여 나타나는 약화를 고찰할 수 있다. 둘째, 집적요인이 언제나 개별적인 공업의 생산단위 및 하나 또는 다수의 상호 관련된 생산부문과 연관되어 있는 반면, 집적요인을 통하여 발생하는 집적경향의 약화는 집적의 크기 그 자체와만 연관되어 있다. 그러므로 이 집적은 서로 다른 생산부문 사이에 필연적인 것이 아니라 우연적 집적인 경우에도 성립한다. 이러한 — 집적과 관련한 절약지수의 실제 크기는 이와 동시에 작용하는 분산요인의 강도에 의해 부분적으로 결정되기 때문에 — 집적을 통하여 개별 공업의 이론적으로 '순수'하게 생각되는 절약지수는 우리가 우선 각 공업이 고립적으로 집적한다고 고찰하는 경우에만 얻어진다 — 왜냐하면 다른 공업이 더해지는 경우에는 집적 자체에 기인하는 집적요인의 약화, 따라서 절약지수의 실제 크기가 우연적 사정, 즉 다른 공업이 같은 장소에 집적한다는 사실에 의하여 부분적으로 결정되기 때문이다. 그래서 해당 공업의 집적지향이 보여주는 이론적으로 순수한 면모가 현실에서는 드러나지 않는다. 우리는 이 현실에 의한 수정을 연구의 기본 원리에 따라 당분간 고찰하지 않으려고 한다. 우리는 여기서 집적경향과 그 절약지수를 순수한 형태로 다룬다. 즉, 다양한 공업의 집적이 우연히 같은 장소에서 발생하는 것은 아니라는 점이다.

이에 따라 그리고 또한 현실에 의거하여 고찰할 때, 우리는 아래에서 집적의 경우 공업의 절약지수를 언급하고, 또한 이러한 지수의 눈금으로서 공업의 '절약함수'를 언급할 때, 그것이 무엇을 의미하는지를 명백히 밝힐 수 있을 것이다.

더군다나 다음과 같은 것도 많은 설명을 요구하지 않을 것이다. 즉, 이 이론에서 '절약함수'로 고찰되는 것에는 개별 절약지수가 집적이 증가함에 따라 제품 1단위당 점차 상승하지만, 그것이 상승하는 속도는 집적의 증가와 더불어 점차 감소하게 된다는 점이다. 따라서 집적력의 강도는 집적이 증가함에 따라 점차 감소하게 된다. 절약함수를 이렇게 고찰하는 것은 현실과도 곧장 일치한다. 왜냐하면 한편으로 경험이 보여주듯이 갖가지 집적요인, 즉 기술의 개선과 조직의 개선 등은 그 자체로 말하자면 이미 체감하는 특성을 지니고 있으며, 게다가 다른 한편으로 이러한 특성은 집적이 상승하는 것을 항상 수반하는 지대의 상승에 의한 약화로 한층 더 강화되기 때문이다. 그러므로 우리는 절약지수가 진행되면 될수록 점점 더 서서히 하나의 최대치에 접근하는 포물선의 한쪽 편과 같은 형태를 취한다고 고찰할 수 있다.

단 하나의 집적단계밖에 존재하지 않고, 위에서 개념적으로 소개한 적[5]이 있는 '고정적 절약지수'가 단순히 이론상의 개념적 보조수단에 지나지 않으며, 현실적으로 그것에 상응하는 경우가 존재하지 않는 중간적인 가정이라는 점에 대해서는 보다 자세히 설명할 필요가 없다. 왜냐하

---

5) 〔역주〕 앞의 160페이지를 참조하라.

면, 우리가 알고 있는 집적요인은 명백하게도 언제나 체증하는 절약을 수반하여 생산이 완전히 분할되는 상황에서 이론상으로 최대의 집적에 도달하는 일련의 단계로 이루어져 있기 때문이다. 따라서 '절대적 분할상태'와 '특정한 크기를 지닌 고정적 집적'이라는 대안 사이의 선택이라는 것이 현실에서는 발생할 수 없다. 그렇지만 이 고정적 집적이라는 가정이 사고상 중간적인 보조수단으로서 중요한 역할을 수행한다는 사실은 부정될 수 없다.

2. 집적의 법칙

집적의 이론은 위에서 살펴본 것처럼 생산이 집중됨으로써 제품 1단위가 어떤 특정한 (절약) 지수분만큼, 그렇지 않은 경우보다 저렴한 가격으로 생산되는 데서 성립하는 국지적 집중과 관련이 있다. 따라서 그것은 이 밖의 입지지향의 이유의 결과로서, 집적 그 자체에 의한 이익과 무관하게 성립하는 생산의 국지적 집중과는 전혀 관련이 없다. 때때로 살펴볼 수 있듯이, 운송지향에 기초한 공업이 가공원료(광석)의 산지 혹은 석탄산지 혹은 큰 소비지에 집중하더라도(앞의 100페이지를 참조하라), 그것은 집적이론의 견지에서 살펴볼 때 이 영역에 속하지 않는 현상이다. 또한 견인력이 있는 어떤 노동지가 사실상 큰 집적의 중심이 된다고 하더라도(앞의 144페이지를 참조하라), 역시 이 영역에 속하지 않는다. 이 모든 것들은 집적이론의 견지에서 살펴보면 우연적 현상이며, 이러한 경우에 집적은 그 어떤 특별한 역할을 하지 못한다. 집적이론은 집적하는 이유의 필연적 결과인 집적과 관련이 있을 뿐이며, 다른 입지지향을 가져오는 이유의 우연적 결과인 집적과는 관련이 없다. 이처럼 다른 이유로 성립하는 집적 가운데 동시에 독자적인 집적경향에 바탕을 둔 것으로 생각되는 부분에 관해서만 집적이론은 관심을 갖고 있다. 집적이론이 관계하는 집적을 이하에서 기술적·경제적으로 필연적이라는 점에서 간단히 '순수' 또는 '기술적'(*technisch*) 집적이라고 부르고, 이 밖의 우연적 집적(*Zufallagglomeration*)과는 구별할 필요가 있다.

1) 운송지향에서의 집적

우선 기술적 집적의 경향이 노동지에 의해 왜곡되는 것이 아니라, 순수하게 운송에 따른 입지지향에 대하여 작용하는 경우를 고찰해보고자 한다. 여기서 먼저 고정적 절약지수를 가진 집적경향이 어떻게 작용하는지를 고찰해 보고자 한다.

(1) 고정적 절약지수를 가진 집적

우선 집적이 단 하나의 집적단위와만 관계하는 아주 특정한 〔고정적〕 절약을 가져온다는 가정하에 우리는 두 가지의 문제를 제기하고자 한다. 즉, 언제 또는 얼마나 큰 집적이 발생하는가? 그리고 집적이 발생한다면, 어디에서 발생하는가? 이다.

(a) 언제 그리고 얼마나 큰 집적이 발생하는가? 이 문제는 이제까지 활용한 최소운송비지점과 등비용선이라는 개념에 의거하여 아주 손쉽게 전개될 수 있다. 우리는 노동지의 절약지수와 그 작용에 대하여 논의한 것을 상기할 필요가 있다. 집적의 중심(지)도 분산된 생산지에 대하여 일정한 절약지수의 견인력이 작용하는 중심(지)이다. 생산이 최소운송비지점에서 이곳으로 이동하는 것은 이 경우에도 운송비의 상승을 수반하는 편향을 의미한다. 두말할 나위 없이 이 편향에는 기본적으로 〔노동지향에 관한〕 앞 장에서 언급한 것과 동일한 조건들이 연계되어 있다. 즉, 제품 1톤당 편향비용은 제품 1톤당 절약보다 작아야만 한다는 점이다. 이 〔제품〕 1톤당 절약은 집적단위의 절약지수로 표시된다. 그리고 1톤당 편향비용은 등비용선으로 표시된다. 더군다나 각 지점에 있는 고립적 생산에 대해 하나의 임계등비용선이 존재해야 하며, 이 임계등비용선 위에서는 편향지수가 곧 집적단위의 절약지수와 일치한다.

이 점이 명백하다면, 곧바로 다음의 것을 살펴 볼 수 있다. 고립적 생산이 서로 집적하여 이로부터 집적의 중심이 성립한다면, 이는 그 임계등비용선에 교차면이 존재하며, 그리고 하나의 교차면에 관계하는 생산지의 생산량을 합계한 것이 집적단위에 도달하는 경우이다. 왜냐하면 이러한 임계등비용선의 교차면이 존재하는 것은 절약지수가 편향비용에 흡수되지 않는 공통의 지점이 존재하는 것을 의미하며, 여기에 집중하는 생산량이 집적단위에 도달하는 것은 절약이, 따라서 집적이 실현되는 것을 의미하기 때문이다. 바꿔 말해, 집적중심(지)의 성립과 고립적인 생산이 그곳으로 집적하는 것은 두 가지 조건과 연결되어 있다. 그 첫 번째는 이곳에서의 집적단위와 관련하여 '임계'등비용선의 공통적인 교차면이 성립한다는 것이며, 두 번째는 이 교차면 내에서 집적단위에 상응하는 만큼의 생산이 달성된다는 것이다. 이 두 가지의 조건이 충족되면, 모든 고립적인 생산은 집적하고 집적은 전체 생산의 모든 부분에 영향을 미친다. 어느 한 고립적인 생산이 어떤 위치를 갖고 있고 일정한 생산량을 지니고 있을지라도, 그것이 집적단위를 형성하기에 충분한 정도로 다른 고립적인 생산과 공통의 임계등비용선의 교차면을 갖는다면 이들 생산은 집적하게 된다.

이 두 가지의 '조건'을 명확히 하기 위해서는 다음을 언급할 필요가 있을 것이다. 이것도 또한 적어도 부분적으로는 노동지향의 경우와 매우 유사하다. 원칙적으로 그것은 거기서 얻은 절약이 개별 생산에서의 편향비용을 넘어서는 생산만을 집적시키게 된다는 것이다. 이러한 생산에서만 문제의 교차면이 의미를 갖는다. 그러나 실제로는 집적단위를 달성하기 위하여 집적이 이 이론적 한계를 뛰어넘고, 어느 정도 떨어져 있는 그 임계등비용선이 이 교차면에 도달하지 않는 개별 생산을 견인하는 경우가 존재한다. 이러한 일이 발생하는 것은, 집적량의 또 다른 부분에서 절약과 편향비용의 관계가 유리하며, 따라서 거기서 집적을 통하여 얻은 절약의 일부를 떨어진 위치에 있는 '소(小) 생산'에서의 절약과 편향비용 사이에 마이너스(−) 차액을 보전하는 데 사용해도 집적 전체로서는 여전히 절약분의 잉여가 남는 경우이다. 이러한 경우에는 '소생산'의 견인이 문제로 삼고 있는 집적 전체에서 저렴화를 가져오기 때문이다. 하지만 이것 외에는, 다시 말해 집적단위에 도달하지 않는 경우 그것을 충족시키는 목적 외에는 집적이 행해지지 않으며, 또한 행해질 수도 없다. 왜냐하면 나중에 제시하는 것처럼 집적을 실현하는 데 필요한 '단위'는 대체로 집적의 상한에도 존재하기 때문이다. 다수의 집적단위가 결합하는 경우에만 교차면에 도달하지 않은 생산을 큰 규모로 견인할 만큼의 '잉여'가 성립할 것이다. 따라서 전체로서 앞서 언급한 집적에 관한 두 가지의 조건에 그 어떤 큰 변경도 없으며, 〔따라서〕 그만큼 중요한 수정도 있을 수 없다. 즉, 다음과 같은 규칙이 성립한다. 일정한 절약지수를 가진 집적단위는 전체 생산 가운데서 이 집적단위와 관련된 임계등비용선이 교대로 형성되는 교차면에 포함되는 부분 — 거기서 집적에 필요한 생산량이 확보된다면 — 의 모두를 집적할 것이다.

(b) 집적은 어디에서 발생하는가? 이 경우 집적의 중심이 어디에 놓이게 되는가? 이 문제도 등비용선에 의거하여 어렵지 않게 명확히 할 수 있다. 집적의 중심은 두말할 나위도 없이 임계등비용선의 공통적인 교차면에 위치해야만 한다. 왜냐하면 그곳에 집적된 생산의 중심이 있다면, 편향비용은 그다지 높지 않기 때문이다. 더군다나 집적의 중심이 정확히 어디에 자리 잡는지에 관한 답도 간단하다. 그 자체로서 공통적인 교차면에 있는 점은 모두 집적의 중심이 될 수 있다. 왜냐하면, 이러한 지점들 가운데 어떤 지점에서 집적이 발생하더라도 편향비용과의 관계에서 고립적인 최소운송비지점보다 저렴하게 생산되기 때문이다. 그러나 실제로 집적의 중심이 어디로 가는지를 말하면, 그것은 집적 가능한 지점들 가운데서 집적된 총생산량에 대한 운송비가 최소로 되는 지점일 것이다. 집적에 관계하는 고립적인 개별 생산의 생산량은 서로 크게 다르다. 집적에 유리한 대규모 생산량이 이동함에 따라 발생하는 운송비의 증가는 소규모 생산량이 입지를 이동하는 경우보다 크다. 따라서 교차면 내에서의 생산지의 위치는 대규모 생산량에 대한 이동이 소규모 생산량에 대한 이동보다 적게 되도록 선정된다. 왜냐하면 이를 통하여 총 편향비용이 적게 되기

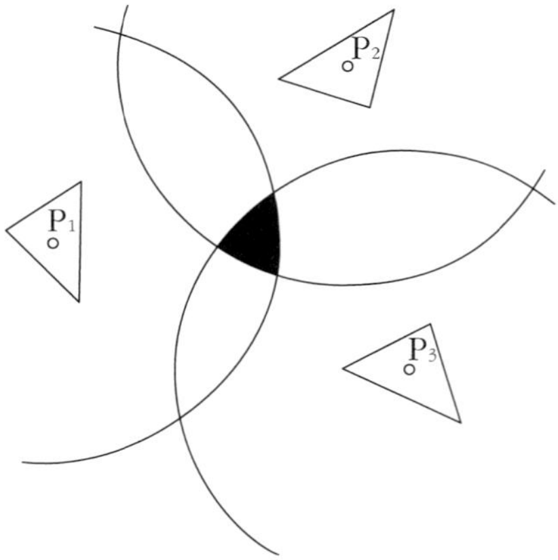

〈그림 5-1〉

때문이다. 바꿔 말해, 교차면 내부에서는 대규모 생산량이 소규모 생산량을 본래의 최소운송비지점에 가장 가까운 곳 또는 적어도 그 근처로 견인하고, 그것을 집적의 중심으로 삼는다는 것이다.

우리는 또한 이 동태의 결과를 다음과 같은 방법으로 분명히 설명할 수 있다. 개별 생산이 모두 집적되어 〔새롭게〕 성립하는 공통의 생산지(집적중심)에서 행해지고 그것들을 하나의 단위로 본다면, 우리는 또 다시 이미 알고 있는 것과 같은 종류의 대형의 **입지도형**을 얻게 된다. 그 각 꼭짓점은 개별 생산의 원료산지와 소비지이다. 이 대형의 입지도형에서 입지의 위치는 각 꼭짓점을 구성하는 성분의 동태에 의하여 우리가 앞서 고찰한 입지도형의 경우와 정확히 동일한 법칙에 따라 결정된다고 할 수 있다. 즉, 집적중심의 정확한 위치는 이 대형 입지도형의 최소운송비지점에서 결정된다. 그것은 여러 번 설명한 등비용선의 '교차면' 내에 있지 않으면 안 되며, 그 안에서는 앞서 고찰한 방법에 의해 결정되고, 이것을 작도하는 것도 어렵지 않다.

이상이 개별적인 집적이 언제 그리고 어디서 성립하는지에 관한 설명이다.

(c) **집적단위의 크기**. 생산이 교차면의 어디서 이루어지는지의 문제에

대한 해답으로부터 계속하여 개별 생산이 다수의 집적 가능성 중에서 어떤 집적을 선택하는지의 문제가 도출된다. 그리고 더군다나 이 점으로부터 다시 성립하는 집적중심의 크기에 관하여 위에서 이미 서술한 중요한 법칙이 도출되고, 이를 통하여 집적 전체의 성격이 밝혀진다. 말하자면 만약 하나의 개별 생산의 등비용선이 여러 방향을 향하여 다른 고립적 생산과 공통의 집적교차면을 갖는다면, 따라서 다수의 집적 가능성이 존재한다면, 이 생산은 다음과 같은 교차면, 즉 위에서 전개한 법칙에 따라 거기서 집적중심이 이 개별 생산에 가장 유리한, 다시 말해 그 최소운송비 지점에 가장 가까운 교차면에 집적할 것이다. 왜냐하면 거기서는 집적에 의한 운송비의 증대가 가장 작고, 절약지수로부터 최대의 잉여가 발생할 수 있기 때문이다. 단, 여기서 다음과 같은 점에 주목할 필요가 있다. 그것은, 집적지점이 가까이에 있는 지리적 가능성은 다른 개별 생산이 가까이에 있으면 있을수록, 따라서 이 두 개의 임계등비용선에서 형성되는 교차면이 크면 클수록 그만큼 더 크다는 점이다. 우리는 이 점을 〈그림 5-2〉를 통하여 명확히 할 수 있다. 그러나 교차면에서 실제의 집적지점의 위치는 이미 서술한 것처럼 동시에 문제가 되는 생산량의 상대적 크기에도 달려 있다. 이 점으로부터 우리는 다음과 같이 언급할 수 있다. 각각의 개별 생산은 가능한 큰 교차면에서, 따라서 가장 가까이에 있는 다른 생산과 집적을 행한다고 하더라도, 이때 각각의 개별 생산은 동시에 다음과 같은 선택을 할 것이다. 즉, 생산량의 상대적 크기를 고찰한 뒤 실제의 집적지점이 자신에게 가장 가까이에 있는 교차면을 선택할 것이라는 점이다. 이것은 이 개별 생산의 가까이에 있는 교차면 가운데 생산량의 추가분이 가능한 적고, 더군다나 그것을 더하는 것에 의하여 충분한 집적단위를 획득할 수 있는 경우에 성취될 것이다. 개별 생산이 선택하는 것은 이러한 교차면일 것이다. 여기서 상당히 어색하지만 이것을 설명하는 데 이것 이상의 적절한 언어가 없는 추상적 용어를 사용하여 달리 표현하면 다음과 같다. 즉, 고립적 생산은 가까이에 있는 다른 생산을 무조건 집적시키는 것이 아니라 필요한 집적단위를 꼭 알맞게 충족시키는 최소

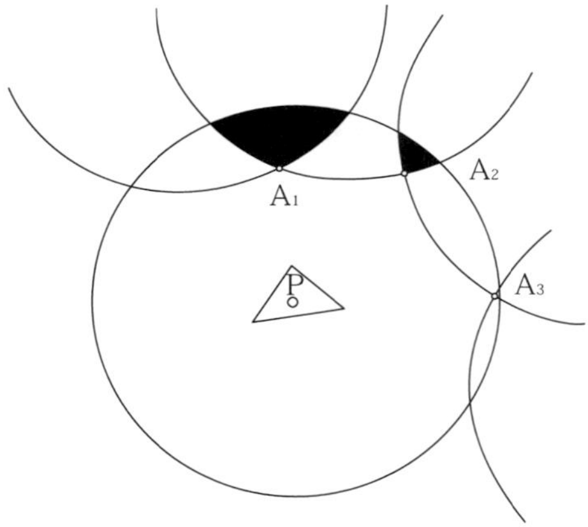

〈그림 5-2〉

의 것, 견인 가능한 범위 내에서 가장 멀리 떨어져 있는 것을 작은 생산규모에서 점차 큰 생산규모로 나아가면서 집적시킨다.

이상의 설명은 우리가 이미 행한 입지지향의 전체적 속성에 관한 설명을 정리한 것이다. 개별 생산이 집적할 때, 그 가까이에 있는 것들 가운데서 집적단위를 형성하는 데 충분히 최소의 것을 선택한다는 점으로부터 집적의 일반적 특성으로서 그것만큼 정확하지 않으나 다른 곳에서도 언급한 다음과 같은 경향이 발생한다. 즉, 집적의 크기는 일반적으로 집적단위를 초과하는 것이 아니며, 따라서 이 집적단위에 상응하는 만큼의 수로 집적중심이 성립한다. 이 결과는 이미 서술한 것처럼 별도의 방법을 통해서도 도출될 수 있다. 즉, 집적은 모든 편향을 수반하며, 이 비용을 초래하는 편향은 집적단위의 형성에 의해 바로 이 비용이 보상되는 것 이상으로 진행되지 않는다는 점이다. 그러나 개별 집적중심의 성립에 대하여 정확하고 자세히 분석할 때, 이 점을 엄밀하게 입증하는 것도 의미는 있다.

(d) 수정. 여기서 노동지에 의한 견인 정도에 대하여 이미 서술한 것과 정확히 일치하는 원료산지의 배제에 따른 집적중심이 지닌 견인력의 수정에 관해 부언할 필요가 있다. 이 수정은 노동지의 경우와 마찬가지로 다

수의 생산이 하나의 지점에 집중됨으로써 사용되는 각각의 원료에 대한 산지가 이제까지 고립 생산에 사용된 산지의 새로운 생산지에 대한 위치(관계)에 따라 유리하거나 불리하게 되는 사실로부터 발생한다. 이것에 의해 노동지의 경우와 마찬가지로 불리한 산지는 배제되고(다음 〈그림 5-3〉의 M'_1과 M_2), 각 원료에 대하여 유리한 산지만이 활용된다(단, 충분한 공급력이 존재한다는 가정하에서).

보통 발생하는 이러한 변화에 더해, 노동지의 경우와 마찬가지로 제 2의 경우가 발생할 수 있다. 즉, 집적지가 우연히 이제까지 사용되지 않은 원료산지 근처에 자리 잡고 있으며, 이 때문에 집적지에서 이 새로운 산지가 이제까지 이용된 산지를 대신하여 생산에 가장 유리하게 된다는 것

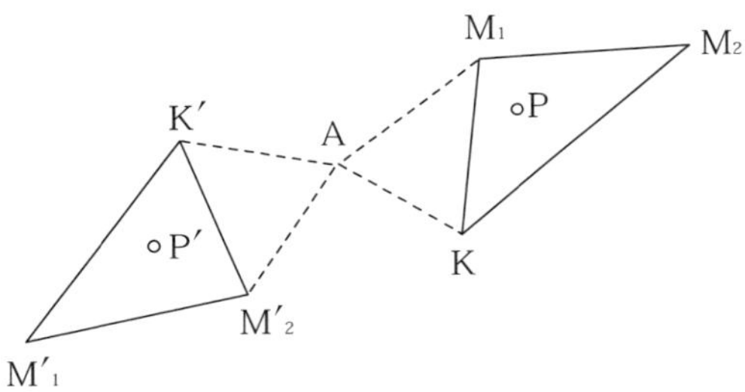

〈그림 5-3〉

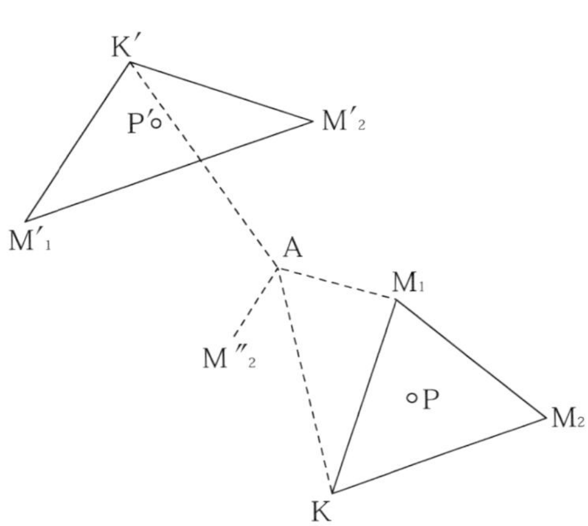

〈그림 5-4〉

이다. 〈그림 5-4〉를 참조해 보자. 이 그림에서 우선 M'_1이 불리하고 M_1에 의해 배제되며, 두 번째로 M_2와 M'_2는 함께 새로운 산지 M''_2보다 불리하므로 배제된다.

그 어떤 경우라도 노동지향의 경우와 마찬가지로 여기서도 운송비가 절약되는 결과, 집적중심의 견인력은 그 절약지수가 증가하는 만큼 강화된다. 이 증가분은 노동지의 경우와 마찬가지로 절약지수의 견인력이 멀리까지 미치면 미칠수록, 따라서 원격의 고립적 생산이 견인되면 될수록 또한 배제된 불리한 산지와 이용된 산지 사이의 위치 차이가 크면 클수록 그만큼 더 크다. 이 모든 것들은 노동지의 경우와 동일하다. 이것에 더해 다음과 같은 점을 서술할 필요가 있다.

노동지의 경우에는 그 위치가 고정적 원료산지의 배제에 의해 달라지지 않지만, 이 경우의 원료산지의 배제는 한층 큰 영향을 미친다. 그것은 견인지, 즉 이 경우에는 집적지의 지리적 위치에 영향을 미친다. 이 집적지의 위치는 등비용선의 교차면에 의해, 즉 기본적으로 입지도형 자체에 의해 규정되고 있다. 이 입지도형의 일부가 기능을 상실한다면, 그 입지지향의 토대도 변한다. 여기서 두 가지를 확인해 둘 필요가 있다. 그 첫 번째는 새로 성립하는 집적지점의 위치를 손쉽게 확인할 수 있다는 점이며, 두 번째는 그 옛 토대로부터의 해방이 결코 완전한 것이 아니라 옛 산지는 집적에 대하여 당연히 잠재적으로 일정 방향으로 작용한다는 점이다. 두 번째의 경우는 더 이상 설명할 필요가 없이 자명하다. 왜냐하면 새로운 산지는 고갈될 수 있으며, 그러한 경우에는 다시 옛 산지를 활용하지 않으면 안 되기 때문이다.

그런데 첫 번째의 경우, 즉 새로운 집적지점의 위치와 관련하여 우리는 집적지점으로부터 공급을 받는 소비지와 여전히 활용되고 있는 원료산지에서 각각에 상응하는 성분중량을 가진 새로운 입지도형을 고려하고, 집적지점이 어디에 있는지를 파악하기 위하여 이 새로운 입지도형에 대해 이미 알고 있는 법칙에 따라 최소운송비지점을 구하면 좋을 것 같다(〈그림 5-3〉에서 A가 $K'M_1KM'_2$의 최소지점이고, 〈그림 5-4〉에서는 A가 $K'M_1$

KM''_2의 최소지점이다). 즉, 이미 알고 있는 것처럼 집적지점은 대체로 선정된 원료산지 근처로 이동한다. 왜냐하면 이러한 소수의 산지로부터는 집중된 강력한 원료중량의 견인력이 작용하는데 반해, 다수의 분산된 소비지로부터는 상대적으로 미약한 견인력만이 작용할 뿐이기 때문이다. 이 견인력의 작용은 집적의 결과 소비지가 각각 반대의 위치를 차지하게 되는 것에 의해 서로 상쇄된다. 따라서 이 산지 근처에 있는 최초의 집적지점의 위치는 변하지 않거나 변하더라도 크게 변하지 않는다.

(2) 절약지수가 체증하는 경우의 집적

이제 통상적인 현실과 일치하는 예, 즉 (우리가 여기서) 문제로 삼는 생산에서 절약이 특정한 집적단위에서만 나타나는 것이 아니라, 본래의 의미에서 말하는 절약함수가 성립하고 집적이 증가함에 따라 절약이 증가하는 경우에 관하여 고찰해 보고자 한다. 이러한 절약함수는 사실 각각 특정한 절약지수를 가진 개별 집적단위로 구성되어 있다. 그 개념적 내용은 앞 절에서 설명한 것이다. 이 절약함수가 '미(未) 집적' 공업에 미치는 집적경향은 이 함수가 각각의 절약지수를 달리하는 다수의 집적단위의 경쟁적인 동시적 작용으로 '분해된다'고 고찰하는 것을 통하여 설명될 수 있다. 각각의 집적단위는 미집적 공업을 그 집적력의 크기에 의해 우리가 잘 알고 있는 법칙에 따라 집적시키는 것이다. 우리는 이 사이의 작용을 각 집적단위 사이의 집적의 형태를 둘러싼 경쟁으로 설명할 수 있다. 이때 경쟁하고 있는 각각의 형태 내에는 이미 서술한 법칙에 따라 집적이 이루어진다. 여기서 a_1, a_2, a_3 등의 단위로 구성되는 절약함수와 관련하여 남아 있는 문제는 어떤 단위의 것까지 집적이 행해지는지 하는 문제뿐이다. 이것이 결정되면, 그 밖에 모든 것들은 이미 잘 알려진 법칙에 따라 진행된다.

어떤 집적단위가 승리하는지는 영향을 받는 개별 생산의 입장에서 비교적 용이하게 파악할 수 있다. 개별 생산의 최소지점을 중심으로 각 절약단위에 대하여 그 절약지수에 상응하는 '임계등비용선'이 존재한다. 이

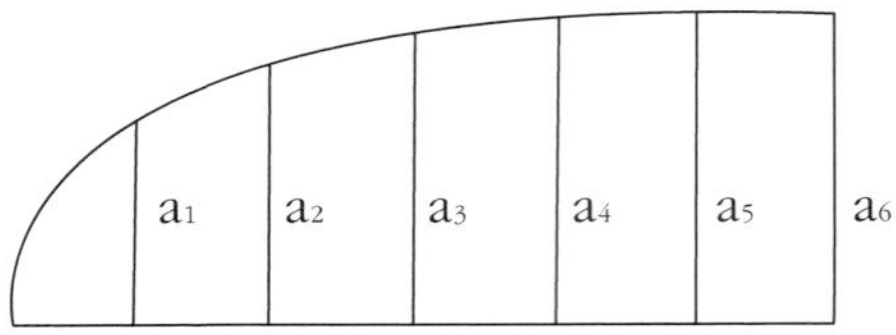

〈그림 5-5〉

경우에 보다 높은 절약지수를 가진 보다 높은 단위의 임계등비용선은 낮은 것보다 먼 곳에 자리 잡고 있다. 우리의 예에서는 a_2는 a_1보다 먼 곳에 있고, a_3은 a_2보다 먼 곳에 있다는 것 등이다. 이것은 그림[6]에서 a_1과 a_2의 두 개의 집적단위를 가진 집적함수와 관련하여 제시되고 있다. 보다 높은 단위의 임계등비용선은 그 반경이 크기 때문에, 낮은 단위의 그것보다 다른 많은 고립적인 생산의 등고선과 교차할 수 있다. 그러나 성립한 교차면이 〔유효하게〕 작용하기 위해서는 보다 큰 생산량이 필요하다. 따라서 그것들이 보다 낮은 것보다 많은 고립적인 생산을 집적시키기 않으면 안 된다. 그것들이 보다 낮은 단위와 경쟁하는 상황은 두 집적단위(a_1과 a_2)가 〔서로〕 경쟁하는 가장 간단한 예를 사용하여 가장 잘 설명할 수 있다.

우선 여기서 고차의 등비용선 — 우리의 예에서 a_2로 표현된다 — 이 수적으로 이 저차의 등비용선 이상의 생산을 더 이상 포함하지 않는 경우를 고찰해 보자. 이 경우에 최소지점을 둘러싼 이 고차의 등비용선은 저차의 등비용선으로부터 아주 적게 떨어져 있지 않고, 수적으로 후자의 것 이상의 교차면을 형성하는 것은 아니다(〈그림 5-6〉). 이러한 경우에는 높은 집적단위와 낮은 집적단위 사이의 경쟁이 전혀 발생하지 않고, 두말할 나위 없이 전자에 의해 집적이 발생한다. 두 번째는 고차의 등비용선이 저차의 등비용선으로부터 제법 멀리 떨어져 있어 전자보다 많은 수의 생산을 교차면을 통하여 집중시키는 경우가 있다(〈그림 5-7〉과 〈그림 5-8〉.

6) 〔역주〕 〈그림 5-5〉에서 〈그림 5-9〉까지를 말한다.

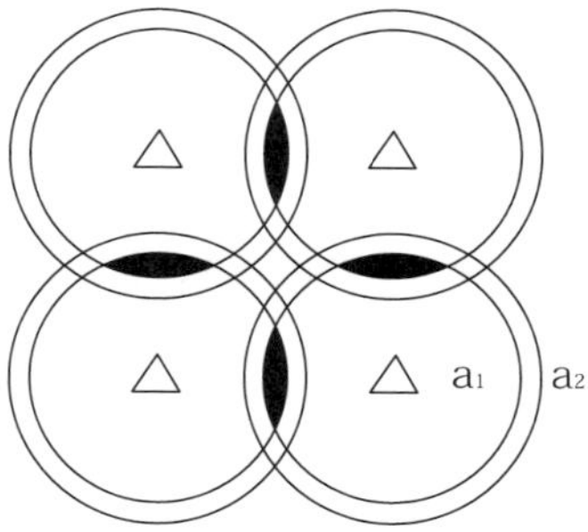

〈그림 5-6〉

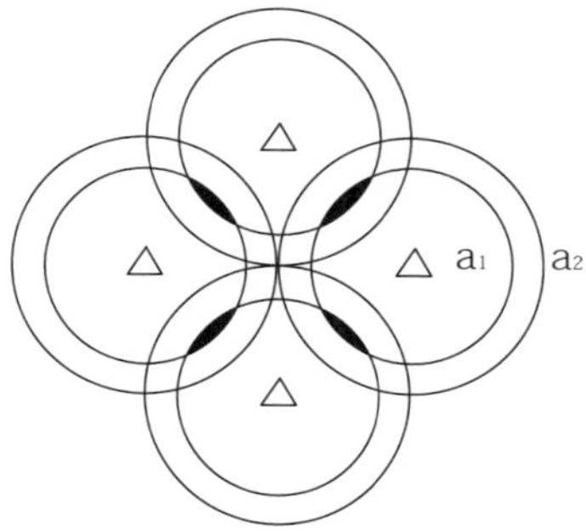

〈그림 5-7〉

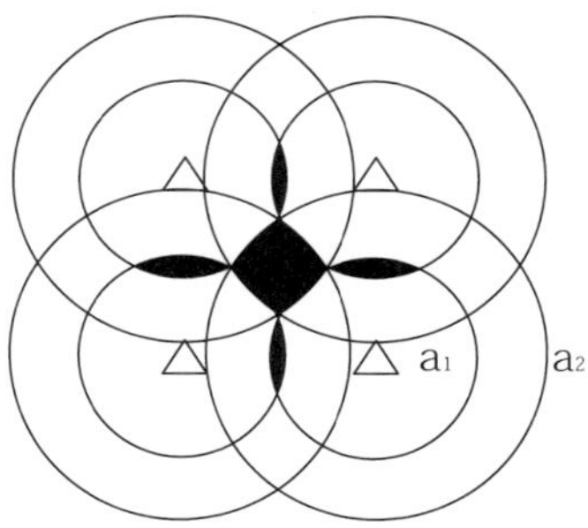

〈그림 5-8〉

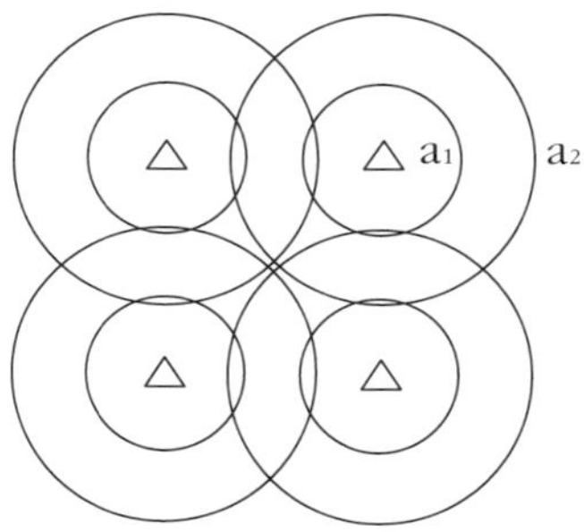

〈그림 5-9〉

이 경우에 a_2는 모두 네 개의 생산을 집중시키지만 a_1은 각각 두 개를 합칠 뿐이다). 이 경우에는 높은 단위 a_2에서 집적을 행하더라도 그리고 낮은 단위 a_1에서 집적을 행하더라도 고립적 생산보다 경제적이다. 다만 그 어떤 경우라도 충분한 수량이 존재해야만 한다는 점을 전제로 한다. 따라서 두 가지의 집적 사이에 경쟁이 발생한다. 그럼에도 불구하고 집적에 의한 절약의 운송비 증가에 대한 비율이 a_1에 의한 일부분의 집적이 a_2에 의한 전체의 집적보다 유리하게 된다면, a_2에 의한 전체의 집적은 행해지지 않을 것이다.

이 〔절약과 운송비 증가 사이의〕 관계는 이 단위에 대하여 실제로 집적이 행해지는 지점 위를 통과하는 등비용선과 이 단위에 대한 '임계'등비용선 사이의 거리를 통하여 〔그림에〕 지리적으로 정확히 표시할 수 있다.

후자는 이 단위를 통하여 집적이 이루어지는 것에 의한 절약의 크기를 나타낸다. 왜냐하면 그것은 이 절약에 의해 바로 보전되는 운송비의 증가분에 상응하는 곳을 통과하기 때문이다. 전자는 실제로 이 집적이 행해지는 것에 의해 운송비의 증가분을 표현하고 있다. 운송비의 증가분을 나타내는 선과 얻어진 절약을 나타내는 선 사이의 거리가 크면 클수록, 집적은 그만큼 더 유리하게 된다. 따라서 어떤 교차면에서, 즉 어떤 집적단위를 향하여 집적이 행해지는지를 파악하기 위해 우리는 각각의 집적단위에 대한 교차면, 우리의 경우에서는 a_2와 a_1에 대한 교차면을 (개별 생산의 입장에서) 검토하고, 어떤 집적단위의 경우에 거기서 성립하는 집적지점과 임계등비용선 사이의 거리가 최대로 되는지를 파악할 필요가 있다. 우리는 — 개별 생산의 생산량이 같아지고, 따라서 교차면의 중심점에서 집적이 행해진다고 가정하면 — 집적지점과 임계등비용선 사이의 거리는 교차면이 크면 클수록 그만큼 더 크다고 할 수 있다. 왜냐하면 교차면이 크면 클수록, 임계등비용선은 그 사이에 있는 집적지점으로부터 멀어지고 그 사이의 거리가 늘어나기 때문이다. 그러므로 이상의 명제는 다음과 같이 구체화될 수 있다. 즉, 우리가 어떤 집적단위의 집적이 발생하는지 파악하기 위해서는 일반적으로 교차면의 크기만을 살펴볼 필요가 있다는 것이다. 단, 이 경우에 모든 (집적) 단위의 교차면에 대해서도 집적에 필요한 만큼의 생산량이 집중되는 것을 전제로 한다.

우리가 살펴 본 예에 관하여 말하면, 〈그림 5-7〉에서는 a_1에 따라 집적이 행해진다. 보다 높은 단위 (a_2) 에서도 집적이 발생할 수 있음에도 불구하고 실제로는 발생하지 않는다. 왜냐하면 보다 낮은 단위의 교차면이 크고 집적지점과 임계등비용선 사이의 거리가 크고, 따라서 임계 절약액이 크기 때문이다. 〈그림 5-8〉에서처럼 보다 높은 등비용선이 저차의 등비용선으로부터 멀리 떨어져 있고 보다 많은(보다 높은 단위의 집적에 충분한 양의) 생산이 교차면에 집적할 뿐만 아니라, 이 교차면이 동시에 보다 낮은 단위의 교차면보다 큰 경우에만 비로소 보다 높은 집적단위가 승리를 거둘 수 있다.

이상에서 논의한 것을 일반적인 형태로 요약해 보면 다음과 같다. 즉, 고차의 집적이 저차의 집적을 배제하는 것은 그 임계등비용선이 최소지점을 멀리 건너뛰는 것을 통하여 교차면에 의해 단지 보다 높은 (고차의) 집적에 필요한 '보다 많은' 개별 생산의 생산량이 결합될 뿐만 아니라, 이 교차면이 저차가 집적할 때의 교차면보다 큰 — 따라서 개별 생산에서보다 유리한 집적을 가져오는 — 경우이다.

물론 고차 집적단위의 임계등비용선의 교차면만이 형성되고, 저차의 임계등비용선은 전혀 접촉하지 않는 경우가 존재한다(〈그림 5-9〉를 참조하라). 이러한 경우에는 저차의 집적이 경쟁에 의해 배제되는데 처음의 경우와 전적으로 대조적이다. 저차의 임계등비용선이 최소지점 가까이에 자리 잡고 있는 것에 비해 고차의 임계등비용선은 상당히 먼 곳을 통과한다.

(3) 집적의 조건

이상은 추상적인 정식화이다. 그것이 도출되는 방법으로부터 집적의 형상을 결정하는 하나의 조건이 명백히 되었다고 말할 수 있다. 즉, 그것은 다양한 (집적) 단위에 대한 임계등비용선의 배열방식이라는 것이다. 임계등비용선의 간격이 좁은 경우에는 이상에서 논의한 바에 따라 저차의 집적이 행해지고, 간격이 넓은 경우에는 고차의 집적이 행해진다. 따라서 집적은 우선 등비용선의 눈금에 달려 있다. 그러나 이 등비용선의 눈금은 각 집적단위와 절약의 크기 사이의 관계를 그래픽으로 표현한 것에 다름 아니다. 그것은 절약지수의 상승을 하나의 수직 평면에 투영시킨 모양이다(아래 〈그림 5-10〉과 〈그림 5-11〉을 참조하라). 만약 1톤당 절약지수가 집적단위의 증대에 수반하여 급속히 상승한다면, 그것에 상응한 등비용선의 간격은 넓어진다(〈그림 5-10〉의 a_1, a_2, a_3). 반면에 만약 그것이 완만하게 상승한다면, 그 간격은 좁아진다(〈그림 5-11〉을 참조하라). 따라서 이상에서 언급한 것은 성립하는 집적이 어떤 방식으로 절약함수의 상승 정도에 의해 규정되는지를 엄밀히 정식화한 것에 지나지 않

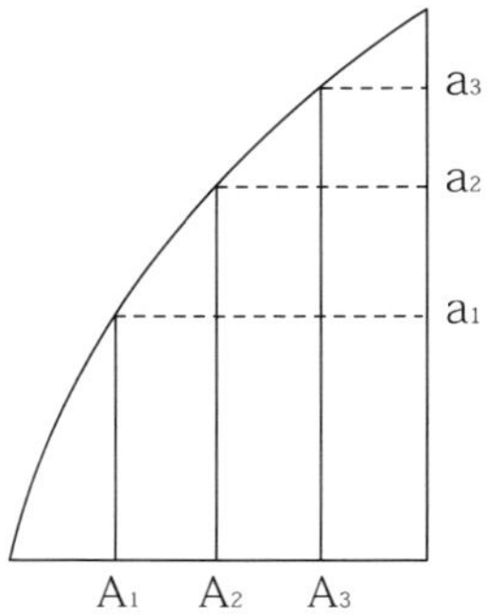

〈그림 5-10〉

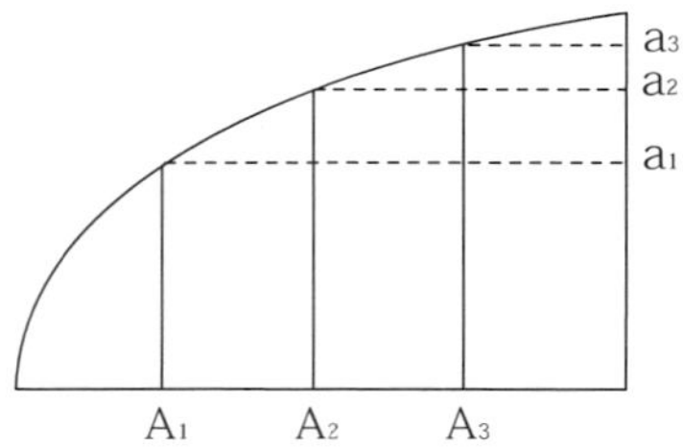

〈그림 5-11〉

는다. 즉, 함수의 급속한 상승이 완만하게 상승하는 경우보다 어떻게 큰 집적단위를 성립시키는지를 엄밀히 정식화한 것에 불과하다는 것이다. 그러므로 그것은 절약함수가 집적의 제 1요인, 즉 성립하는 집적중심의 수와 크기를 어떻게 규정하는지를 보여 준다.

좀더 정확히 말하면, 그것은 그것 외의 어떤 요인이 동시에 작용하는지도 보여 준다. 더군다나 등비용선의 배열방식 외에 다음과 같은 세 가지의 논점이 고려되고 있음은 틀림없다.

첫째, 임계등비용선 눈금의 서열과 전체적으로 기초가 되는 거리를 잡는 방법을 명확히 구별할 필요가 있다. 임계등비용선 눈금의 서열[7]이 동일해도, 기초가 되는 거리를 잡는 방식이 크거나 작으면 임계등비용선은 아주 넓은 원과, 좁은 깔때기 모양의 등고선을 형성한다(부록의 그림들을 참조하라). 두말할 나위도 없이 양자가 집적에 대하여 갖는 의미는 서로 다르다. 이 점에 관해서는 곧바로 언급하고자 한다.

둘째, 개별 생산 상호간의 거리에 관한 것이다. 만약 그것들이 멀리 떨어져 넓은 지역에 걸쳐 분산해 있다면, 그 등비용선에 의한 교차면의 형성은 이것과 반대가 되는 경우보다 적을 것이다.

셋째, 개별 생산의 생산량에 관한 것이다. 이것에 의해 교차면에 집적되는 생산량의 크기가 결정되고, 또한 여러 등급의 교차면이 각각 어떤

7) 〔역주〕 절약함수를 말한다.

양의 집적단위에 상응하는지가 결정된다.

더군다나 **개념적으로** 다음과 같이 언급할 수 있다.

제 1요인에 대하여 우리는 이미 노동지향에 관한 고찰로부터 알 수 있듯이 등비용선 상호간의 거리가 다음과 같은 두 가지에 의해 결정된다는 점을 알고 있다. 즉, 공업의 특질에 내재하는 조건으로서 입지중량과 일반적인 환경조건으로서 일반적 운송비율에 의해 결정된다는 것이다. 따라서 이 제 1요인은 특히 각각 독립적으로 작용하는 두 가지 조건으로 나누어진다.

제 2, 제 3의 요인은 이에 반해 하나의 조건으로 요약될 수 있다. 즉, **생산밀도**(*Produktionsdichtigkeit*) 라는 조건이다. 왜냐하면, 개별 생산의 생산량과 그 상호간의 거리는 어느 것이나 사실상 단위면적에 대한 생산밀도를 의미하기 때문이다. 그리고 또한 그것들을 생산밀도라는 개념으로 종합하는 것이 합목적적이다. 왜냐하면 이 양자는 사실상 동일한 일반적인 환경조건, 즉 인구밀도의 결과이기 때문이며, 인구밀도는 경험상 두 가지 측면, 즉 그 지점의 인구밀도 = 개별 생산의 생산량 그리고 거주지의 수 = 개별 생산 사이의 거리를 갖고 있기 때문이다.

따라서 여기서도 우리는 다시 노동지향의 경우와 마찬가지로 각 공업의 특질에 내재하는 두 가지 조건이 집적중심으로의 편향을 좌우하는 것을 알 수 있다. 다시 말해, 그것은 공업의 **절약함수**와 그 **입지중량**이다. 그리고 노동지향의 경우와 마찬가지로 여기서도 두 가지의 환경조건, 즉 **운송비율**과 **생산밀도**(또는 경험적으로는 **인구밀도**로 지칭할 수도 있다) 가 존재한다. 그러므로 이것들은 노동지향의 경우와 기본적으로 같은 환경조건이다.

다음으로 관건이 되는 것은 아래와 같다. 첫째, 입지중량과 두 가지의 환경조건이 미치는 영향의 성질에 대하여 보다 자세히 검토하는 것과 둘째, 가능한 이러한 모든 조건들의 영향하에 있는 전체 집적에 대하여 적어도 그 일반적인 양상을 파악하는 것이다.

(1) **입지중량**과 **운송비율**이 작용하는 일반적인 방법에 관해서는 여기

서 되풀이하여 논의할 필요가 없을 것이다. 양자의 하락이 등비용선의 간격을 넓히고 양자의 상승이 등비용선의 간격을 좁힌다는 점, 따라서 이 두 요인이 전적으로 동일하게 작용한다는 점을 상기하면 좋을 것이다. 보다 중요한 것은 생산밀도를 구성하는 두 가지 내용 가운데 어느 하나, 즉 개별 생산 사이의 거리도 기본적으로 동일하게 작용한다는 점이다. 입지중량의 변화와 운송비율의 변화에 의해 등비용선이 확대되거나 축소되는 경우(이 경우 그 눈금의 서열에는 아무런 변화가 없다) 에는 모든 등비용선이 똑같이 확대되거나 축소된다. 그렇지만 그것이 등비용선의 접촉과 교차면에 미치는 영향은 각 등비용선 자체의 크기가 변하는 것이 아니고, 그러한 중심 사이의 거리가 근접하거나 떨어지는 경우, 즉 생산밀도의 변화에 의해 이 중심 사이의 거리가 변하는 경우와 전적으로 동일하다. 그래서 우리는 입지중량, 운송비율 그리고 개별 생산 사이의 거리가 모두 동일한 유형의 작용을 미친다고 고찰할 수 있다. 그리고 이 작용은 등비용선이 그 크기를 변화시키는 것이 아니며, 서로 근접하거나 떨어져 있는 경우를 상정하는 것을 통하여 가장 손쉽게 설명할 수 있다.

그렇다면 이 접근과 분리가 교차면의 형성과 집적의 '규모'에 미치는 작용은 어떠한가? 우선 다음은 명백하다. 즉, 그것은 이미 살펴 본 절약함수의 변화에 기인하는 등비용선이 지닌 눈금 서열의 변화와 정확히 동일하지 않다는 점이다. 이 절약함수의 변화는 서로 다른 눈금 서열을 가진 상이한 등비용선을 성립시켰다. 동일한 등비용선이 떨어지거나 근접하는 것은 이 점과 명확히 구별되어야만 한다. 그러나 앞의 경우, 즉 절약함수가 상승하여 고차의 등비용선이 멀리까지 〔영향을〕 미치는 경우와 마찬가지로 이 경우에도 동일하게 등비용선이 접근하는 것에 의하여 집적이 용이하게 된다. 왜냐하면, 이 경우에도 첫째, 형성되는 교차면의 수가 증가하고, 둘째, 성립한 교차면에 충분한 생산이 집중하는 것이 용이하게 되며, 따라서 이 두 결정적인 요인이 전자의 경우와 마찬가지로 유리하게 작용하기 때문이다. 그리고 비록 앞의 경우와 과정은 다르지만, 이 경우에도 보다 큰 '규모'의 집적이 성립한다.

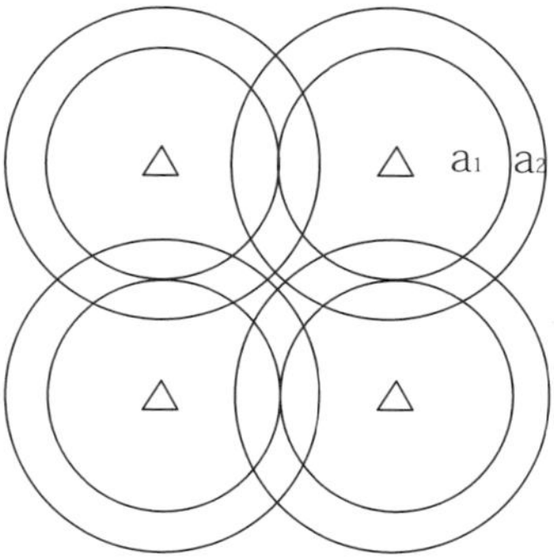

〈그림 5-12〉

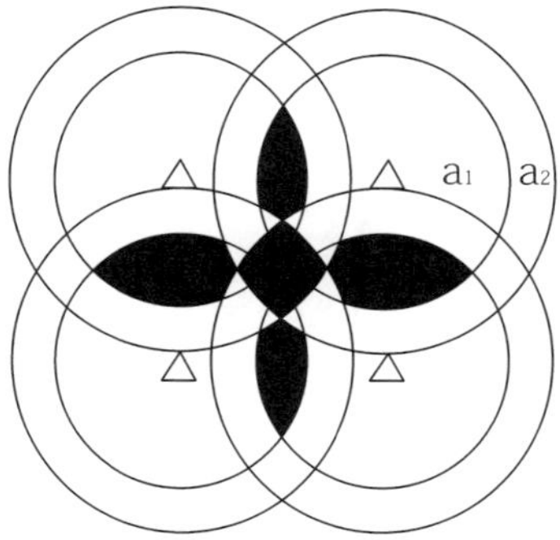

〈그림 5-13〉

이러한 경우는 아래에서 거론할 두 단계(a_1과 a_2)로만 구성되는 절약함수의 간단한 예로 파악할 수 있다. 집적의 눈금 서열(즉, 절약함수)은 〈그림 5-12〉와 〈그림 5-13〉과 정확히 일치한다. 두 그림을 구분 짓는 것은 개별 생산의 거리뿐이다. 그 거리는 첫 번째 예에서는 크고, 두 번째 예에서는 작다. 〈그림 5-12〉와 〈그림 5-13〉에서는 1/4만큼 거리가 작게 된다. 〈그림 5-12〉에서는 a_1에 의해서만 집적이 성립하는데, 이 집적단위를 위해서는 양적으로 두 개의 개별 생산을 합친 것으로 충분하다고 상정한다. 그러나 〈그림 5-13〉에서는 거리가 짧아진 결과 a_1에 의해서 뿐만 아니라 a_2에 의해서도(이 후자의 집적단위를 위해서는 이 그림에 포함된 전체 생산이 필요하고 또한 충분하다고 상정한다) 집적이 성립한다. 이 경우에는 실제로도 보다 높은 집적단위 a_2에 의해서도 집적이 나타난다. 왜냐하면 임계등비용선과 교차면의 중점(집적중심) 사이의 거리가 a_2의 경우에 a_1보다 크고, 따라서 집적에 의한 절약도 크기 때문이다. 그러므로 입지도형 사이의 거리가 단축되는 것은 집적의 '규모'에도 영향을 미친다. 단, 그 영향은 절약함수가 상승하는 경우보다 작다. 왜냐하면 입지도형을 어떤 특정한 거리만큼 서로 근접시키는 경우에는 모든 등비용선이 저차의 등비용선을 포함하여 서로 근접하게 되기 때문이다. 따라서 총 절약은 모든 단계에서 증가하며, 다만 고차 단계에서 저차 단계보다 한층 더 뚜렷이 증가한다. 그러나 만약 우리가 눈금의 서열만을 '변화'시키고 고차의 등비용선을 그 단위만큼 전진시킨다면, 이 차원의 등비용선만이 서로 근접하는 것이 되고, 그것에 한하여 총 절약이 증가한다. 그리고 집적의 규모는 앞의 경우와 전혀 다르며, 훨씬 더 간접적으로 영향을 받는다. 이 서로 다른 조건에 의한 서로 다른 영향에 대해서는 나중에 보다 자세히 논의할 것이다. 우선 여기서는 그 작용에 차이가 존재한다는 점을 설명하는 것만으로도 충분하다.

(2) 마지막 조건 또는 좀더 정확하게는 제 3의 조건의 후반부, 즉 개별 생산의 생산량에 대하여 논의하고자 한다. 이 점에 대해서는 다만 그 증가가 확실히 집적을 용이하게 하고 그 '규모'를 크게 하며, 또한 그 하락은 이를 억제한다고 말할 수 있다. 왜냐하면 개별 생산의 생산량이 교차면에 집중되는 집적단위를 형성하지만, 개별 생산량이 증가하면 아주 멀리까지 영향을 미치지 않는 등비용선도 그 교차면 내에 충분한 만큼의 생산량을 손쉽게 집중시킬 수 있기 때문이다. 이와 마찬가지로 등비용선이 이제까지 고차의 것에 대하여 (현재의 교차면 내에서) 충분한 양을 집중시킬 수 없는 경우에도 그것이 가능하다. 더군다나 개별 생산이 또한 '그 자체'로 집적은 없어도 다양한 정도의 절약함수를 실현하는 데 필요한 수량을 확보할 수 있다. 우리는 개별 생산량의 증대로 입지편향 없이 절약함수가 완전히 '실현'되는 극단적인 경우를 생각해 볼 수 있다. 생산량이 기본적으로 어떻게 작용하는지는 이상의 설명을 통하여 충분히 파악할 수 있다. 다만 여기서는 이 기본적인 작용 이상의 것을 제시할 수 없다. 왜냐하면 개별 생산의 생산량 자체를 명확히 하기 위해서는 입지도형과 등비용선에 관한 지식이 없으면 안 되기 때문이다.

(4) 집적의 공식

그러나 이 모든 조건이 지닌 의미를 보다 명확히 하는 것은 다른 방법을 통해서도 가능하다. 그 내용이 모두 같은 개별 생산이 어느 한 국가 내에서 균등하게 분포한다는 가정하에 우리가 분석적 방법을 통하여 갖가지 조건들의 영향 정도를 엄밀히 공식화할 수 있을 때, 그것들을 바탕으로 하는 동시에 그러한 조건들의 다양한 조합으로부터 발생하는 전체적인 입지지향을 밝혀낼 수 있다. 이 일은 〈부록〉의 집적의 공식에 관한 절에서 행해질 것이다. 이미 언급한 것처럼, 이 공식은 어디서나 생산밀도가 동일하다는 가정 — 그 어떤 생산에도 그 어떤 나라에서도 완전히 맞아떨어지지 않는 가정 — 에 바탕을 두고 있다. 따라서 다양한 집적조건의 이런 저런 조합 하에 성립하는 집적중심의 수와 크기에 관하여 이 공식은 단지 이념적인 가치를 지닐 뿐이다. 그것들은 일반적인, 많은 경우 현실로부터 상당히 동떨어져 있는 관념적 내용이며, 우리는 현실을 이것과 비교할 수 있으나 현실 속에서 이 공식과 일치하는 것을 명백히 찾아 낼 수 없다. 그런데도 여전히 이 공식은 〔문제의〕 이해를 위해서는 도움을 준다. 그러나 그것은 단지 하나의 측면일 뿐이다. 보다 중요한 것은 이 공식이 동시에 집적조건 각각의 변화에 따른 결과를 명백히 하는 것이다. 이것은 이념상에 대해서뿐만 아니라 현실의 모든 상황에 대해서도 그러하다. 왜냐하면 현실의 생산밀도는 국지적으로 상당히 다르며, 위에서 언급한 조건들은 그 각각의 생산밀도에 대하여, 따라서 현실의 모든 것에 걸쳐, 생산이 어떤 특정한 밀도로 균등하게 분포하는 경우와 정확히 동일한 상대적인 영향 정도로 작용한다고 고찰되기 때문이다.

부록에 얻어진 결과를 분명히 이해하기 위해서 우리는 그 공식화를 우리의 일상적인 독일어로 옮기는 것을 시도하고자 한다.

이제까지는 1톤당 제품에 대하여 각각의 크기에 상응하는 집적에 의해 얻어지는 절대적 절약에 관해서만 논의하였다. 이 절약은 집적의 크기를 나타내는 함수로서 절약함수의 개념으로 요약되었다. 그러나 우리는 또한 부록에 의해 집적의 크기가 증대하는 것에 수반한 절약의 상대적 증가, 즉 각각의 크기에 상응하는 집적이 또한 개별 생산을 추가하는 것으로부터 얻는 절약의 증가분을 문제로 삼을 수 있다. 그리고 이 절약의 증가분도 또한 견인되는 소생산이 견인되는 대(大) 생산에 비해 충분히 적다면, 그때 얻어진 집적의 크기에만 의존하기 때문에 우리는 다양한 크기의 집적의 견인력을 표현하는 제 2의 함수를 고려할 수 있다. 이 함수는 부록에서 '집적함수'라고 일컬어진다. 이렇게 얻어진 집적함수 f(M)는 어떤 크기의 집적이 다음 크기의 집적으로 진행되는 것으로부터 얻어지는 총 절약의 증가분을 나타낸다. 부록에서는 이 집적함수와 이제까지 다룬 절약함수를 대비시키고, 양자가 내적으로 어떤 관계에 있는지가 제시되었다.

여기서 우리의 관심사는 집적함수란 대생산이 분산된 소생산에 대하여 행사하는 견인력을 아주 간결한 형태로 표현한 것이라는 점이다. 대생산이 〔영향을〕 '미치고', 소생산이 견인되는 정도를 결정하는 식으로서는 $R = \frac{f(M)}{As}$가 성립하는데, 이때 R은 견인력이 미치는 반경을, A는 공업의 입지중량을, 그리고 s는 적용되는 운임률을 나타낸다. 즉, 대생산의 힘이 미치는 범위 또는 집적의 정도는 집적함수의 값에 비례하고, 공업의 입지중량과 운임률에 반비례한다는 것이다. 이 세 가지의 집적조건들이 지닌 의미는 이상과 같다.

그러나 만약 우리가 현실의 집적반경이 어디까지 영향을 미치는지를 파악하고 성립하는 집적의 정도를 확정하려고 한다면, 우리는 우리가 찾아 낸 집적조건 가운데 이제까지 등한시한 제4의 조건, 즉 '생산밀도'도 고려할 필요가 있다. 생산밀도(ρ)는 여타 조건들의 어느 것과도 관련이 없으며, 어떤 집적량(M)을 집중시키기 위해 개별 집적이 미칠 필요가 있는 반경(R)을 결정한다. 그렇다고 한다면, $M = \pi R^2 \rho$이기 때문에

$$R = \sqrt{\frac{M}{\pi\rho}}$$

이다. 이 미지수의 R, 즉 미지수의 집적반경을 대신하여 집적함수에 의해 결정된 R의 값을 대입하면,

$$\sqrt{\frac{M}{\pi\rho}} = \frac{f(M)}{As}$$

또는

$$f(M) = \frac{As}{\sqrt{\pi\rho}}\sqrt{M}$$

을 얻을 수 있다. 이 식이 의미하는 것은 다음과 같다. 공업의 입지중량(A)이 알려져 있고 운임률(s)이 알려져 있으며 생산밀도(ρ)도 알려져 있을 경우, 어떤 공업의 집적함수 f(M)의 가능한 값 가운데서 어느 것이 실현되는지, 바꿔 말해 집적의 조건들이 알려져 있을 때 어떤 '집적규모'가 실현되는지를 파악하고자 한다면, 우리는

$$f(M) = \frac{As}{\sqrt{\pi \rho}} \sqrt{M}$$

식의 요건을 충족시키는 M의 값, 즉 집적의 크기를 이 식에 대입해야만 한다. 문제는 이상과 같이 해결될 수 있다. 그리고 부록은 그림을 활용하여 이 조건을 충족시키는 M의 값이 존재하는지 그렇지 않은지, 어떤 집적이 성립하는지 그리고 M의 값이 어떻게 결정되는지 등의 문제를 손쉬운 방식으로 밝힐 수 있음을 보여준다. 부록은 또한 개별 집적의 크기가 알려져 있을 때, 총 생산량이 알려진 하나의 영역 내에서 성립하는 집적중심의 수를 어떻게 파악할 수 있는지를 보여준다. 집적중심의 수는 간단히 총 생산량(G)을 개별 집적의 양(M)으로 나눔으로써 구해진다.

2) 노동지향에서의 집적

(a) **일반적 법칙성.** 이제까지 살펴본 것은 집적력이 최소운송비지점으로의 지향에 대하여 작용할 경우, 집적력이 공업에 미치는 영향에 관한 것이었다. 그렇다면, 이 힘이 〔운송비의〕 최소지점이 아니라 노동지에 작용할 경우에는 어떠한가?

이때 무슨 일이 발생하는지의, 곧 노동 지향적 공업에 대한 집적요인의 작용이 어떠한지의 문제는 다음과 같은 점을 명확히 할 때 가장 잘 드러난다. 즉, 노동지향이 최소지점으로부터의 편향의 한 형태이고, 집적이 그 두 번째의 형태라는 것이다. 따라서 집적력이 그 자체로 노동 지향적 공업에 작용할 때 발생하는 것은 집적에 의한 편향과 노동지로의 편향 사이의 투쟁, 곧 운송비에 의한 기본망 위에서 '집적지'와 '노동지' 사이의 투

쟁이다. 이 투쟁의 승자가 되는 것은 이 두 가지 범주 가운데 순수한 운송지향에 대해 보다 큰 순(純)절약을 제공하는 쪽이다. 따라서 이에 대한 법칙을 찾아낼 필요가 있다.

우선 다음과 같이 언급할 수 있다. 만약 우리가 순수한 집적지와 노동지 사이의 투쟁을 고찰할 때, 쌍방의 절약을 파악하기 위해서는 단순히 순집적절약과 순노동절약의 쌍방을 비교하는 것만으로 충분하지 않다. 이미 살펴본 것처럼 하나의 노동지는 그 자체로 집적지 — 더욱이 '우연적' 집적지 — 일 수 있으며, 또한 거의 대부분의 경우에는 그러할 것이다. 이 우연적 집적에서도 공업의 절약함수에서 노동지로의 집적크기에 정확히 상응하는 만큼의 집적절약이 성립한다. 그러나 이 집적절약은 노동지향의 법칙에 따라 공업을 노동지로 견인하는 노동절약과는 별개의 것이다. 만약 우리가, 노동지가 운송비에 기초한 '순수한' 집적지에 대응하여 투쟁을 벌이는 경우의 순절약을 파악하려고 한다면 이 집적절약이 노동비절약에 더해져야만 한다. 문제는 어느 것이 더 큰지 하는 점이다. 즉, 후자의 순수한 집적지의 집적절약이 그것인지 아니면 노동지의 노동비절약 + 집적절약이 그것인지 하는 점이다.

이것이 의미하는 바는 다음과 같다. 노동지가 '우연적 집적'에 의해 형성되는 단위의 크기가 '운송비에 바탕을 둔 순수 집적'이 그 집적지에서 형성되는 단위의 크기와 동일하거나 그 이상인 경우에는, 그 공업의 노동지향은 유지된다. 왜냐하면 이 경우에는 '우연적 집적절약'만으로도 여타 장소가 제시하는 절약보다 크기 때문이다. 우연적 집적에 의해 형성되는 단위가 작은 공업에서만 필시 이와 다른 입지지향이 발생할 수 있다. 그러나 그것이 실제로 발생하는 것은 집적단위가 작기 때문에 절약의 부족분이 노동지가 제시하는 노동비의 절약에 의해 보전되지 않는 경우뿐이다.

그리고 우리는 두 가지 것들을 상기할 필요가 있다. 첫째, 노동지향이 현저한 공업에서는 노동지 상호간의 경쟁에 의해 그들 사이의 선택작용이 이루어지고, 그 때문에 최적의 노동지에서 뚜렷한 우연적 집적이 나타난다는 것이다. 노동지향 자체에 집적경향이 포함되어 있다는 것이다.

둘째, 노동지향에 의한 집적경향의 강도를 결정하는 네 가지 요인 가운데 세 가지 요인은 다른 집적경향을 동일하게 결정한다는 것이며, 물론 여기서 이들과의 경쟁도 문제가 된다. 입지중량과 운송비율 그리고 인구밀도는 노동지향과 그 우연적 집적을, 이것과 대비되는 '운송비에 바탕을 둔 순수 집적'을 하락시키고 상승시키는 것과 동일한 방식으로 하락시키고 상승시킨다. 따라서 이 두 가지의 집적이 의존하는 제 4의 조건〔즉, 요인〕에 아주 큰 차이가 없다면, 노동지향의 우연적 집적이 그것과 경쟁한다고 간주되는 순수집적과 같은 크기가 되지 않거나 노동지향의 집적단위가 작고, 따라서 그 집적절약을 노동비절약으로 보충하더라도 투쟁을 벌이기에는 충분하지 않다. 절약함수가 매우 높고 노동지향이 대단히 미약하며, 따라서 노동지에서의 우연적 집적이 매우 작은 공업에서만 운송지향에 바탕을 둔 순수 집적이 투쟁에서 이길 수 있으며, 이에 따라 운송지향의 집적은 다시 노동지향을 대체한다. 그러므로 '순수한' 집적경향이 노동지향을 폐지하고 대체할 수 있는 생산부문은 그다지 많지 않을 것이다.

오히려 이와는 정반대로 상당한 생산부문, 즉 뚜렷한 노동절약으로 매우 강력한 집적이 성립하는 생산부문에서는 노동절약에 집적절약이 더해지는 것에 의해 노동지향이 운송지향에 비하여 한층 더 강화될 것이다. 왜냐하면, 노동지에서 성립하는 우연적 집적이 운송비에 바탕을 둔 순수 집적보다 큰 경우에는 이 양자의 차이가 다른 경우에서는 얻을 수 없는 절약으로 노동지의 절약에 더해지고 노동지의 집적력이 한층 더 강화되는 곳을 향하여 한계편향(*Grenzverschiebung*)이 발생하기 때문이다.

우리는 이 두 종류의 한계편향의 의미를 다음과 같이 전적으로 자의적으로 선정한 예를 통하여 명백히 할 수 있다. 일련의 공업에 대하여 다음과 같은 절약함수가 작용한다고 살펴보자.

톤	100	200	300	400	500	600	700	800
1톤당 집적절약	1	4	6	7	7.5	7.75	7.82	7.88

이러한 집적절약이 미치는 작용을 노동비가 제품 1톤당 10, 50, 100, 200, 300마르크인 공업과 관련하여 검토해 보자. 노동지에서의 노동비의 압축률이 어디에서도 10%라고 가정해 보자. 이 공업에서 노동지향에 의해 성립하는 우연적 집적은 노동비와 평행하고, 각각 50, 100, 400, 800톤이라고 하자. 상정된 절약함수의 도움으로 얻어진 '운송비에 바탕을 둔 순수 집적'의 크기는 두말할 나위도 없이 모든 공업에 걸쳐 동일하며, 여기서는 그것을 300톤이라고 하자.

아래 표는 각 공업에 대하여 '순수 집적'과 '노동지향'이 서로 어떻게 관련을 맺고 있는지를 보여준다.

여기에는 세 그룹의 공업이 존재한다. 첫 번째 그룹의 공업에서는 노동비지수가 매우 작고 (제 1그룹에서는 제품 1톤당 50마르크 이하), 따라서 노동지향이 대단히 미약하므로 근소한 (입지) 편향과 작은 집적이 발생할 뿐이다. 여기서는 보다 큰 집적단위와 보다 큰 절약(5 : 1) 을 보여주는 순수 집적이 우세를 보인다. 따라서 이 그룹에서는 운송지향을 향하여 한계편향이 나타난다. 그러나 이 방향의 한계편향은 지리적으로 큰 편향을 초래하지 않으며 실제로도 큰 의미를 지니지 않는데, 왜냐하면 이러한 공업에서는 '미약한' 입지편향만이 발생하기 때문이다.

두 번째 그룹의 공업에서는 순수 집적의 집적단위가 노동지향의 집적단위보다 크지만(제 2그룹에서는 100톤과 200톤에 대한 300톤), 후자에 노

구 분	A. 노동지향				B. 순수집적		C. 노동지향의 절약 ± 운송지향의 절약 (제품 1톤당)
	제품 1톤당 노동비 (마르크)	제품 1톤당 절약 (마르크)	집적 단위 (톤)	제품 1톤당 총절약 (마르크)	집적 단위 (톤)	제품 1톤당 절약 (마르크)	
제 1그룹	10	1	50	1	300	5	-4
제 2그룹	50	5	100	6	300	5	+1
	100	10	200	14	300	5	+9
제 3그룹	200	20	400	27	300	5	+22
	300	30	800	37.8	300	5	+32.8

동지향의 미약한 우연적 집적이 더해지는 것에 의해 후자가 전자보다 강하게 된다. 즉, 노동지향은 비교적 작은 단위임에도 불구하고 승리한다(절약은 6 : 5 및 14 : 5).

그리고 세 번째 그룹의 공업에서는 노동집적의 단위가 처음부터 이미 '순수' 집적보다 크고(400과 800에 대한 300), 따라서 이 경우에는 집적절약의 추가는 노동지향의 힘을 한층 더 강화시킬 뿐이다.

그런데 이러한 그룹들의 공업에 집적절약이 더해진다는 것은 어떤 작용을 하는가?

그것은 이 공업의 노동지가 미치는 영향력을 한층 더 강화시킨다고 말할 수 있다. 그 방식은 원료산지의 '대체'로 노동절약에 운송비절약이 더해지는 경우에 대하여 이미 설명한 바와 마찬가지이다. 어느 한 공업의 개별 노동지가 보여주는 실제 견인력을 포괄적으로 논의하려고 한다면, 우리는 노동지가 제시하는 노동비절약에 산지의 '대체'에 따른 절약을 더할 뿐만 아니라, 대량의 생산이 견인되는 데서 발생하는 집적절약의 가능성도 고려해야만 한다. 이것이 공업의 전체적인 (입지) 지향에 대해 지닌 의미는 다음과 같다. 첫째로 그렇지 않다면 운송 지향적이라고 여겨지는 생산단위가 견인되어 노동지로 이동하고, 따라서 우연적 집적절약이 추가됨으로써 노동지향은 전체로서 이 추가가 없는 경우와 비교하여 운송지향에 비해 한층 더 우월하다는 것이다. 두 번째로 공업의 노동지향 내에서도 노동비의 압축률이 높고 강력한 노동지는 우리가 이미 살펴 본 것처럼 미약한 노동지를 자기 쪽으로 견인하는 한층 '우위'에 설 수 있다는 것이다. 그런데 이 '우위'는 거기로 생산이 집중하고 집적절약을 한층 더 초래하는 집적단위가 형성되는 것으로부터 나타난다. 그 세력의 범위는 한층 확대되고, 이 때문에 한층 더 멀리 떨어져 있는 미약한 생산이 이곳으로 견인될 수 있다. 이러한 노동지향의 방식은 이 노동지향의 강도를 수반하여 증대하는 집중경향을 한층 제고시킬 수 있다.

따라서 〔이상의 논의를〕 정리하면, 노동지향 노력 범위의 확대와 그 가운데에 '내재'되어 있는 소수의 지점으로의 집중경향은 노동지로의 집적경향이 지닌 본질적 작용이다.

3. 현실에 대한 적용

여기서는 이상에서 얻은 결과를 앞의 장과 마찬가지로 현실의 발전상황에 비추어 살펴보고자 한다. 그런데 이것은 앞의 장과 똑같이 오로지 그 결과의 내용적 의미를 좀더 명확히 하기 위한 것이며, 그것을 귀납적으로 검증하기 위한 것은 아니다.

1) 가공계수

이 명료화의 목적을 위하여 그리고 다만 이 목적을 위하여 이제까지 방법론적 이유에서 배제된 문제, 즉 공업의 크고 작은 집적 가능성이 공업의 어떤 특별한 성질에 의존하는지 하는 문제를 좀더 논의하려고 한다. 더군다나 〔지금까지의 분석을 통하여〕 우리가 얻은, 공업의 특성에 내재해 있는 집적조건의 특성을 좀더 자세히 검토하려고 한다.

이러한 종류의 조건에는 두 가지의 것들이 존재하는데, 곧 입지중량과 절약함수가 그것이다. 이 가운데 입지중량은 각 공업에 대해 간단하고 명료하며 그리고 손쉽게 확정할 수 있는 지표로서 전혀 문제가 없다. 이 점에 관해서는 더 이상 설명할 필요가 없다.

공업의 절약함수는 이와 사뭇 다르다. 그것은 눈으로 볼 수도 없고 손으로 만질 수도 없는 확정되지 않은 것이다. 그 성질은 공업에 어느 정도 깊이 뿌리를 내린 또 다른 지표들의 산물이며, 우리가 곧바로 볼 수 있는 것은 아니다. 우리는 추상적으로 그것이 어떠한 공업지표에 의존하며 어떤 방법으로 의존하는지를 알 수 없다. 그리고 유감스럽게도 그것을 확정하기 위해서는 '집적요인'의 절에서 시도한 것처럼 그 성립을 명확히 하는 것도 큰 도움이 되지 않는다. 물론 집적요인에 기인하는 공업의 절약함수와 다양한 공업의 '특성' 사이에 어떤 관련성이 성립하지 않으면 안 된다는 점은 분명하다. 특히 우리가 확인한 집적요인의 가장 본질적인 두 가지 군집인 각 공업의 노동조직적 장치와 기술적 장치의 확충으로 다양한 집적단위의 집적함수가 달라진다는 점은 분명하다. 그러나 공업의 어떤 성질에 의해 집적단위의 크기와 그 서열, 간단히 말해 (절약) 함수의 형상이 결정되는지에 대해서는 추상적으로 그 어떤 확정적인 것도 말할 수 없다.

만약 우리가 절약함수와 '공업의 특성'과의 관련성에 대하여 어떤 일반적인 것을 생각하려고 한다면, 우리는 전혀 다른 고찰방법에서 출발하지 않으면 안 된다. 우리는 다음과 같이 말하지 않을 수 없다. 즉, 제품의 생산에서 높은 가공가치(*Formwert*)[8]를 지닌 공업만이 높은 집적단위와 비용의 높은 압축 퍼센트를 가지며, 따라서 강력한 유효 절약함수를 가질 것이다. 그 이유는 간단한데, 노동가치와 노동비지수 그리고 그 노동지향에 대한 의미에 관해서는 이미 서술한 것과 동일한 고찰방법에 바탕을 두고 있다. 거기서 우리가 서술한 것은, 제품 1톤당 노동비가 높은 경우에만 바로 그 1톤에 대한 노동비의 절약을 크게 얻을 수 있다는 점이었다. 마찬가지로 이것은 넓은 의미의 노동비(따라서 기계비용 등을 포함하여)에 대해서도 적용되며, 이 넓은 의미의 노동비는 하나의 제품이 지닌 '가공가치'로 표현된다. 또한 이 가공가치가 높은 경우에만 높은 압축률을 통하여 높은 절약지수가 성립할 수 있다. 하지만 이 넓은 의미의 노동비는 매우 중요한 두 가지 집적요인인 노동조직과 기술의 확충에 의거하여 하락을 꾀할 수 있다. 따라서 그것은 동시에 집적에 의한 매우 중요한 비용압축의 대상이다. 이에 따라 노동조직과 기술의 확충이 첫째, 높은 집적단위를 형성시키고, 둘째, 높은 집적단위에서 낮은 집적단위보다 높은 압축률을 가져온다면, 이 두 가지의 사실은 (노동지의 노동비 압축률의 경우와 정확히 같이) 제품 1톤당 가공가치지수(*Formwertindex*)에 따라 공업의 입지지향에 대하여 갖는 의의도 달라질 것이다. 이 지수가 높으면 높을수록 집적

8) 〔역주〕 공업생산에서 일련의 가공단계에 따른 부가가치를 일컫는 베버의 조어이다.

단위의 크기가 동일하고 압축률이 동일하다고 해도 1톤당 절약은 그만큼 더 크고, 입지도형에서 그것에 상응하여 임계등비용선이 그만큼 더 멀리까지 영향을 미치며, 따라서 집적단위의 견인력이 그만큼 더 강력하게 된다는 것 등이다.

이 가공가치지수는 집적에 의한 비용압축의 대상이며, 이미 서술하였듯이 두 가지의 가장 중요한 집적요인의 군집이 압축을 통하여 '작용'하기 때문에, 사실상 그것은 공업의 잠재적 집적 가능성의 척도라고 고찰할 수 있다. 다만, 이 척도가 공업의 실제적 집적경향, 곧 그 실제적인 절약함수에 대해 완전한 지식을 제시하는 것은 아니다. 왜냐하면 그것은 노동조직과 기술의 확충에 의해 과연 얼마만큼 그리고 어떤 압축이 현실적으로 가능하며 그것에 상응하는 집적단위 눈금의 서열이 어떠한지에 관해서는 그 어떤 지식도 제공해 주지 않기 때문이다. 그러므로 그것은 일차적으로 집적 가능성의 잠재적 척도를 표현하는 것에 지나지 않는다. 그러나 절약함수와 공업의 잠재적 집적 가능성이 공업의 일반적인 특성에 얼마나 의존하는지에 대한 충분한 지식이 결여된 상황에서는 당분간 이 척도를 이용할 수 있다. 따라서 이것을 보다 자세히 고찰하고, 이것을 공업의 제 2의 일반적인 지표, 곧 공업의 입지중량과 관련시키는 것은 유용하다.

공업생산의 '가공가치'에는 그것을 구성하는 두 가지 주된 요인이 존재한다. 즉, 봉급과 임금으로 표현되는 본래의 노동비와 기계비가 존재하며, 후자는 넓은 의미로 고정자본의 감가상각비와 이자비용 그리고 동력이용의 비용으로 구성된다. 우리는 이 둘을 '노동에 의한 가공가치'와 '기계에 의한 가공가치'로 구별하고자 한다. 어떤 공업의 가공가치지수가 어떤 비율의 두 요인에 의해 구성되는지 하는 점은 이 지수의 집적 가능성의 척도로서의 의미를 크게 좌우한다. 그것은 다음을 통해서이다. 즉, 어느 한 공업의 가공가치가 기계노동으로 이루어지는 정도가 크면 클수록, 그것에 의한 집적 가능성의 플러스(+) 요인 외에 연료 사용량의 증가, 즉 그 공업의 원료지수의 상승이라는 마이너스(−) 요인이 그만큼 더 드러난다. 우리는 노동에 의한 가공가치가 집적 가능성의 순수요인이라는 점과 관련하여 기계에 의한 가공가치는 원료지수의 상승에 의해 크게 약화된다고 말할 수 있다. 이 점은 우리가 어떤 공업의 가공가치를 집적 가능성의 잠재적 척도로 사용하는 것을 방해하지 않는다. 다만, 우리는 이 경우에 그 제 2의, 원료지수와 입지중량에 바탕을 둔 척도를 언제나 평행적으로 고찰할 필요가 있다. 여기서 이 가공가치를 입지중량과 개념적으로 한층 더 긴밀히 결합시켜, 노동지향의 경우에 노동비지수와 입지중량을 결합시킨 것처럼 가공가치지수와 입지중량으로부터 집적 가능성에 관한 포괄적인 총체적 개념을 만들어 내는 것은 흥미로운 일이다. 이것은 앞서의 경우와 마찬가지로 가공가치지수를 단순히 제품 1톤당으로 고찰하는 것이 아니라, 운송 총 중량당, 즉 입지 톤 수당으로 환산함으로써 가능하다. 우리는 앞서의 경우에 노동계수를 고찰한 것과 마찬가지로 여기서는 '가공계수'(*Formkoeffizient*)를 고찰할 수 있으며, 이것은 어떤 공업의 입지중량 톤 수당 가공가치를 의미한다. 그래서 우리는 다음과 같이 언급할 수 있다. 즉, 가공계수가 높은 공업은 그 공업의 특성에 기초하여 강한 집적 가능성을 지니고 있으며, 낮은 공업은 미약한 집적 가능성을 지니고 있다. 그러므로 우리는 하나의 비교적 간단한, 물론 어느 정도는 삼가 해야 하는, 즉 위에서 서술한 것처럼 주의하면서 이해할 필요가 있다는 결론에 도달하게 된다.

2) 현실의 집적 형태

여기서 다룰 문제는 다음과 같다. 이처럼 그 일반적인 법칙이 밝혀지고 그 조건의 특성이 바야흐로 보다 자세히 밝혀진 집적이 실제로는 어떻게 작용하는가? 우리는 그것을 현실 속에서 어떤 모습으로 만날 수 있는가?

(1) 우리는 그것이 운송 지향적인 공업에 작용하는 경우와 노동 지향적인 공업에 작용하는 경우가 존재한다는 점을 상기할 필요가 있다. 더군다나 우리는 그것이 노동 지향적인 공업에 작용할 경우 일반적으로 단순히 (앞서 도출한 법칙에 따라) 노동지로의 집중을 강화하는 것처럼 작용한

다는 점을 상기할 필요가 있다. 유난히 미약한 노동 지향적인 공업에서만 노동지향을 대신하여 운송지향에 바탕을 둔 '순수' 집적이 성립한다.

(2) 앞서 얻은 결과에 따르면, 사정은 또한 다음과 같다. 즉, 강력한 '기술적 집적'은 가공계수가 높은 경우에만 나타난다는 점이다. 그런데 이 계수는 노동에 의한 가공가치와 기계에 의한 가공가치로부터 성립한다. 기계에 의한 가공가치는 동시에 언제나 대량의 원료사용(석탄의 사용)과 결합되어 있어서 이것이 입지중량을 높이기 — 이것은 반대작용을 갖고 있다 — 때문에, 그것이 높은 가공계수를 실현하는 것은 — 그것이 동시에 강력한 인간 노동의 사용, 즉 노동에 의한 가공가치와 평행하지 않는 한 — 쉽지 않다. 결론을 말하면, 가장 강력한 '필연적인' 집적경향을 지닌 것은 —기계 노동이 강력한 원료사용을 수반하는 한 — 높은 노동계수를 지닌 공업일 수 있다는 것이다. 그러나 이러한 공업은 강한 노동지향을 보여주며, 따라서 이미 집적된 공업들이다.

(3) 이것은 기술적 집적이 보여주는 실질적인 주된 작용이 오늘날에는 단순히 노동지향을 강화할 뿐이라는 점을 의미한다. 이와 달리 기술적 집적이 미치는 여타 작용, 즉 운송지향의 최소지점으로부터 벗어난 '순수한' 집적지를 형성하는 것을 통하여 미치는 운송지향의 지리적 변경은 훨씬 미약하다. 왜냐하면 이러한 경우에는 집적경향이 전반적으로 작은 가공계수와 함께 작용하고, 그것은 노동지향의 경우만큼 강력하지 않기 때문이다.

(4) 이 점으로부터 나중에 행할 현실에 대한 고찰에서 중요한 다음과 같은 결과가 도출된다.

첫째, 운송 지향적인 공업이 집적을 통하여 〔한 곳에〕 집중하는 경우가 있으나, 이 경우에 그 위치는 최소운송비지점으로부터 그렇게 멀리 떨어지지 않은 곳에 있다.

둘째, 공업의 실제 입지지향이 운송지향으로부터 지리적으로 상당히 벗어나 있는 경우에 우리는 그것이 노동 지향적 산업〔다시 말해 입지〕이라는 점에 대해서는 의심을 할 수 있다.

이러한 사실로 인하여 우리가 경험적인 자료를 분석하는 것은 아주 쉬울 것이다. 왜냐하면 이를 통하여 분석의 초기단계에서 자료가 간단히 두 가지의 큰 범주, 즉 운송 지향적 공업과 노동 지향적 공업에 관한 것으로 구분될 수 있기 때문이다. 따라서 우리는 현실의 모든 뉘앙스를 당장은 무시한 채, 이 구분에 기초한 간단한 문제 설정을 행할 수 있다.

3) 현실의 발전경향

그렇다면, 집적과 관련하여 보다 자세히 고찰할 경우 실생활 속에 영향을 미치는 어떤 발전경향이 관찰되고 있는가? 우리는 분석을 통하여 집적의 개별 조건들에 관해서는 알고 있다. 그것은 인구밀도와 운송비율 그리고 가공계수이다.

(1) 앞의 두 가지에 의한 편향경향과 그것이 지닌 의미는 명백하다. 인구밀도의 상승과 운송비율의 하락은 현대의 발전방향이며, 그것이 앞으로도 집적을 계속하여 높일 것이라는 점은 분명하다. 운송비의 하락으로 입지도형의 임계등비용선은 지속적으로 전방을 향하여 밀려나가며, 따라서 보다 높은 집적단위에 대한 유효한 교차면이 형성된다. 또한 인구의 조밀화와 동시에 발생하는 입지도형의 상호 접근에 의해 보다 높은 집적단위를 위하여 필요한 생산량이 끊임없이 새롭게 창출된다. 현실의 이러한 발전방향의 의의에 관해서는 이 이상의 설명이 요구되지 않는다.

(2) 그러나 가공가치와 입지중량으로 구성되며 가공계수라는 개념으로 요약되는 공업의 일반적 특성에 바탕을 둔 조건의 변화가 지닌 의미는 그렇게 간단하지 않다. 이 계수도 집적의 방향으로 작용하지만, 그 반대로 움직이는 작용이 없는 것도 아니다. 한편으로 공업의 가공가치는 높은 집적의 수단이 된다. 왜냐하면 18, 19세기 이래 노동조직과 기술의 확충은 잘 알려져 있듯이 생산을 위한 점점 큰 공장의 건설을 의미하였으며, 따라서 높은 집적단위의 성립과 이러한 집적단위를 이용하는 것을 통한 각 공업에서의 가공가치지수의 보다 높은 압축을 의미하였기 때문이다. 즉,

그것은 우리가 생각하는 방식으로 표현하면 가공가치가 그 이후의 공업이 영향을 받은 보다 높은 유효한 집적단위의 형성을 위해 적용된 것을 의미한다. 그리고 이것을 통하여 노동조직과 기술의 확충은 의심할 여지없이 집적을 현저히 촉진하는 작용을 미쳤다.

그렇지만 이러한 노동조직과 기술의 확충은 동시에 원료사용과 따라서 그 공업의 입지중량에 대한 영향을 통하여 또한 이상과 같은 경향의 관철에 대항하는 힘을 성립시켰다. 생산을 위한 새로운 대규모 생산 공장의 건설은 거의 대부분의 경우 동시에 〔인간의〕 육체노동의 기계노동에 의한 대체, 곧 노동에 따른 가공가치의 기계에 따른 가공가치에 의한 대체를 의미하였다. 즉, 생산을 행할 때 이동해야 할 중량의 증가와 등비용선 간격의 축소 그리고 창출된 높은 집적단위가 그 〔구체적인〕 실행을 위해 극복해야만 하는 저항의 증대를 의미하였다. 좀더 간단히 말하면, 다음과 같다. 현대의 현실이 보여주는 발전경향은 한편으로 뚜렷한 절약을 수반하는 큰 집적단위의 형성을 통하여 공업의 가공계수가 지닌 '집적의 가치'를 유난히도 제고시켰다. 그러나 다른 한편으로 이러한 발전경향은 이상과 나란히 진행되는, 이 가공계수, 곧 압축되는 크기 그 자체의 (생산의 '원료화'[9] 에 의한) 일반적인 하락을 통하여 새로운 집적단위의 혁명적인 작용을 다시금 제한하였다.

(3) 이러한 사실들, 즉 운송비의 하락과 인구의 조밀화를 통한 집적의 용이화와 기준이 되는 가공가치에 대한 복잡다단한 작용을 우리는 18, 19세기의 산업혁명에서 집적경향의 중요성을 이해하려고 할 때 반드시 염두에 두어야만 한다. 그 가장 본질적인 내용인 수공업에서 대공업으로의 이행이, 우리 이론의 이 부분의 입장에서 언급하면, 심대한 집적과정이었다는 것은 명백하다. 그것은 — 앞의 장에서 설명한 것에 더해 설명하면 — 바로 새로운 집적단위의 조직적 · 기술적 발견에 의해 창출되고, 인구밀도의 상승(상황)에서의 운송비율의 동시적인 하락에 의해 조장된 것

9) 〔역주〕 여기서 말하는 '원료화'(*Materialisierung*)는 곧 원료지수의 강화를 함축하고 있다.

이었다. 그 이전에도 높은 가공계수 자체로 인하여 강력히 집적화된 생산이 전적으로 개별 생산의 형태로 분포한 적은 있었다. 그러나 그것은 위에서 이미 서술한 바처럼 낮은 원료지수 때문에 — 수공업의 형태로 — 주로 소비지에 입지하였다. 이러한 공업에서 기술적으로 그리고 경제적으로 높은 수준의 새로운 생산 공장에 의한 그 가공가치지수의 압축 가능성의 발견은 가히 혁명적인 것이었다. 그것은 '공장'의 발견 순간부터 서서히 시작되었으나, 그 진정한 면모는 19세기에 이르러 인구가 급격히 증가하고 운송비가 〔그 이전에 비해〕 1/4로 하락한 이후에 비로소 나타났다.

그러나 과거의 수공업을 대체한 것이 무엇이며, 성립한 집적이 어느 정도로 영향을 미쳤으며, 집적단위가 얼마만큼 커졌으며, 집적의 중심이 어디에 성립하였는지 하는 이 모든 문제들은 본질적으로 다음에 달려 있다. 즉, 공업의 내부적인 기술적 변혁에 의해 그 원료지수가 어느 정도까지 변하고, 그것에 의해 어떻게 그 입지중량이 증가하고 가공계수가 하락하며, 무엇보다도 석탄산지가 〔이에 대해〕 어느 정도까지 '작용'하고, 그렇지 않다면 가장 유리한 노동지로 집적이 이루어지는 자연스러운 지배적인 입지경향이 운송비에 바탕을 둔 이러한 원료산지로의 집적에 의해 어느 정도까지 저지되는지 하는 것 등이다. 실제로 이 모든 것들은 본질적으로 '노동지'와 '석탄산지' 사이의 투쟁, 석탄산지로의 근접을 감안한 노동지의 '선택'이라는 형태로 표현된다. 그러나 나중의 귀납적인 부분[10]에서 다음과 같은 점이 밝혀질 것이다. 즉, 우리는 석탄산지로의 필연적인 집적과 관련하여 그 의미를 대체로 과대평가하고, 현대적 집적단위의 실현보다 한층 더 중요한 부분이 그렇지 않아도 성립하는 노동지로의 집적을 강화하였으며, 석탄산지로의 집적은 거의 대부분 이제까지도 다른 원료산지에 분산하여 입지한 공업의 새로운 입지지향일 뿐이며, 따라서 우리가 제시한 이론의 입장에서 살펴볼 때 '우연적 집적'이지 '기술적으로

---

10) 〔역주〕 이 책이 베버의 공업입지론에 대한 전체 구상에서 제 1부에 해당하는 순수이론의 연역적 · 추상적 부분이라면, 여기서 말하는 귀납적 부분은 당초 구상하였으나 출간되지 않은 제 2부를 지칭한다.

필연적인 집적'이 아니라는 점 등이다. 그러나 이와 동시에 과거의 수공업적 생산 분야에 전적으로 새로운 입지지향으로 출현한 유리한 노동지로의 집적이 사실상 얼마나 강력하게 생산의 '원료화'〔즉, 원료지수의 강화〕라는 작용으로부터 영향을 받고 있으며, 견인력이 있는 노동지 사이의 선택뿐만 아니라 무엇보다도 집적의 수준이 이 점으로부터 어떤 영향을 받고 있는지가 밝혀질 것이다. 마지막으로 '기술적' 집적의 최고 단계는 전적으로 대변혁 시기에 발생한 기계가공가치의 노동가공가치에 대한 비율이 어떤 최고값을 넘어서지 않은 공업에서만 달성된다는 점이 귀납적으로 명확히 될 것이다.

제 2부[11] 에서는 무엇보다도 다음과 같은 점이 제시될 것이다. 즉, 오늘날 우리의 경제조직하에서 집적현상은 대규모 공장에서만 '충분히 활용될 수 있는' 대규모 원료산지 (특히 석탄산지) 로의 '우연적' 집적과 또한 노동지로의 기술적으로 '필연적인' 집적에만 그치지 않는다는 점이다. 오히려 이 밖에도 이것을 훨씬 뛰어넘어 '사회적 집적'이라는 형태가 존재하며, 그것은 인간 노동력에 대한 일정한 집적법칙에 기초하고 '노동지'에서 본질적으로 그 어떤 기술적 강제가 없이도 성립한다. 제 2부의 주된 과제는 다음과 같은 점을 입증하는 데 있다. 첫째, 그 어떤 것보다 정확한 방식으로 공업지역과 대도시의 형성에 영향을 끼친 '사회적' 집적이 이제까지 언급한 단순하고도 제한적인 집적형태를 넘어서서 오늘날의 인구집중이라는 진정 거대한 현상을 〔어떻게〕 불러일으키고 있는지 하는 점이다. 그리고 둘째, 어떻게 집적이 순수하게 경제에 속하는 이제까지 언급한 이유로부터 성립하는 것이 아니라, 이것과는 전혀 별개의 오늘날의 경

---

11) 〔역주〕 이 책의 지은이인 베버가 처음 구상한 《공업입지론》의 제 2부를 말하는 것이지만, 주지하다시피 끝내 출판되지 않았다. 다만, 이 제 2부에 해당하는 내용의 일부는 베버가 1914년에 발표한 〈공업입지론. 입지의 일반 및 자본주의 이론〉(Weber, A., 1914, "Industrielle Standortslehre. Allgemeine und kapitalistische Theorie des Standortes," Grundriß der Sozialökonomik, VI. Abt., Tübingen) 을 통해 살펴 볼 수 있으며, 특히 자본주의 경제체제와 공업입지의 관련성에 관하여 언급하고 있다.

제가 보여주는 독특한 사회구조에 기초한 요인으로부터 — 이 요인이 소멸하면 집적 또한 소멸할 것이다 — 성립하는지 하는 점이다.

제 6 장

전체적 지향

이제까지 살펴본 이론에서는 각 공업의 생산 및 판매 과정에서 생산이 마치 단일의, 분리될 수 없는 것이며, 그것이 다만 전체로서 원료산지와 소비지 사이에, 경우에 따라서는 편향지점들 사이에 위에서 언급한 입지요인에 따라 이리저리로 견인될 수 있다고 고찰하였다. 그리고 그것이 다른 공업의 생산과정과 전혀 무관하게 진행된다고 고찰하였다. 그러나 현실에서는 이 두 가지의 것, 즉 생산과정의 불가분성과 다른 생산과정과의 무관계성이 존재할 수 없다. 따라서 우리는 이제 다음과 같은 점을 고찰해야만 할 것이다. 첫째, 거의 모든 공업의 생산과정이 현실에서는 여러 가지 부분으로 구성되며, 그것은 기술적으로 서로 무관하게 다른 지점에서 행해질 수 있다는 사실이다. 그것은 많은 경우 '작은 구형'(球形)의 집합체이며, 그것들은 위에서 언급한 입지요인의 동태하에서 아마도 국지적으로 하나의 장소에 '뭉쳐' 있을 수도 있고, 아니면 아마도 입지요인에 의해 장소적으로 분산될 수도 있다. 둘째, 이 작은 구형, 곧 생산과정의 일부분을 움직이는 동태는 개개의 생산과정을 구성하는 요소들에 한정되지 않는다는 사실이다. 오히려 그것은 이러한 요소들과 함께 보다 큰 동태, 즉 한 국가의 공업생산의 다양한 부분들이 서로 얽혀있는 데서 발생하는 동태의 일부분을 구성한다. 첫 번째의 사실은 공업이 보여주는 생산단계의 구분으로서 그리고 두 번째의 사실은 독립적인 생산과정의 상호 연결관계로서 아래에서 〔이에 대해〕 좀더 자세히 고찰하고자 한다.

1. 생산단계의 구분

1) 운송지향

운송요소만이 공업에 작용한다고 가정하고, 모든 종류의 편향(노동 또는 순수 집적에 의한) 을 당분간 논외로 하고자 한다. 이럴 경우 생산과정을 어느 한 입지에서 일체로 행할 필요가 없고 몇몇 부분으로 분할하여 각각 서로 다른 장소에서 행할 수 있다면, 이것은 과연 무엇을 의미하는가?

만약 이 분할 가능성을 바탕으로 하여 실제로 분할이 이루어지고 각 부분의 입지가 서로 다른 장소로 이동한다면, 그 이유는 오로지 입지도형에서 운송 톤·킬로미터가 이에 따라 절약된다는 데 있을 것이다. 왜냐하면 이 톤·킬로미터를 최소로 하는 것이 운송지향에서 유일한 결정원리이며, 이 원리를 바탕으로 이제까지 고찰한 최선의 지점을 결정할 수 있었기 때문이다. 따라서 우리는 간략히 다음과 같은 논의할 수 있다. 즉, 입지도형의 운송 톤·킬로미터는 각 생산단계의 입지가 분리되는 경우, 즉 '작은 구형'이 분리되는 경우에 낮은지 아니면 이제까지의 통일적인 입지에 머물 경우에 보다 낮은지 하는 점이다. 단, 이 경우에 우리는 당연히 분할되는 생산에 관해서도 분할되지 않은 생산의 경우와 마찬가지로 전체 생산과정에 대한 운송비를 고찰해야만 한다. 이것이 첫 번째 논점이다. 두 번째 논점은 입지가 분리되는 경우 이 작은 구형은 어디로 이동하는지, 즉 분할된 생산의 운송입지가 어디에 자리 잡는지 하는 것이다.

(1) 생산이 단계적으로 분할되는 조건

우선 먼저 우리는 이 언제 그리고 어디에 라는 문제를 이제까지 사용한 분석 수단의 도움을 받아 예비적으로 설명해 보고자 한다.

가장 간단하고 손쉽게 개관할 수 있는 경우로서, 생산이 세 개의 원료산지를 이용하여 행해지고 기술적 조건에 따라 두 단계로 분할될 수 있는 경우를 고찰해 보자. 즉, 첫 번째 단계에서는 두 가지의 원료를 사용하여 반제품을 만들고, 두 번째 단계에서는 이 반제품과 제 3의 원료를 사용하여 제품을 만드는 것이다. 〈그림 6-1〉은 원료와 '반제품'의 (상대적) 중량관계에 관하여 특정한 가정하에 분할되지 않는 생산의 입지 P가 이제까지 서술한 입지규칙에 따라 어디에 위치할 수 있는지를 명료하게 보여 준다. 이 그림은 또한 이를테면 생산이 분할된 경우에 나타나는 입지인 P_1과 P_2 — P_1은 제 1단계 그리고 P_2는 제 2단계의 입지를 말한다 — 도 도식적으로 보여준다. 분할이 이루어지는 경우, 이제까지의 고찰방법에 입각하여 살펴 볼 때 어떻게 되는가? 그 답은 명백하다. 분할이 이루어지는 경우 우리는 네 개의 꼭짓점을 가진 하나의 입지도형 대신에 각각 세 개의 꼭짓점을 가진 두 개의 입지도형을 고찰할 수 있다. 첫 번째 입지도형은 $M_1M_2P_2$이며, 제 1단계의 두 원료산지와 제 2단계의 생산지 — 이 도형에서는 소비지 — 로 구성된다. 두 번째 입지도형은 M_3P_1K이며, 제 1단계의 생산지와 원료산지로서 등장하는 또 하나의 원료산지와 제 3의 꼭짓점인 완제품의 확정적인 소비지로 구성된다. 제 1단계의 입지 P_1은 위에서 언급한 P_2, 즉 두 번째 입지도형의 최소지점으로서 제 2단계의 입지에 대해 최소지점으로 결정된다.

이에 따라 각 단계에서 생산입지가 '어디에' 있는지의 문제는 확실히 이제까지 우리 사고수단의 틀 안에 있는 것이 된다. 즉, 문제는 분할이 이루어지는 경우 어떤 꼭짓점의 위치가 아직 결정되지 않은 입지도형 — 이 결정되지 않은 꼭짓점은 다른 단계의 생산입지이다 — 가운데서 생산의 입지를 결정하는 것이다. 이 꼭짓점을 결정하는 것이 가능하다면, — 이는 중요한 논점이다 — 여기서의 모든 문제는 해결된다. 왜냐하면, 이러

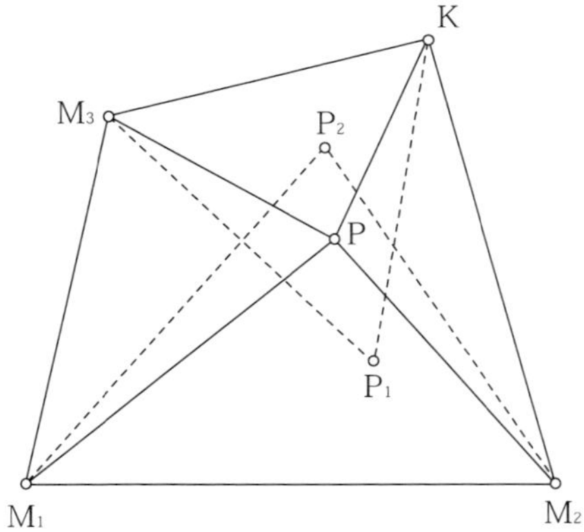

〈그림 6-1〉

한 꼭짓점을 결정하는 것은 동시에 분할된 입지를 결정하는 것이기 때문이다. 바꿔 말해, 분할된 입지의 결정도 지금까지의 접근방식의 범위에 놓여 있다. 그것들은 입지도형의 꼭짓점으로 결정되고, 그것에 대한 특정한 조건들은 — 우리는 그것이 어떤 것인지를 〔아래에서〕 또한 살펴볼 것이다 — 알려져 있다. 이와 관련된 수학적 문제는 〈부록〉 제1절 제 8~11항에 풀이되어 있다. 우리는 여기서 이 해답을 활용하려고 한다.

우선 이상에서 얻어진 고찰방법으로 '언제' 분할이 이루어지는지에 대하여 고찰하려고 한다.

여기서 먼저 행할 것은 다음과 같다. 즉, 문제제기를 반대로 하는 것이다. 언제 분할이 이루어지는지가 아니라, 언제 그것이 이루어지지 **않는지**를 질문하는 것이다. 언제 작은 구형과 생산이 하나의 〔동일한〕 지점에 함께 머무는가? 우리의 도식화한 그림을 한번 살펴보면, 우리는 즉시 다음을 파악할 수 있다. 즉, 분할될 수 있는 생산과정에서 단일의 입지가 성립하는 것은 각 단계에서 분할된 생산입지가 성립하는 경우들 가운데서 특별한 경우에 다름 아니다. 그것은 제 1단계의 입지도형에서 생산지가 소비지와 일치하고, 제 2단계의 입지도형에서 생산지가 제 1단계에서 생산된 반제품의 산지[1]와 일치하는 경우이다. 이럴 경우에는 두 가지의 분리된 〔개별〕 입지가 합쳐져서 하나가 된다. 이 밖의 모든 경우에는 이것들이 분리되어 있다. 따라서 생산이 '언제' 장소적으로 분할되는지 혹은 분할되지 않는지 하는 문제는 다음의 문제로 귀착된다. 즉, 어떤 특별한 사정하에서 개별 생산과정에 다음의 것, 즉 그 입지도형에서 위에서 언급한 — 여기서는 우선 단 두 단계로의 분할이 가능한 경우에 대하여 그림에서 표시한 — 생산지의 결합이 발생하는가?

이러한 일이 발생하는 것은 — 우리의 도식으로 말하면 — 첫 번째 생산과정의 생산지가 그 중량관계로 인하여 소비지에 자리 잡고, 뿐만 아니라 그것과 연계된 두 번째 생산과정의 생산지가 그곳에서의 중량관계로 인하여 기본적으로 제 1단계의 반제품 산지에 자리 잡는 경우라고 생각할 수 있을지도 모른다. 만약 그렇다고 한다면, 기술적 가능성에도 불구하고 분할이 발생하지 않는 것은 확실히 예외적인 경우라고 지적할 수 있으며, 기술적으로 여러 단계로 분할될 수 있는 생산과정의 거의 모든 것은 각 단계마다 다른 입지를 가질 것이다. 그러나 그렇게 많은 조건을 필요로 하는 것은 아니다. 첫 번째 과정의 생산지가 반제품의 소비지에 자리 잡거나 또는 두 번째 과정의 생산지가 반제품의 산지에 자리 잡는 것으로 충분하다. 왜냐하면 만약 첫 번째 과정의 생산지가 〔제 1단계의 제품, 즉 반제품의〕 소비지에 자리 잡는다면, 이 첫 번째 과정의 입지는 두 번째 과정의 입지가 제 2단계의 중량관계로 인하여 제한된 그 어떤 위치, 즉 예를 들어 소비지나 원료산지 또는 그 중간지점에 놓여 있더라도 거기로 향하기 때문이다. 거기로 향하는 것을 통하여 두 입지의 일치는 즉각적으로 이루어진다. 이와는 반대로 만약 제 2단계의 입지가 '기본적으로' (즉, 중량관계로 인하여) 제 1단계가 제공하는 반제품의 '산지'에 자리 잡는다면, 제 2단계의 입지는 제 1단계의 반제품 생산의 입지가 어디에 위치할 수 있어도, 즉 제 1단계의 원료산지나 중간지점에 위치할 수 있어도 거기로 향하고, 이러한 방식으로 입지의 일치는 항상 성립한다.

그러므로 제 1 또는 제 2의 어떤 단계의 (생산) 입지가 기본적으로 다른

---

1) 〔역주〕 문맥상 반제품의 산지, 즉 공급지로 이해할 수 있다.

단계의 입지를 '뒤쫓아 가는' 조건이 존재한다면, 분할은 발생하지 않는다. 그럼에도 불구하고 기술적으로 분할이 가능할지라도 분할이 발생하지 않는 경우[2]가 얼마나 드문지는 당장 다음과 같은 고찰로도 명백히 할 수 있다. 즉, 제 2단계의 생산지가 제 1단계의 생산지를 기본적으로 '뒤쫓아 가기' 위해서는 제 2단계에서 가공되는 〔제 1단계의 제품인〕 반제품이 제 2단계에서 다음과 같은 입지중량을 지녀야만 한다. 그것은 앞서 찾아낸 입지규칙에 따라 일반적으로 거기에서의 제품중량과 새로 더해지는 제 3의 국지원료중량의 합과 같거나 커야만 한다. 다시 말해, 제 2단계의 가공에서 중량을 아주 현저히 상실하여야만 한다. 제 2단계와 그 이후 단계의 공업생산 과정은 많은 경우 순수원료의 가공을 말하며, 원료 잔류물의 절사가 더 이상 없기 때문에, ―'석탄을 지향하는' 입지의 경우를 제외하고― 이러한 일이 발생하는 것은 대단히 드물다. 이것이 하나의 측면이다. 다른 한편으로 제 1단계의 생산입지가 제 2단계의 입지로 '뒤쫓아 가기' 위해서는 제 1단계의 입지는 반제품의 소비지에 자리 잡아야만 한다. 다시 말해, 제 1단계에서는 원료중량의 감소가 없거나 또는 보편원료의 추가로 인하여 상쇄되는 상황이 형성되어 있어야만 한다. 이것도 제 1단계의 공업생산 과정이 일반적으로 바로 순수원료의 생산, 따라서 원료 잔류물의 절사이기 때문에 대단히 드물 것이다. 우리는 요약하여 '뒤쫓아 가기'를 위한 조건은 어떤 측면에서 살펴보더라도 그리 자주 성립하지 않는다는 점을 알 수 있다. 우리는 이 당장의 고찰을 통해서도 다음과 같이 언급할 수 있다. 생산이 기술적으로 분할될 수 있을 때, 그것이 단일의 입지에서 행해지는 것은 예외에 해당하며, 다수의 입지로 분할되어 행해지는 것이 보편적일 것이다.

---

2) 〔역주〕 입지가 일치하는 것을 말한다.

(2) 각 생산단계의 입지의 위치[3)]

다음으로 문제가 되는 것은 분할이 이루어질 경우, 각 생산단계의 입지가 어디에 있는지 하는 점이다. 여기서 얻어진 결과를 바탕으로 하여 우리는 '언제' 분할이 이루어지는지의 문제에 대해서도 다시 한 번 자세히 논의할 수 있을 것이다.

각 (생산) 단계의 입지는 이미 서술한 것처럼 작도상 〔새로운〕 입지도형의 알려지지 않은, 거기서 분할된 생산이 계속적으로 이루어지는 꼭짓점으로 발견될 수 있다. 이 입지도형에 대해서는 〔각각에〕 해당하는 '중량도형'이 알려져 있는데, 다시 말해 이 도형은 거기서 이동하는 중량에 기초하여 일반적인 입지규칙에 따라 작성될 수 있다. 이것이 알려지지 않은 꼭짓점을 발견하고 각 단계의 입지를 놀라울 정도로 간단하게 발견할 수 있는 열쇠이며, 이 점은 부록의 제 1절 제 11항에서 제시되어 있다. 독자들은 거기에 정리된 결과를 참조하길 바라며, 여기서는 일련의 중요한 경우에 관해서만 적용해보고자 한다.

삼각형의 단계도형에서 분할이 발생한다고 가정해 보자. 즉, 생산단계의 분할 — 우선은 두 가지로 — 이 발생하고, 각각 두 가지의 원료를 사용한다고 하자. 이 문제에 대한 해답은 부록에 직접적으로 제시되어 있다. 우리는 거기서 성립하는 '각각 하나의 알려지지 않은 꼭짓점을 가진' 두 개의 입지도형의 중량삼각형에 대하여 알고 있기 때문에, 그 위에 두 개의 '알려지지 않은 꼭짓점', 즉 두 개의 연속적인 입지가 자리 잡고 있어야만 하는 원호를 파악할 수 있다. 단, 분할은 이루어지고 두 개의 '꼭짓점'은 합동하지 않는다(〈그림 6-2〉의 서로 향하고 있으며 M_1M_2를 통과하는

3) 이 부분과 이 절의 아주 많은 부분에서 활용된 해설방법이 독자들에게는 대단히 짜증스러울 것이다. 이 해설방법은 단순히 이 연구의 고찰방법만을 이해하려는 '독자'를 위해 쓰인 것이 아니며, 읽지 않고 건너뛸 수도 있다. 그러나 과학적 엄밀성을 요구한다면, 이를 행하는 것은 필요하다. 왜냐하면 여기서 전개된 이론적 고찰을 바탕으로 하여 도출된 수학적 해법이 현실의 복잡다단한 면모와 그 문제를 실제로 어느 정도까지 밝혀주는지를 보여주는 것이 필요하기 때문이다.

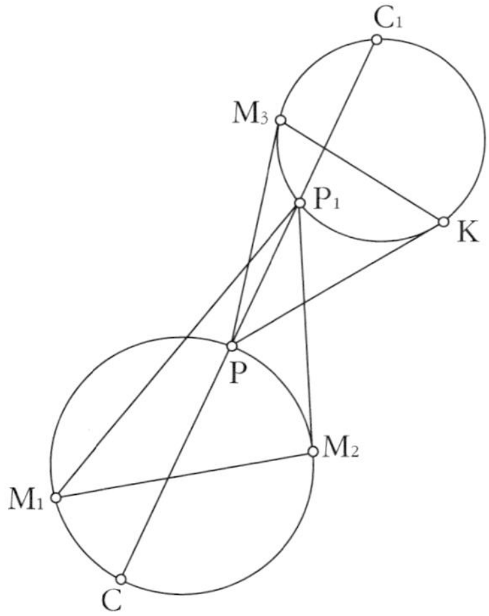

〈그림 6-2〉

내호와 M_3K를 통과하는 원호). 더군다나 우리는 두 개의 입지가 두 개의 전체 원 위에 손쉽게 작도할 수 있는 점(이 그림의 점 C와 C_1)을 연결하는 하나의 직선 위에 자리 잡아야만 한다는 것을 알고 있다(부록 제 1절 제 9항과 제 11항[4]). 이 직선이 원호를 절단하는 점은 곧 분할된 생산의 두 입지이다(〈그림 6-2〉의 P와 P_1).

곧장 이해할 수 있듯이, 이 간단한 규정 방법은 일반적으로 적용된다. 여기서 어떤 생산이 두 가지의 원료를 사용하여 이루어지고, 따라서 전체 생산과정이 하나의 입지삼각형 안에서 진행되는 경우를 살펴보자. 단, 이 생산과정을 분할할 수 있다고 가정해 보자. 즉, 제 1단계에서는 두 가지의 원료가 결합되고 제 2단계에서 다시 제 2의 원료(예를 들어 석탄)가 반제품에 결합되어 제품이 완성된다고 가정해 보자. 이 두 단계의 입지를 찾아내기 위한 작도는 간단하다(〈그림 6-3〉을 참조하라). 원료산지를 통과하여 제 1의 중량삼각형의 각을 원주각으로 하는 원호를 긋고 — 이 위에 첫 번째 입지가 있다 —, 제 2의 원료산지와 소비지를 통과하고 제 2의 중량삼각형의 각을 원주각으로 하는 동일한 원호를 긋는다 — 이 위에 두

4) 〔역주〕 원서의 제 2절은 제 1절 제 11항의 오기로 판단된다.

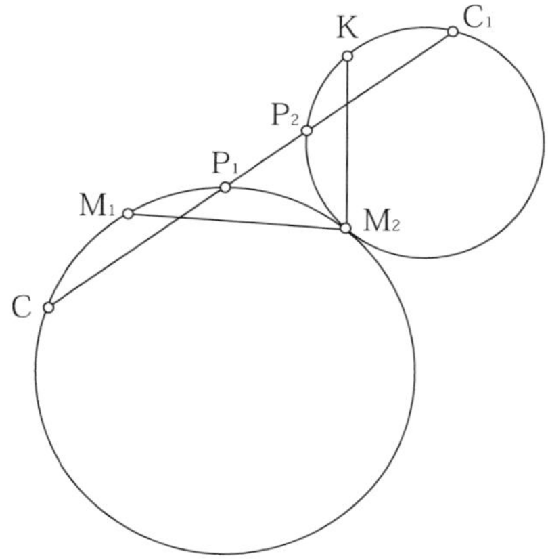

〈그림 6-3〉

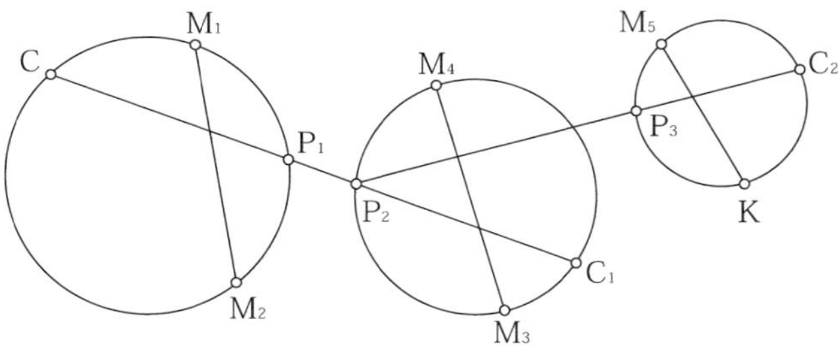

〈그림 6-4〉

번째의 입지가 놓여 있다. 원주상에서 점 C와 C_1은 이렇게 규정된다. 이 두 점을 연결하는 선이 두 개의 원호와 서로 교차하는 점이 각각 이 두 단계의 입지이다.

다섯 개의 원료를 사용하는 생산을 고찰해 보자. 기술적 분할은 세 단계에 걸쳐 가능하다. 우선 두 개의 원료를 사용하고, 다음으로 그 제품과 그 다음의 두 개의 원료를 사용하여 생산을 행하고, 끝으로 그 제품과 마지막 원료를 사용하여 최종 제품을 만드는 것이다.

생산입지를 규정하는 그림은 〈그림 6-4〉와 같다.

원리적으로 분할이 순차적으로 이루어지는 것이 아니라 평행적으로 이

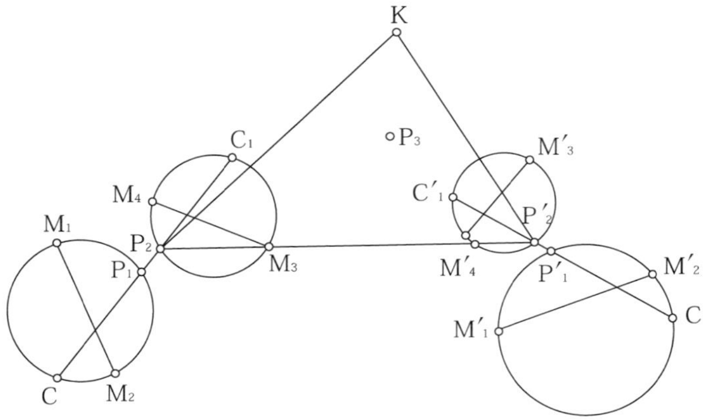

〈그림 6-5〉

루어지는 경우에도 〔이 점은〕 전적으로 동일하다. 다시 말해 생산과정이 그 최초단계 또는 중간단계에서는 평행적으로 행해지고, 나중에 그것들이 비로소 하나로 (통합) 되는 경우가 그러하다. 예를 들어 자동차의 제조에 관하여 생각해 보자. 이 경우에는 금속 부분은 제철소와 철공소에서, 여타 부분은 목재가공공장에서 그리고 또 다른 부분은 다른 가공공장에서 반제품으로 가공되고, 최종단계에서 하나로 조합[5] 된다. 이 생산과정과 그 (생산) 단계의 입지는 도식적으로 〈그림 6-5〉와 같은 형태를 띤다.

요약하면, 사실상 이것이 우리가 얻게 되는 일반적인 해법이다. 이와 관련하여 실제로 느낄 수 있는 하나의 한계는 다음과 같은 점이다. 즉, 이 해법은 그 입지도형이 삼각형인 생산과정, 따라서 한 단계에서 두 가지의 원료가 사용(조합) 되는 경우에만 관련된다는 점이다. 이것은 원리적으로 중요하게 여겨지나 생각만큼 그렇게 중대한 것은 아니다. 왜냐하면, 생산과정이 셋 또는 그 이상의 원료가 조합되는 것처럼 다수의 복잡한 결합과정의 연쇄인 경우는 그다지 많지 않기 때문이다. 다수의 이러한 복잡한 생산단계가 연속하는 경우에만 그 입지들은 이제까지 서술한 보조수단으로 결정될 수 없다. 그 모든 경우에 우리는 연속하는 한층 간

5) 〔역주〕 '조립하는 것'을 말한다.

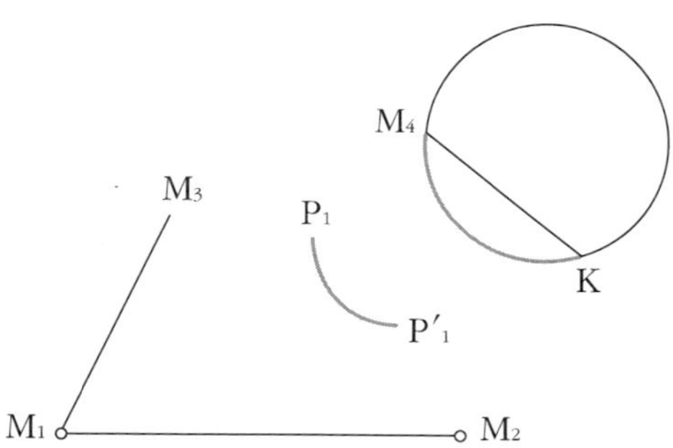

〈그림 6-6〉

단한 생산단계, 즉 '알려지지 않은 꼭짓점을 가진 입지삼각형' 그림이 보여주는 생산단계의 입지가 그 위에 있는 원호를 찾을 수 있다(〈그림 6-6〉을 참조하라. 이 그림에서 M_4K는 연속하는 간단한 생산단계에 대한 원호이다). 그러므로 우리는 바리뇽〔이 고안한〕 장치의 도움을 받아 그 하나의 '꼭짓점'이 연속하는 생산입지를 결정하는 원호 위를(〈그림 6-6〉의 호 M_4K 위를) 이동시킴으로써 곡선(P_1 — P'_1)을 결정할 수 있다. 그 위에 '복잡한' 선행적인 생산단계의 입지가 자리 잡아야만 한다. 따라서 이 경우에 대해서도 두 지점의 꽤 넓은 적용범위를 지닌 일반적인 지리적 결정이 이루어진다. 왜냐하면 개개의 경우에 대하여 각각 복잡한 계산법의 도움을 빌려 작도하는 데에는 훨씬 큰 '혼란'은 있을 수 있으나, 그 어떤 장애도 없기 때문이다. 다만 여기서 우리가 관심을 갖는 것은 '규칙'과 일반적인 고찰방법을 모색하는 것이며, 그 이상은 아니다.

(3) 분할 '시기'

여기서 우리의 관심을 끄는 것은 오히려 두 번째의 것, 즉 분할된 입지를 일반적으로 규정하기 위한 간단한 작도가 분할이 언제 성립하는지 하는 문제에 대하여 훨씬 엄격한 해답을 제시한다는 점이다. 수학자는 그의 작도(부록 제 1절 제 11항을 참조하라)에 기초하여 우리에게 다음과 같이 말하고 있다. 하나의 입지가 다른 입지를 뒤쫓아 가는 일반적인 경우, 즉 이 입지가 입지도형의 중량관계에 따라 이 입지도형의 '꼭짓점'에 자리 잡

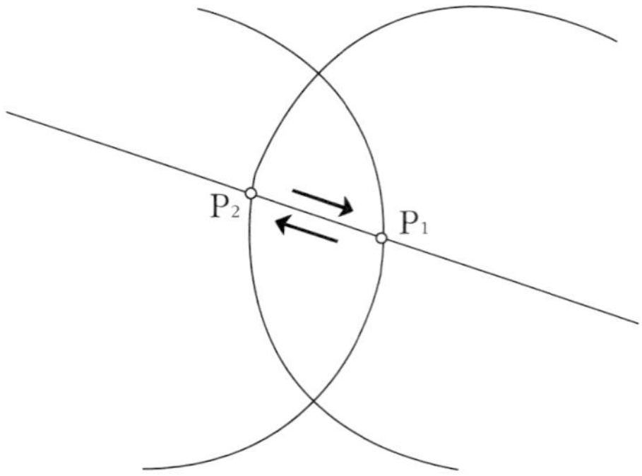

〈그림 6-7〉

고 있으며, 이 꼭짓점이 〔동시에〕 다른 입지에 자리 잡고 있는 경우 외에도 분할이 발생하는 경우가 존재하며, 그것은 각 단계의 입지를 규정하는 원호가 교차하고 동시에 〔입지를〕 규정하는 직선이 그 교차면을 통과하는 경우라는 것이다.

그러나 그가 말하고 있는 것은 기본적으로 '일반적' 의미를 지니는 것이 아니며, 오히려 이를테면 특정한 지리적 상황에 관한 것일 뿐이다. 왜냐하면 서로 다른 단계의 원료산지의 군집에 관하여 그려진 원이 아주 근접하고 그래서 서로 교차한다면, 그것은 단순히 특정한 지리적 상황의 결과, 즉 서로 다른 단계의 서로 다른 원료산지가 지리적으로 우연히 근접하고 있는 결과일 뿐이기 때문이다. 그러므로 〔입지를〕 규정하는 직선의 통과점이 공통의 교차면에 놓여 있는 경우에는 분할이 더 이상 발생하지 않는 것은 의심할 여지도 없이 분명하다. 왜냐하면 교차점이 서로 겹치고 (〈그림 6-7〉을 참조하라), 따라서 어떤 의미에서 '과도한 분할'이 발생하는 것이 틀림없기 때문이다. 이 대신에 각 생산단계의 작은 구형은 마주치자마자 자연히 겹친 채 있으며, 교차면에서 공통의 입지가 성립한다. 원호의 중첩과 작은 구형이 '만나는 것'은 위에서 서술한 것처럼 단순히 특별한 지리적 상황의 결과이며, 그러므로 분할이 발생하는지 그렇지 않은지와 관련하여 앞서 일반적으로 설명한 것을 수정할 필요는 없다.

(4) 원료산지의 대체

더더욱 흥미로운 점이 존재한다. 그것은 생산과정의 분할과 동시에 이용되는 원료산지가 변하고 새로운 원료산지가 이용될 경우(원료산지의 대체)에 관해서도 〔위의 작도에 의거하여〕 입지를 결정하는 것이 가능하다는 점이다. 이 점은 생산이 분할되지 않은 경우의 전체 입지도형에서 최적의 원료산지에 비해 최종단계의 원료산지가 소비지에 훨씬 가깝거나 첫 번째 단계의 원료산지가 그 주원료보다 가까운 경우에 언제나 발생할 것이다. 예를 들어 아래 〈그림 6-8〉이 보여주는 것이 이러한 경우이다. 여기서는 (원료) 산지 M'_2는 첫 번째 단계의 그리고 산지 M'_3은 두 번째 단계의 대체산지로서 등장하고 있는데, 왜냐하면 이들은 분할된 생산에서 생산이 분할되지 않은 경우에 최적이었던 산지, M_2 혹은 M_3보다 양호한 위치에 자리 잡고 있기 때문이다. 그런데 이와 동시에 우리가 알 수 있는 것은 분할된 입지의 작도가 이것에 의해 어려워지는 것이 아니며, 간단히 새로운 산지에 대하여 일반적인 법칙에 따라 행해진다는 것이다.

이 점은 분할되지 않은 생산에서 하나의 (원료) 산지로부터 얻어진 생산과정의 각 단계에서 사용되는 원료(석탄)가 분할된 생산에서 여러 산지로부터 얻어지는 경우에 대해서도 말할 수 있다. 이 경우에도 또한 분할된 생산에 대해서는 분할되지 않은 생산에 사용되는 그 밖에 많은 원료산

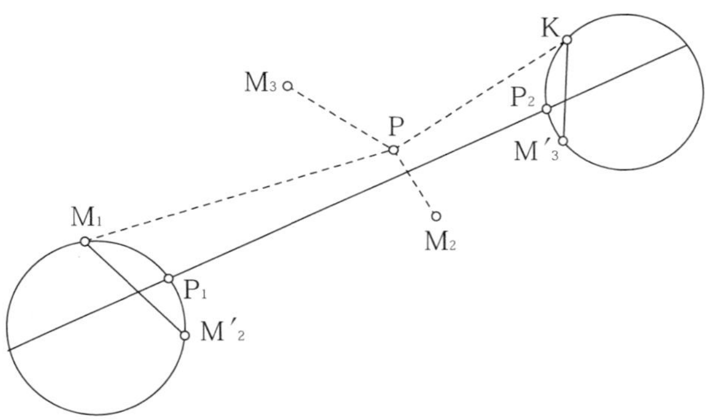

〈그림 6-8〉

지들이 간단히 작도의 기초로서 활용된다. 이 경우에도 작도에는 어려움이 없다.

2) 생산단계와 노동지향

어느 한 공업의 생산과정 전부 또는 일부가 노동 지향적이라고 가정해 보자. 〔이러한 공업의〕 각 (생산) 단계가 보여주는 입지가 국지적으로 분할 배치될 수 있는 가능성은 어떠한가?

(1) 만약 공업의 입지가 노동지향에서도 확실히 그 기초가 되는 운송지향의 형태에 따라 각 단계로 이미 분할되어 있다면, 우리는 매우 간단히 입지도형을 지닌 각 단계의 입지를 하나의 독립적인 생산과정으로 간주하고, 그것에 대하여 각 단계의 노동지가 우리가 알고 있는 규칙에 따라 편향지점으로 작용한다고 고찰할 수 있다. 그러므로 편향이 발생하는 것은 노동지가 단계입지도형의 임계등비용선 내에 자리 잡고 있는 경우 등이다. 그리고 그러한 일이 발생한다면, 편향지점이 일련의 단계입지에서 운송지향의 입지를 대체하게 된다. 이 편향지점은 그 단계의 입지가 되며, 이와 동시에 접속하는 다른 단계의 입지도형, 즉 전후의 생산과정을 나타내는 입지도형에서 이제까지 알려지지 않은 꼭짓점을 결정하는 지점이 된다. 각 단계에서 입지의 작도는 그만큼 간단해진다. 왜냐하면 작도에 의해 비로소 밝혀질 수 있는 어떤 단계입지도형의 알려지지 않은 꼭짓점을 대신하여, 이전부터 지리적으로 명확히 알려져 있는 지점이 일련의 단계입지에서 이용되기 때문이다.

노동입지가 일련의 단계입지에 더해지며, 그것에 의해 그것이 더해진 단계의 입지가 변할 뿐만 아니라 전후 단계의 입지 또한 변한다. 왜냐하면 이들 입지는 고정적인 것이 아니라, 오히려 이미 자세히 서술한 바와 같은 방법으로 일련의 단계입지 전체의 상호 동태과정에서 형성된 것이기 때문이다. 즉, 그것은 편향된 입지 그 자체의 위치에도 의존한다. 편향은 (〈그림 6-9〉는 생산과정이 두 단계이며, 노동지에 의한 편향이 제 2단

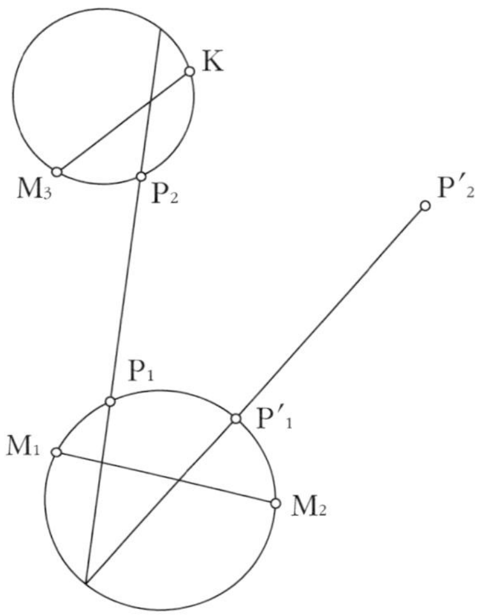

〈그림 6-9〉

계의 입지에 작용하는 경우를 나타낸다) 인접하는 단계입지가 이제까지보다 양자 사이에 놓여 있는 노동입지를 한층 더 지향하며 입지하는 형태로 발생할 것이다. 이 편향에 의하여 운송비는 분명히 절약되며($P'_1P'_2$는 편향이 없다면 통과해야만 하는 $P_1P'_2$보다 짧다), 따라서 편향의 가능성은 단계입지의 이전 위치에 기초하여 우리의 방법(위치가 변하는 단계의 입지도형을 둘러싼 임계등비용선)에 의거한 경우보다 훨씬 커진다.

나는 여기서 발생하는 이 작은 수정에 대하여 더 이상 추적할 필요가 없다고 생각한다. 이보다 중요한 것은, 새로운 원료산지에 의한 지금까지 이용된 원료산지의 대체가 우리가 위에서 분할되지 않는 생산과정에서의 편향과 관련하여 언급한 것처럼 당연히 여기서도 발생할 수 있다는 점과 분할된 생산과정에서는 원료산지의 대체가 〔지금까지 이용된〕 그러한 원료산지의 배제와 동시에 즉각적으로 모든 전후 단계의 생산입지의 배제를 초래하고, 대신에 별도의 견인력이 있는 노동지에 보다 가까이 있는 원료산지가 이용될 수 있다. 이것은 상황에 따라 어느 한 단계에서의 노동지로의 편향에 의해 〔전체〕 생산단계의 일련의 입지에 대단히 강력한 지리적 변혁이 발생한다는 점을 의미한다. 이를 작도하는 것은 두말할 필요 없이 어렵지 않다. 그 원리적인 작용은 당연히 분할되지 않는 생산에서 단순히 원료산지의 대체가 이루어지는 경우와 정확히 일치한다. 노동지의 견인력은 (원료) 산지의 대체를 통하여 얻어진 운송비 절약분만큼 상승하게 된다.

(2) 끝으로 당연한 것이지만 노동지에 의한 편향이 이전에 통일적으로 행해진 생산과정을 '분할'시키는 경우도 있다는 점을 언급할 필요가 있다. 〔물론〕 이때 이전에 인접한 단계의 입지를 '뒤쫓아 간' 입지가 '편향'하게 된다. 단, 이 경우에 노동지에 의한 편향의 작용이 외견상 대단히 현저하게 나타나지만, 그것에 의해 그 어떤 〔새로운〕 '문제'도 발생하지는 않는다.

3) 생산단계와 집적

마지막으로 위에서 서술한 것은 분할된 생산에 집적을 고려하는 것이 과연 무엇을 의미하는지를 판단하는 데에도 열쇠를 제공해 준다. 〔이 경우의〕 기본적인 고찰방법은 노동지향에 의한 (입지) 편향의 경우와 정확히 동일하다. 즉, 집적함수는 각각의 생산단계에 대하여 별도로 성립하고 별도로 작용한다. 그것은 우리가 알고 있는 일반적인 집적의 법칙에 의거하여 각 생산단계에 작용한다. 그러므로 집적중심의 성립은 알려져 있는 방법에 따라 등비용선, 특히 집적과 관련하여 문제가 되는 (생산) 단계의 입지도형에 대한 등비용선이 어떻게 교차면을 형성하는지에 의해 결정된다.

여기서도 집적의 성립에 따른 노동지에 의한 편향의 경우와 마찬가지로 집적된 개별 생산의 전후 단계에 생산입지에의 편향이 과연 발생하는지 (그렇지 않은지) 하는 문제가 존재한다. 그러나 노동지에 의한 편향과 관련하여 이 사실이 지닌 의미에 대하여 〔앞서〕 서술한 것을 적절히 수정할 필요가 있다. 더군다나 이 경우에도 전후 단계의 생산지의 이동에 관한 모든 문제가 지닌 실질적인 의미는, 최적이 아닌 전후 단계의 입지도형이 배제된다는 점과 집적지점에 보다 양호하게 자리 잡은[6] 다른 (원료) 산지를 이용하는 입지도형이 그것을 대신하는 점에 의해 한층 더 현저해 진다. 이것은 노동지에 의한 편향의 경우와 마찬가지이며, 그것이 의미하는 편향지점의 견인력 상승이 〔그렇지 않은〕 첫 번째 과정에서 나타나는 견인력의 상승보다 훨씬 크다는 점에서 그렇다.

노동지에 의한 편향이 발생하는 경우에 나타나는 이상과 같은 문제 외에 가장 중요한 문제는, 집적지점이 '어디에' 있는지 하는 것도 기초가 되는 입지도형이 변하면 〔이를 좇아 또한〕 변한다는 점이다. 우리는 앞에서 집적중심이 분할되지 않는 생산의 경우에 (열악한 원료산지의 배제를 통하여) 변하는 것을 이미 살펴보았다. 거기서 서술한 것, 즉 집적중심이 소비지의 위치와 최적의 (원료) 산지에 의해 의심할 여지없이 결정되고, 장소적으로 상당히 이동하는 것은 아니라는 사실과 그 이유는 여기서도 유효하다. 따라서 이 문제에 관하여 더 설명할 필요는 없는데, 왜냐하면 이 문제는 더 이상 불명료하지 않고, 또한 실제로 그 어떤 적실성을 지니는 것도 아니기 때문이다.

그러므로 우리는 생산단계의 지향이 보여주는 원리적 성질에 대한 고찰을 마감한다. 다음 문제는 이 입지지향이 현실의 어떤 조건에 의존하는지 하는 점으로, 따라서 알려져 있는 현실의 어떤 변화가 그것에 영향을 미치는지 하는 점이다.

4) 현실에 대한 적용

(1) 일반적인 것

(a) '자연적 · 기술적'으로 주어진 생산단계에 바탕을 두고 있는 공업의 입지분할은 오로지 공업의 '일반적 특성'에 의존하며, 환경조건과 운송비의 높고 낮음 그리고 인구밀도와는 전혀 무관한 것처럼 생각된다. 사실

---

6) 〔역주〕 곧, 보다 가까이에 있거나 한층 유리한 위치에 놓여 있는 원료산지를 말한다.

이것을 좌우하는 것은 확실히 일차적으로 생산과정의 성질이어야만 하며, 또한 그것을 변화시키는 것은 이 성질의 변화이어야만 한다. 좀더 정확히 말하면, 생산과정의 기술적 성질과 그것을 극복하는 방법은 일차적으로 어떤 공업의 생산과정이 기술적으로 독립적인 여러 구성부분을 갖고 있는지 그렇지 않은지, 이러한 각 부분에 대하여 원료관계가 어떻게 형성되는지를 결정하는 것이고 또한 이러한 각 부분의 독립성과 그 원료관계가 경제발전 과정을 통하여 어떻게 변하는지를 규정하지 않으면 안 된다. 이 모든 사실이 (입지) 분할의 양상을 결정할 것이다. 왜냐하면 이 모든 사실을 통해서만 문제가 되는 개개의 입지도형이 만들어지고 변하기 때문이다.

이 경우에 일반적으로 다음과 같이 말할 수 있을 것이다. 즉, 사용되는 원료가 다양하면 다양할수록 그리고 기술적으로 독립적인 생산과정에 의해 추가적으로 새로운 원료가 많이 사용되면 될수록, 분할은 확실히 그만큼 더 증가할 것이다. 일련의 독립적인 생산단계를 지닌, 제 1단계에서만 다양한 원료의 조합이 행해지고 그 이후의 단계에서는 오로지 노동과정만이 행해지는 공업에서는 운송지향에 의한 분할을 행할 필요가 전혀 없다. 이 경우의 기본적인 양상은 다음과 같다. 제 1단계의 입지는 원료 부근에 있고, 다른 모든 단계의 입지는 이 입지와 소비지 사이의 어떤 곳에 자유롭게 자리 잡을 것이다. 실제로 이 경우에 마지막 단계의 입지는 판매상의 이익을 고려하여 거의 언제나 소비지에 자리 잡을 것이다. 따라서 다수의 독립적인 생산과정〔이 존재함〕에도 불구하고 다만 두 단계, 즉 원료단계와 소비지단계로의 분할이 발생할 뿐이다. 이것은 우리가 오래되고 단순하게 조직된 생산(무엇보다도 고차의 단계에서 석탄이 사용되지 않는 생산) 에서 찾아볼 수 있는 전형적인 (입지) 양상이다. 그러나 나중의 생산단계에서도 원료가 점점 더 많이 사용되면, 점점 많은 단계로 독립적인 입지도형이 성립하고, 따라서 고정된 독립적인 분할입지가 성립하게 된다. 이 경우에 물론 주목할 필요가 있는 것은, 중량원료(석탄과 조원료) 의 추가적인 사용만이 실제로 일련의 입지를 연장시킬 수 있다는 점이다. 왜냐하면, 순수원료 또는 보편원료가 추가적으로 사용되어도 문제의 생산지가 다시 소비지에 고정되는 것 이상의 의미를 갖는 것이 아니며, 따라서 기존의 분할입지의 양상이 더욱 더 세분화되는 것은 아니기 때문이다. 고차의 생산단계에서 석탄사용에 따른 생산의 원료화〔곧, 원료지수의 강화〕는 현대의 발전이 생산의 분할을 촉진할 때 중요한 요인이 되지 않으면 안 된다.

그러나 어떤 공업에서 그 고차단계에서의 원료의 중량감소가 크면 클수록 이 공업의 분할경향이 그만큼 더 강화된다고 말하는 것은 잘못일 수 있다. 왜냐하면 중량감소의 크기와 전혀 무관하게, 즉 새롭게 추가되는 원료의 중량감소가 아주 작은 경우에도 운송에 따른 독립적인 단계입지는 성립하기 때문이다. 이 경우에 중량감소의 크기는 다소 차이가 있을지언정 단계입지가 (원료) 산지로 견인되는 정도를 결정할 뿐이다. 고차단계에서 추가로 사용되는 원료가 석탄이라면, 분할된 단계가 석탄산지로 강하게 견인되는 것에 의해 다시 이것과 일치하며, 따라서 다시 정반대로 〔입지의〕 단순화가 발생할 수도 있다.

(b) 그렇지만 분할이 정도의 차이가 있을지라도 생산과정이 원료화〔원료지수의 강화〕에 의존한다는 점에 대한 이상의 몇 가지 기술만으로 실제로 그 조건을 충분히 설명할 수 있는 것은 아니다. 왜냐하면 이러한 생산과정의 성질에 의해서만 분할이 결정되는 것은 순수하게 운송(지향)에 따라 이루어지는 분할인 경우에만 유효하기 때문이다. 분할은 운송비를 통해서만이 아니라, 노동과 집적에 의한 편향을 통해서도 발생한다.[7] 그리고 그것이 가능하거나 성립하는 한, 분할은 확실히 이 두 종류의 (입지) 지향을 지배하는 조건에도 틀림없이 의존하게 된다. 이전에 분할되지 않았던 생산과정에서는 분할이 특히 운송비와 인구밀도에 의존하게 되며, 이것들이 노동과 집적에 의한 입지지향에 환경조건으로서 관여하기 때문이다. 예를 들어 오늘날 몇몇 큰 노동지에 편향되어 있는 내의제조업은 현

7) 217페이지 이하와 205페이지 이하를 참조하라.

재 독일의 제조업자를 위한 중간단계의 자수(刺繡) 작업이 부분적으로 마데이라(Madeira)[8] 까지 진출하여 이루어지는 분할을 겪고 있는데, 이 경우에 발생하는 분할이 운송비의 하락이라는 지배적 요인에 따른 것임은 분명하다. 이렇게 성립하는 전체적인 경향에 대해서는 좀더 설명할 필요가 있다.

(2) 현실의 발전경향

(1) 위에서 설명한 것처럼, 공업노동의 다양한 분야에서 생산단계의 구분이 과연 발생하는지 그렇지 않은지 그리고 그것이 어떤 모습을 띠는지를 기본적으로 결정하는 것은 생산과정의 기술적 성질과 그것을 극복하는 방법이어야만 한다. 만약 우리가 한번은 우리의 출발점으로 삼고자 하는 중세 공업의 기술적 생산단계의 구분이 미약하였다고 고찰한다면, 그만큼 잘못된 것은 없을 것이다. 근동 및 유럽 문화권 자체의 옛 공유물이었던 전통적인 공구를 기초로 하여 발생한 그러한 기술적 생산단계의 구분은 〔당시에〕 이미 존재하였다. 그리고 이 공구는 생산과정을 우리가 고찰할 수 있는 한, 다수의 기술적으로 독립된 부분으로 분할하였다. 왜냐하면 이 공구는 통일된 방식이 아니라 기술적으로 '세분화된' 방식으로 사용할 수 있도록 한 것이며, 이 작은 수단은 언제나 연속적인 생산과정 가운데서 지극히 작은 부분만을 강화할 뿐이었으며, 따라서 그것을 기술적으로 세분하였기 때문이다. 금속과 흙, 목재, 피혁, 섬유 그리고 대부분의 식료품이 거쳐야만 했던 생산과정은 언제나 다수의 독립적인 단계를 지닌 오랜 '고난의 길'이었다. 중세 경제에 두 가지의 특징이 존재하였다고 하는 점은 옳을 것이다. 그 첫 번째는 이러한 기존의 기술적 분할을 통하여 성립한 경제적 조직분할('생산분리')은 어떤 특정한 조심스러운 한도를 넘어서지 않았다는 점이다. 서로 연속하는 경제적으로 독립적인 조직에 도달한 일련의 생산부문은 〔수적으로〕 적었다.[9] 대부분의 경우 둘 또

8) 〔역주〕 대서양의 카나리아제도 상에 위치한 포르투갈령의 도서를 가리킨다. 자수로 유명하였다.

는 셋을 넘지 않았다. 두 번째는 경제적으로 독립된 생산부문도 전반적으로 지리적으로 인접하며 소비지에 집중하였다는 점이다. 조심스러운 생산분할이 발생하였더라도, 그것이 단계입지로의 장소적 분할을 뒤따르지는 않았다. 너무 많은 서로 연속하는 생산단계가 성립하는 것을 저지하고 〔그러한 생산단계가 성립하는 경우에도〕 그것을 도시의 시장에 묶어 놓는 것이 과거 도시 경제정책의 필수적인 부분이었다는 점은 잘 알려져 있다.

그런데 이 정책과 광범위하게 분할 가능한 생산의 기술적으로 독립적인 모든 부분을 도시의 시장에 집중시키는 것을 가능하게 하는 근거는 과연 무엇이었는가? 그것은 두말할 나위도 없이 거기서 성립한 기술적인 분할 가능성이 지리적 분할을 강제한 것은 아니었다는 사실이다. 이 점은 곧 생산과정을 구성하는 모든 개별적인 부분에 대하여 적용되며, 앞 절에서도 수공업 시대의 분리될 수 없는 단위로서 고찰된 생산과정과 관련하여 주장한 것이다. 그것들은 모두 입지규칙에 따라 소비지를 지향하였다.

하지만 모든 것이 그랬던 것은 아니다. 그리고 그것들이 소비(지)를 지향하지 않았던 경우에는 도시로의 국지적인 집중화 정책은 실패하였다. 사실 우리는 중세 '지방공업'의 대부분이 과연 어떻게 성립하였는지를 다음과 같이 고찰할 경우에만 충분히 이해할 수 있다. 즉, 그러한 공업을 이 정책이 실패한 '생산단계'로 파악하는 것으로, 왜냐하면 이 정책이 이 (생산) 단계들은 원료 지향적이지 소비(지) 지향적이지 않다고 하는 입지규칙을 꺾을 수 없었기 때문이었다. 도시의 집중화 정책도 늘 원료 지향적이었던 제련업을 도시의 성벽 속에 가두어 둘 수 있다고는 생각하지 않았다. 이 정책은 새롭게 대두한 역시 연료 지향적인 유리제조업을 어떤 식이든 간에 〔도시에〕 집중시키는 것을 단념해야만 하였다. 그리고 그 후 14세기 이래 수력이 생산에 점점 많이 이용되고 생산의 초기단계 및 중간단계의 원료화〔원료지수〕가 강화되기 시작하였을 때, 이러한 단계들도,

---

9) 이 점에 관해서는 《국가학사전》(*Handwörterbuch der Staatswissenschaft*)에 실어있는 칼 뷔허(Karl Bücher)의 공업(*Gewerbe*)과 기타 항목의 잘 알려져 있는 설명을 참조하라.

즉 '단조공장'과 '제동(製銅) 공장', '압연공장', '제지공장' 등도, 이미 '도시 밖으로 옮겨간' 다른 생산단계의 뒤를 모든 (도시) 집중정책에도 아랑곳 않고 좇아갔다.

중세의 생산이 일반적으로 소비지에 위치하고, 또한 그 생산단계의 구분이 장소적으로 그리고 실질적으로 근소하게밖에 행해지지 않았으며 그것도 제한되었다는 점은 간단히 말해 '원료지수의 강화'[10] 정도가 낮았다는 점에 따른 것이다.

(2) 다음으로 흥미로운 점은, 그 이후의 발전이 우선 분할을 더욱더 촉진하였다는 사실과 어떻게 촉진하였는지를 명확히 하는 것이다.

(a) 15, 16세기 이래 대규모의 섬유공업 형성에서 보이는 대공업에 의한 과거의 수공업생산의 보충과 부분적으로 나타나는 그 파괴는 우리의 시각에서 살펴보면 소비지로부터 생산단계의 이전이었다. 방적과 직포가 소비지에 잔류하는 봉제업으로부터 분리되고 최적의 노동지로 이동하였다. 그리고 과거의 수공업생산과 그 '입지단위'를 폐기하는 이 과정에 작용한 것은 우리가 제시하는 이론의 입장에서 고찰하면 확실히 '환경조건'의 변화였으며, '기술적' 조건의 변화는 아니었다. 생산과정 중 가내공업화되는 부분은 국지적 노동력의 과잉과 국지적 임금하락을 가져온 인구밀도의 상승과 이렇게 성립한 노동지를 매력적인 것으로 만드는 일반적인 교통상황의 개선에 기초하여 노동지로 이동하였다.

(b) 세 번째의 대변혁기, 즉 대규모의 기계화과정이 우선 오래 전부터 상품화된 가내공업에서 그리고 그 다음으로 수공업 자체에서 진행되었던 18세기 후반에서 19세기 말에 이르는 시기에도 생산단계 입지의 장소적

10) 우리의 용어법에 따르면, '원료화' 곧 '원료지수의 강화'(*Materialisierung*)란 '국지'원료 사용량의 대소 및 그것에 의한 원료성분의 강화를 뜻한다. 따라서 보편원료의 사용에서 국지원료의 사용으로 이행하는 것도 동력사용의 증가로 이행하는 것과 마찬가지로 '원료지수의 강화'를 뜻한다. 이러한 의미에서 중세는 보편원료의 사용(특히 목재의 사용)이 현저하였다는 점 때문에도 '원료지수의 강화' 정도가 낮은 공업생산의 특징을 갖고 있었다.

분산은 계속 증가하였다. 기계화된 방적이 바야흐로 대부분 기계화된 직포로부터 지리적으로 분리되었을 때, 생산의 지리적 지그재그 모양의 선(線)은 증대하였다. 이 지리적 지그재그 모양의 선은, 목재 가공업에서 기계화된 목재가공공장이 제재소와 각종 완성 목공품 생산 사이를 비집고 들어갔을 때, 피혁 가공업에서 기계화된 화통[11] 제조공장이 제혁공장과 제화공장 사이에 끼어들어 갔을 때, 제지업 분야에서 셀로판지제조가 독자적 생산단계로서 성립하였을 때, 그리고 금속가공의 기계화로 인하여 반제품(자물쇠부품, 시계부품, 자동차부품 등) 제조업이 일반적으로 원료생산과 완제품의 생산 사이에 성립하였을 때, 증대하였다. 요컨대, 곳곳에서 생산의 기계화가 독립적인 입지를 가진 지리적으로 독립적인 생산단계를 성립시켰을 때 증대하였다.

생산의 기계화와 자본주의화가 이상과 같은 결과를 본질적으로 19세기의 대산업혁명기에 초래하였다는 점과 이것이 또한 분업에 의해 점점 더 폭넓게 진행된 생산과정의 세분화와 이러한 세분화된 '(생산) 부분'의 독립적인 국지적 (입지) 지향의 강화라는 고찰방법을 만들어내었다는 점은 의심할 여지가 없다. 더군다나 이와 마찬가지로 이러한 과정에 유감스럽게도 자유 무역이론과 표면상 밀접히 연관되어 있는 이른바 '국제적 분업' 이론이 결합되어 있다는 점도 의심할 여지가 없다. 이 이론에 따르면, 끊임없이 증가하는 분업에 의해 독립적인 존재로서 분할된 생산과정의 〔개별〕'부분들'이 전적으로 자유롭게 그 '자연적' 최적 생산지로 이동하고, 동일한 종류의 부분들이 거기로 '집중'하게 된다는 것이다. 거기서는 마치 그것들을 장소적으로 결합하는 운송관계가 전혀 존재하지 않는 것처럼 여겨진다. 그렇지만 운송비는 실제로 모든 생산부분의 지리적 배치를 다룰 때 우선적으로 문제 삼지 않으면 안 되는 것이다. 사람들은 분업에 의한 생산과정의 분할을 매우 단순히 고찰하였다 — 이때 사람들은 전문화(*Spezialisation*)와 생산단계의 구분(*Produktionsstufengliederung*)을 전

11) 〔역주〕 구두의 윗부분(신바닥을 제외한 부분) 또는 장화의 다리부분(筒)을 일컫는다.

혀 구별하지 않았다. 사람들은 또한 개별 (생산) 부분의 독립적인 국지적 (입지) 지향을 고찰하였다. 이 시대에 분업이라는 단어가 일반적으로 사람들이 그 위에서 휴식을 취하는 개념상의 큰 베개가 된 것과 마찬가지로, 사람들은 입지론에서도 아름답지만 진정 내용이 결여된 지리적 분업 또는 국제분업이라는 개념 위에서 휴식을 취한 것이다.

(3) 오늘날의 상황에서 언급하면, 이 오래된 고찰방법이 현실에 비추어 볼 때 전적으로 시대에 뒤떨어진 것이라는 점을 우리가 어렵지 않게 느낄 수 있다. 확실히 그 기초가 되는 고찰방법, 곧 분업의 법칙에 바탕을 둔 생산과정이 경제적으로 그리고 지역적으로 더 독립적인 새로운 부분으로 지속적으로 분할된다고 하는 전체 견해는, 오늘날 이와는 전혀 반대되는 발전을 뒤따르는 하나의 과도(기)적 현상으로 이해될 수 있을 뿐이라는 점이 밝혀지고 있다. 오늘날 우리는 공업적 생산과정의 자본주의화와 기계화가 집중화라는 정반대되는 경향을 초래하고 있다는 사실 앞에 서 있다. 자본주의화와 기계화가 이전에는 어떤 의미에서 생산과정을 가장 작은 부분으로 나누어 고립적으로 '파악하고' 그 지배하에 놓고서 그것에 적합한 형태를 부여하였다면, 이제는 이 자본주의화와 기계화가 그 지배하에 놓여 있는 개개 부분들을 다시금 하나의 단위로 모으고 이를 통하여 우리 앞에서 전개되는 거대한 자본주의적 집중화과정을 수반하는 동시에 하나의 새로운 그리고 강력한 입지혁명을 다시금 야기하고 있다. 오늘날 산업사회의 곳곳에서 결정(結晶)의 중심을 형성하고 이로부터 '히드라의 팔'을 펼치면서 갖가지 전통적인 생산단계를 광범위하게 포착하고 이전에 분할된 초기과정과 중간과정 그리고 최종과정을 단일체로 모으고 있는 이 집중과정이야말로 우선 먼저 그 방법의 본질에 비추어 말하면 자본에 의한 '집중'과정이다. 그리고 이 집중과정은 통합된 생산의 개별 부분의 기술적 · 노동 조직적 독립성에 그 자체로서 관계할 필요가 없으며, 따라서 옛 생산단계의 구분과 그 입지적 배치를 존속시켰을 수도 있다.

그러나 현실에서는 '자본주의적' 집중경향과 현대의 '경제적 · 기술적' 조직화경향 사이에 연결고리가 이리저리 걸려 있으며, 여기서 이 연결고리에 대해서는 더 자세히 설명할 수 없으나 다음과 같이 언급할 수 있다. 즉, 오늘날 자본주의적 집중이라는 큰 틀은 또한 경영 조직적·기술적 집중을 위한 새로운 용기(容器)를 창출하고 있으며, 예전에 분리되었던 그리고 바로 최근에 들어와서 비로소 부분적으로 독립하게 된 생산과정을 대단히 큰 규모로 집중시키고 있다. 제철업의 발전에서 예전에 독립적인 생산과정이었던 선철생산과 제강, 압연, 단조가 또는 선철생산과 주조가 단일의 분할되지 않은 생산과정에 통합되었다는 사실은 누구나 알고 있다. 그렇지만 기술적 영역에서 이 최대의 그리고 가장 현저한 현상과 평행하게 다수의, 그것만큼 현저하지 않으나 그것에 뒤지지 않은 효과를 미치는 기술적 그리고 경영 조직적 현상이 관찰된다. 방적업을 〔생산과정의 일부로서〕 추가하고 사정에 따라 이것을 표면적으로도 경영조직상 직물업과 통합하는 직물공장, 과거의 가내공장제하에서 분할된 생산단계의 모든 부분들을 하나의 '지붕' 아래 통합하는 금속공장, 유리세공장을 통합한 기계화된 '유리공장' 그리고 단 하나의 경영 속에서 원료부터 완성된 대포까지 마무리하는 대포공장 등 이 모든 것들은 이러한 비교적 일반적인 발전을 대표하는 것들이다.

이 기술적·경영 조직적 집중의 배후에 보다 큰 틀로서 존재하는 것이 현대에서는 자본의 집중이며, 또한 최근 들어 곳곳에서 예전에 분할되었던 생산과정을 기술적·조직적 단위에 모으는 새로운 생산용기(容器)가 이 자본의 집중에 의하여 창출되고 있다. 생산단계의 구성은 단순화되고, 예전에 '국지적으로' 분할되었던 부분들은 다시 함께 모이고 있다. 부분적으로 일련의 전체 생산을 한 곳에서 펼치는 새로운 '입지단위'가 성립하고 있다. 그리고 — 이는 우리에게 본질적인 것이다 — 이 새로운 '단위'는 집중으로부터 발생하는 '입지중량'과 '노동계수', 그리고 '가공계수'에 따라 전혀 새로운 입지를 지향하고 있다. 원칙적으로 완전히 새로운 입지지향의 필연성이 발전의 첫 단계에서는 여전히 감추어져 있을 수 있다. 사정은, 강력하고 〔나중에〕 결정의 중심이 되는 공장이 다른 '단계'의 생산을 지리적으로 단순히 '자기 쪽으로 견인하는' 방식으로 진행될 수 있다. 기계화된 유리공장이 유리세공장을 자기 쪽으로 견인하고, 베세머(Bessemer)[12] 법의 공장이 판금압연공장 또는 제관공장을 견인하고, 제철장이 그것에 적합한 많은 주물공장이나 금속공장을 견인한다. 이것이 대규모로 발생할 경우에는, 이것 또한 대단히 뚜렷한 입지변혁과 전문화되어 있는 그 부분적인 생산과정이 '제거된' 공업지역의 전부 또는 일부의 '폐쇄'를 의미할 수 있다. 우리는 오늘날 란(Lahn)[13] 지방의 '순수 압연공장들'에서 이러한 사실을 경험하고 있다.

그러나 사정은 이것으로만 끝나지 않는다. 장기적으로 사정은 다른 생산단계의 부분이 보다 강력한 결정점으로 '견인'되는 데에만 머무를 수 없다. 장기적으로, 다시 말해 이 과정이 아주 오랫동안 지속되고, 따라서 이 과정이 공업 전체에 관철될 경우에는 이러한 집중에 의해 성립하는 새로운 대규모 생산단위에 근본적으로 새로운 입지지향이 발생할 것이다. 이 새로운 입지지향은, 이 현대의 거대한 구성체에 문제가 되고 그 '역사적' 입지에 큰 무게를 실어 주는 엄청난 고정자본을 필요로 하기 때문에 서서히 진행될 것이다. 그렇지만 그것은 — 입지의 위치가 경제법칙에 의해 지배 받는 한 — 결국 무한정 진행되고, 새로운 용기를 그 입지중량과 노동계수 등에 따라 그 본래의 장소로 밀어 붙일 것임에 틀림없다. 이것에 의해 비로소 현대의 집중운동이 야기한 입지혁명은 종결될 것이다. 따라서 우리가 19세기 내내 단일의 단순한 수공업에서 출발하여 혼돈스럽고 대단히 혼란스러운 '지그재그식 경로'를 거쳐 사실 이론적으로 설명하기가 매우 당혹스러운 오래된 양식의 '개별적으로 조직화된' 대공업의 입지지향에 이르는 입지혁명의 영향하에 놓여 있었듯이, 이제 우리는 새로

12) 〔역주〕 헨리 베세머(Henry Bessemer, 1813~1898)는 영국의 발명가이며, 특히 용강(溶鋼)의 대량생산 방법인 전로법(轉爐法)을 발명하여 제철업에 일대 혁명을 일으켰다.

13) 〔역주〕 독일의 노르트라인-베스트팔렌, 헤센, 라인란트-팔츠 주를 거쳐 라인(Rhein) 강에 흘러드는 242킬로미터에 달하는 지류의 하나인 란(Lahn) 강 유역의 지역을 말한다. 란강 유역의 주요 도시로는 마르부르크(Marburg), 기센(Gießen), 림부르크(Limburg) 등이 있다.

운 입지혁명하에 처해 있다. 이 혁명은 상당히 오랜 고난의 길을 거쳐 우리를 다시금 새롭고도 매우 단순하며 명료한 입지지향으로, 바야흐로 '전체적으로 조직화된' 대공업의 통일적인 입지지향으로 유도할 것이다.

2. 독립적인 생산과정의 상호 연결관계

우리는 이제까지 현실의 각종 공업의 생산과정이 마치 서로 아무런 관련 없는 듯이 독립적으로 병존하며 진행되는 것으로 다루었다. 그러나 실상은 전혀 그렇지 않다. 이러한 생산과정들은 사실 다양한 방식으로 서로 관련을 맺고 있다. 그리고 이 상호 연결관계에 관해서는 좀더 설명할 것이 남아 있다. 이 상호 연결관계에는 세 가지 종류가 존재한다.

첫째, 전혀 다른 종류의 (상품) 생산이 동일한 기업가에 의해 대경영의 형태로 총괄적으로 이루어지는 경우가 있다. 따라서 우리의 관점에서 말하면, 그 자체로서 독립적인 공업적 (생산) 과정의 국지적인 '결합'(*Verkoppelung*) 이 성립하는 경우이다.

둘째, 보통은 장소적으로 분리된 채 행해지는 각종 상품의 생산이 동일한 원료 또는 반제품을 사용하여 이루어지는 경우가 있다. 따라서 이 경우에는 병립하는 서로 다른 공업적 (생산) 과정의 전(前) 단계 연계(*Verbundenheit*) 가 성립하는데, 사실상 독립적인 〔서로 다른〕 종류의 제품을 생산하는 경영이 그 초기단계에 동일한 종류의 원료를 사용하고 이를 통하여 이 초기단계에 결합될 수 있다. 그리고 그 마지막은 이와 달리 다음과 같다.

셋째, 어떤 공업의 제품이 위의 경우처럼 원료 또는 반제품으로서가 아니라, '생산수단' 또는 '보조제품'(예를 들어 포장재료) 으로서 다른 공업에 이행되는 경우가 존재한다. 따라서 우리가 어느 한 공업과 다른 하나 또는 그 이상의 공업 사이에 판매연계로 일컫는 것이 이를테면 이러한 방식으로 성립한다.

1) 생산과정의 결합

동일한 경영(주의할 것은 경영이 기업과 다르다는 점이다. 후자는 우리에게 아무래도 좋은데, 왜냐하면 어느 한 기업이 국지적 단위일 필요는 없기 때문이다)14)에서 서로 다른 종류의 생산과정을 가진 제품—각 제품이 이론상 '기본적으로' 각각 고유한 '생산과정'을 지니고 있기 때문에, 보통은 '상이한 종류의' 제품이 생산된다고 말할 수도 있다—이 생산된다면, 그것은 첫째, 기술적 이유에 그리고 둘째, 경제적 이유에 바탕을 두고 있다. 기술적으로 서로 다른 종류의 다수의 제품을 동시에 생산하는 것 외에 다른 방법이 없는 경우가 있을 수 있다. 〔여기서〕 우리는 예를 들어 각종 원료의 조합으로부터 소다와 황산 그리고 우리가 알고 있는 그 밖의 모든 것과 같은 각종 제품을 얻는 화학공장을 생각해 볼 수 있다. 그러나 이러한 결합의 기술적 필연성이 없는 경우가 있다. 오늘날 케이블과 축전지 그리고 기타 여러 전기기기를 하나의 경영 내에서 생산하는 전기공장과 외투와 모자, 숄, 블라우스 등을 동시에 제조하는 기성복공장은, 이것을 기술적 이유가 아니라 경제적 이유를 바탕으로 하여 행한다. 이 두 가지의 경과는 전혀 다르며, 입지적으로도 전혀 다른 의미를 지니고 있다.

(a) **기술적 연계에 기인하는** 생산과정의 결합은 여러 가지 종류의 제품을 생산하는 데 필연적으로 단일 입지가 성립하는 것을 의미한다. 그리고 말하자면 이것은 생산지에서 단일의 생산과정이 분화한 것으로 볼 수 있다. 이 입지지향에서는 하나의 소비지가 아니라 다수의 소비지가 공동으로 작용한다. 우리는 집적된 생산의 경우에서 이미 여러 소비지의 공동작용과 그 의미에 대해 서술하였다. 우리는 그것이 입지의 규정을 어렵게 하는 것은 아니라는 점을 알고 있다. 이러한 경우의 입지지향에서는 여러 소비지의 성분을 간단히 고려하는 것이 필요하다. 거기서 성립하는 입지도형은 제품의 종류에 상응하는 만큼의 소비지 성분을 지니고 있으며, 그

14) 〔역주〕 여기서 경영은 원어로 '*Betrieb*'을, 기업은 '*Unternehmen*'(또는 *Unternehmung*)을 말한다. 제 5장의 각주 4)를 참조하라.

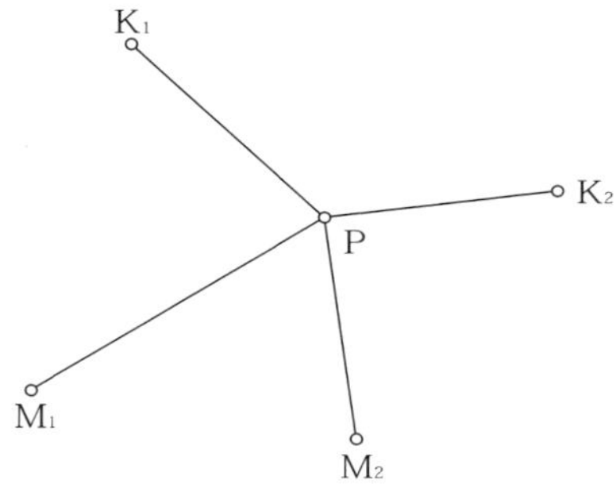

〈그림 6-10〉

것들은 각종 제품의 중량에 따라 가중된다. 이것이 전부이다. 고립적인 생산의 입지도형이, 예를 들어 그와 같은 경영 내에서 두 종류의 제품을 결합하여 생산하는 공업의 경우에는 〈그림 6-10〉과 같다. 이때 입지는 일반적인 법칙에 따라 결정된다.

(b) 기술적으로 필연적이지 않은 결합의 경우에도 사정은 동일하다고 고찰할 수 있을 것이다. 그리고 이 경우에 최종적으로 성립하는 입지도형은 의심할 여지없이 외견상 전적으로 동일한 성격을 지니고 있다. 하지만 이 경우의 입지도형은 전혀 다른 방식으로 성립하며, 따라서 입지적으로도 전혀 다른 것을 의미한다. 말하자면 그것은 — 결합된 재화의 종류가 우연히 동일한 소비지와 동일한 원료산지를 지닌 예외적인 경우를 제외하면 — 입지적으로 항상 결합된 생산과정이 고립된 생산 입지의 최소지점으로부터 편향하는 것을 의미한다. 왜냐하면 결합된 상이한 생산과정이 원료산지가 다르고 소비지가 다른 경우에는 〔입지적으로〕 서로 다른 최소지점을 지닌 서로 다른 입지도형을 갖지 않을 수 없기 때문이다. 그래서 그 생산이 통합된다면, 이러한 최소지점으로부터 입지편향이 발생할 수밖에 없다. 따라서 이러한 종류의 결합은 우리가 노동지향과 집적지향에 관련하여 터득한 것처럼 편향의 법칙에 따라 진행된다. 그리고 우리는 그것을 노동지향과 집적지향의 경우처럼 개념적으로도 설명할 수 있다. 다만, 이 경우에 노동에 의한 편향 또는 집적에 의한 편향이 지닌 특

유의 뉘앙스가 결정적일 수 있다.

이를테면, 생산에서 특별한 절약지수를 각 생산과정에 대하여 얻을 수 있는 노동자그룹이 편향지점에 존재하기 때문에 이 지점을 향하여 서로 다른 생산과정의 결합이 발생하는 경우가 존재한다. 그리고 이 노동자그룹의 특별한 기량을 바탕으로 하여 사람들은 어떤 경제적 이유, 예를 들어 경기변동 혹은 유행의 변화에 보다 양호하게 대처하기 위하여 하나의 생산과정뿐만 아니라 동시에 다수의 생산과정을 구축하였다. 이 점과 관련하여 특별한 문제가 있는 것은 아니다. 노동지는 다양한 (생산) 과정에 대한 편향지점이며, 그것들은 각 생산과정의 노동계수에 상응하는 절약지수의 크기가 어느 정도인지에 따라 견인력을 발휘할 것이다. 불리한 원료산지의 배제와 큰 생산지의 견인력 상승 등 이 모든 것들은 우리에게 알려져 있는 법칙에 따라 진행될 것이다. 다만 그것이 이제까지의 경우와 다른 것은 각각의 지점에 동일한 종류의 다수의 생산과정이 관계하는 것이 아니라 서로 다른 종류의 다수의 생산과정이 관계한다는 점이다. 우리는 그 영향을 개별적으로 연구할 필요가 있다. 이것은 간단하다.

다른 경우는 보다 복잡한 것으로 생각된다. 그것은 생산과정의 결합과 그것이 야기하는 편향이 집적을 바탕으로 하여 발생하는 경우이다. 이것이 발생하는 것은 다양한 생산을 하나의 지붕하에 결합시킴으로써 각종 상품을 개별적으로 생산하는 경우에 그 규모가 작기 때문에 얻을 수 없는 이익, 즉 조직과 기계의 활용과 구매 그리고 판매와 관련된 이익을 얻을 수 있기 때문이다. 이 경우에 성립하는 것은 다수의 공업이 결합된 집적단위이며, 이러한 집적단위도 하나의 공업이 아니라 다수의 공업이 집적하는 데 관계하는 절약함수와 집적함수의 지배를 받는다. 이러한 절약함수가 해당 공업의 개별 생산을 어떻게 거기서 성립하는 개별 집적중심에 집중시키는지에 대해서는 특별히 문제되는 것이 없다. 집적중심의 성립에 대해서는 간단히 등비용선의 교차면 형성에 관하여 알려져 있는 법칙을 적용하면 된다. 다만 이제까지와 다른 것은 어느 한 종류의 제품에 대해서가 아니라 종류가 다른 제품에 대한 등비용선이 문제가 된다는 점이다.

그러나 집적의 일반적 공식을 사고상 적용하고 이에 따라 결합된 생산의 전체적 입지지향에 대하여 일반적인 관념을 얻는 데에는 다소 어려움이 존재할 것으로 생각된다. 왜냐하면 하나의 공식이 아니라 다양한 공업에 대한 다수의 집적공식을 적용해야 한다고 여겨지기 때문이다. 하지만 사정은 그렇게 어렵지 않은데, 이 경우에도 단순히 관념상의 수단인 몇 가지 공식 또는 오히려 특정 공식 — 그것은 가끔 강조한 것처럼 단순히 관념상의 수단으로 생각되고 있을 뿐이지만 — 으로 모면할 수 있는 정도다. 형식적으로는 간단히 집적의 공식에 결합생산의 f(M) (집적함수) 와 그 생산에 수반되는 입지중량(A) 을 대입할 수 있다. 그리고 문제가 되는 제품 가운데 어떤 제품에 어떠한 집적경향이 나타나는지를 질문한다면, 우리는 기본적으로 다음과 같이 답변할 수 있을 것이다. 즉, 그 모든 제품이 분리되어 생산되는 경우에는 단순히 공식이 보여주는 것처럼 이러저러하며, 다른 제품과 결합되어 생산되는 경우에는 결합공식이 보여주는 것처럼 이러저러하다는 것이다. 그러나 전반적으로 이러한 매우 복잡한 사고상의 조작은 전혀 필요하지 않을 것이다. 왜냐하면 서로 다른 종류의 제품을 동일한 경영(주의할 것은 다시 경영이지 기업이 아니라는 점이다) 에 임의적으로 결합시키는 것이 일반적으로 경제적인 수지타산을 맞출 수 있는 경우는 다양한 제품에 대하여 유사한 종류의 노동과 동일한 종류의 기계, 동일한 종류의 조원료 등을 사용하는 경우뿐이기 때문이다.15) 바꿔

15) 기술적으로 필연적인 결합인 경우에는 이 점이 당연히 전혀 다르다. 두말할 나위도 없이 이 경우에도 동일한 원료로 생산되는 제품이 각각 전혀 다른 종류의 기계와 노동을 필요로 하는 경우가 있을 것이다. 그러나 기술적으로 필연적이지 않은 경우에는 기계와 노동이 전혀 다른 두 제품을 하나의 지붕 아래 통합하여 생산하는 것은 전혀 의미가 없다. 왜냐하면 그것을 통하여 기계의 보다 양호한 이용도, 노동의 보다 양호한 이용도, 그리고 원료의 대량구입도 달성할 수 없으며, 가장 중요한 집적의 절약도 얻을 수 없기 때문이다. 사실 현실에서도 전반적으로 살펴볼 때 두 가지의 형태가 존재할 뿐이다. 즉, 제품이 부분적으로 서로 다른 생산과정의 기술적으로 필연적인 결합과 밀접한 관계를 맺고 있는 생산과정 사이의 임의적인 결합이다. 부산물에 대해서는 아래의

말해, 이러한 것을 행할 수 있는 것은 경영이 하나의 제품에 관한 것인지 아니면 서로 다른 제품의 조합에 관한 것인지를 막론하고, 그 경영이 이를테면 동일한 집적함수와 동일한 원료지수를 갖고 있는 경우이다. 이것은, 우리가 일반적으로 — 적어도 대국적으로 살펴볼 때 — 일반적인 입지지향에 관하여 고립적인 생산과 결합생산의 집적과정을 구별할 필요가 없다는 것을 의미한다. 어느 경우에 관해서도 집적의 공식은 동일하다.

더욱이 이 임의적인 결합에 대한 고찰로부터 대단히 중요한 부차적인 결과가 도출된다. 말하자면 그것은 어느 한 종류의 제품에 대하여 가능한 집적 정도를 문제로 삼을 때 우리가 실제로 고려할 필요가 있는, 따라서 예를 들어 집적의 공식에 대입해야 할 생산밀도는 이 한 종류의 제품에 의해서만 필요로 하는 면적의 크기로부터 구해지는 생산밀도가 아니라 동일한 면적에서 동일한 종류의 생산과정으로 생산되는, 따라서 임의적인 결합에 의하여 집적단위로 집약될 수 있는 모든 제품에 대한 면적의 크기로부터 구해져야만 한다는 것이다. 왜냐하면 이 면적당 크기만이 확실히 고립적인 방식인지 또는 결합된 방식인지를 불문하고 어떠한 집적이 현실적으로 성립하는지 그렇지 않은지를 결정하기 때문이다. 이것은 이제까지 설명한 바에 따라 더 이상의 설명을 필요로 하지 않는다. 그러나 이것은 일반 입지론의 보충으로서 여기서 얻어진 결과 가운데서 가장 본질적인 것이다.

2) 원료에 의한 연계

독립적인 생산과정 또한 그것이 사용하는 원료를 통하여 기술적 또는 경제적 방식으로 서로 연계될 수 있다. 기술적 방식으로 연계되는 것은 어느 한 생산과정의 원료가 다른 생산과정의 어떤 단계의 부산물 또는 제2의 주(主) 제품인 경우이다. 예를 들어 양모공업은 피혁공업의 어떤 부문과 '원료에 의해 연계되어' 있다. 피혁이 양모를 생산하는 초기단계의

설명을 참조하라.

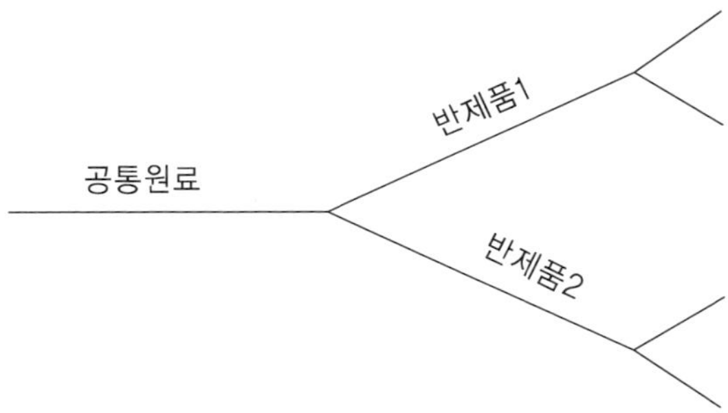

〈그림 6-11〉

제 2의 주제품으로 분화되기 때문이다. 그리고 또한 아닐린(Anilin) 공업은 코크스를 사용하는 다른 공업과 연계되어 있는데, 이 공업의 기초 원료인 석탄타르가 코크스제조공업의 부산물이기 때문이다. 하지만 대단히 빈번하게[16] 동일한 원료와 동일한 반(半) 제품이 어떤 공업에도 양자택일적으로 사용될 수 있는 경우에는 이 두 공업 사이의 원료에 의한 연계관계란 단지 경제적인 것에 지나지 않는다. 대단히 많은 부문, 즉 그만큼 많은 독립적인 생산과정으로 분화되어 있는 오늘날의 공업조직도 그 뿌리에서는 몇몇 소수의, 열거하는 것이 그렇게 어렵지 않은 원료군(群) 으로 귀착된다. 따라서 공업조직의 주요 부분은 목재와 광석, 흙, 피혁 등과 같은 원료군이 갖가지 부분에서 양자택일적으로 사용되는 형태로 서로 원료에 의해 연계되어 있다.

이 두 종류의 원료에 의한 연계관계의 작용은 결코 동일하지 않다.

(a) 원료에 의한 기술적 연계관계의 경우에는 어느 한 생산의 고립적으로 고찰되는 개별적인 생산과정과 관련해서 이 과정이 어떤 분기점에서 원료에 의해 연계되어 있는 다른 공업의 생산과정과 결합하게 되는 양상이 나타난다(〈그림 6-11〉을 참조하라).

분기점에서 등장하는 다양한 공업의 원료[17] 사이에 어느 하나는 주원

16) 〔역주〕 기술적 방식과 경제적 방식을 말한다.

17) 〔역주〕 반제품 형태의 원료를 말한다.

료[18] 이고 다른 하나는 폐기물은 아니지만 명백히 부산물[19] 이라는 형태로 명백한 서열이 존재할 경우, 거기서 발생하는 입지지향의 문제는 매우 간단하다. 예를 들어 목재가공 과정에서 널빤지(톱밥은 부산물이다) 처럼 주원료(즉, 주제품) 를 그 원료(즉, 반제품) 로 하는 생산과정이 〔이른바〕 주도적인 역할을 하고, 공통의 초기단계는 이 생산과정을 지향한다. 그리고 이렇게 창출된 이 초기단계의 입지는 부산물을 사용하는 여타 공업에 대하여 그 원료의 자연적으로 주어진 산지처럼 작용한다. 이 점에는 문제가 없다.

그렇지만 분기점에서 등장하는 제품이 모두 입지적으로 중요한 경우(중량 또는 가치라는 측면에서. 주를 참조하라) 에는 문제가 존재한다. 이러한 경우에는 이 (생산) 단계가 동일한 정도 또는 거의 같은 정도의 중요성을 지닌 다수의 일련의 생산동태에 관계한다. 이 단계는 둘 또는 그 이상의 연속적인 생산과정을 갖게 되며, 이 모든 과정들은 그것들에서 공통의 초기 생산단계의 최종 입지인 분기점의 위치에 영향을 미친다. 따라서 그 입지는 곧바로 명백해지지 않는다. 그렇지만 여기서 제시되는 해법은 이미 서술한 역의 경우, 즉 둘 또는 그 이상의 서로 다른 일련의 생산단계가 하나의 결합과정을 통하여 나중에 하나의 제품에 통합되는 경우의 해법과 동일하다. 우리는 이 점에 대하여 생산단계의 입지규정에

---

18) 〔역주〕 이 경우에도 역시 주제품을 말한다.

19) 비록 가치가 동일할지라도 중량이 유난히 작은 경우에는 결과가 같을 수 있다. 이러한 경우에는 부산물이 입지상으로 아무런 영향을 미치지 않기 때문이다. 그 결정요인은 매우 미약하다. 이를 테면 모(毛) 는 제혁업에 두 번째로 가치 있는 제품이거나 적어도 그럴 수 있으나, 그것과 동시적으로 생산되는 제품인 가죽(皮) 의 입지지향에는 영향을 미치지 않는다. 부산물은 그 중량이 작지 않으나 가치가 유난히도 작기 때문에 중요하지 않는 경우도 있다. 이러한 경우 입지적으로 영향을 미치는 것은 틀림없지만, 경제적 이유로 고찰에서 제외될 수 있다. 예를 들어 살코기에 대한 뼈의 경우가 그러하다. 도살업이 그 입지지향에서 뼈의 사용으로부터 거의 영향을 받지 않는데, 왜냐하면 이 '동시적으로 생산되는 제품'〔곧, 부산물〕의 가치가 상대적으로 매우 낮기 때문이다.

관한 일반적인 규칙에 의거하여 그려진 〈그림 6-5〉(214페이지)가 여기서는 반대의 지리적 위치에 대해서도 적용된다고 고찰할 필요가 있다. 그래서 우리는 공통의 초기단계의 입지(이 그림의 공통의 최종단계의 입지를 대신하여)와 그것을 잇는 개개의 일련의 입지가 서로 어떻게 규정되는지를 알 수 있다.

(b) 전체적으로 보아 단순한 경제적 원료에 의한 연계는 훨씬 간단하다. 그렇지만 그것은 전체 경제조직을 관통하기 때문에 한층 중요하다. 이 이론은 이제까지 늘 적용한 것과 같은 의미로 개별 생산과정을 고찰하는 것으로부터 출발하지 않으면 안 되지만, 우리는 여기서 다음과 같이 언급할 수 있다. 즉, 다양한 종류의 (생산)과정 사이에 원료들이 양자택일적으로 사용되는 경우에 운송비에 따른 개별 생산의 입지지향은 하나의 생산과정에 사용되는 원료가 동시에 다른 생산과정에도 사용되는지 그렇지 않은지와 전혀 무관하게 각 생산과정에 대하여 우리에게 알려진 간단한 규칙에 따라 이루어질 것이다. 어느 한 종류의 〔공업이 보여주는〕 개별 생산과정은 (순수하게 운송비에 의한 입지지향이 문제되는 한) 그것이 사용하는 아마도 동일한 산지에서 얻어진 원료가 다른 종류의 〔공업이 보여주는〕 개별 생산과정에도 사용된다는 사실에 신경을 쓸 필요가 없는 것과 마찬가지로, 그것이 사용하는 아마도 동일한 산지에서 얻어진 원료가 동일한 종류의 공업이 보여주는 다른 개별 생산과정에도 사용된다는 사실에도 신경을 쓸 필요가 없을 것이다. 그러므로 경제조직 내에서 성립하고, 우리가 늘 되풀이하여 〔입지의〕 출발점으로 삼지 않을 수 없는 기본적인 운송지향에서는 — 이 점은 대단히 중요하다 — 예를 들어 선철이 두말할 나위도 없이 오늘날 동시에 수백 가지의 서로 다른 일련의 생산단계에서 원료가 되며, 또한 이러한 서로 다른 일련의 생산단계와 관련하여 동일한 산지로부터 얻어진다는 점은 원리적으로 아무래도 전혀 상관없으며, 이 점은 목재와 피혁 등에 대해서도 마찬가지이다. 기본적인 운송망은 우선 한번 집적지향과 운송지향에 따른 수정을 도외시한다면, 예를 들어 수백 가지에 달하는 서로 다른 모든 생산과정이 동일한 산지로부터 얻어진 동

일한 원료(예를 들어 철광석)를 사용해도 또는 동일한 산지로부터 얻어진 수백 가지에 달하는 원료를 사용해도 전적으로 정확히 동일한 형태를 띤다. 다양한 생산과정은 그것이 모두 동일한 원료를 사용하더라도 그 입지결정에서 내부적으로 결단코 서로 의존하지 않는다. 그것들은 단지 모두 우연히 동일한 지리적 출발점을 지니고 있을 뿐이며, 그 이상은 아니다.

이러한 생산의 가능한 공통의 지리적 출발점은, 집적과 노동지향이 운송비에 의한 기본망에 영향력을 행사한다고 고찰할 경우에 비로소 의미를 갖는다. 하지만 이 경우에도 그 어떤 새로운 유형의 입지문제를 발생시키는 것과 같은 의미를 지니는 것은 결코 아니다. 집적과 노동지향이 그 입지편향을 통하여 동일한 공업의 초기단계에 대하여 공통 입지지향의 장소를 결정하는 것과 정확히 동일하게, 이것은 동일한 종류의 원료 또는 반제품을 제공하는 서로 다른 공업의 (생산) 단계에 대해서도 공통의 입지지향의 장소를 결정한다. 이때 발생하는 현상은 앞의 경우와 정확히 같다. 이 이후의 서로 다른 종류의 생산과정, 따라서 근본적으로 상이한 공업에 속하는 개별 생산단계는 동일한 종류의 제품을 생산하는 이전 단계의 경우와 정확히 동일한 규칙에 따라 그리고 전적으로 동일한 방법으로 집적한다. 여기서 집적과 관련하여 중요한 점은, 생산과정이 지리적으로 동일한 장소에 자리 잡는 것, 즉, '부근에 위치하는 것'이다. 그러나 이 점에서 이론적으로 특별히 언급할 만한 중요한 것은 존재하지 않는다. 원료에 의해 연계된 다양한 생산과정이 보여주는 본래의 고립적인 입지지향을 고찰하고, 이 고립적인 입지로부터 일반적인 규칙에 의거하여 발생하는 집적을 고찰함으로써 공업조직에서 입지지향의 상호 관련성에 관한 외견상 대단히 복잡다단하게 여겨지는 문제가 크게 투명해지고 매우 단순하게 된다. 왜냐하면, 전체 공업조직은 이러한 원료에 의한 '경제적' 상호 관련성에 의해 완성되고 있기 때문이다. 우선은 개별 공업의 입지지향을 고립적으로 고찰하고 그에 대한 규칙을 정립하는 일은 거의 불가능한 것으로 생각된다. 얼마나 많은 서로 다른 공업들이 동시에 그 입지지향에 작용하는지를 우리는 알고 있기 때문이다. 그러나 만약 우리가 원료에 의한 공통의 '경제적' 상호 관련성이 다만 그것과 전혀 무관하게 고립적인 생산과정을 바탕으로 하여 구축된 운송지향 기본망으로부터의 2차적 편향에 불과하다는 점을 파악하고, 또한 이 편향은 전체 공업조직이 마치 단 하나의 같은 종류의 공업에만 관계하는 경우와 동일한 규칙에 따라 발생한다는 점을 인식하게 된다면, 이상과 같은 고립적 고찰과 규칙의 정립은 가능하고 허용될 수 있다. 만약 사람들이 이 점을 충분히 이해하였다면, 여기서의 모든 추상적 이론이 개별 공업에 대한 고립적인 고찰을 바탕으로 하여, 아니 개별 생산과정에 대한 고립적인 고찰을 바탕으로 하여 구축되고 있다는 사실을 비판하는 것은 더 이상 용납될 수 없다고 나는 생각한다.

3) 판매에 의한 연계

위에서 정의한 것처럼 어느 한 〔공업의〕 생산과정의 제품이 다른 생산과정으로 이행될 수 있으나, 거기서 원료 또는 반제품으로 사용되지 않을 수도 있다. 오히려 제품이 이 후자의 생산과정에서 고정적인 생산수단 또는 보조제품으로서 기능할 수 있다. 이것이 이제까지 살펴본 경우와 다른 새로운 점은 다음과 같다. 즉, 이 두 공업의 생산과정이 더 이상 하나의 공통적인 생산지를 통하여 연계되지 않고, 다만 (a) 생산수단의 경우에는 어느 한 공업의 생산과정이 다른 공업의 판로가 되며, (b) 보조제품의 경우에는 공동의 판로가 성립하는 것(예를 들어 포장재료와 주제품이 하나가 된다)에 의해 연계될 뿐이다. 이 두 가지의 경우를 '생산에 의한 연계관계'라고 부르는 것은 더 이상 적절하지 않은데, 왜냐하면 생산단위를 형성하는 원료의 변형이 더 이상 발생하지 않기 때문이다. 이 두 가지의 경우에는 두 생산과정 사이에 그 어떤 유기적인 결합도 나타나지 않는다. 한 생산과정과 다른 생산과정 사이에 판매에 의한 연계만이 성립할 뿐이다.

이 연계관계가 생산수단 또는 보조제품의 (생산) 입지에 대해 매우 중요한 결과를 가져올 수 있다는 것은 ─ 이러한 〔생산수단과 보조제품의〕 생산과정이 그 입지도형에서 주생산과정에 의해 만들어진 판로를 '겨냥하고' 있다는 점을 도외시하더라도 — 확실하다. 연계관계에 의해 생산수단 및 보조제품의 생산이 주생산과정의 입지로 견인되고, 그것과 통합되는 것은 가능하며 매우 빈번히 발생한다. 그것이 일반적인 입지상의 이유로부터 발생하는 경우, 즉 부차적인 생산과정에 대하여 성립하는 입지도형에서 생산지가 원료지수에 의거하여 소비지에 자리 잡게 되는 점 때문에 발생하는 경우에는 거기에 이론적으로 그 어떤 특별한 것은 없다. 주공업의 생산지는, 그것이 보조공업의 소비지라는 성질 때문에 아무런 문제없이 또한 후자의 입지가 된다. 그러나 만약 부차적 생산과정이 주생산과정의 입지로 견인되는 것이 이러한 일반적인 이유 외의 이유로, 예를 들어 보조공업이 그 상품의 성질상 주공업의 생산과 장소적으로 '접촉'할 필요가 있다는 점(이러한 것은 예를 들어 기계제조에서 빈번히 발생한다) 때문에 발생한다면, 사실상 '특수한 사정'이 성립한다고 생각할 수 있다. 하지만 거기에 어떤 '문제'가 있는 것은 아니라는 점을 다시 강조할 필요가 없다. 그것은 '특수한' 입지상의 이유 — 이러한 이유는 확실히 대단히 빈번히 일반이론의 규칙에 저촉된다 — 로 보조공업의 입지가 소비지에 자리 잡는 경우이며, 따라서 일반적 규칙에 따라 자리 잡는 장소와 다른 장소에 아마도 자리 잡을 것이다. 그러나 소비지는 주공업에 의해 분명히 주어진다. 그 결과 불확실한 점은 전혀 존재하지 않는다.

더군다나 우리가 주목해야 할 점은 다음과 같다. 즉, 고정적인 생산수단과 보조제품의 생산에서 이러한 종류의 특수한 입지요인이 큰 의미를 지닌다는 것은 의심할 여지가 없다는 점이다. 그리고 또한 보조공업의 입지가 주공업으로 견인되기 때문에 이들 공업이 피상적으로 살펴보더라도 현실적으로 '보조공업'으로서의 성격을 이미 명백히 보여주는 것은 이 특수한 요인에 의한 것이라는 점도 의심할 여지가 없다. 그러나 이러한 종류의 특수한 입지요인에 의하여 그러한 생산지의 결합이 발생하는지 그렇지 않은지와 이들 보조공업의 기본적인 입지상의 성격에 그 어떤 변화도 없다는 점을 강조하지 않으면 안 된다. 기계공업은 특수한 '접촉요인'

에 의해 그 생산지가 소비지(말하자면 주공업의 생산지)로 견인되거나 또는 그 입지도형 내에서 일반적인 법칙에 따라 다른 곳을 지향한다고 해도 어쨌든 그 주생산과정과 '판매에 의해 연계되는' 공업이다. 보조공업의 개념을 이러한 장소적 '접촉'의 필요성이 있다는 점에 한정시키는 것은 전적으로 잘못된 것이다. 이 개념은 지극히 일반적으로 위와 같은 방식으로 주공업과 판매에 의해 연계되는 모든 생산에 적용되는 것이다.

일반이론에서 이 판매에 의한 연계와 그 특수한 사례인 장소적 접촉에 대하여 무언가를 언급할 필요가 있는 것은, 그것에 의해 주생산과정의 일반적인 입지에 대한 반작용이 발생하는 경우이다. 이러한 일이 발생하는 것은 장소적 접촉이 다음과 같은 이유에 의거할 경우이다. 즉, 예를 들어 어느 한 단계에서 특정한 종류의 기계를 필요로 하는 주생산과정이 수리가 보다 용이하고 확실하며, 접촉으로부터 발생하는 한층 더 높은 기술적 진보로의 '자극'을 얻을 수 있는 생산지를 '추구하는' 경우이다. 이러한 경우에 주생산과정은 아마도 〔위에서 서술한〕 모든 편의를 얻을 수 있는 기계제조공업의 소재지로 향하여 '편향'하게 될 것이다. 이러한 종류의 편향과 그 법칙은 우리에게 이미 알려져 있다. 이러한 편향은 집적의 범주에 속한다. 왜냐하면 기계제조공업의 측면에서는 장소적 접촉을 통하여 그것이 충분히 가동하는 장소를 모색할 뿐이기 때문이다. 이것이 바로 주생산의 집적단위이며, 우리가 이미 살펴본 것처럼 기계공장과의 이러한 접촉(162페이지를 참조하라) 만이 이러한 집적단위를 형성하는 요인의 하나이기 때문이다.

이 경우에도 다시 복잡한 (입지) 동태가 어떻게 작용하는지를 명확히 하는 것은 쉽지 않을 것이다. 위에서 든 예에 따르면, 장소적 접촉의 필요성은 무엇 때문에 기계공업이 주생산과정의 생산지를 지향하는지에 대한 이유이다. 그런데 이러한 접촉의 경향이 실현될 수 있는 것은 이 생산과정의 대규모 생산지에서뿐이다. 이 경향은 반대로 주생산과정에 대해서도 존재하며, 여기서는 저렴화의 계기를 의미한다. 이 저렴화의 계기는 다른 측면에서 이것과 결합되어 있는 집적단위에서만 나타나기 때문에, 그것은 곧 집적요인의 하나이며 이에 따라 집적의 규칙에 의거하여 주공업에 영향을 미친다. 기계제조는 주공업이 집적하는 장소를 향하여 가고, 주공업은 특히 기계공업이 같은 방향으로 가기 때문에 집적한다.

4) 전체적 입지지향

다양한 공업의 생산과정 사이를 잇는 입지적으로 중요한 연결고리는 이상과 같다. 그것에 비록 어떤 수정이 있다고 하더라도 (기술적인 생산의 결합과 기술적인 원료에 의한 연계관계를 도외시하면), 그것은 전체적으로 일반적인 간단한 규칙에 따라 고립적으로 다룬 각 공업부문을 기초로 하여 구축된 입지지향의 기본망에 대한 2차적인 수정에 지나지 않는다. 이 수정 자체도 우리가 알고 있는 노동 및 집적에 의한 편향과정의 특정 측면 이상의 것이 아니며, 이러한 편향과정에 대해 잘 알려져 있는 규칙의 지배를 받고 있다. 이 양자는 운송지향의 기본망 자체에 관여하는 기술적인 종류의 생산상 연계관계를 말하며, 양자는 또한 기본적으로 동일한 현상을 서로 다른 생산단계와 관련하여 고찰하는 것에 불과하다. 그렇지만 이 양자도 이미 알려져 있는 규칙에 따라 진행되며, 그것들에 의한 관여가 입지지향의 분석에 출발점이 되는 일반적인 고찰방법의 기초를 무너뜨리는 것은 결코 아니다.

이처럼 이 기초와 그것으로부터 전개된 규칙은 사실상 양적·질적으로 공업의 전체적인 입지지향을 포괄한다. 즉, 그것이 양적으로는 모든 종류의 공업생산을 포함하고, 질적으로는 거기서 발생하는 모든 일반적인 관계에 따라 고립적으로 고찰한 입지지향뿐만 아니라 전체적인 입지지향도 기본적으로 포함한다. 만약 우리가 우리의 이론이 어떻게 '생산의 개별적인 연계'로부터 출발하는지를 관념적으로 명확히 하고 또한 이러한 개별적인 모든 연계를 소비지에서 출발하여 원료산지로까지 소급한 운송지향의 최소지점으로 설명할 수 있고, 더군다나 노동과 집적에 의한 편향에 관해 법칙을 통하여 이들 개개의 연계가 어떻게 '입지편향을 수반하며'

서로 관계를 맺고 있으며, 오늘날의 공업조직이 보여주는 외견상 대단히 복잡다단한 구조를 만들어내는지를 분석할 수 있다면, 우리는 결국 전체적인 입지지향을 개념적으로 완전히 파악할 수 있게 된다. 이상은 서로 다른 종류의 생산 '연계'가 보여주는 결합관계의 성립 또한 다양한 재화를 동시에 생산하는 현실의 공장에서 우리가 빈번히 직면하는 복잡다단한 조합형태의 성립을 포함하여 위에서 논의한 것으로부터 개념적으로 명확히 한 것의 전부이다.

제 7 장

전체 경제조직에서의 공업

도 입

이 밖에 이제까지의 설명을 통해서도 여전히 해결되지 않은 문제가 남아 있다. 그것은 공업의 개별적 그리고 전체적 입지분포가 외견상 〔이상에서 언급한〕 포괄적인 규칙에 의하여 어느 정도까지 내부적으로[1] 의심할 여지없이 규정되는지 하는 점이다. 즉, 특정한 지리적 형상을 지닌 한 국가 내에서 생산되고, 〔그 제품이〕 전국에 걸쳐 있는 소비자에게 분배되는 특정한 구성과 크기를 가진 공업생산과 관련하여 이 법칙이 어느 정도까지 확정적인 입지적 분포상(像)을 제시해 주는지 하는 점이다. 이 법칙은 여기서 문제가 되는 공업생산의 모든 부분을 규제할 수 있으며, 더군다나 그 생산을 한 국가에 걸쳐 매우 다양한 방식으로 군집화할 수 있는 가능성을 열어 놓고 있다.[2]

사실 이러한 일이 일어날 수 있을 것이다. 그러므로 우리는 이 점을 확

1) 〔역주〕 한 국가 내의 일국적 상황을 일컫는다.

2) 〔역주〕 한 국가 내에서 다양한 방식으로 공업의 분포패턴을 규정할 가능성을 지니고 있음을 말한다.

인하고 공업을 전체 경제조직 속에 집어넣어 고찰하는 것을 통하여 순수 이론의 작용을 불가능하게 하는 한계, 현실이론을 얽히고설킨 복잡다단한 현실로부터 꺼내지 않으면 안 되는 한계를 찾아내고, 자료의 도움을 받아 그것을 경험과 최종적으로 결합시켜야만 할 것이다.

이제까지 우리가 논의한 바가 전반적으로 마지막까지 변하지 않는 고찰의 가정에 기초하여 그 틀 안에서 확정적인 입지지향의 상을 제시하려는 시도에 불과하다는 점은 명백하다. 그러므로 그것은 소비지의 위치와 크기, 원료산지의 위치, 노동지의 위치가 주어져 있어 같은 노동비로 아무리 많은 노동력일지라도 구득할 수 있다는 상황의 틀 안에서 입지지향의 모습을 제시할 뿐이다. 이렇게 구성된 현실 또는 보다 정확히 말해 비현실 속에서 이제까지의 이론은 사실 각 공업의 개별 생산부문에 관하여 그 일정한 지리적 위치를 명확히 지정하고 있다.

그런데 이 경우 이론은 가설의 형태로 이러한 규정을 행하고 있는 만큼, 다시 말해 이 이론을 통하여 성립하는 입지상은 항상 일정한 다른 요인들에 의존하는 만큼, 이 이론에 어떤 문제가 있는 것은 아니며, '결함'이 있는 것도 아니다. 이 이론은 이러저러한 운송비율, 인구밀도, 공업의 입지중량 그리고 노동비 또는 가공가치지수에서 이러저러한 〔입지의〕 형상[3] 이 성립한다고 항상 설명함으로써, 절대적이고 일반적인 〔입지의〕 형상에 대해서는 아무 것도 말하지 않는다. 이러저러한 조건에서 입지의 형상이 성립한다는 것은 이 이론의 완전성과는 전혀 무관한데, 왜냐하면 여기서 주어진 것으로 가정한 이들 사정은 입지론(*Standortslehre*)의 입장에서 말하면 사실상 '주어진 것'이기 때문이다. 그것들은 그 자체의 법칙에 따라 형성되고, 따라서 입지론의 입장에서는 설명할 필요가 없는 현상이다. 우리가 운송비율과 공업의 원료지수를 고찰할 경우 그 일반적 변화가 일반적인 기술적 진보의 결과이며, 또한 노동비지수와 가공가치지수를 고찰할 경우 그 일부는 이러한 기술적 진보의 결과이고 또 다른 일부는

3) 〔역주〕 현대적 용법으로 입지 '패턴' 정도로 이해하면 좋을 것이다.

경제적 조직에 관한 지식의 일반적인 발전수준의 결과라고 생각한다. 끝으로 순수이론이 각 시점의 〔입지적〕 형상이 의존하는 조건들 가운데 최종적인 조건이라는 인구밀도와 생산밀도도 그 일반적인 형태에서, 즉 종래의 이론에서 형성조건으로 고찰된 형태(즉, 면적당 인구와 인구에 의해 요구되는 면적당 생산량이라는 형태)에서는 그 어떤 (물론 고립적으로 고찰된) 입지 주체와의 관계에서도 그 뿌리는 입지영역 밖에 놓여 있는 것이다. 우리는 이 모든 조건들을 주어진 것으로 고찰하지, 이 이론 자체에 의하여 밝혀져야 할 '가정'이라고는 생각하지 않는다.

그렇지만 일반적인 틀에서는, 즉 이 이론이 이제까지 이론적으로 결함이 없는 규칙을 제시하고 발전시킨 틀에서는 사정이 다르다. 소비지의 위치와 크기란 입지론의 입장에서 말하면 당연히 노동지의 위치와 노동비율과 마찬가지로 그리고 또한 적어도 농산물 원료산지의 위치와 마찬가지로 주어진 것은 아니다. 오히려 이 모든 것들은 바로 경제적 장소관계 자체에 의해 함께 또는 때때로 단독으로 '형성되는' 것이다. 따라서 그것들은 입지론에서 전제될 수 있는 것이 아니라 함께 설명되어야 하는 것이다. 즉, 그것들을 주어진 것으로 고찰한 것은 분석상의 필요 때문이므로, 우리는 그것이 현실 속에서 어떻게 형성되는지를 해명하지 않으면 안 된다. 그리고 이때 종래의 이론이 현실 속에서 성립한 공업입지를 설명하는데 실제로 충분한지 아니면 결함을 지니고 있는지 그리고 별도의 고찰을 통하여 보완할 필요가 있는 결함이 어느 부분에 있는지가 밝혀질 것이다.

그러므로 '주어져 있다는 가정을 해제한다'는 것은 곧 〔이상에서〕 도출한 공업의 입지법칙을 살아 움직인다고 고찰되는 전체 경제조직 속에 설정하는 것을 의미한다. 이것이 이루어진 경우를 상정하면, 우리의 상상력 앞에 즉시 외견상 전혀 해결할 수 없을 것 같은 힘들의 〔이러 저리 뒤얽힌〕 순환과정의 양상이 부상할 것이다. 경제조직에서 공업의 입지가 끊임없이 지향하는 소비지와 노동지 그리고 원료산지 자체도, 그것이 거기에 존재하는 것 자체도 같은 공업의 입지지향의 결과이다. 왜냐하면 어떤 장소로 어떤 법칙에 따라 견인되는 공업의 모든 생산단위는 거기서 사용되는 노동력과 결합되고, 동시에 특정한 소비지의 분포, 따라서 공업이 보여주는 입지지향의 기반 그 자체의 일부를 만들어내기 때문이다. 더군다나 그것은 이를 통하여 사용되는 원료산지기반, 곧 농업의 경우에는 형성되는 원료산지기반의 일정한 형상도 만들고, 따라서 우리가 이제까지의 설명에서 주어진 것으로 살펴 본 공업 입지지향의 기반에 또 다른 부분을 만든다.

1. 역사적 입지동태

모든 경우에 존재하는 이러한 〔힘의〕 순환으로부터 벗어나기 위한 해결책으로 우리는 다음과 같이 언급할 수 있다. 즉, 어떤 특정 시점의 모든 공업입지와 그 밖에 모든 경제적 입지배치는 그때그때의 일반적인 (경제) 조건의 발전상태에 따라 이전의 상태에 대해 행해지는 수정에 다름 아니라는 것이다. 각각의 지배적인 시대의 입장에서 살펴보면, 그것은 역사적으로 성장한 체계를 '합리화'하기 위한 개편 외에 아무 것도 아니며, 이 체계는 그 형상에서 부분적으로 이제 불합리한 것이 되고 그에 따라 개편되는 것이다. 우리는 이 역사적 (입지) 체계를 그것이 포괄하는 모든 것과 공업생산의 모든 소재지와 그에 따라 만들어진 소비지와 원료산지의 모든 형상과 함께 각각 주어진 것으로, 입지지향의 기반으로 간주하는 것이 가능할 뿐만 아니라 필요하다. 그런 연후에 이 기반 위에서 그 시대의 일반적인 조건(운송비율, 원료지수 등)의 발전상태에 따라 이미 도출된 규칙에 의하여 입지가 규정될 것이다.

의심할 여지없이 이렇게 하여 우리는 사고상의 가정에 의해 이제까지 주어진 것으로 상정한 것을 시대에 의해 주어진 것으로 보고, 공업의 입지지향이 분석되는 틀로서 고찰하는 것을 통하여 많은 것을 얻었다. 예를 들어 이러한 고찰방법에 의거하지 않으면, 오늘날의 경제조직에 대한 실태분석을 1861년부터 현재까지의 시기에 대한 연구를 통하여 나중에 수

행하는 일은 불가능하였을 것이다. 사실 여기서는 그 시기의 초기 상태가 〔이미〕 성립한 공업입지를 포함하여 주어진 것으로 설정된다. 그리고 이 역사적 기초의 수정에 의하여 〔앞서〕 도출된 (입지) 규칙의 의의가 가늠된다. 그렇지만 이 역사적 기초가 우리가 구하고 있는 '기초'와 전혀 다른 것이라는 점은 명백하다. 역사적 기초는 개편되어야 할 '자료'이다. 그런데 우리가 구하는 것은 이러한 것이 아니라 이 개편이 원리적으로 그 자체로서 지니고 있는 '기초'[4] 이다. 우리가 구하는 것은 일반적인 기초이며, 이 기초 위에서 역사적으로 오래된 조직을 물려받은 새로운 조직이 그 자체를 지향하는 것이다. 우리는 이 기초를 이제까지 주어진 소비지와 원료산지 그리고 노동지에서 구성했다. 다만, 그 법칙에 따른 형성에 관하여 우리가 파악하고자 하는 새로운 조직에 대해서는 현실적으로 모두 주어져 있는 것이 아니기 때문에, 이제 이 기초를 그러한 사물 자체에서, 다시 말해 전체 경제조직에 대한 순수한, 보다 포괄적인 분석을 시도하는 그 자체로부터 구하지 않으면 안 된다.

2. 이론적 분포층과 그 상호 연결관계

고립적으로 고찰한 어떤 경제조직의 다양한 부분을 입지적으로 서로 결합하는 가장 일반적인 동태는 무엇인가? 우리가 이를 파악하기 위해서는, 한 민족이 인간이 거주하지 않는 새로운 토지를 그러한 고립적인 경제조직을 건설할 목적으로 점유하고, 그들이 장소적 군집화[5] 를 오로지 경제적 관점에서 행한다고 상정할 때, 어떤 분포상의 동태가 전개되는지를 질문할 필요가 있다.

이러한 상태에서 전개되는 동태는 서로 인과적으로 결합되어 있으며,

---

4) 〔역주〕 여기서 말하는 기초는 곧 이론이다.

5) 〔역주〕 이는 입지적 배분 또는 분포패턴을 말한다.

더군다나 우리가 나중에 보다 자세히 살펴볼 것이지만 일방적인 것이 아니라 어느 정도까지 상호 관련되어 있는 '분포층'(*Lagerungsschicht*)의 동태임에 틀림없다. 우선 — (외부로부터 단절된 것으로 고찰된) 취락조직이 선정되는 한 — 어떤 하나의 분포층이 존재하며, 이것이 그 이후의 모든 조직구성의 토대이자 출발점이 되는 것은 자명하다. 그리고 이 층은 사정이 어떠한지, 처음부터 도시가 바로 형성되는지 그렇지 않은지 와는 무관하게 농업층이어야만 한다. 왜냐하면 그 어떤 상황에서도 농지로의 이주는, 그것이 전체 인구에게 필요한 농산물을 생산하는 한, 발생하지 않을 수 없기 때문이다. 그리고 이를 위해서는 그에 필요한 일정 인구가 각 시대의 상황(자연, 기술, 조직)에 따라 필요한 농산물을 생산하는 데 요구되는 만큼의 면적을 지닌 농지 위에 분포해야만 한다. 여기서 당장은 이 토지가 사고상 나중에 성립할 수 있는 〔농업층 외의〕 또 다른 분포층의 형성(도시로 분포층이 집중하는 것 등)에 의해 결국에는 상이한 밀도로 〔인구가〕 거주하게 될 것이라는 점과 이를 통한 농업인구의 집중과 분산에 따라 전체적으로 그 크기도 다소 달라질 것이라는 점은 전혀 문제되지 않는다. 이 두 가지의 것들은 잘 알려져 있는 튀넨(Thünen)의 법칙, 즉 판매지까지의 거리가 다를 때 생산의 집약도가 달라진다고 하는 법칙의 작용을 받는 것이다. 어쨌든 필요로 하는 농산물을 생산하기 위하여 필요한 일정 인구가 결국 서로 다른 밀도로 서로 다른 크기의 토지 위에 분포해야 한다는 것은 명백하다. 그리고 또한 어떤 고립적인 경제조직 속에서 생활하려고 하는 인구 규모와 이들을 농산물로 부양하기 위해 필요한 토지 면적(토지의 주어진 자연적 성질과 주어진 욕구수준, 주어진 기술 그리고 주어진 경제조직의 조직수준에서) 사이에 아주 특정한, 위에서 언급한 일정한 범위 내에서만 변화하는 관계가 존재하는 것도 분명하다. 이 관계는 일정 인구가 이 평면 위에 분포해야만 하며 이 평면이 일정한 크기여야만 하고, 따라서 일정 인구의 토지에의 지리적 '밀착'이 이루어지지 않으면 안 된다는 점을 보여 준다. 이렇게 하여 이 관계는 경제조직에서 첫 번째 최하위 분포층을 구성한다.[6]

이 첫 번째 분포층에 의해 만들어지는 인간이 거주하는 평면은 다른 모든 층에 대한 지리적 기초가 되는데, 어떻게 해서 이러한지를 분석하면 다음과 같다. 이 평면은 우선 직접적으로 이 평면을 위하여 작업하는 공업생산 부분에 대한 지리적 기초가 된다. 이 공업생산 부분은 그 전체 생산단계를 통하여 그 소비지의 위치를 이 평면에서 지리적으로 구체화한다. 그것은 — 이론을 상기해 보자 — 개별적인 경우에 소비지가 어떻게 구체화되는지 와는 상관없이 이러한 소비지의 지리적 분포에 따라 '배치' 된다. 즉, 이 공업 부분은 그 평면이 내포하고 있는 소비지에 따라 사용되어야 할 원료산지를 찾아내고, 이 평면을 따라 그 입지도형을 형성한다. 요약하면, 공업 부문은 이 평면에서 지리적 기초를 얻게 되며, 이 기초에 의거하여 그 전체적인 입지패턴을 구체화한다. 이에 따라 우리는 이러한 농업에 의해 결정되는 공업생산의 부분, 보다 정확히 말해 이 부분에서 활동하는 공업인구를 제 1의 농업인구에 의해 입지가 결정되는, 경제조직을 보다 확충하는 제 2의 분포층, 즉 '농업을 (입지적으로) 지향하는 1차적 공업층'이라고 고찰할 수 있다.

이 밖에도 입지적으로 편입시켜야 할 다음과 같은 몇 가지의 큰 그룹들이 존재한다. 즉, (1) 공업의 수요를 충족시키기 위하여 공업 제품의 생산에서 활동하는 공업인구, (2) 상업과 운수업에 종사하는 유통업 인구, (3) 단순한 소비자들(공무원, 자유업자, 연금생활자) 그리고 끝으로 (4) 이 마지막 두 개의 층의 수요를 충족시키기 위하여 일을 하는 공업인구 등이다.[7]

6) 이 농업용지(이곳을 점유하는 경제조직의 전체적인 기반이다)가, 그것이 포함하고 있는 공업생산의 이익(공업원료의 생산 등)을 아울러 얻고자 하는 것은 당연히 가능하며 실제로도 대단히 빈번히 관찰된다. 그러나 이 점이, 농업용지가 농산물로 전체 (경제) 조직을 부양하는 데 필요한 규모를 지니고 있기 때문에 전체 입지분포의 기초를 형성한다는 사실을 바꾸어 놓는 것은 아니다.

7) 사람들은 개인적인 피부양자 인구(하인 등)를 특별한 '층'으로 생각할지도 모른다. 하지만 이 층은 '입지상'으로 어디서나 '주인층'의 일부이며, 따라서 이 주인층과 구별할 필요가 없다.

이들 그룹 가운데 공업을 판로로 하는 공업인구의 그룹은, 1차적 공업층이 농업층에 의해 결정되는 것과 마찬가지로 농업을 판로로 하는 이 1차적 공업층에 의해 결정된다. 공업인구가 그 수요를 충족시키기 위하여 활동하는 1차적 공업은 공업인구를 위하여 그 소비영역의 지리적 분포패턴을 결정하고, 따라서 위에서 서술한 것과 같은 규칙에 따라 공업인구가 보여주는 입지기반의 지역적 구조를 결정한다. 물론 이때 다음과 같은 점에 주의할 필요가 있다. 그것은 엄밀히 말해 이 공업 지향적인 공업이 하나의 층이 아니라 다수의 층으로 구성되어 있다는 사실이다. 〔고도로〕 진행된 분업을 전제로 할 경우 이 공업은 첫째, 직접적으로 농업 지향적인 공업의 수요를 충족시키기 위해 활동하는 층으로 구성되고, 다음으로 둘째, 이 제 1 의존층의 수요를 충족시키기 위해 활동하는 층으로 구성되고 그리고 이 제 2 의존층의 수요를 충족시키기 위해 활동하는 층으로 구성되는 것 등이다. 즉, (그 크기가 감소하면서) 차례차례로 구분되는 개별층이 존재하지 않으면 안 되며, 그리고 이들 층은 각각 선행하는 층, 곧 각 층이 그 수요를 충족시키기 위하여 활동하는 층으로부터 그 소비영역의 지리적 분포패턴과 그 일반적인 입지기반을 이어받는다. 예를 들어, 한 나라의 국민이 그 절반은 공업인구로 구성되어 있고 또 다른 절반은 농업인구로 구성되어 있으며, 따라서 이제까지 언급한 층만이 존재한다고 가정해 보자. 이 경우 분명한 것은 ― 전 국민을 위한 공업제품을 생산하는 데에는 인구의 절반만으로 넉넉하기 때문에 ― 농업인구에 공업제품을 공급하는 데에는 전체 인구의 25%만으로 충분하다는 점이다. 다시 말해, 농업 지향적인 공업층은 공업인구의 50%를 포괄하지 않으면 안 된다는 것이다. 그리고 이 50% 공업인구의 공업제품에 대한 수요를 충족시키기 위해서는 추가적인 25%의 공업인구로 충분할 것이다. 이것이 공업 지향적인 공업의 제 1 하부층이다. 그리고 이 층에 대해서는 다시 동일한 목적을 위해 12. 5%의 공업인구가 존재한다면 충분할 것이며, 이것이 이러한 공업 지향적인 공업의 제 2 하부층이다. 이 층에 대해서는 다시 6. 25%가 동일한 일을 행할 것이며, 이것이 제 3의 하부층이다. 이하도 마찬가지이다. 이상은 좀더 정확히 고찰할 경우 어떤 방법으로 공업인구가 그 크기가 점차 감소하는 분포층을 형성하면서 서로 포개어지는지를 명확히 보여준다. 물론 이들 각 분포층은 그 입지 기반을 각각 그 판로가 되는 선행하는 층에 두고 있다. 그렇지만 우리가 여기서 당장 이러한 전체적인 층위의 구성에 대하여 논의할 필요는 없다. 요컨대 전체 구조는 그 기초를 농업 지향적인 공업의 입지패턴에서 찾고 있다. 따라서 우리는 이에 대한 하부층을 일괄하여 제 3의 대분포층, 곧 **'2차적 공업층 또는 공업 지향적 공업층'**이라고 지칭하고자 한다.

그런데 이 세 번째 층을 앞의 두 층과 더불어 사고상 전체로서 고찰한다면, 우리는 '경제조직'을 파악할 수 있고 나머지 층의 거의 대부분도 이 입지구조에 의거하여 간단히 결정할 수 있다. 위에서 거론하였으나 아직까지 설명하지 않은 그룹이 보여주는 실체의 대부분은 단순히 이 조직형태를 강화하는 것에 지나지 않는다.

이 조직형태를 위와 같이 단순히 강화하는 데 지나지 않는 것 중에 하나가 국지적인 재화유통의 물적 중개를 수행하는 모든 유통업 인구, 즉 서론 부분에서 이미 언급한 소매업 인구와 운수업 인구이며, 이들은 간단히 장소적으로 다른 층 사이에 끼여 있을 뿐이다. 이들은 입지적으로 다른 층에 의해 동시적으로 결정되고, 다른 층을 강화할 뿐이다. 그리고 이와 마찬가지로 단순한 소비자 그룹 가운데 **국지적** 기능을 수행하는 대다수의 공무원들도 단순히 기존의 형태를 강화할 뿐이다. 이들은 (개략적으로 보아) 단순히 대량의 인구가 어디에 분포하는지에 따라 분포할 뿐이며, 따라서 입지적으로도 단순히 이러한 인구지수에 지나지 않는다. 그러므로 우리는 **국지적** 거래 및 조직 요소를 지닌 이들 인구집단을 사고상 이제까지 고찰한 층에서 특별히 구분할 필요가 없다. 우리는 이 집단을 아주 간단히 이들 층에 속하는 부분, 어떤 의미에서 이들 층의 '주변부'로 고찰해도 괜찮을 것 같다. 그럼에도 불구하고 만약 우리가 구분한다면, 이 집단을 입지적으로 이제까지 서술한 층과 철저히 동시에 결정되는 '**국지적 조직층**'이라고 개념적으로 유형화할 수 있을 것이다.

다음으로 그 자체 전적으로 독립적인 분포층으로서, 유통업 인구와 단순한 소비자들 가운데 위에서 언급한 것과 다른 부분이 존재한다. 즉, 전자 가운데서 물적·비물적 종류의 재화의 교환에서 국지적인 것이 아니라 일반적인 조직 활동에 관계하는 부분이 존재하고, 후자 가운데도 역시 국지적인 것이 아니라 일반적인 조직기능에 관계하는 공무원들이 존재한다. 더군다나 이 밖에도 이른바 '자유'업(종)의 종사자와 연금 생활자들이 존재한다. 이 모든 사람들은 그 입지패턴에서 국지적 조직층과 전혀 다른 경향을 보여 준다. 다시 말해 이들은 — 적어도 외견상 — 그 입지선정에서 후자가 굳건히 구속되어 있는 것과 동일한 정도로 '자유롭다'. 이들은 외견상 경제조직을 구성하는 요소들 가운데 그 입지선정과 관련하여 경제적 이유에 따른 구속을 가장 적게 받거나(연금생활자, 지식계급, 예술가) 또는 구속을 받고 있을지라도 전혀 별도의 대단히 복잡하며 다른 이유가 혼재된 형태로 구속을 받고 있다(중앙정부의 공무원, 도매업자). 그러나 이것은 여기서 당장 우리와 아무런 관계가 없다. 우리는 또한 이들 요소가 현실에서 보여주는 입지형태가 거의 언제나 도시로의 집중, 보다 정확히 말해 '주요 도시'로의 집중의 형태를 띤다는 점에 관해서도 신경을 쓸 필요가 없다. 우리와 관련이 있는 것은, 첫째로 이들의 분포형태가 실제로는 독립적인 것이라는 점과 둘째로 만약 이들이 일반적인 경제조직을 그 어떤 방식이든 간에 지향한다면, 이들은 앞에서 언급한 세 가지 또는 네 가지 층으로 구성되어 있는 전체 경제조직을 지향하고 있다는 점이다. 이 전체 경제조직을 중앙은행 부문과 중앙거래 부문이 입지적으로 지향하고, 공공조직의 중앙기관도 입지적으로 지향하며 공무원과 예술가 등도 입지적으로 지향하는데, 물론 이 점은 이들의 입지를 국지적으로 결정하는 입지기반이 이들이 속해 있는 경제조직 자체에 있는 경우에 국한해서이다. 이들 요소의 분포가 상당히 다양하고 또한 많은 종류의 법칙에 의해 지배를 받을지라도, 이것들이 하나의 전체를 이루는 것은 이들의 분포가 앞서 언급한 다른 모든 층을 기반으로 하여 비로소 고려될 수 있다는 점에 의해서이다. 우리는 이들을 또한 4차적(또는 5차적) 분포층으로서, 그 주된 특성에 따라 선택된 '중앙조직층'이라는 이름으로 총괄하고자 한다.

끝으로 마지막 두 개의 층, 즉 국지적 조직층과 중앙 조직층의 욕구를 충족시키기 위해 공업적으로 (위의 네 번째 항목에서 서술한) 또는 당연히 이 마지막 두 개의 층 자체의 형태로 활동하고 있는 인구 부분이 있다. 즉, 이 양자에 공업적으로 또는 그 밖의 형태로 의존하는 층이다. 그리고 이들은 또한 당연히 그 자체로 다시금 이미 위에서 한번 언급한 것처럼 이들에 공업적으로 또는 '그 밖의' 형태로 의존하는 층을 지니고 있다. 그리고 기타 등등이다. 그러나 이 의존층이 그 층위구성과 원상복귀를 무한히 지속한다고 해서 우리가 크게 걱정할 필요는 없다. 말하자면 우리는 이들 가운데서 중앙조직층에 의존하는 것만을 사고상 별개의 것으로 선별하여 고찰하면 충분할 것이다. 왜냐하면 국지적 조직층이 표면적으로 다른 일반적인 분포패턴 속에서 그것을 강화하는 요인으로 자리 잡는 것과 마찬가지로, 국지적 조직층에 의존하는 층도 당연히 국지적 분포층 속에 자리 잡고 그것으로부터 분리할 필요가 없기 때문이다. 그렇지만 중앙조직층에 의존하는 층은 그것에 의존하는 층과 더불어 하나의 (5차적) 분포층을 구성하는 것으로 여겨지며, 이것을 우리는 간단히 '중앙의존층'이라고 부르고자 한다. 이 중앙의존층의 하부층은 보통 인구의 필요한 상업적 조직 부분과 그 밖의 조직 부분을 포함하는 공업 부분으로 이루어진다. 다만 이 경우에 중앙의존층에 포함되는 비국지적인 상업적 요소와 조직적 요소는 사실상 수적으로 중요하지 않으므로 무시할 수도 있다. 국지적인 상업적 요소와 조직적 요소도 단순히 이 중앙의존층에 포함되는 공업적 요소를 강화하는 요인에 지나지 않는다. 따라서 우리는 실제 분석에서 이들 모든 그룹을 그 입지지향의 형태와 관련하여 공업으로만 구성되는 단일의 하부층, 즉 중앙조직층에 대한 공업적 의존층으로 파악할 수 있다.

따라서 우리는 이제 다음과 같은 층들을 가지게 된다.

(1) 농업층, (2) 1차적 (또는 농업 지향적인) 공업층, (3) 2차적 (공업 지향적인) 공업층 — 이 층에는 이것을 강화하는 것으로 국지적 조직층이

포함된다—, ⑷ 중앙조직층 그리고 ⑸ 중앙의존(공업)층 등이다.

이상을 통하여 우리는 적어도 실질적인 목적을 위해서도 충분한 정도로 전체 분포 메커니즘의 구조를 파악할 수 있다.

이들 각 부분을 서로 결합시키는 입지동태는 어떤 의미에서 이미 서술한 것처럼 단순히 아래에서 위로만 작용하는 것이 아니라, 그 반대로 마지막 층에서 맨 처음의 농업층을 향하여 위에서 아래로도 작용한다. 이러한 동태는 다음과 같이 작용한다. 즉, 비농업적 층에 의하여 만들어진 소비의 중심은 농업생산에 대하여 중심점을 형성하고, 튀넨의 의미에서 말하는 '동심원의 형성'이 발생한다. 그리고 이 동심원의 형성은 농업에서 단순히 생산방식의 특정한 지리적 분포만을 결정하는 것이 아니라, 잘 알려져 있듯이 경영의 집약도에 따른 농업인구 자체의 지리적 분포도 결정한다. 이에 따라 동심원의 형성은 다름 아닌 농업인구의 국지적 분포에서 발견되는 전체 분포 피라미드의 기초를 어느 정도까지 다시 변화시킨다. 그래서 경제활동의 인과분석을 곤란하게 하는 수많은 순환적 동태 가운데서 하나가 성립한다—이러한 분포 피라미드의 기초가 변하고 그것이 어떤 양적 의미를 지니는지에 관해서는 경험이론에서[8] 보다 자세히 연구하게 될 것이다. 여기서는 다만 이 순환적 동태가 우리가 설정한 입지구조의 원론적인 정당성을 훼손하는 것은 아니라는 점을 보여주기 위하여, 그것이 단순히 반작용에 지나지 않는다는 사실을 지적해 두고자 한다. 그리고 또한 이 순환적 동태가 동심원의 형성을 포함하여 기존 경제조직의 특정한 구조에 대하여, 보다 정확히 말해 임의의 '평면'에 대하여 앞서 행해진 '선택'에 따라 작용할 뿐이라는 사실도 지적해 두고자 한다. 그런데 이 '평면'은 전체 경제조직의 기초이며, 더군다나 농업적 기초로서, 그 가운데서 비농업인구의 거주지가 결정되며, 결국 이 거주지가 '농업'에 대하여 반작용을 행사하는 것이다.[9] 〔여기서〕 이 '반작용'을 2차적 현상 외

8) 〔역주〕 앞에서 여러 번 지적하였듯이, 이 책의 제 2부에 해당하는 부분을 말한다. 물론 베버는 이를 구상하였지만 출판하지는 못하였다.

9) 이미 위에서 언급한 것처럼, 바로 이 비농업적 거주지가 지닌 경제적 이익이

의 것으로 파악하기란 개념상으로 가능하지 않다. 물론 튀넨 자신은 〔고립국이론에서〕 이렇게 다루지 않았는데, 그는 '도시'를 그의 농업적 입지분포에서 설명되지 않는 기초적 현상으로 전제하고 있다. 그러나 우리는 특히 바로 이 도시가 어떤 경제법칙에 따라 어디서 그리고 어떻게 성장하는지를 밝히고자 한다. 그리고 이를 위하여 우리는 농업인구의 '분포'에 대한 이들 도시의 반작용의 배후까지 소급하여 분석하지 않으면 안 된다. 이것이 앞서 설명한 방법으로 〔입지적〕 분포구조를 형성하도록 하며, 또한 이것은 튀넨의 동심원 형성을 전체 과정에서 나중에 성립한 현상으로 자리매김하게 한다.

3. 이상의 설명 결과와 남아있는 문제

이러한 입지구조에 관한 설명에서 이제까지 상정한 여건이 어느 정도까지 현실의 여건으로 교체될 수 있으며, 따라서 공업의 입지가 이미 도출된 법칙에 따라 어느 정도까지 명확히 확정될 수 있는가?

(1) 〔이상에서〕 상정한 여건 가운데서 〔현실의 여건으로〕 대체되어야 할 것은 세 가지이다. 즉, 소비지와 관련된 여건과 원료산지와 관련된 여건 그리고 노동지 및 그 속성과 관련된 여건이다. 이제까지의 입지결정 메커니즘에 관한 모든 분석은, 하나의 (입지) 분포층이 어떻게 다른 분포층의 소비기반으로 구체화되는지 하는 관점에 입각하여 각각의 분포층을 서로 분리하여 고찰하는 방식을 바탕으로 하여 수행했다. 그러므로 이러한 구조에서 소비기반은 물론 모든 상부층이 하부층의 변동에 의해 매번 변하기도 하지만 모든 층에 걸쳐 '주어진 것'으로서 고찰된다. 그러므로 그것은 공업의 입지구조에 포함되어 있는 모든 분포층에 대해서도 주어진 것

'(토지) 평면'의 선택에 결정적이었을 수도 있다. 그러나 이 점은, 그 경제적 이익이 경제조직의 (입지) 선택에 우연적 요인에 지나지 않으며, 경제조직의 입지구조를 결정하는 일차적 요인이 아니라는 사실을 전혀 바꿔 놓지 않는다.

이다. 그리고 이 소비기반은 소비의 지리적 분포가 불확정적인 형태를 취하는 경우에도 주어진 것일 뿐만 아니라, 이제까지의 이론에서 적용한 것처럼 일정 규모의 소비가 일정 장소에 존재하는 형태를 취하는 경우에도 주어진 것이다.

따라서 이 점은 — 곧바로 알 수 있듯이 — 보다 고차의 모든 단계에 대해서도 언급할 수 있는 것이다. 이들 고차 단계에서는 하부층의 공업생산지와 중앙조직의 소재지 또는 상업 중심지가 판매지, 즉 보다 확실하게는 일정 크기의 판매지가 된다. 이렇듯 이것은 농업적 기초 위에 구축된 공업의 1차적 분포층에 대해서도 마찬가지로 언급할 수 있는 것이다. 왜냐하면 이 경우에 첫째, 유난히도 다양한 농업적 거주형태가 존재하며, 따라서 이것이 부여하는 매우 다양한 소비기반 — 이것과는 1차적 공업층이 그 기반으로서 연결되지 않으면 안 된다 — 의 1차적 구조가 존재하는 것은 확실하기 때문이다. 둘째, 현실의 관찰자가 (1차적) 공업층이 이 1차적 구조[10]와 지리적으로 연결되어 있다는 사실을 직접적으로 파악하기란 대단히 어려울 수 있다는 점이 확실하기 때문이다. 이 점은 소비가 행해지는 현저히 분산되어 있는 농업적 거주지가 일반적으로 다름 아닌 이미 그 어떤 집적적인 형태를 취하는 공업생산('도시')을 통하여 그 수요를 충족시킨다는 사실에 따른 것이다. 이것은 두말할 나위도 없이 〔공업층이〕 농업적 소비분포와 직접적으로 연결되어 있다는 명료한 사실을 희미하게 한다. 그렇지만 이 모든 것도 확실히 다음과 같은 사실의 인식을 외형적으로만 어렵게 할 뿐이다. 즉, 이 경우에도 주어진 크기의 소비를 가진 주어진 소비지의 유난히 복잡한 체계가 존재하고, 이 체계에 따라 — 이미 서술한 그들 사이의 반작용을 우선 도외시한다면 — 이들 소비지를 위해 생산하는 공업이 입지적으로 지향하게 되는데, 이것은 소비분포가 비교적 명백히 파악할 수 있는 형태를 취하며, 그것들이 보다 높은 분포층의 입지배치를 그 기반으로 하는 경우와 전적으로 동일하다.

---

10) 〔역주〕 이것은 다름 아닌 농업층을 지칭하는 것이다.

⑵ 따라서 현실에서 소비지의 존재방식이 이제까지 이론이 가정한 것처럼 주어져 있다면, **원료산지**의 존재방식은 이론이 입지도형의 성립을 소비지에 기초하여 설정한 법칙에 의거하여 이들 소비지로부터 저절로, 적어도 거의 대부분 결정된다. 이것은 이를테면 원료기반이 자연에 존재하는 물자를 단순히 채취하는 부분, 다시 말해 일반적으로 '광업과 같은' 유형인 부분에 대하여 언급할 수 있는 것이다. 이 경우에 행해지는 유일한 일은 원료산지 사이의 '선택'이며, 이론이 바로 이 점을 서술하고 있다. 원료산지의 기반은 이 선택과 관련하여 언급하는 한, 실제로 어디서도 무조건적으로 주어져 있는 것이다. 문제가 되는 것은 다만 원료기반 가운데 농업적인 것이 실제로 어떻게 성립하는지 하는 점이다. 왜냐하면, 이 경우 산지 자체가 우선 '만들어'져야 하며, 그것을 위한 자연적 조건이 주어져 있을 뿐이기 때문이다.

농업의 입지분포에 독립적인 동태가 존재하지 않고 게다가 이들 산지가 상호 작용하는 것이 아니라고 한다면, 이 문제에 대한 해답은 간단할 것이다. 왜냐하면, 이 경우에는 앞서 언급한 경우처럼 산지를 형성하는 물자가 현실적으로 이미 존재하는 것이 아니라, 이러한 물자를 생산하기 위한 '자연적 조건'이 주어져있다고 말할 수 있기 때문이다. 그리고 앞의 경우에는 기존 산지의 유·불리, 다시 말해 광업의 경우 '위치'와 더불어 채굴 가능성에 의해 이 산지가 이용되는지 그렇지 않은지가 결정되는 것과 동일한 법칙에 바탕을 두고 있으며, 이 경우에는 '위치'와 더불어 '자연적 조건'의 유·불리에 의해 그 산지가 '개발'되는지 그렇지 않은지가 결정되는 것이다. 이 둘 가운데 그 어떤 경우라도 이 (원료) 산지 자체는, 소비지가 주어져있다면 '주어져'있을 것이다. 사실 공업의 입지지향도 그 자체의 측면에서 그 농업적 원료산지 기반을 광업적 원료산지 기반과 마찬가지로 단순히 자연적 환경 속에 주어진 것으로 구축하도록 작용한다. 그러나 이 경우에 공업의 입지지향은 이미 서술한 것처럼 농업적 원료산지의 개발을 당연히 동시에 포함하고 있는 농업의 입지분포가 지닌 독자적인 경향과 충돌할 수 있다. 즉, 잠재적인 농업적 성질의 공업 원료산지가 어느 한 공업에 의해 개발되기 위한 조건(이 공업의 소비지와 노동지에 대한 위치 및 같은 종류의 몇몇 잠재적인 산지들 사이에 비교한 자연적 질의 좋고 나쁨) 외에 실제로 그 개발을 위해서는 농업 경영의 '경제적' 전체 조건이 동시에 결정적으로 영향을 미친다. 이들 조건은 두말할 나위도 없이 튀넨의 동심원 형성의 조건과 결코 다를 수 없으며, 따라서 그것들은 부분적으로 바로 공업의 입지분포에서 파생된 2차적 현상이며, 이로써 그것들은 공업의 1차적 기반과 관련을 맺고 있다.

이 점에서 알 수 있듯이, 이 농업적 원료산지의 구체적인 존재방식이 마침내 온전히 밝혀지는 것은 〔이리저리 뒤얽힌〕 이 순환과정이 더불어 고찰될 때, 다시 말해 경험적 이론에서이다. 이런 까닭에 우리는 이 (원료) 산지를 다른 종류의 공업적 원료산지와 마찬가지로 실제 입지지향과 관련하여 단순히 주어진 것으로써 고찰할 수 없다. 그렇지만 이 산지가 우리가 적어도 원리적으로 인식하고 있으며 어떠한 문제점도 갖고 있지 않은 법칙에 따라 형성되는 것을 우리는 알고 있다. 왜냐하면, 농업경영의 경제적인 전체 조건의 작용은 위에서 언급한 것처럼 아주 단순하게 잘 알려져 있는 튀넨의 동심원 형성의 법칙도 동시에 결정적으로 영향을 미치게 된다는 점을 의미하기 때문이다. 보다 정확히 말하면, 모든 잠재적인 공업용의 농업적 원료산지에서는 여전히 그 밖의 농업적 이용, 곧 다른 종류의 원료생산을 위한 토지이용이 이것과 경쟁하며, 튀넨의 법칙에 의거하여 그 가운데서 수익이 가장 높은 것이 승리를 거둔다는 것이다. 우리는 이를 다음과 같이 언급할 수도 있다. 각 공업이 그 농업 원료의 잠재적 산지를 이 원료의 '자연적 생산(가능)지'가 존재하는 만큼 많이 지닐 것이다. 그러나 각 공업은 이러한 원료를 전혀 다른 '산지가격'으로 가질 것이다. 그리고 각 산지의 '산지가격'은 튀넨의 이론에 따라 해당 원료를 생산하기 위하여 '배제'해야만 하는 그 밖의 이용방식 가운데서 수익이 가장 높은 것에 의해 결정된다. 게다가 이들 잠재적 산지가 이 '산지가격'으로 동일한 종류의 일련의 산지 사이에 자리매김 되는 방식은, 이보다 간단한 방법으로 주어지는 광산과 관련된 일련의 원료산지의 경우와 전적으로 동일하다. 이것들은 우리가 알고 있는 법칙에 따라 입지의 기초로서 개발되고 생산에 이용되고 있다. 양자가 다른 것은, 좀더 복잡하다는 것과 부분적으로 전체 입지분포의 후속현상으로서 비로소 그 가격이 결정된다는 점뿐이다.

그러므로 공업입지의 기초를 형성하는 소비지와 원료산지가 (위에서) 분석한 경제조직의 입지구조에 의하여 부분적으로는 매우 직접적이고 간단하게 그리고 부분적으로는 다소 복잡하게, 그렇지만 그 어떤 경우라도 대단히 명백한 방식으로 우리가 알고 있는 법칙에 따라 공업에 주어진 것으로서 제시되고 있다. 그러나 이것은 다음을 의미할 뿐이다. 만약 공업이 그 입지지향에서 노동지와 노동비의 차이와 무관하고, 오로지 운송비 상황과 운송비 지향을 기초로 하여 성립하는 '순수한' 집적력에 의해서만 규정된다면, 그 입지상은 위에서 분석한 입지구조의 틀 안에서 앞서 도출한 입지법칙에 의해 의심할 여지가 없이 설명될 것이라는 점이다. 왜냐하면 공업이 이들 힘에 의해 입지를 지향하게 되는 한, 소비지와 원료산지의 존재방식만이 명백히 규정하기 위해 필요한 현실의 상황에서 주어진 지리적 기초로서 고려되기 때문이다. 일정한 농업적 거주방식에 기초한 인구가 주어져 있고 더군다나 중앙조직층의 기본적인 분포방식이 알려져 있다면, 일반적인 경제적 · 기술적 발전단계에 대하여 각각의 지리적 틀 가운데서 공업의 입지분포가 어떤 모습을 띨 것인지를 명백히 언급하고 '계산'할 수 있을 것이다. 특정한 '경제체제'(자본주의, 사회주의, 기타)가 일반적으로 입지지향에 영향력을 행사할 여지는 전혀 없을 것인데, 왜냐하면 이미 그 '순수법칙'이 공업을 적어도 일반적인 방식으로 확정하고 있기 때문이다. 풀어야할 이론적 과제는 이미 해결되었으며, 입지에 관한 이 이상의 현실적 이론은 불필요하다.

4. 노동비의 차이

그렇다면, 노동비에 의한 편향과 이것에 바탕을 둔 노동비 지향을 고려할 경우에는 어떻게 되는가? 이 문제는 이제까지 노동지가 주어져있고 노동지 사이에 노동비 차이가 있다는 가정 아래 다루어졌다. 그런데 이제까지 설명한 입지결정 메커니즘이 이러한 비용 차이의 국지적 분포와 '노동지'의 성립 그리고 노동비 수준에 영향을 미치지 않으면서 노동력을 무한정 공급할 수 있다는 가정에 따라 이제까지 이론적으로 제외되었던 그 형성 가능성에 관한 법칙을 설명하는 어떤 본질적인 근거를 우리에게 제시하고 있는가? 확실히 그 어떤 것도 전혀 제시하지 않고 있다. 이제까지 우리의 모든 입지구조의 도식에서는 이러한 주어진 여건 가운데 그 어떤 것도 논의되지 않았다. 이 사실은 확실히 다음을 의미한다. 즉, 우리가 이제까지 사용해 온 언어의 의미에서 노동지의 성립과 그 발전에 관한 법칙에 종래의 고찰이 남겨놓은 커다란 결함이 존재하는 것은 틀림없으며, 게다가 이 점에서 좀더 이론적으로 고찰할 필요가 있는 문제, 즉 비밀이 존재하는데, 이것은 바로 현실 이론이 해결하지 않으면 안 되는 것이다. 여기서 또한 각 시대의 경제체제가 이 문제와 관련하여 갖는 의미에 대해서도 고찰할 필요가 있다. 왜냐하면 이제까지의 고찰에서 경제체제의 영향에 대해서는 전적으로 무시했으나, 여기서는 그것이 일반적으로 해제되기 때문이다. 확실히 '노동지'의 성립과 발전이 대체로 경제적 이유로 설명될 수 있다고 말하려는 것은 결코 아니다. 하지만 만약 그것이 가능하다면, 그 이유는 〔각 시대의〕 특정한 경제체제와 더욱이 이 경제체제가 경제 속의 노동력에 부여하는 지위에 기초해야만 할 것이다. 왜냐하면 우리는, 우리가 좀바르트(Sombart)에 의거하여 '경제체제'라고 단연 적절하게 지칭한 것, 즉 어느 한 시대의 지배적인 특정한 사회원리를 표현하고 그 시대의 일반적인 사회질서의 일부로 여겨지는 경제의 특수한 조직상의 규제를 제외하면, 우리가 〔이제까지〕 시도한, 경제를 순수 경제로 다루는 일반적인 분석을 통하여 발생할 수 있는 모든 일반적인 경제관계를 이미 고찰하였기 때문이다.

따라서 뒤이은 현실 이론이 역사적으로 주어진 경제체제에서의 노동력의 취급에 관한 이론[11] 이어야만 하는 것은 분명하다. 만약 이 이론이 오늘날 공업의 입지론을 충분히 논구하고 또한 오늘날 우리가 관찰하고 있는 경제력의 지역적 군집화와 인구집중을 그 이론적 측면에서 기실 온전하게 설명하려고 하는 것이라면, 이것은 결국 다음과 같이 질문하지 않으면 안 된다. 즉, 자본주의가 노동력을 하나의 '상품'으로 취급한다는 사실이 자본주의에서 이 '상품'이 지역적으로 분포하는 방식에 어떤 의미를 가지는지 하는 점이다. 이것은 현재 우리의 사회조직이 지닌 지역구조의 절반 정도를 명확히 보여줄 것이다.

11) 〔역주〕 '노동력의 관리와 운용 그리고 그 처리'에 관한 이론이라는 의미를 함축하고 있다고 볼 수 있다.

보론 1

이제까지의 문헌

어떤 한 (학문) 영역을 새로운 형식으로 다룰 때, 옛 문헌들을 검토하는 일은 기본적으로 별 가치가 없다. 거기서 행해져야 하는 것은 그 자체로서 논거를 갖지 않으면 안 되는 것으로, 이는 옛 고찰과는 그 어떤 긴밀한 관련성도 없다. 따라서 나는 종래의 모든 논의에 대하여 실질적이고 비판적인 분석을 수행할 생각을 처음부터 하지 않았다. 나보다 앞선 사람들의 주장에서 보이는 어떤 오류를 지적하는 일은 실질적으로 필요한 것이라기보다는 오히려 학자들의 〔지적〕 만족에 지나지 않을지도 모른다. 나는 여기서 다만 원칙적으로 그들이 이 (연구) 대상을 다루는 방식을 조명하려고 하는데, 이와 동시에 이제까지 행해진 것에 대하여 일종의 개관을 제시하려고 하기 때문이다.

이에 앞서 (연구) 대상 그 자체에 대하여 한 마디 언급해 둘 필요가 있다. 경제의 **장소**에 관한 이론의 대상은 구체적으로 경제**지리학**의 제반 사실에 분명히 귀착된다. 그것이 제반 사실에 귀착되는 방식은 경제**방식**에 관한 모든 이론의 대상이 결국 경제사의 제반 사실에 귀착되는 것과 마찬가지이다. 이 둘 가운데 그 어떤 경우라도 분석을 위한 최초의 자료와 과학적 설명의 최종 목적은 양자 공히 구체적인 개별 현상들이다. 우리의 경우에 이들 개별 현상은 공간적 배열질서하에 놓인 현상이며, 다른 경우에는 시간적 발생관계하에 놓인 현상이다. 그럼에도 불구하고 경제방식에 관한 이론이 경제사에 존재하지 않는 것과 마찬가지로 경제장소에 관한 이론도 경제지리학에는 존재하지 않는다. 더군다나 이 점은 이론이 단순히 경험적인 개별 사상들을 일반적인 법칙으로까지 높이고 이 과학의 법칙성을 개별 현상들의 '유형화에 의거한' 설명의 보조수단으로 삼는 것에 만족하고 있기 때문이며, 개별 현상들을 개별적인 형태로 다루고 개별적으로 설명하는 데까지 다시 내려오는 것이 아니기 때문이다. 이론은 모든 과학적 연구의 최종 목표인 개별 대상의 인과분석에까지 올라갔다가 다시 내려오는 것이 아니라, 오히려 그것을 위한 일반적인 보조수단을 제공하는 데 머무른다. 왜냐하면 이론은 그 공식이 항상 개별 대상의 단 하나의 특정한 '측면', 즉 그 해명을 위해 '추상'이 행해지는 측면만을 설명하는 데 지나지 않다는 점을 잘 알고 있기 때문이다. 그것을 통하여 추상적으로 얻어진 공식에 여타 다수의, 법칙적으로 아직도 파악되지 않은 일련의 원인들을 종합하고, 개별 현상의 본래적인 형태를 최종적으로 이해하기 위해서는 이것과는 전혀 다른 연구와 방법이 필요하다. 그래서 경제방식의 이론으로서 (국민) 경제학이 이 문제를 경제사에 위임하고, 경제사는 경제적 '법칙성' 외에 다수의 비경제적인 일련의 원인들을 고려해야만 한다. 또한 경제장소의 이론으로서 (국민) 경제학은 이 문제를 경제지리학에 위임하는 것이 합목적적이며, 경제지리학은 여기에 제시된 법칙성을 무엇보다도 경제지리학에 의해 확립된 분포론적 제반 사실과 아마도 또한 또 다른 종류의 (기상학적 · 지질학적) 법칙성과도 연결시키고, 그래서 마침내 구체적이고 공간적인 경제력의 개별 결합상황을 파악할 수 있을 것이다.

이러한 이유로 여기서 제시되는 연구에서는 경제지리학이 아니라 '경제장소의 (국민) 경제학'을 추구하고자 한다.[1] 공업입지론의 분야에서 국민경제학의 이 분야가 종래에 다룬 것으로는 다음과 같은 세 가지 범주의 연구가 있다.

(1) **사실의 요약.** (a) 이 범주에 속하는 것 가운데 하나는 1865년에 출간된 로쉬의 〈공업 부문의 합목적적인 입지를 규정하는 자연법칙에 관한 연구〉[2] 이다. 이 제목은 〔우리들로 하여금〕 하나의 이론을 추측케 한다. 하지만 로쉬의 경우 연구의 전체적인 가치는 개별 사상들을 부지런히 수집해 놓은 점에 있다고 해도 놀랍지 않을 것이다. 모든 국가에 대하여 그리고 이런 저런 시대에 대하여 우리는 다수 공업의 '주요 입지'에 관한 가장 흥미로운 사실을 알 수 있다. 이들 사실은 '예시적으로' 그것들이 입증해야 한다는 몇 가지 일반적인 명제들과 연계하여 제시되고 있다. 다만 이러한 사실들은 종종 입증하려는 주제와 전혀 관련성이 없는 경우도 있고, 또한 그 가치가 오히려 독자의 순수한 사실성 그 자체에 바탕을 두고 있는 경우도 있다. 일반적 명제 자체는 두 가지의 본질적 관념을 함축하고 있다. 첫째로 공업이 '낮은 분업' 〔단계〕에서는 일반적으로 소비 지향적이며, 그 정도가 높아짐에 따라 '생산상의 이익'에 의해 국지적으로 집

---

1) 여기서 명시된 다양한 과제들이 통상적인 '대학의' 어떤 전공 분야에 의해 전체적으로 연구되어야 할 것인지는 두말할 나위도 없이 순수한 합목적성의 문제이다. 여기서 현대의 '전문화병'을 한층 더 증진시켜야 할 것이라고 말하려는 것은 아니다. 중요한 것은 다만 〔개개의〕 분리된 과제가 방법론적으로 서로 다를 때, 우리가 또한 그 고유한 성격을 그 자체로 인식하는 것이다. 오늘날의 인문지리학은 예전에도 그러하였던 것처럼 '사실'과학일 뿐만 아니라, '법칙' 과학이기도 하다. 그리고 그것이 '경제지리학'에서는 좋든 싫든 — 물론 실제로는 '싫은' 부분이 많을 것이다 — (국민) 경제학적 법칙성을 다루었고, 또한 다루어야만 할 것이다. 인문지리학은 이것을 좀더 행해야 할 것이다. 그것은 이 점을 아마도 장차 한층 더 의식적으로 행해야 할 것인데, 그 경우 이 영역을 독자적 방법으로 연구할 것이다. 생소할지라도 그것들 가운데 몇 가지 문제는 국민경제학에서 떼어 낼 수 있을 것이다.

2) 〔역주〕 로쉬의 다음 논문을 말한다. Roscher, W., 1865, "Studien über die Naturgesetze, welche den zweckmäßigen Standort der Industriezweige bestimmen," *Ansichten der Volkswirtschaft*, Band 2.

중한다는 것이다. 둘째로 이러한 생산상의 이익에 의해 집중하는 경우 입지선정에 결정적인 사실은 제품의 가격이 '주로 원료에 의존하는지, 노동 또는 자본에 의존하는지' 하는 것이다. 세 가지의 생산요소 가운데 가격을 지배하는 것이 입지선정을 결정한다. 로쉬의 정식화에서 이 후자의 것은 사실상 그 이후의 모든 입지론을 지배하였다. 그것이 오류라는 점에 대해서는 〔이 책의〕 보론 2를 참조하기 바란다. 그의 첫 번째 주장도 오류인데, 왜냐하면 〔초기의〕 미발달한 공업이 주로 소비지에 분포하는 것은 '분업'이 미약하다는 사실 자체가 아니라, 그것이 '보편원료'(무엇보다도 목재)에 의존하는 정도가 대단히 강력하였고 '중량감소원료'(석탄)를 거의 사용하지 않았기 때문이다. 이 점에 대해서는 이 책의 '운송지향'에 관한 장을 살펴 볼 수 있다. 더군다나 여기에 미발달한 시대의 인위적인 조치들이 더해지는데, 이 조치로 인하여 공업은 경제원리를 거스르며 소비지에 집중하고〔(중세) 도시들의 독점권과 자급자족정책〕, 공업은 우선 먼저 대소비지에서 '계획적으로' 성립하게 되었다는 것이다(예를 들어 로쉬가 이따금씩 서술하고 있는 중상주의시대의 '사치품공업'). 이 모든 것들은 분업의 정도가 미약하다는 사실과는 거의 관련이 없다. 그것은 전혀 다른 이유에서 전반적으로 '역사적 사실로서', '초기 시대의' 상태와 평행관계에 있다. 따라서 공업이 그 후의 발전단계에 이르러서 비로소 '생산상의 이익'에 기초하여 국지적으로 〔군집적으로〕 분포하게 되었다고 하는 것이 옳을 것이다. 그러나 이는 경제에서 순수한 경제적 원리가 그것과 다른 원리에 의한 규제를 거역하며 서서히 관철된 결과에 지나지 않는다. 이것이 분업의 증가에 의해 발생한다고 생각하는 것은, 분석이 불충분하여 평행적인 현상들을 인과적으로 연계되어 있는 것으로 파악하는 일종의 착각에 바탕을 두고 있다.

(b) 위에서 언급한 로쉬의 두 번째 본질적인 주장, 즉 세 가지의 생산요인인 원료와 노동 그리고 자본 가운데 가격에 결정적인 것을 가장 저렴하게 얻을 수 있는 장소를 통하여 입지를 규정하게 된다는 주장은 이미 서술한 것처럼 그 이후의 이론을 지배하였다. 누구보다도 상상력이 풍부한 라

스페이레스(1. Laspeyres)는 이 주장에 자극받아 〈미국에서의 공업의 분포〉[3]에 관한 연구를 수행하였다. 그는 이 연구에서 미국 센서스자료의 추계 수치를 바탕으로 특히 미국의 면직업과 양모 산업의 생산가치 가운데 원료가격과 노동임금 그리고 자본이 차지하는 비중을 분석하고, 이 비중을 지역별로 비교하고 이것과 공업발전 정도의 지역적 차이를 연계시켜, 공업의 발달 정도를 로쉬의 원리에 입각하여 이 연계관계로부터 설명하려고 시도했다. 이 연구는 추계 수치의 성질로 인하여 사실상 대단히 불확실한 기초 위에 서 있으며, 그것은 — 이 점에 대해서는 여기서 자세히 설명할 수 없다 — 방법론상 많은 점에서 논란의 여지가 있는데, 결국에는 — 당연하듯이 — 로쉬의 그릇된 명제를 증명하지 못하고 있다. 오히려 그것은 임금과 원료가치가 지닌 의미와 관련하여 전혀 불확실한 결론, 즉 공업이 제품의 전체 가치에서 자본비용이 차지하는 비중이 가장 낮은 곳을 향하여 이동한다는 결론에 도달했다(이 결론도 자세히 검토할 경우 올바르지 않다). 그럼에도 불구하고 이 점에서 공업은 자본의 '저렴함'에 좌우되지만, 그 밖에도 명목상 지리적으로 불확정적인 방향을 향하여 집중하는 경향이 있다는 큰 의미를 지닌 결론이 도출된다. 그러나 이 〔추정적〕 결론은 전혀 근거가 없는데, 왜냐하면 사실 자본〔비용〕이 차지하는 비중의 크고 작음은 자본이 장소에 따라 '저렴'한지 그렇지 않은지 하는 점에 관해서는 아무것도 말해주지 않기 때문이다. 자본〔비용〕의 비중이 큰 곳에서는 오히려 그 반대로 자본(기계)이 다른 곳보다 저렴하다고 추정할 수도 있다.

(c) 옛 이론을 논증하려는 이러한 시도는 확실히 후속 연구자들의 관심을 그다지 끌지 못하였다. 아마도 이는 무엇 때문에 사실에 관한 연구가 그 이후로 거의 40년 가까이 방치되어 왔는지에 대한 이유일 것이다. 아주 최근에 들어와서 이 문제에 대한 최초의 복귀를 알리는 것으로 작지

3) 〔역주〕 라스페이레스의 다음 논문을 말한다. Laspeyres, E., 1870/71, "Die Gruppierung der Industrie innerhalb der nordamerikanischen Union," *Vierteljahrsschrift für Volkswirtschaft*, Bd. 30, S. 63ff., u. Bd. 31, S. 1ff.

만, 이 분야에서 장차 고려해야 할 연구인 〈공업의 입지로서 대도시〉가 출간되었다.[4)]

(2) 〔이제까지〕 나와 있는 또 다른 범주의 연구는 단순한 '체계화', 즉 사실에 관한 자신의 독자적인 연구에 입각한 것이 아니라, 간단히 하나의 '체계'를 부여하려고 하는 것이고 이에 따라 공업입지의 '요소들'과 그것들이 지닌 '의미'를 규정하려고 하는 것이다. 이를 처음으로 행한 사람은 쉐플레였다 — 그의 '카탈로그 작성버릇'이 그의 운명을 이렇게 만들었다. 그는 자신의 《사회체계》[5)] 라는 책에 공업부문의 입지에 관한 하나의 장을 삽입하고, 거기서 공업에 관한 로쉬의 고찰을 받아들였다. 다만 거기서는 로쉬의 고찰이 다소 변형된 채 다루어지고 쉐플레류의 도식주의가 풍부하게 펼쳐지고 있다. 그 이후의 유사한 연구는 모두 단순히 반복되고 있을 뿐이며, 또한 그것이 외견상 독립적인 것인 경우에도 완성도가 한층 떨어지는 체계이다. 이렇듯 오늘날 대단히 빈번히 인용되고 있는 마샬(Marshall)의 《원리》 제 10장의 간략한 기술[6)] 과 홉슨(Hobson)의 《현대 자본주의의 발전》[7)] 그리고 마지막으로 로스(Ross)의 〈공업입지〉[8)] 가 그러하다.

왜 쉐플레를 포함한 이 모든 연구들이 우리가 진정으로 필요로 하는 것을 제공하지 않는지는 자명하다. 그것들은 체계화와 이론을 혼동하고 있으며, 또한 그렇지 않다면 체계화를 곧 이론의 대용품으로 삼고 있기 때문이다. 공업의 입지를 결정한다는 다양한 요인들이 거론되고 있으며 —

---

4) 〔역주〕 다음의 논문을 말한다. Schwarzschild, 〔연도미상〕, "Die Großstadt als Standort der Gewerbe," *Jb. f. N.* III. Flg. XXXII, S. 721ff.

5) 〔역주〕 Schäffle, A. E. F., 1873, *Das gesellschaftliche System der menschlichen Wirtschaft*, 3. Aufl. Bd. II, Tübingen.

6) 〔역주〕 Marshall, A., 1920, *Principles of Economics*, 8th ed., Chap. X.

7) 〔역주〕 Hobson, J. A., 1894, *Evolution of Modern Capitalism*, Chap. IV, pp. 10~13.

8) 〔역주〕 Ross, E. A., 1896, "The Location of Industries," *Quarterly Journal of Economics*, April.

저자가 어떤 요인을 본질적인 것으로 여기고 있는지를 우리는 알 수 없다. ―, 그것들이 분류되고 그것들의 '의미'에 대하여 몇 가지가 언급되고 있다. 하지만 그것들이 어떤 법칙에 따라 상호작용하며, 이 상호작용에 의해 입지지향에 관한 어떤 총체적 동태가 성립하며, 어떤 특성에 따라 공업이 이 총체적 동태 속에 자리 잡는지 하는 모든 점들은 불명료하다. 본래의 입지요인을 명확히 하는 것은, 어떤 분류를 시도하는 것에 의해서가 아니라 추상적인 연역에 기초해서만 이루어질 수 있다. 결국 우리는 그들이 제공한 것으로는 어떤 공업에 대해서도 그것이 본래 어디에 입지할 것인지를 정확히 말할 수 없다. 쉐플레만이 그의 기술에서 좀더 나아가고 있다. 그러나 유감스럽게도 그의 적극적인 주장의 거의 모든 부분이 부정확하거나 ― 우리는 냉정히 말할 필요가 있다 ― 오류라고 지적할 수 있다. 한 페이지의 왼쪽 절반에는 쉐플레 체계의 개별 고찰에 대하여 기술하고, 오른쪽 절반에는 그 각각에 대하여 우리 이론의 결과에 의거하여 그의 그릇된 견해 또는 오류를 간략한 글로 지적하는 것이 손쉬울지도 모른다. 그러나 우리는 이러한 일을 하지 않을 것인데, 왜냐하면 여기서 하려는 일은 '논평'도 아니고, 또한 다소 시대에 뒤떨어진 방법의 활용에 대하여 반론을 펴는 것도 아니기 때문이다. 그리고 불행이라는 것은 이 방법의 적용에 있을 뿐이며, 쉐플레의 ― 비상한 ― 능력에 있는 것이 아니기 때문이다. 더군다나 쉐플레 자신이 그의 기술을 단순히 잠정적인 것 이상으로 보고자 하였는지 그렇지 않았는지도 의심스럽다. 그렇지만 그것들이 대부분 그릇된 것이라는 사실은 간과할 수 없다.

(3) 마지막 그룹의 연구들은 입지문제를 현대의 인구집중 현상의 측면에서 설명하려고 하는 것들이다. 사람들은 오늘날의 도시성장과 그 내부의 인구이동에 주목하고 그 원인을 명확히 설명하려고 하며, 인구집중 현상과 공업입지의 법칙을 연관시키고 있다. 그것은 이제까지 주로 통계학자에 의하여 일반적으로 '실태 분석'의 형식으로 연구되었는데, 최근 한층 종합적인 형태를 띠는 것으로서 베버(F. A. Weber)의 《도시의 성장》(1899)[9]이 있다. 좀바르트도 자본주의의 발전에 관한 그의 이론에 자

본주의 특유의 인구집중 현상에 대한 설명을 삽입할 필요에서(그의 《현대자본주의》 제 2권) 도시형성에 관한 이론을 논의하고, 이때 당연하게도 즉각적으로 공업입지의 문제에 직면하고, 그것들을 함께 다룰 수밖에 없었다. 이 모든 연구에서는 '공업입지의 법칙'에 관한 지식이 사실 하나의 전제였다고 생각한다. 이 전제가 실제로는 결여되었다는 사실은 두말할 나위도 없이 좀바르트 정도의 사람은 느끼고 있었으며, 이 점을 그 특유의 '과학적 순수성'이라는 방식으로 솔직히 지적하고 있다. 이 결여된 '법칙'이 그에 의해서도 다른 연구에 의해서도 '만들어'질 수 없었으며 — 더군다나 좀바르트는 그것이 가능하다고 결코 말하지 않았다 —, 따라서 이들 연구가 입지론에 크게 이바지하지 못하였다는 점은 놀랄 일이 아니다. 그렇지만 그럼에도 불구하고 이들 연구는 커다란 가치 있다. 그 가치는 현대의 도시형성이라는 사실에 대한 소박한 지적과 그것에 대한 최초의 구체적인 분석이라는 사실에서 비롯된다. 본래의 입지론이 결여하고 있었음에도 불구하고 좀바르트가 구축한 독창적인 도시형성의 이론은 확실히 부분적으로만 성립할 뿐이다. 우리는 이 책의 제 2부에서 오늘날 관찰되는 대도시와 거대 도시로의 인구집중을 초래하는 힘이 그가 고찰한 것과 전혀 다른 성질의 힘이라는 점을 보여줄 수 있을 것이다.

이 밖에도 자연적 요인이 공업의 입지지향에 작용하는 주된 방식에 대하여 설명하려고 하는 연구도 있다는 점을 언급할 필요가 있다. 그것들은 본질적으로 '지리적'인 것이지만, 우리의 고찰에서 그것에 대한 의존도가 상승하는지 아니면 하락하는지의 문제제기는 거의 무의미하다〔모니어(Maunier) : 〈공업의 지리적 분포〉〕.[10] 유감스럽게도 거기에 서술된 많은 흥미로운 관점들은 '입지결과'에 의미가 없다.

9) 〔역주〕 Weber, F. A., 1899, *The Growth of Cities*.

10) 〔역주〕 Maunier, R., 1908, "La distribation geographique des industrie," *Revue internationale de Sociologie*, Juli.

보론 2

일반적으로 알려져 있는 오류와 학문적 오류

공업의 입지지향에 관하여 설명할 때 많은 관점에서 동일한 뿌리에 소급되는 두 가지 주장이 큰 역할을 하며, 이 양자는 공업의 전체 입지분포 상황을 하나의 간단한 공식에 귀결시키려고 한다. 그렇지만 둘 다 유감스럽게도 오류이다.

(1) 공업의 입지지향 문제에서 그 기본적인 부분을 해결하기 위해 오늘날 언급되고 있는 통상적인 방법은 다음과 같다. 즉, 가치가 낮은 제품을 생산하는 공업은 운송 지향적이고, 가치가 높은 제품을 생산하는 공업은 이와 다른 입지지향의 경향을 따르지만, 이때 사람들은 대부분 그다지 명백하지 않은 방식으로 대도시로의 집중경향을 생각하고 있다는 것이다. 이러한 정식화의 기초가 되는 고찰방법은 높은 가치를 지닌 제품이 낮은 가치를 지닌 제품보다 장소의 이동에 있어서 좀더 '자유롭다'고 하는 점이다. 왜냐하면, 높은 가치의 제품인 경우에는 운송에 의해 겪는 가격상승이 전체 가격과 비교하여 〔상대적으로〕 작고, 따라서 높은 부가적인 운송비를 '감수'할 수 있기 때문이다. 반면에 낮은 가치의 제품인 경우에

는 큰 운송비 부가분이 가격을 상당히 상승시키고, 따라서 감수할 수 없기 때문이다. 이것은 우리의 학문에서 수없이 횡행하는 것처럼 손쉽게 이해되는 고찰방법의 하나이지만, '막연하다'는 점에서 절반의 진실과 완전한 오류를 내포하고 있다. 여기서 '절반의 진실'이라는 것은 가치가 낮은 제품이 그 최소운송비지점으로부터 멀리까지 '편향'될 수 없다는 점이다. 이론은 아무런 어려움 없이 그 이유를 설명해준다. 왜냐하면, 낮은 가치를 지닌 제품에는 그 압축에 의해 제품 1톤당 운송비의 증가를 상쇄시키고 따라서 '편향'을 가능케 하는, 절대적으로 고찰하여 현저히 압축 가능한 비용요소가 포함되어 있지 않기 때문이다. 그러므로 다음과 같은 점이 옳다. 즉, 낮은 가치를 지닌 제품은 '편향'에 따른 운송비를 감수하지 못하며, 그 까닭에 '운송 지향적'이다.

그러나 높은 가치를 지닌 제품은 가치가 높다는 것 자체 때문에 입지편향이 결코 가능하지 않다. 그것이 가능한 것은 이 높은 가치가 편향에 의해 압축될 수 있고, 따라서 그 압축에 의해 편향에 따른 비용이 다시 상쇄되는 비용요인에 연유하는 경우뿐이다. 즉, 높은 가치를 지닌 제품이 높은 '가공계수'를 지니고, '노동지로의 편향'에 필요한 높은 '노동계수'를 지니는 경우뿐이다. 그러나 만약 제품의 높은 가치가 단순히 높은 원료가치에 바탕을 두고 있다면, 높은 가치를 지닌 제품을 생산하는 공업이 낮은 '가공계수'와 '노동계수'를 가진 경우, 낮은 가치를 지닌 제품을 생산하는 공업보다 손쉽게 편향될 수 있다고 말하는 것은 전적으로 무의미하다. 왜냐하면 보통 높은 가치를 지닌 공업제품의 가격 가운데는 그 압축에 의하여 입지가 편향될 때 발생하는 추가적인 운송비를 상쇄하고 특히 그 압축에 의하여 입지편향이 이루어질 수 있는 어떤 요인들이 포함되어 있으나, 이러한 경우에는 이 압축 가능한 비용요인이 결여되었기 때문이다. 〔제품을〕 가공할 때 단위중량당 높은 노동가치가 수(手) 노동 또는 자본의 형태로 높은 가치를 지닌 원료에 투입되지 않는 경우는 실제로 드물 것이다. 왜냐하면, 그러한 원료들은 주로 정밀 가공의 사치품에 사용되기 때문이다. 제품 가운데 특별히 높은 원료가치를 지닌 제품은 거의 언제나 그 가공가치도 높으며, 따라서 높은 가치를 지닌 제품을 생산하는 공업은 사실상 현저한 입지편향이 가능하다. 다만, 이 현실의 상황이 일반적으로 알려진 주장과 대체로 일치하기 때문에 이 주장의 내부 내용은 개선되지 않았다. 이 주장을 공업의 크고 작은 입지편향의 가능성에 대한 이유로 삼는 것은 잘못된 것이다.

⑵ 이상이 일반적으로 알려져 있는 그릇된 명제이다. 이제 '과학적' 오류에 대해 언급하고자 한다. 이 오류는 잘 알려져 있는 세 가지의 '생산요소'인 토지와 노동 그리고 자본의 '협력'이라는 고전학파가 선호한 고찰방법 이후의 것이다. 그런데 공업생산에서 '원료'와 자본과 노동이 등가적으로 병렬되고, 이들 요소의 '기여액'이 제품의 전체 가치, 곧 제품의 가격을 구성한다. 이 고찰방법에 입각할 경우, 우리는 손쉽게 다음과 같이 언급할 수 있다. 즉, 이들 가운데 어느 하나의 기여액이 가격 형성에서 다른 것보다 상대적으로 큰 의미를 지닐 경우에는 그 정도에 따라 이 기여액의 각 지점에서의 크기가 입지를 결정하게 되며, 따라서 이것이 결정적인 입지요인이 될 것이라는 점이다. 이 고찰방법을 이론에 도입한 것은 보론 1에서 이미 언급한 것처럼 로쉬의 〔학문적〕 '공헌'이다. 이 고찰방법이 적어도 위에서 언급한 일반적으로 알려져 있는 고찰방법과 마찬가지로 '호감을 사고 있다'는 점은 어느 누구도 부인하기 어려울 것이다. 그렇지만 이것도 유감스럽게도 일반적으로 알려져 있는 고찰방법과 마찬가지로 전적으로 오류이다. 그리고 그 근본적인 오류는 앞의 경우와 정확히 동일한 논점에 있다. 이 경우도 제품에서 원료가 지닌 가치의 정도가 입지지향에 결정적인 것이라고 보고 있다. 곧, 원료와 노동 그리고 자본 사이의 가치관계가 결정적인 것이라고 보는 점이다.

그러나 자세히 관찰해 보면, 전혀 별개의 논점이 드러나고 우리의 전체 이론도 진정 이 점을 설명하려고 한 것과 다르지 않다. 결정적인 것은 이 가치관계가 아니라 원료가치가 얼마나 높은지 와는 전혀 무관한 노동가치와 자본가치의 원료의 중량에 대한 관계이며, 우리가 노동계수와 가공계수의 높이로 표시한 것이다. 노동계수와 가공계수는 가치가 매우 다른 원료를 가공하는 경우에도, 따라서 제품에 포함되는 세 가지 생산요인의 가치 및 가격의 비율이 전혀 다른 경우에도 전적으로 같을 수 있다. 이와 정반대로 원료에서 차지하는 세 가지 요인의 가치 및 가격의 비율이 같더라도 이동하는 중량이 전혀 다르고, 따라서 노동계수와 가공계수가 전혀 다를 수도 있다. 노동계수와 가공계수의 높이만이 어떤 요인에 따라 입지를 지향하는지, 즉 원료에 의해서인지, 보다 정확히 말해 운송비에 의해서인지 또는 다른 요인에 의해서인지를 결정하는 것이다. 이 경우에도 원료지향 또는 운송비지향에 대비될 수 있는 것은 '노동과 자본에 의한' 입지지향이 아니라 '노동가치와 가공가치'에 의한 입지지향이며, 더군다나 이것은 노동지향과 집적지향의 고유한 동태 속에서 대비될 수 있다는 점을 우리는 잘 알고 있다. 이 모든 것들을 여기서 다시 한 번 설명할 필요는 없다. 로쉬의 정식화는 이 마지막의 독특한 논점에서도 그 자체로서 오류라기보다는 오히려 불완전한 것이라고 말할 수 있다. 그러나 그의 정식화가 생산요소의 가치비율에 의거하여 입지지향을 설명하려고 하는 기본적인 고찰방법에서 전적으로 오류라는 것은 — 말하자면 우리의 이론이 올바른 한 — 명약관화하다. 뿐만 아니라 로쉬의 명제가 어떤 혼란스러운 결론을 가져왔는지는 실제로 손쉽게 파악할 수 있다.

금과 은의 가공에서는 오늘날 원료가 차지하는 가치의 비율을 대략 평균하여 제품 가치의 2/3 정도로 평가할 수 있다. 주철공업에서는 최고 1/3이며, 대부분은 이 이하일 것이다. 따라서 장신구제조업은 로쉬에 의하면 원료지향이여야 하지만, 주철공업은 원료지향일 필요가 없거나 적어도 운송비에 구속되는 정도가 작을 것이다. 그런데 현실은 누구나 알고 있듯이 〔이와〕 정반대이다. 왜 그런가? 그 이유는 매우 간단한데, 왜냐하면 장신구제조업에서는 노동가치와 가공가치가 입지중량 1톤당 10,000 마르크 또는 그 이상의 금액에 달하고 가공가치를 초래하는 비용의 10%의 압축에 의해 적어도 입지중량 1톤당 1,000마르크의 절약이 발생하며, 이것에 해당하는 만큼의 입지중량 1톤당 편향 가능성을 얻을 수 있기 때문이다. 그러므로 톤·킬로미터당 운송비가 5페니히라고 한다면, 장신구제조업에서는 그 최소운송비지점으로부터 약 2,000km 만큼의 (입지) 편향이 발생할 것이다. 편향 가능성이 이 정도라면, 이 공업은 사실상 운송비를 고려할 필요가 없게 될 것이다. 이에 반해 주철공업에서는 입지중량 1톤당 가공가치가 전체적으로 100~200마르크를 넘어서는 일은 거의 없다. 운송비 10%의 절약, 곧 '가공계수' 10%의 압축이 이 경우에는 입지중량 1톤당 기껏해야 20마르크의 절약을 의미할 뿐이며, 따라서 통상적인 상황에서는 약 40km의 입지편향의 가능성을 의미한다. 이상이 언급할 모든 것이다.

하나만 더 언급해 둘 필요가 있다. 공업의 다양한 입지지향의 특정한 척도를 이들 공업의 독특한 성질에서 구하고 있는 우리 이론의 시도에 관해서도 많은 반론이 있을 수 있다는 점이다. 특히 '노동계수'(즉, 입지중량 1톤당 공업의 평균 노동비)를 그 노동지로의 편향 가능성의 척도로 사용하는 점에 대해서는 다음과 같은 이의를 제기할 수 있다. 즉, 이 노동계수는 실제로 동일한 크기의 노동비에 대한 압축 가능성이 원칙적으로 어디에서나 동일한 경우에만 이러한 편향 가능성의 척도가 될 수 있다. 이에 따라 노동비의 크기가 동일하더라도 공업이 다른 경우에는 노동성과가 전혀 다르며, 곧 각 공업에는 해당 공업에 제공되는 특유의 노동성과가 존재한다고 추론할 수 있다. 그리고 노동비의 압축 가능성은 무엇보다도 이 노동성과의 독특한 성질, 노동성과를 상승시킬 수 있는 다양한 가능성 등에 달려 있음은 틀림없다. 따라서 노동비의 크기가 동일하더라도 압축의 가능성이 동일할 필요는 없다. 노동계수의 편향 가능성에 대한 실질적인 의미를 판단하려고 한다면, 그에 앞서 우선 노동계수의 구체적인 구성에 대하여 특별히 분석할 필요가 있다고 지적할 수 있다.

이상의 이의가 원칙적으로 올바르다는 것은 의심할 여지가 없다. 그렇지만 그것이 말하는 것은 오로지 다음과 같은 사실을 의미할 뿐이다. 즉, 어떤 공업의 노동계수는 그 공업의 실제적인 '편향상태'를 정확히 숫자적으로 규정하기 위한 최종적인 기준이 아니라 오히려 단순히 그러한 편향 가능성에 대한 '최초의' 지극히 개략적인 척도일 뿐이라는 점이다. 사실상의 편향 정도를 좀더 자세히 규정하기 위해서는, 이를 테면 그 배후에 존재하는 공업의 온갖 '개별적인' 차이까지 조사해야 할 것이다. 하지만 우리는 여기서 하나의 개략적인 척도를 제시하는 것 이상을 의도하지 않는다. 여기서는 공업을 그 입지지향과 관련하여, 즉 이 경우에는 노동지향의 가능성과 관련하여 '정리'할 수 있는 '인식지표'만 얻어도 충분할 것이다. 물론 그것은 개략적인 지표이지만, 이제까지의 것처럼 오류가 있는 것은 아니다.

전적으로 동일한 논점이 (이 책 자체에서도 꽤나 분명히 설명한 것처럼) '가공계수'에 대해서도 동일한 방식으로 적용된다. 이 가공계수도 전적으로 최초의 개략적인 지표에 지나지 않으며, 이 경우에 공업의 집적 가능성은 공업의 실제적인 집적상태에 대한 '정밀 온도계'가 아니다. 이 지표 또한 나에게는 '부정확한 것'임에도 불구하고, 인식지표가 전혀 존재하지 않는다거나 또는 오류가 있는 지표보다는 낫다고 생각된다.

부록

수학적 해설

게오르크 피크

도입

이 책의 지은이의 희망에 따라 아래에서 입지문제에 필요한 몇 가지 수학적 고찰을 누구나 이해할 수 있는 형식으로 설명하고자 한다. 제 1절과 제 2절과 관련해서는 쉐퍼스(Scheffers)의 최근에 나온 작은 논문[1]을 언급해 두고자 하는데, 거기에 이와 같은 유형의 과제를 해결하는 방법이 설명되어 있다. 제 3절, 곧 집적공식의 핵심부분에 관해서는 그 설정방식이 다양한 적용 영역에서 형식상 유사한 문제를 다루는 방식과 거의 동일하다.

게다가 한층 더 진전된 연구, 말하자면 네 개[2] 이상의 꼭짓점을 가진 입지도형 등에 관한 연구는 대단히 기대되는 바이지만, 당연하게도 몇 가지의 상당한 난점들을 여전히 보여준다.

1) Scheffers, G., 1900, "Funktion der Abstände von festen Punkten," *Mathematisch-naturwissenschaftliche Mitteilungen in Württemberg*.

2) 〔역주〕 문맥상 원문의 '세 개'라는 표현보다 '네 개'라는 표현이 적절하다.

1. 최소운송비 지점

1) 입지삼각형

〈그림 부록-1〉에서 A_1은 원료산지, A_2는 동력원료산지 그리고 A_3은 소비지를 의미한다. 제품 a_3톤(덧붙여 우리는 a_3을 항상 1과 같다고 고찰하고자 한다)을 생산하는 데 a_1톤의 원료와 a_2톤의 동력원료가 필요하다고 가정해 보자. 생산지가 P에 놓여 있고 A_1로부터 r_1킬로미터, A_2로부터 r_2킬로미터 그리고 A_3으로부터 r_3킬로미터 떨어져 있다면, $a_3(=1)$톤의 제품을 생산하기 위해서는

$$R = a_1r_1 + a_2r_2 + a_3r_3$$

톤·킬로미터의 운송비가 필요하다.

P가 어떤 위치에 있을 때, 이 값이 최소로 되는가? 처음부터 명확하듯이 P가 입지삼각형 $A_1A_2A_3$의 외부에 있는 한 P가 삼각형의 가장 가까운 곳에 있는 변(邊)에 다가섬에 따라 r_1, r_2, r_3라는 세 개의 거리는 모두 감

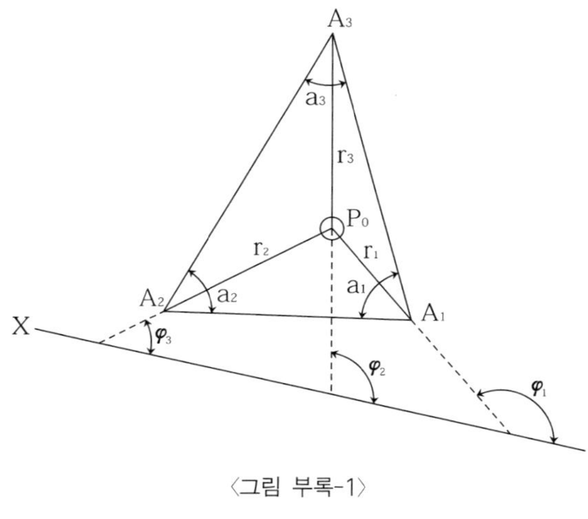

〈그림 부록-1〉

소하고, 따라서 운송비는 하락하게 된다. 이에 따라 구하는 최소지점은 삼각형의 외부에 있을 수 없다. 그래서 그것은 삼각형의 내부 또는 그 변 위에 있지 않으면 안 된다. 이 두 가지의 가능성 가운데 우선 먼저 전자를 논의해 보고자 한다.

2) 입지삼각형 내부에 있는 최소지점: 역학적 모델

최소운송비지점의 조건에 대한 수학적 해석은 다음과 같은 형식을 취한다.[3] 점 P에 어떤 운동체가 있고, 이 운동체가 a_1의 힘으로 A_1로, a_2의 힘으로 A_2로, a_3의 힘으로 A_3으로 견인된다고 가정해 보자. 이 세 견인력이 균형을 유지할 때, 그래서 이 운동체가 이들 견인력의 영향 아래 아무런 움직임을 보여주지 않을 때의 P의 위치가 〔우리가〕 구하고자 하는 최소지점이 된다.

그래서 우리는 P_0의 위치(최소운송비지점)를 자동적으로 조정되는 역학적 모델을 통하여 설명하는 것이 쉬울 것이다. 이를 테면 바리뇽이 힘의 평행사변형을 증명하기 위해 예전에 고안한 장치를 거론할 수 있다.[4] 눈금이 새겨져 있는 원 모양의 평판(〈그림 부록-2〉를 참조하라)의 가장자리에 수평의 축을 가진 세 개의 작은 롤러가 죔쇠에 고정되어 있다. 각 롤러 위를 실〔絲〕이 지나고 있으며, 세 가닥의 실 안쪽 끝은 한 점에 함께 연결되어 있고 그 바깥쪽 끝은 〔원판 밖으로〕 자유롭게 늘어뜨려져 있고 적당한 무게의 추를 달 수 있다. 주어진 예를 실현하기 위해서는 무엇보

---

3) 이 경우에 이들 조건은 다음과 같이 논의될 수 있다. 입지 K의 함수는 최소지점에서 모든 방향을 향하여 영(0)의 미분계수를 갖고 있다. 즉,

모든 방향 s에 대하여 $\frac{dK}{ds} = 0$이다.

이것에 의해 두 개의 조건식이 성립하지만, 그 구체적인 의미는 본문 가운데 설명되어 있다(Scheffers, a. a. O.를 참조하라).

4) Mach, 1901, *Die Mechanik in ihrer Entwicklung historisch-kritisch dargestellt* (4. Aufl. Brockhaus), S. 50f.를 참조하라.

〈그림 부록-2〉

다도 먼저 죔쇠의 위치[5]가 정확히 (축소된) 입지삼각형의 꼭짓점을 형성하도록 조정해야만 한다. 이를 위해 원판 가장자리의 눈금이 이용된다. 이어서 세 가닥의 실 끝에 운송중량 a_1, a_2, a_3에 상응하는 추를 매다는데, 이 중량은 작은 중량단위의 동일한 수치, 예를 들어 10그램(*Dekagramm*)으로 치환된다. 〔실의〕 결합점은 스스로 〔우리가〕 구하고자 하는 최소지점에서 멈춰 서게 된다.

3) P_0의 기하학적 작도: 중량삼각형

〈그림 부록-3〉에서는 P_0에 작동하는 힘 a_1, a_2, a_3이 그에 상응하는 길이의 선분으로 표시되어 있다. 이들 선분 가운데 어느 하나를 P_0에서 반대 방향으로 이동시키면, 균형이 성립할 경우에는 평행사변형의 정리에 의거하여 이 선분이 다른 두 선분이 만드는 평행사변형의 대각선이 된다. 임의의 한 점을 출발점으로 하여 이 세 개의 균형을 이루고 있는 힘(선분)을 그 방향과 크기대로 이어 붙이면, 폐쇄된 삼각형(그림의 $G_1G_2G_3$)이 성

5) 〔역주〕 죔쇠에 고정되어 있는 롤러로 이해할 수도 있다.

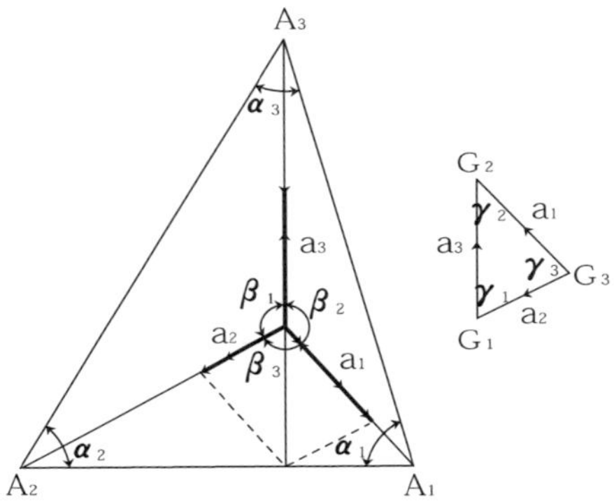

〈그림 부록-3〉

립한다. 이 삼각형의 각 γ_1, γ_2, γ_3은 그림에 미루어 직접적으로 알 수 있듯이 점 P_0에서 〔점 P_0과〕 꼭짓점 A_1, A_2, A_3을 연결하는 선에 의해 형성되는 각 β_1, β_2, β_3의 보각(補角)이 된다. 우리는 그 변 a_1, a_2, a_3에 의해 이전부터 완전히 결정되어 있는 삼각형 $G_1G_2G_3$을 중량삼각형이라고 일컬어야 할 것이다. 말하자면 이 중량삼각형이 각 γ_1, γ_2, γ_3을 결정하고, 따라서 각 β_1, β_2, β_3을 결정한다. 점 P_0을 구하기 위해서는 이들 각〔즉, β_1, β_2, β_3〕을 끼고서 A_1, A_2, A_3으로 향하여 그은 선의 출발점인 P의 위치를 찾아야 할 것이다. 바꿔 말해, A_2A_3을 각 β_1로, A_3A_1을 각 β_2로 그리고 A_1A_2를 각 β_3으로 바라보는 출발점 P의 위치를 찾아야 할 것이다.

4) 계속: 세 개의 작도원

각 $A_1P_0A_2$가 주어진 β_3의 크기[6]를 갖기 위해서는 원주각의 정리에 의거하여 P_0은 A_1과 A_2를 지나가는 특정한 원호 위에 있어야만 한다. 이와 마찬가지로 각 $A_2P_0A_3$이 주어진 β_1의 크기를 가지려면, P_0은 유사한 원호 A_2A_3 위에 있어야만 한다. P_0을 통과하는 제 3의 원호는 각 $A_3P_0A_1 = \beta_2$

6) 〔역주〕 원문에는 β_1의 크기로 되어 있으나, 이는 오기로 판단된다.

에 의하여 드러난다. 따라서 이들 원호를 그리면(두 개로도 충분하다), 그것들의 교차점으로서 P_0을 얻을 수 있다(〈그림 부록-4〉).

A_1과 A_2를 통과하는 원호를 그리기 위해서는 A_1A_2의 양 끝에서 아래로 향하여 각(β_3-90°)의 선을 긋고, C를 꼭짓점으로 하는 이등변삼각형을 그리면 된다(〈그림 부록-5〉). 이 (꼭짓) 점 C가 구하고자 하는 원의 중심이며, 따라서 이 원은 어렵지 않게 그려질 수 있다. 사실 $A_2CA_1 = 180^\circ - 2\times(\beta_3-90^\circ) = 360^\circ - 2\times\beta_3$이며, C에서의 외각은 우리가 구한 $2\beta_3$이다.[7)]

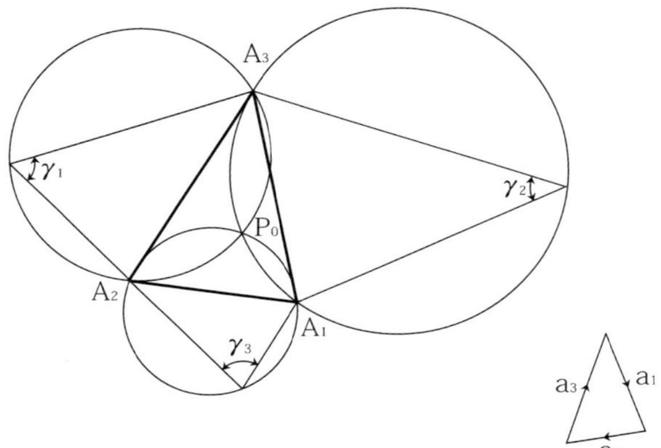

〈그림 부록-4〉

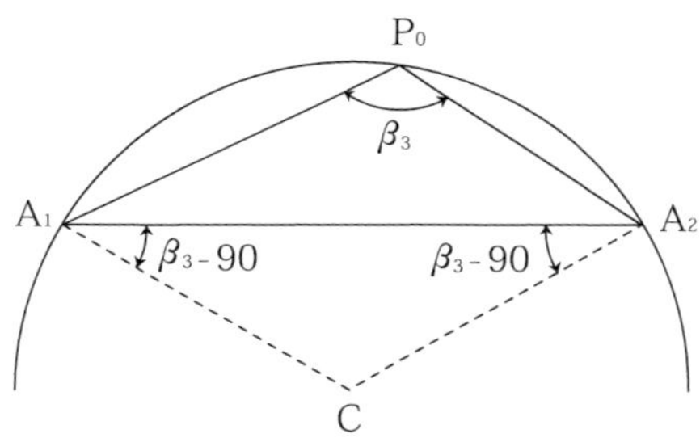

〈그림 부록-5〉

7) 이 작도 대신에 다음과 같은 방법을 제시할 수도 있다. 즉, 입지삼각형의 세 변의 각각에 대해 중량삼각형과 유사한 삼각형을 그리고, 이들 삼각형에 외접하는 원이 〔여기서〕 구하고자 하는 원이라는 것이다.

5) 최소지점의 경계로의 이행

언제 P_0은 (입지) 삼각형, 예를 들어 $A_1A_2A_3$의 변 가까이에 위치하는가? 그것은 분명히 각 $A_2P_0A_3$, 다시 말해 β_1이 거의 180°와 같아지고, 따라서 γ_1이 거의 영(0)이 될 때이다. 그러므로 중량삼각형은 매우 작은 하나의 각을 가지고 이에 따라 그 각에 대한 변 a_1도 매우 작은 것임에 틀림없는 반면, 나머지 두 개의 변 a_2와 a_3은 거의 같아진다. a_1이 영(0)이고 $a_2 = a_3$이라면, P_0은 A_2A_3선 위에 있다. 그런데 이것은 처음부터 명백하다. 왜냐하면 이 경우에는 A_1이 이제 전혀 관계하지 않고, 따라서 입지삼각형은 입지직선(*Standortslinie*)으로 압축되기 때문이다(〈그림 부록-6〉).

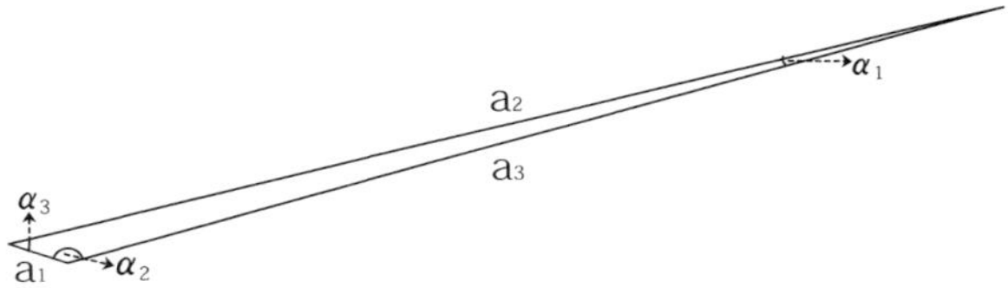

〈그림 부록-6〉

그렇다면 언제 P_0이 꼭짓점, 이를테면 A_1 가까이에 위치하는가? 분명한 것은 그럴 경우 각 $A_2P_0A_3$, 즉 β_2가 $A_2A_1A_3$, 곧 입지삼각형의 각 α_1과 거의 같아야만 한다. 반면에 β_1은 입지가 중앙 가까이에 있을 경우에 이보다 훨씬 크다. 따라서 β_1의 보각인 γ_1은 α_1의 보각(입지삼각형의 A_1에서의 외각)과 거의 같아지며, 이 각은 그 밖의 경우에서 이보다 훨씬 작아진다. 따라서 중량삼각형의 각이 입지삼각형의 그것에 상응하는 외각보다 작은 한, P_0은 후자의 외부에 있다. 그러나 $G_1G_2G_3$의 한 각, 예를 들어 γ_1이 〔입지삼각형〕 $A_1A_2A_3$의 그것에 상응하는 외각, 여기서는 $180° - \alpha_1$과 같아진다면, P_0은 이것에 상응하는 꼭짓점, 여기서는 A_1에 있게 된다.

6) P_0가 하나의 꼭짓점에 있는 경우

이것은 중량삼각형이 성립하지 않는 경우이다. 중량삼각형 $G_1G_2G_3$이 변할 때, 그에 따라 P_0의 위치가 어떻게 변하는지를 고찰해 보고자 한다. a_2와 a_3은 고정되어 있고 a_1이 점점 커지게 될 것이며, 이에 따라 맞은편에 놓여있는 각 γ_1도 커지게 될 것이다. γ_1이 $180° - \alpha_1$의 크기에 도달할 때, P_0이 꼭짓점 A_1에 위치하게 되는 것은 〔위에서〕 방금 살펴보았다. 그런데 a_1, 따라서 γ_1이 한층 더 커질 때, 무슨 일이 발생하는가? 두 말할 나위도 없이 P_0은 A_1의 위치에 머무른다. 왜냐하면, 운송중량 a_1, a_2, a_3에서 a_1의 비율이 이미 상당히 크고 따라서 운송비를 최소화하기 위해 A_1에서 P_0으로의 운송을 전적으로 피해야 한다면, a_1의 값이 한층 더 커질 경우 이 필요성이 그만큼 더 커지기 때문이다.

a_1이 한층 더 커져 이 중량이 a_2와 a_3을 합친 것과 같아진다면, $\gamma_1 = 180°$이 되고 중량삼각형은 이 경우에도 직선으로 압축된다(〈그림 부록-7〉).[8] 더군다나 a_1이 계속하여 커져 $a_1 > a_2+a_3$이 되면, a_1, a_2, a_3은 더 이상 삼각형을 구성하지 못하며, 중량삼각형은 존재하지 않게 된다. P_0은 이전과 마찬가지로 A_1에 위치한다.[9]

〔위의〕 제 2항에서 서술한 모델은 이 경우에도 P_0의 정확한 위치를 보

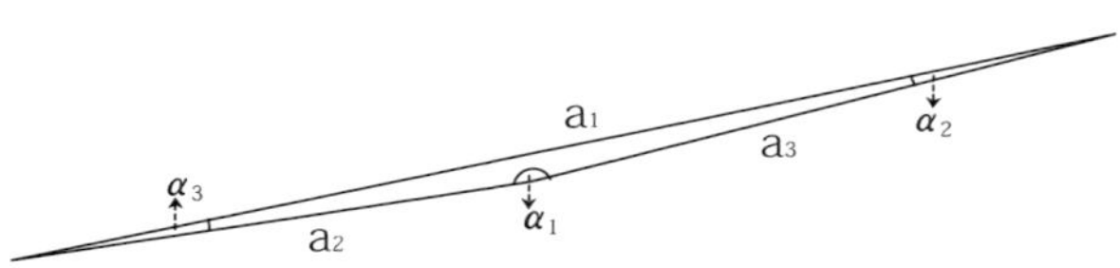

〈그림 부록-7〉

8) 〔위의〕 제 5항을 참조하라. 두 경우의 차이는 명백하다.

9) P_0이 꼭짓점에 위치하는 경우 이 지점에 관해서는 위에서 서술한 것(제 2항의 각주)과 다른 조건이 적용된다. 이 경우에는 $\frac{dK}{ds}$ 자체가 일반적으로 영(0)과 같지 않고 P_0으로부터 모든 방향을 향하여 정(正)이다.

여준다. 다만 이 경우에는 세 가닥의 실이 결합된 점이 롤러를 넘어 가지 않도록 하는 데 주의할 필요가 있으며, 이는 이를테면 롤러 주변에 작은 잠금장치를 설치함으로써 해결할 수 있다.

7) 개괄적 요약: 다양한 사례의 특징

일반적으로 말해 우리가 이상과 같이 세 가지의 서로 다른 가능성을 확연히 구별할 수 있을 때, 그것들은 각각 다음과 같이 특징 지워진다. 첫 번째는 중량삼각형이 존재하고, P_0이 입지삼각형 내부에 있는 경우이다. 두 번째는 중량삼각형이 존재하고, P_0이 꼭짓점에 있는 경우이다. 세 번째는 중량삼각형이 성립하지 않고, 이때 P_0이 언제나 꼭짓점에 있는 경우이다. 이 세 번째의 경우는 주어진 a_1, a_2, a_3으로 하나의 삼각형을 형성하는 것이 불가능하다는 사실을 통하여 〔그 특성이〕 즉각 밝혀지지만, 처음 두 가지의 경우를 구별하는 것에 대해서는 좀더 설명할 필요가 있다. 제 4항에서 설명한 작도원을 〔다시 한 번〕 생각해 보자. P_0이 입지삼각형의 내부에 있는 한, 세 개의 원은 모두 〔입지삼각형〕 내부에서 교차하고, 따라서 그 어떤 것이든 각각 제 3의 꼭짓점까지는 〔영향을〕 미치지 않는다. P_0이 꼭짓점 A_1에 근접할 때 A_2A_3을 통과하는 원이 A_1 가까이를 지나고, P_0이 바로 A_1까지 올 때 (제 5항에서 살펴보았듯이, $\gamma_1 = 180° - \alpha_1$이 되는 것에 의해) 이 원주는 A_1을 통과하는 곳에서 다른 두 개의 원과 교차한다. γ_1이 한층 더 커지게 될 때, A_2와 A_3을 통과하는 원은 A_1을 넘어서고, 그래서 A_1은 이 원의 내부에 오게 된다. 그러므로 이때 세 원의 교점은 완전히 입지삼각형의 외부에 자리 잡게 된다. 이와 동시에 이것은 우리의 문제에 해법이 될 수 없다. 왜냐하면 P_0은 그 이후에도 A_1과 일치하기 때문이다. 따라서 두 번째의 경우는 작도원 가운데 하나가 제 3의 꼭짓점(즉, 이 작도원의 기초가 되지 않는 꼭짓점)을 〔그 내부에〕 포함하는 경우로 볼 수 있다. 이러한 경우에는 이 꼭짓점이 언제나 최소지점이 된다.

8) 중량 a_1, a_2, a_3은 일정하지만 입지삼각형이 변할 경우의 P_0의 위치

우리는 이제까지 입지삼각형이 일정하고 운송중량(의 비율) a_1, a_2, a_3이 변할 경우에 P_0의 위치 변동을 추적해 왔다. 이제 우리는 이와 정반대로 a_1, a_2, a_3이 일정하고 입지삼각형의 형태가 변할 경우에 P_0이 어떻게 변하는지를 살펴보고자 한다. 더군다나 이 경우에 우리는 두 개의 꼭짓점, 이를 테면 A_1과 A_2가 고정되어 있고 제 3의 꼭짓점 A_3만이 이동한다고 가정하고자 한다.

우선 중량삼각형이 성립하지 않는 경우, 즉 중량 a_1, a_2, a_3 가운데 어느 하나가 다른 두 개의 합보다 큰 경우를 살펴보고자 한다. 제 5항에서 설명한 바에 따라 P_0은 a_1의 중량이 큰 경우에는 A_1에, a_2가 큰 경우에는 A_2에 그리고 a_3이 큰 경우에는 A_3에 자리 잡게 된다. 따라서 P_0은 A_3이 어디로 이동하더라도 움직이지 않은 채 고정되어 있는 꼭짓점 A_1과 A_2의 어느 한 곳에 머물거나 또는 A_3과 항상 일치하고 있기 때문에 A_3이 이동할 때 항상 함께 이동한다.

9) 계속: A_1, A_2를 통과하는 원 위에 중심이 있는 경우

중량삼각형이 성립한다면, 우리는 무엇보다도 이 중량삼각형으로부터 각 γ_3을 끄집어내고, 따라서 위에서 언급한 제 4항에 따라 A_1, A_2를 통과하는 원호를 작도할 수 있다(〈그림 부록-8〉). 여기서 A_3이 현(弦) A_1A_2와 호 〔A_1A_2〕로 둘러싸인 절편에 놓여 있는 경우와 그 외부에 놓여 있는 경우를 구별할 필요가 있다. 전자의 경우는 제 7항에서 설명한 두 번째 경우이다. 즉, P_0은 A_3과 일치한다. 하지만 A_3이 이 절편 외부에 놓여 있는 경우에는 제 4항에서 설명한 작도가 적용되고, P_0이 원호 A_1A_2 자체 위에 놓여 있지 않으면 안 된다는 점을 우리는 이전부터 알고 있다. P_0과 A_3을 연결하는 선(제 3, 4항을 참조하라) 과 P_0에서 A_1 및 A_2에 이르는 선 사이

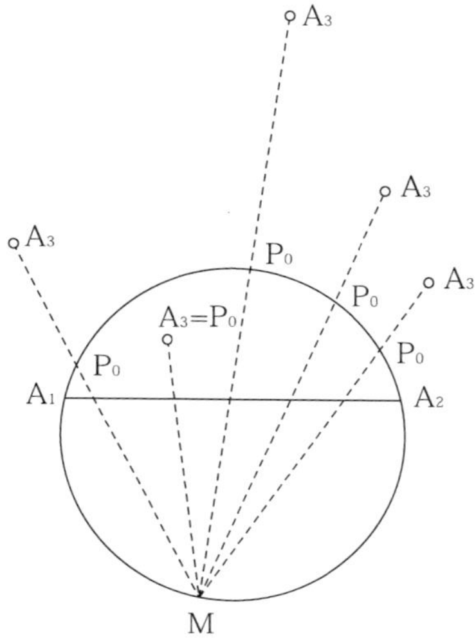

〈그림 부록-8〉

에 형성되는 각은 중량삼각형이 보여주듯이 180° $-\gamma_2$ 및 180° $-\gamma_1$이다. 따라서 P_0A_3의 P_0을 넘어서는 (역방향의) 연장선과 이들 방향선〔P_0A_1 및 P_0A_2〕 사이에 형성되는 각은 일정하며, 그 각은 γ_2와 γ_1이다. A_3이 〔절편의 외부〕 어디에 위치하더라도 P_0은 A_1과 A_2를 통과하는 원호 위에 놓여 있고, 더군다나 A_3P_0의 연장선은 점 P_0에서 P_0A_1과 항상 동일한 각 γ_1을 형성한다. 그러므로 되풀이하여 원용되는 원주각의 정리에 의거하여 P_0A_3은 A_1과 A_2를 통과하는 원을 하나의 고정된 점(〈그림 부록-8〉의 M)에서 단절해야만 하며, 우리는 이 점을 손쉽게 작도할 수 있다. 즉, A_2A_1[10] 위의 A_2에서 γ_2의 각도로 아래로 선을 긋는다면, 여기서 발생하는 이 각의 제 2의 변은 〔우리가〕 구하고자 하는 점 M에서 원과 교차하게 된다.

이상의 고찰은, P_0이 점 A_1, A_2 가운데 어느 하나 위에 놓여 있지 않은 한 옳다. 이러한 경우에 말하자면 A_3, P_0 그리고 M이 직선 위에 놓여 있

---

10) 〔역주〕 원문에는 A_2A_3으로 되어 있으나, 이는 지은이(이 부록의 저자인 게오르크 피크)의 착오로 판단된다.

는 이유는 더 이상 존재하지 않는다. 오히려 A_3이 MA_1의 A_1을 넘어서는 연장선과 A_2A_1의 A_1을 넘어서는 연장선이 만드는 각의 영역 내에 자리 잡고 있는 경우에는 P_0이 항상 A_1에 놓여 있는 것은 분명하다. 이 점은 A_2에 관해서도 동일하게 유효하다.

다음으로 M을 통과하는 임의의 방사선 위에 있는 A_3이 먼 거리에서 A_1A_2를 향하여 접근하는 경우를 고찰해 보자. 이 방사선이 선분 A_1A_2의 외부를 통과한다면, P_0은 언제나 A_1 또는 A_2에 움직이지 않은 채 있다. 방사선이 A_1과 A_2 사이를 통과한다면, A_3이 원호 A_1A_2 위쪽의 절편에 도달하지 않은 한 P_0은 A_3M과 원호의 교점에 있다. 그렇지만 A_3이 이 절편의 내부에 들어서는 순간, P_0은 이것과 함께 이동하고 언제나 A_3과 일치한다.

A_3이 A_1A_2 위쪽의 반평면 전체에서 그 위치를 어떻게 바꾸더라도, P_0은 언제나 절편 A_1A_2의 내부 또는 그 주변에 자리 잡는다.

10) A_3의 위치 변화에 따른 운송비의 변화에 대한 개관도

위에서 살펴 본 것처럼 A_3의 매우 상이한 위치에 대해서는 동일한 P_0의 위치가 대응한다. 그런데 이때 A_3과 더불어 변하는 것은 전반적으로 증가하는 운송비이다. 이 상황을 양호하게 개관하기 위해 우리는 최소운송비가 동일한 모든 A_3의 위치를 선으로 연결할 필요가 있다. 이들 곡선은 A_1A_2를 연결하는 선 위의 반평면의 각 부분에서 매우 다른 형태를 보여준다(〈그림 부록-9〉). 이미 언급한 A_1과 A_2로부터 연장된 선의 외부 영역에서 그것들은 두말할 나위도 없이 A_1과 A_2를 둘러싼 동심원 모양의 원호를 이루고 있다. 그것들의 중간에 있는 주요 영역에서 우리는 다시 〔원의〕 절편 부분과 그 외부 부분을 구별할 수 있다. 전자의 경우에는 타원 모양의 호가 관찰되고 후자의 경우에는 이와 다른 곡선이 성립하는데, 이때 M을 통과하는 방사선 위에 있는 각 점 사이의 간격은 동일하다. 네 개 영역의 경계선 위에서 이들 곡선은 굴절한다.

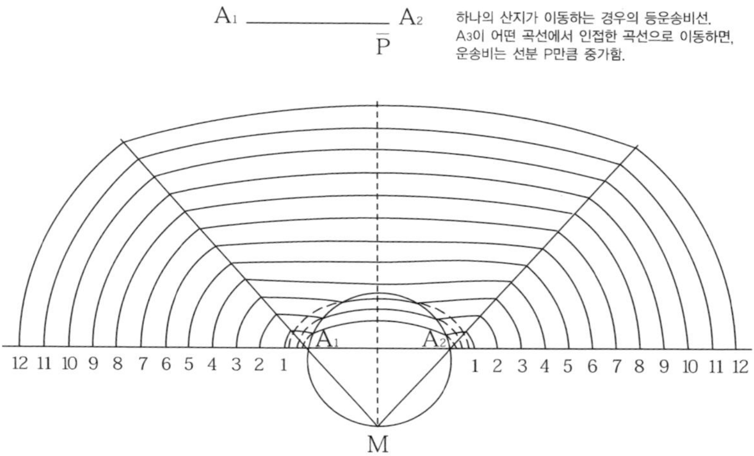

〈그림 부록-9〉

11) 두 입지삼각형 간의 관계

두 개의 입지삼각형 $A_1A_2A_3$과 $A'_1A'_2A'_3$이 서로 간에 다음과 같은 관계에 있다고 상정하자. 즉, A'_1이 동시에 첫 번째 입지삼각형(즉, $A_1A_2A_3$)의 생산지에 있고, A_3은 동시에 두 번째 입지삼각형(즉, $A'_1A'_2A'_3$)의 생산지에 있다는 것이다. 우리는 또한 이 점들을 그 성질에 따라 〔각각〕 P_0과 P'_0으로 표시할 수 있다. A_1, A_2 및 A'_2, A'_3의 위치는 주어져 있다고 생각하자. 이와 마찬가지로 두 입지삼각형의 중량 a_1, a_2, a_3 및 a'_1, a'_2, a'_3도 주어져 있다고 하자. 여기서 구하는 것은 총 운송비가 가능한 한 작아지는 위치에 있는 $P_0 = A'_1$, $P'_0 = A_3$의 (두) 점이다.

극단적인 경우는 이 두 측면 가운데 어느 하나의 측면에서 중량삼각형이 성립하지 않는 경우이다. 예를 들어 이것이 첫 번째 입지삼각형의 중량(비율) a_1, a_2, a_3에서 발생한다면, $P_0 = A'_1$은 A_1 또는 A_2와 혹은 $A_3 = P'_0$과 일치해야만 한다. 따라서 이 경우에는 A'_1도 마찬가지로 주어진 것이거나 두 생산지가 일치하며, 그러므로 단 하나의 점을 네 개의 주어진 점으로 결정하는 것이 된다. 이렇듯 분리된 생산지가 주어진 점 외의 어

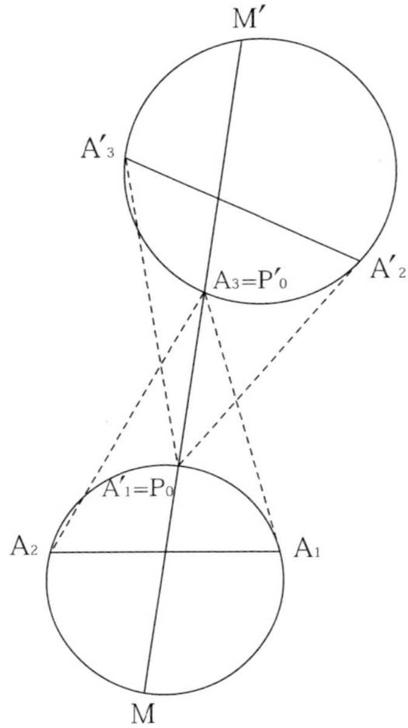

〈그림 부록-10〉

떤 곳을 〔입지적으로〕 지향하는 것은 양 측면의 중량삼각형이 존재하는 경우에만 가능하다. 이러한 전제하에서는 제 9항의 경우와 마찬가지로 A_1A_2 및 $A'_1A'_2$ 위쪽에 절편이 존재하고, 두 점 M과 M′이 성립할 수 있다. 따라서 M과 M′를 연결하면, 이 직선과 두 원호의 교점이 구하고자 하는 점이 된다(〈그림 부록-10〉).

하지만 이 법칙에는 많은 제약이 뒤따른다. 만약 이 두 절편〔즉, 원호의 영역〕이 부분적으로 겹치고 MM′이 공통부분을 통과한다면, 제 9항에 따라 P_0과 P'_0이 일치하고 더 이상 MM′ 위에 있을 필요가 없다. 이 경우에도 또한 생산지가 단 하나로 네 개의 출발점이 있는 경우가 된다. 이와 반대로 MM′이 두 절편의 어느 하나와도 전혀 접하지 않는다면, P_0과 P'_0은 꼭짓점 A_1, A_2 또는 A'_2, A'_3 가운데 어느 하나에 있고(〈그림 부록-9〉), 따라서 이전부터 주어져 있는 것이 된다. 나머지 문제는 최초의 기본적인 문제로 귀착된다. 그러므로 예외적인 것은 전부 이상에서 제시한 작도를 통하여 해법을 구하는 경우보다 원리적으로 한층 더 단순한 성격을 지니는 경우이다.

12) 네 개 이상의 꼭짓점을 가진 입지다각형

네 개 이상의 꼭짓점을 가진 입지다각형을 다룰 때 일반적으로 문제와 원리의 본질은 삼각형의 경우와 다르지 않지만, 꼭짓점이 하나 많은 사각형의 경우조차 이미 삼각형의 경우처럼 간단한 작도법을 더 이상 제시할 수 없다. 따라서 여기서 무엇보다도 언급할 가치가 있는 것은 역학적 모델이 꼭짓점의 수가 보다 많은 모든 경우에 대해서도 (상황에 따라 수정하여) 기능한다는 점이다. 즉, 어떤 입지도형이라도 그 꼭짓점으로부터 중량(비율)에 상응하는 추를 단 실을 늘어뜨리고 이 실들을 전부 하나로 결합시키게 되면, 이 결합점이 모든 경우에 자동적으로 최소지점에 멈춰 서게 된다는 것이다.

P_0이 입지다각형의 내부에 자리 잡는지 아니면 꼭짓점에 자리 잡는지의 구별과 관련해서도 삼각형의 경우처럼 간단한 지표는 더 이상 존재하지 않는다. 여기서 입지도형 위에 있는 꼭짓점 A의 중량이 나머지 모든 꼭짓점의 중량의 합과 같거나 그것을 초과할 경우에 P_0은 확실히 이 꼭짓점에 자리 잡게 된다고 지적할 수 있다(〈그림 부록-11〉).

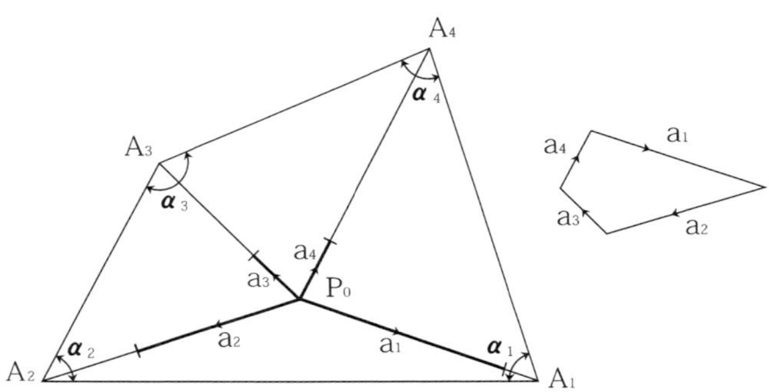

〈그림 부록-11〉

2. 운송비가 같은 곡선

1) 등비용선의 개념

만약 어떤 입지도형과 이미 알려져 있는 운송중량 a_1, a_2에서 최소운송비 지점인 P_0이 결정되어 있으며 생산지가 P_0에서가 아니라 이로부터 멀리 떨어진 곳에 놓여 있다면, 운송비는 최소운송비보다 높아지게 된다. 이제 우리는 생산지가 P_0에서 극히 다양한 방향을 향하여 서서히 이동하는 경우를 고찰해 볼 수 있다. 이때 운송비는 그에 따라 언제나 서서히 상승하고, 더군다나 출발점으로부터 충분히 멀리 떨어지게 되면 확실히 일정 수준에 도달하게 될 것이다. 물론 P_0에서의 운송비보다 작은 운송비는 어디서도 존재하지 않는다. 그러나 P_0지점에서의 운송비를 넘어서는 임의로 상정된 모든 운송비와 관련해서는, 그것은 어떤 값을 지니며 게다가 그것에 상응하는 지점은 P_0으로부터 모든 방향을 향하여 나타날 수 있다. 따라서 이러한 지점은 단 하나만 존재하는 것이 아니며, P_0을 둘러싼 폐쇄된 곡선이 존재하고 그 위의 어디에서도 운송비는 동일하게 될 것이다. 그러므로 이러한 종류의 곡선(운송비가 같은 곡선, 운송비의 등고선, 등비용선)은 운송비의 값을 어떻게 상정하더라도 그것이 그 최소값보다 클 경우에는 존재하기 마련이며, 이들 곡선의 전체는 운송비가 생산지에 의존하는 상황을 눈으로 관찰할 수 있는 형태로 제시한다. 만약 최소값이 M 톤·킬로미터라면, 우리는 등고선을 10톤·킬로미터마다 〔선으로〕 그을 수 있으며, 이것들이 M+10, M+20, M+30 등의 톤·킬로미터를 나타낸다고 고찰한다(298~299페이지의 〈그림 부록-12~15〉를 참조하라).

2) 운송비가 매우 높은 값을 가질 경우의 등비용선은 거의 원형을 띰

유난히 높은 운송비에는 P_0으로부터 멀리 떨어져 있고, 따라서 입지다각형으로부터도 멀리 떨어져 있는 지점이 대응한다. 이 거리가 아주 크기 때문에 이에 대한 (입지) 다각형의 넓이의 영향은 거의 없으며, 거리만이 비용을 결정하게 된다. 따라서 유난히 큰 운송비에 대응하는 곡선은 P_0을 중심으로 하는 큰 원과 본질적으로 다르지 않다. 이러한 원의 반경을 R이라고 한다면, 그 원주 위에 있는 어떤 위치의 생산지에 대한 운송비는 대략

$R(a_1+a_2+a_3+\cdots)$ 톤·킬로미터

와 같다. 왜냐하면, 모든 〔생산지의〕 입지가 P_0에 결합되어 있다고 고찰해도 그다지 큰 오류가 아니기 때문이다.

$a_1+a_2+a_3+\cdots$

의 합, 즉 1톤의 제품을 생산할 때 움직일 필요가 있는 총중량을 G(입지중량)로 표시한다면, 다음과 같은 법칙이 성립한다. **입지다각형으로부터 멀리 떨어져 있는 생산지에 대한 운송비는 입지중량에 최소지점으로부터의 거리를 곱한 값, 곧 G×R이다.**

〔제 2절〕 제 1항에서 설명한 것처럼 등비용선은 운송비의 일정한 단계를 나타내는 것이기 때문에, 입지중량이 크면 클수록 당연히 이 큰 원들의 간격은 그만큼 더 조밀하다. 왜냐하면 G가 크면 클수록, R×G의 증가를 가져오는 데 작용하는 R의 증가가 그만큼 작기 때문이다.

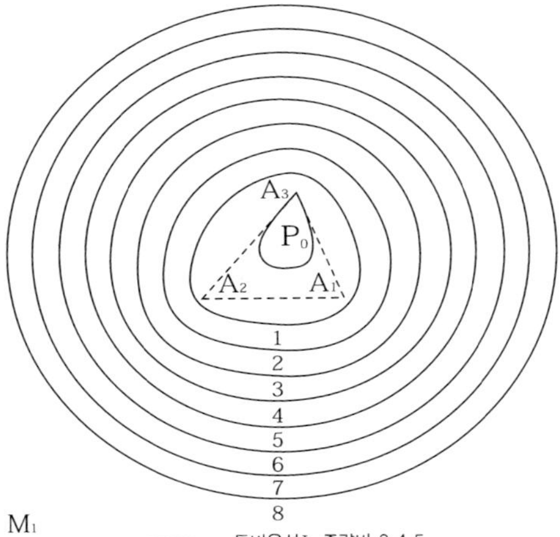

M_1

m

등비용선I, 중량비 3, 4, 5.
최소운송비는 선분 M_0로 표시되고, 등비용선에서
등비용선으로의 비용증가는 m으로 표시된다.

〈그림 부록-12〉

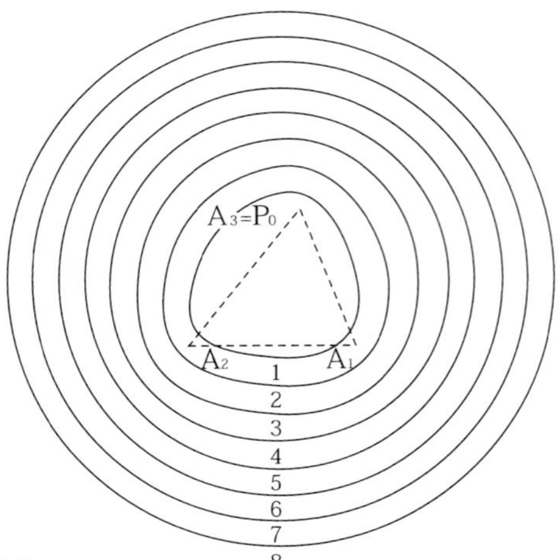

M_1

m

등비용선 II, 중량비 3, 4, 6

〈그림 부록-13〉

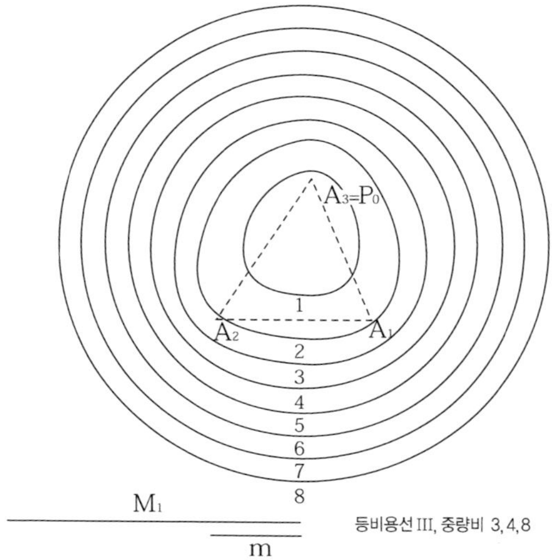

〈그림 부록-14〉

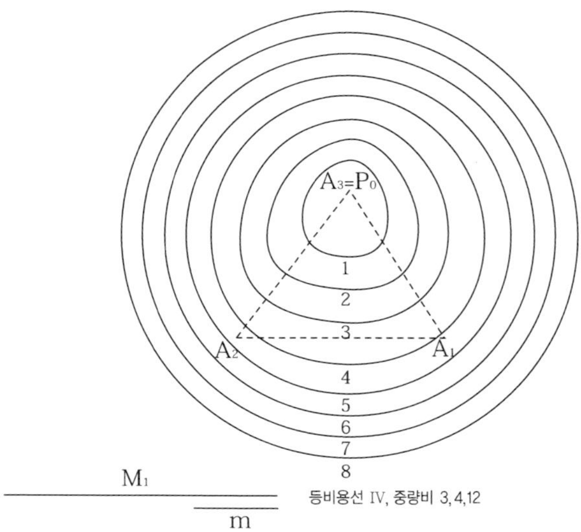

〈그림 부록-15〉

3) 운송비의 값이 작은 경우: 운송비의 경사도

다음으로 운송비의 값이 비교적 작은 경우를 살펴보려고 하는데, 이 운송비에 상응하는 등고선은 입지도형의 주위를 거의 근접하며 통과한다. 이와 동시에 입지도형의 형태와 개별 꼭짓점에서의 중량비율 a_1, a_2, a_3… 의 배분이 등고선의 형태에 영향을 미치고, 이 등고선은 그에 해당하는 운송비가 최소값을 넘어서는 것이 적으면 적을수록, 따라서 P_0에 근접하여 통과하면 할수록 원형으로부터 그만큼 더 멀리 떨어지게 된다. 그러나 어떤 상황에서도 위에서 언급한 곡선체계는 다음과 같은 특성을 보여 준다. 그것은 생산지를 어느 한 등고선으로부터 다음 등고선으로 이동시킬 때 운송비가 10톤·킬로미터만큼 상승한다는 것이다. 그러므로 우리가 P_0으로부터 등고선의 수직 방향으로 멀어짐에 따라 운송비는 증가하며, 그 증가 속도는 해당 지점에서 두 등고선 사이의 거리가 가까우면 가까울수록 그만큼 더 빨라진다. 예를 들어 다음 등고선까지의 거리가 5킬로미터라고 한다면, 이 5킬로미터에 10톤·킬로미터의 운송비 증가가 발생하게 된다. 만약 이 거리가 10킬로미터라고 한다면, 10킬로미터를 이동하고 비로소 같은 크기의 운송비 증가가 발생할 것이다. 전자의 경우 거리 1킬로미터당 비용 증가는 2톤·킬로미터이다. 생산지가 등고선에 수직으로 1킬로미터만큼 이동할 때 운송비가 증가하는 액수를 운송비의 경사도(*Gefälle*)라고 부른다면, 그 크기를 규정하기 위해서는 10을 근접한 등고선까지의 거리로 나누어야 할 것이다.[11] 등고선 사이의 간격이 좁으면 좁을수록, 이 경사도는 그만큼 더 크다.

---

11) 여기서는 이 개념에 대한 설명이 이처럼 정확하지 않아도 충분하다. 실제로 문제가 되는 것은 운송비 K가 가장 빠르게 감소하는 방향에 대한, 정(+)·부(−)의 부호가 반대인 미분계수 $\frac{dK}{ds}$이다.

4) 공간적 모델을 통한 설명: 운송비면

영역 내의 모든 P의 위치에 대하여 거기서 발생하는 운송비에 같은 길이를 가진 평면에 수직인 선분을 고찰해 보자. 이렇게 할 경우, 모든 P의 위치 위쪽으로 공간상의 하나의 점, 즉 선분의 종점을 얻을 수 있고 이 모든 점은 하나의 면을 형성한다. 이 면의 최저점은 점 P_0의 위쪽에 놓여 있다. 이 점을 둘러싼 면은 상승하고, P_0으로부터 상당한 거리에 있는 곳에서 이 면은 P_0을 통과하는 수직의 축을 가진 원추면(圓錐面)과 크게 다르지 않은 형태를 띤다. 반면에 그 가장 낮은 지점 가까이에서는 불규칙한 형태를 보여준다. 만약 우리가 이 면 위에서 같은 높이의 지점들을 걷는다면, 우리는 등비용선 위를 이동하는 것이 된다. 그리고 해당 지점에서 등비용선의 직각 방향으로 가장 가파른 상승이 진행된다. 그것이 가파르면 가파를수록, 등비용선에서 직각으로 이동하는 것에 의해 운송비는 그만큼 더 빠르게 증가한다. 우리는 이 가파른 정도에 의거하여 운송비의 경사도를 직접적으로 살펴볼 수 있다.

5) P_0을 둘러싸고 있는 등비용선 체계의 모습

P_0에 바로 인접한 곳에서는 등비용선의 분포와 이와 관련한 운송비면의 형태가 제 1절 제 7항에서 구분하여 설명한 중요한 사례에 따라 매우 다르다. P_0이 입지삼각형(또는 입지다각형)의 내부에 놓여 있다면, P_0에 이어진 첫 번째 단계의 등비용선(일정한 단계구분, 예를 들어 10톤·킬로미터의 눈금으로 단계구분을 행할 때)은 P_0으로부터 멀리 떨어져 주변에 있다. 이것은 엄밀히 말하여 P_0 자체에서 경사도가 영(0)의 값을 갖게 되는 사정 때문이다. 동일한 사실은, 꼭짓점에 속하는 중량비율이 아주 크지 않은 한 P_0이 꼭짓점의 위치에 자리 잡고 있는 경우에 대해서도 적용된다. 단 첫 번째 등고선이 입지삼각형(입지다각형)의 외부를 통과하는 한, 그것이 내부를 통과하는 경우보다 P_0에 훨씬 가까이 다가서게 되는 것은

분명하다. 이와는 달리 해당 꼭짓점의 중량비율이 상당히 크다면, 첫 번째 등비용선은 그 비중만큼 모든 방향에서 P_0에 접근하고, 〔다른 것과 비교하여〕 이 중량의 우월 정도가 크면 클수록 P_0을 그만큼 더 가까운 거리에서 둘러싸게 된다. 운송비면(*Transportkostenfläche*)이 첫 번째의 경우에서는 이 최저점을 둘러싸고 매우 평탄한 분지 형태를 띠며, 꼭짓점에 위치하는 경우에는 (입지) 삼각형의 외부에서 내부보다 한층 가파른 경사를 보여준다. 이에 반해 어느 한 꼭짓점의 중량비율이 대단히 클 경우에는 운송비면이 최저점을 둘러싸고 다소 경사진 깔때기(圓錐) 모양을 보일 것이다. 이런 저런 가정에 상응하는 〈그림 부록-12~15〉는 이러한 모든 사정들을 명확히 보여준다.

3. 집적

1) 절약함수: 그 도해

1일 생산량이 M인 대생산은, r만큼 떨어져 있는 곳에 있는 1일 생산량이 m인 같은 종류의 소생산을 집적에 의해 발생하는 절약이 그에 따른 운송비의 증가보다 클 경우에 흡수할 것이다. 이 운송비 증가분을 계산하는 것은 어렵지 않다. A를 생산의 입지중량이라고 한다면, 운송비의 증가분은 확실히 제품 1톤당 Ar톤·킬로미터, 따라서 전체로서는 Arm톤·킬로미터이다. 즉, 운임률이 s일 때 화폐액은 Arms이다.

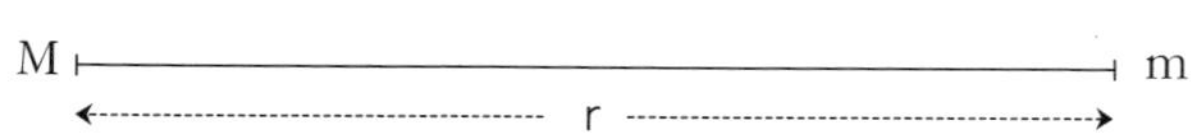

〈그림 부록-16〉

집적에서 발생하는 절약은 생산의 종류에 좌우된다. 우리는 각 종류의 생산에 대하여 하나의 표를 작성하고, 각각의 집적량에 대하여 1일 생산

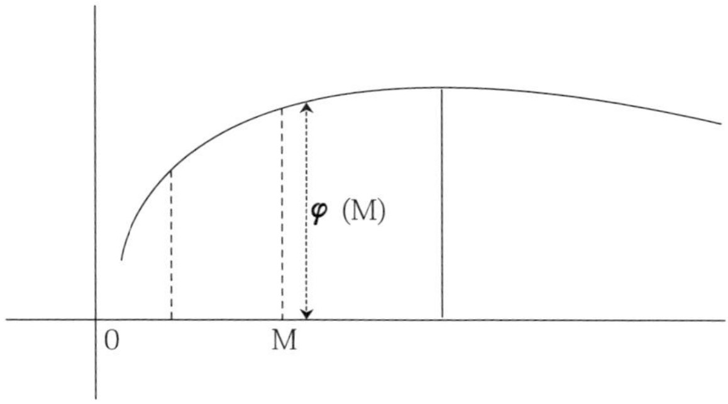

〈그림 부록-17〉

량 1톤당 절약의 크기를 기록할 수 있다. 따라서 이 절약은 집적량 M에 의해 좌우되고 집적량 M의 '함수'이며, φ(M)으로 표시할 수 있다. 우리는 이를 절약함수라고 부르고자 한다. 이 함수를 위에서 언급한 것처럼 표의 형태로 제시하기보다는 하나의 기하학적 그림으로 제시한다면, 개관하기 아주 편할 것이다. 서로 직교하는 두 개의 축 가운데 한 방향으로 그 교점을 원점으로 하여 이로부터 임의의 길이를 단위로 한 M의 값을 기입한다(이른바 가로좌표). 이어서 이 (가로) 좌표의 각 지점에서 수직으로, 거기에 해당하는 절약 φ(M)에 상응하는 길이의 선분을 그린다(세로좌표). 우리는 이렇게 하여 얻은 평면상의 점들을 연결함으로써 절약함수 전체의 진행을 총괄적으로 나타내는 곡선을 얻을 수 있다.

2) 집적의 기본공식: 집적함수

M이 대생산의 생산량이라고 한다면, 이 양의 집적에 의하여 얻어지는 제품 1단위당 절약은 φ(M)이며, 따라서 1일 생산량 전체에 대하여 얻어지는 절약은

$$M\varphi(M)$$

이다. m의 생산량을 가진 소생산이 대생산에 병합된다면, 거기서 얻어

지는 전체 절약액은

$$(M+m)\varphi(M+m)$$

이다. 따라서 병합에 따라 얻어지는 절약의 증가분은

$$(M+m)\varphi(M+m)-M\varphi(M)$$

이다.

이 크기가 1로 계산된 운송비의 상승분

$$Ars \cdot m$$

보다 크다면, 〔생산의〕 병합은 실현될 것이다. 그러므로 대생산 M의 병합력이 미치는 최대거리 R은 다음과 같은 (방정) 식에 의해 계산된다.

$$ARs = \frac{(M+m)\varphi(M+m) - M\varphi(M)}{m}$$

이 식의 우변에는 M도 m도 포함되어 있다. m이 어느 정도 크다면, 이는 사실상 R의 크기에 영향을 미칠 것이다. 그러나 여기서 다루는 문제의 성질상 m은 M에 비해 매우 작으며, 이러한 경우에 위의 식 우변은 m의

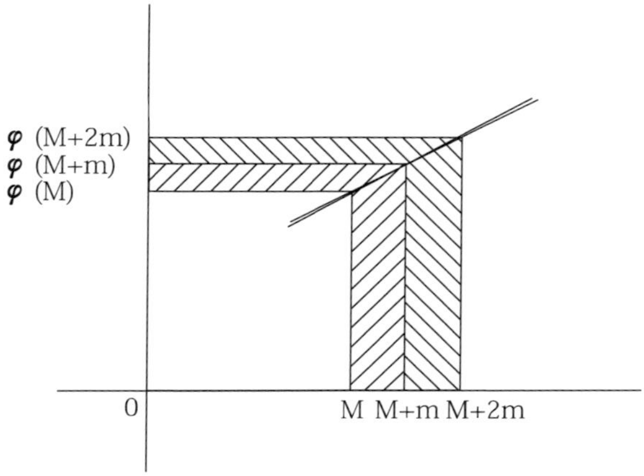

〈그림 부록-18〉

크기와 전혀 무관하고 M만의 함수가 된다. 사실 이 식에 포함되어 있는 값이 처음에는 m이고, 다음에는 그 두 배, 즉 2m이라 할 수 있다. 〈그림 부록-18〉에는 세 개의 사각형이 서로 포개어져 있는 것을 살펴 볼 수 있는데, 그 크기는 추측하건대 각각

$$M\varphi(M)$$

$$(M+m)\varphi(M+m)$$

$$(M+2m)\varphi(M+2m)$$

이다. 옛 사람들이 그노몬(*Gnomon*)이라고 지칭한 이러한 종류의 도형 사이의 차이는 위에서 언급한 값을 결정한다. m이 작아짐에 따라 큰 쪽의 그노몬

$$(M+2m)\varphi(M+2m)-M\varphi(M)$$

은 확실히 그 (구성) 성분

$$(M+m)\varphi(M+m)-M\varphi(M)$$

의 정확히 두 배 크기가 된다. 따라서

$$\frac{(M+2m)\varphi(M+2m)-M\varphi(M)}{2m}=\frac{(M+m)\varphi(M+m)-M\varphi(M)}{m}$$

의 식을 얻게 되며, 이 점에서 위에서 서술한 것처럼 m의 크기와는 아무런 관계가 없다. 함수

$$f(M)=\frac{(M+m)\varphi(M+m)-M\varphi(M)}{m}$$

은 집적함수라고 일컬어지고 있는 것이다. 그러므로 앞서 설명한 공식은

$$As\cdot R=f(M)$$

으로 표시되며, 이것은 집적의 기본 공식이다. 이 식은 M의 생산량을 가

진 생산의 집적력이 작용하는 반경(R)이 M에 대한 집적함수의 값에 비례하는 반면, 입지중량과 운임률은 반비례하는 것을 보여준다.

3) 집적함수의 도해

〔전체적으로〕 개관하기 위해 우리는 앞에서 절약함수에 대하여 행한 것처럼 집적함수를 하나의 그림(〈그림 부록-19〉)으로 표현해 볼 수 있다. 이 그림에서 M의 축과 수직인 선은 f(M)의 길이를 갖고 있다. M의 맨 끝으로부터 측정한 길이 m의 작은 선분 위에 양측이 수직선 f(M)과 f(M+m)으로 구획되고, 위쪽은 그림의 곡선으로 구획된 길쭉한 띠 모양의 작은 면적이 존재한다. 이 작은 면적은 m이 작으면 작을수록 m을 밑변으로 하고 높이가 f(M)인 직사각형에 그만큼 더 가까워진다. 따라서 이 길쭉한 띠 모양의 면적은

$$m \cdot f(M) = (M+m)\varphi(M+m) - M\varphi(M)$$

의 크기를 갖고 있으며, 집적이 M의 값에서 M+m의 값까지 진행될 때 발생하는 1일의 절약 증가분의 값을 나타낸다. 여기서 가로좌표 M 전체에 걸쳐 있는 위쪽은 집적곡선으로 구획되고, 우측과 좌측은 세로좌표로 구획된 면적을 고찰해 보자. 우리는 이 면적이 다수의 길쭉한 띠 모양의 작은 면적으로 이루어져 있다고 고찰할 수 있다. 따라서 이 면적(의 값)은 집적과정의 처음부터 M의 수준에 이르기까지 절약의 모든 증가분을 합쳐 놓은 것과 다름없다. 즉, 그것은 M의 수준에 이르기까지 집적에 의한 총 절약이며, 곧

$$M \cdot \varphi(M)$$

과 같다.

끝으로 우리는 여기서 Φ(M) 자체에 대해서도 다음과 같이 고찰할 수 있다. 즉, 양쪽 축과 M에서의 세로좌표를 투과할 수 없는 벽으로 고찰하

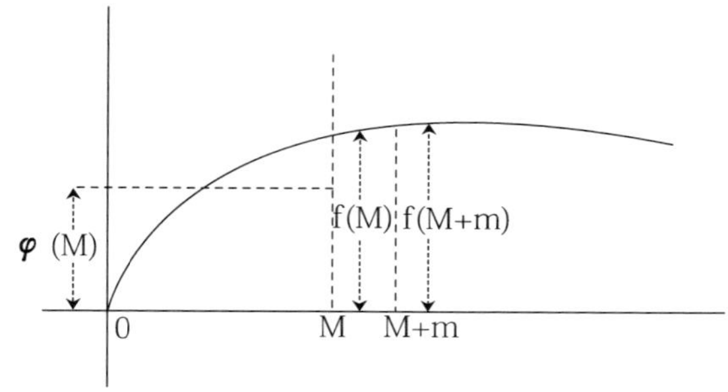

〈그림 부록-19〉

고(〈그림 부록-19〉), 위에서 언급한 면은 〔전·후방이 이를 테면 평행한 판(板)으로 구획된〕 〔변형이 불가능한〕 견고한 물질로 구성되어 있다고 생각해 보자. 이제 이 물질이 액체화된다면, 이 물질의 표면은 수평이 된다. 이 사각형의 내용은 $M\varphi$(M)이며, 그 밑변은 M이기 때문에 높이는 곧 φ(M)이다.[12)]

4) 처음에 균등하게 분포한 소생산의 집적

여기서 보다 큰 영역에 걸쳐 균등하게 분포하고 있는 소생산을 상정해 보고자 한다. 이 영역 가운데 어떤 곳에서 집적에 의해 대생산이 전개된다면, 이 대생산은 일정한 범위 내에 존재하는 소생산을 흡수할 것이다. 이 범위를 집적의 공식에 의거하여 계산하려고 할 때, 우리는 M이 집적 과정 자체에 의하여 변하고 증가한다는 점을 고려하지 않으면 안 된다. 〔생산이〕 처음에 균등하게 분포할 때, 이 영역 내에서 단위면적(이를 테면 1평방킬로미터) 당 이루어지는 1일 생산량을 ρ로 표시하고자 한다. 우리는 이 ρ를 생산밀도라고 부르고자 한다. 여기서(〈그림 부록-20〉) G에

12) 이곳에서와 앞의 단락에서 설명한 절약함수와 집적함수의 관계는 보다 고차의 수학을 이용하여 다음과 같이 표현할 수 있다. 집적함수는 M과 절약함수를 곱한 값의 미분계수, 즉 $f(M) = \frac{d(M\varphi)}{dM}$ 이다.

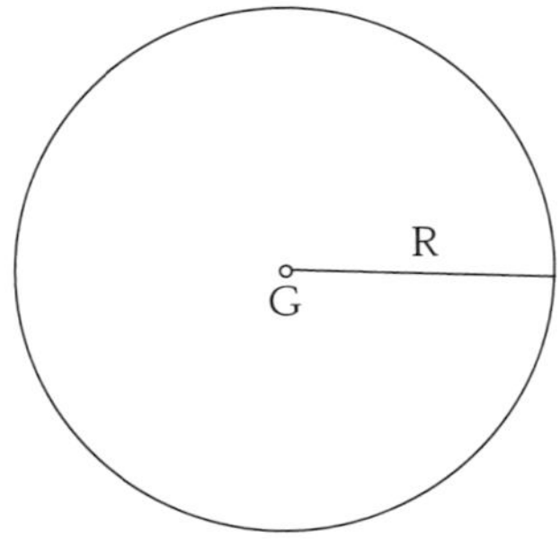

〈그림 부록-20〉

있는 대생산이 바로 반경 R까지의 부분에 있는 모든 생산을 흡수한다면, 그 크기는

$$\pi R^2 \cdot \rho$$

이 되지 않으면 안 된다. 그러므로 이 M 값을 집적의 공식[13]에 대입하거나 역으로

$$\pi R^2 \cdot \rho = M$$

의 공식에서 R을 계산하고

$$R = \sqrt{\frac{M}{\pi\rho}}$$

을 집적의 공식에 대입하면, 우리는

$$ARs = f(\pi R^2 \rho)$$

및

$$As\sqrt{\frac{M}{\pi\rho}} = f(M)$$

---

13) 〔역주〕 위에서 이미 언급한 바 있는 AsR=f(M)를 말한다.

을 얻게 된다. 이 식에서 M을 계산하지 않으면 안 된다. 물론 그것이 가능하기 위해서는 집적함수 f(M)이 알려져 있어야만 한다. 그렇지만 만약 M의 값, 즉 집적의 크기가 알려져 있다면, 그 영역 내에서 성립하는 대생산의 수를 근사치로 파악하는 것은 어렵지 않다. 왜냐하면, Ω를 전체 영역의 1일 생산량으로 삼는다면, 이 값은 확실히

$$\frac{\Omega}{M}$$

이 되기 때문이다.

5) 집적함수의 도해에 의한 집적 정도의 산정

위에서 서술한 바에 따라,

$$\frac{As}{\sqrt{\pi\rho}}\sqrt{M} = f(M)$$

이 되도록 M을 규정하는 것이 관건이다. 여기서 f(M)가 표시되어 있는 그림에 또한 M의 모든 가로좌표에 대응하는 세로좌표의 길이

$$N = \frac{As}{\sqrt{\pi\rho}}\sqrt{M}$$

을 나타내는 제 2의 선을 그어보자(〈그림 부록-21〉). 이렇게 하여 얻은 점들은 포물선이라고 일컬어지는 잘 알려진 선을 구성한다. f(M) 곡선과 그 포물선이 같은 세로좌표를 갖는 곳, 다시 말해 두 곡선이 교차하는 곳의 가로좌표 M이 구하는 값이다.

여기서는 여러 가지 가능성이 존재한다. 첫 번째로 무엇보다도 f(M) 곡선이 처음부터 포물선 아래에 뻗어 있고, 어디까지도 그 아래에 머물러 있는 경우가 있다. 이러한 경우에는 위의 방정식이 결코 성립할 수 없고, 항상

$$N > f(M)$$

이다. 이것은 두말할 나위도 없이 그 어떤 집적도에 대해서도 그것에 의한 절약이 운송비의 증가를 보충할 수 없다는 점을 의미한다. 이러한 경우에는 집적의 가능성이 전적으로 배제된다.

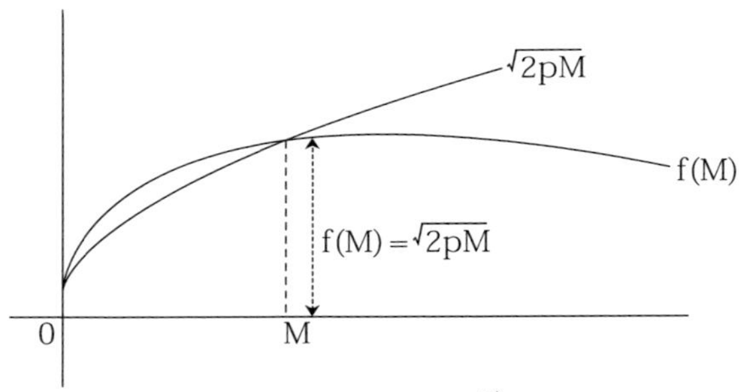

〈그림 부록-21〉[14)]

두 번째로 처음에 포물선 위에 뻗어 있는 f(M) 곡선이 어떤 점에서 포물선을 통과하고, 이 점 아래에 머물러 있는 경우가 있다. 이러한 경우에는 집적이 두 곡선의 교점의 가로좌표로 표시되는 크기까지 이루어진다.

세 번째의 경우, 즉 f(M)가 처음부터 끝까지 항상 포물선 위에 뻗어 있는 경우는 현실적으로 결코 발생할 수 없다.

---

14) 그림에서 간결하게 표현하기 위해

$$2p = \frac{A^2 s^2}{\pi \rho}$$

가 포물선의 이른바 매개변수(2p)로 사용되고 있다.

옮긴이 해제

이 책은 알프레드 베버(Alfred Weber)의 《공업의 입지에 관하여. 제 1부: 입지의 순수이론》(*Über den Standort der Industrien. Erster Teil: Reine Theorie des Standortes*)을 《공업입지론》이라는 제목으로 우리말로 옮긴 것이다. 독일어 원전은 지금부터 한 세기 전인 1907년과 1908년에 걸쳐 부분적으로 체코 프라하와 독일 하이델베르크에서 완성되었으며, 1909년 초판으로 튀빙겐의 모어사(Verlag von J. C. B Mohr)에서 출판되었다. 그리고 13년 후인 1922년에 본문 내용의 수정과 보완이 이루어지지 않은 채 지은이의 새로운 서문이 첨부된 제 2판이 같은 출판사에서 간행되었다. 초판과 제 2판에는 프라하의 법학자이자 수학자인 게오르크 피크(Georg Pick)의 공업입지론에 대한 수학적 풀이가 부록으로 첨부되어 있다. 우리말 번역은 1998년에 마르부르크의 메트로폴리스사(Verlag Metropolis)에서 출간된 《알프레드 베버 전집》의 제 6권인 《공업입지론에 관한 논저》에 실린, 위에서 언급한 무수정 2판을 바탕으로 하였다.[1]

1) Nutzinger, H. G. (Hrsg.), 1998, "Alfred Weber－Schriften zur Indus-

다만 이 전집판에는 제 2판에서 발췌하여 싣고 있는 초판의 서문이 모두 전재되어 있으며, 기존 출판물에서 발견되는 오기나 탈자 등을 부분적으로 교정하고 보충설명 등을 괄호로 표시하는 등 다소간의 변화를 찾아볼 수 있다.

이 책의 지은이인 알프레드 베버는 1868년 에어푸르트(Erfurt)에서 20세기 초 저명한 사회과학자였던 막스 베버(Max Weber)의 4살 아래 동생으로 출생하였다. 베를린에서 어린 시절의 대부분을 보낸 그는 본, 베를린, 튀빙겐대학 등에서 법학과 경제학을 수학하였다. 베를린대학에서 (국민)경제학 가운데 '신역사학파'의 거두였던 구스타프 폰 슈몰러(Gustav von Schmoller)의 지도로 박사 및 교수자격을 취득한 베버는 1899년 베를린대학 강사로 학계에 첫발을 내딛은 후, 프라하 소재 독일대학의 국가학교수(1904~1907)를 거쳐 하이델베르크대학 교수로 오랫동안 재직하였다. 나치 집권기에 유태인이라는 이유로 대학에서 추방되었으나 제 2차 세계대전이 끝난 뒤 동대학 명예교수로 복직하여 경제학과 사회학 등을 강의하다가 1958년에 90세의 나이로 사망하였다.[2)]

triellen Standortlehre," in Bräu, R., Demm, E., Nutzinger, H. G. und Witzenmann, W. (Hrsg.), *Alfred-Weber-Gesamtausgabe*, Band 6, Marburg, Metropolis Verlag, pp. 29~265. 그리고 이에 관한 서평으로 다음을 참조하라. Scheuplein, C., 2001, "Wiedergelesen: Alfred Weber – Schriften zur Industriellen Standortlehre. Herausgegeben von Hans G. Nutzinger. Alfred-Weber-Gesamtausgabe, Band 6. Marburg 1998. 538S.", *geographische revue* 3(1), pp. 53~56.

2) 알프레드 베버의 일생과 사상에 관한 자세한 내용은 다음을 참조하라. Demm, E., 1990, *Ein Liberaler in Kaiserreich und Republik. Der politische Weg Alfred Webers bis 1920*, Schriften des Bundesarchiv Bd. 38, Boppard; Demm, E., 1997, *Von der Weimar Republik zur Bundesrepublik. Der politische Weg Alfred Webers 1920~1958*, Schriften des Bundesarchiv, Düsseldorf.

만능이 요구되었던 시대의 마지막 학자 가운데 한 사람으로 평가받고 있는 베버는 일생 동안 그야말로 다양한 주제에 관심을 가졌을 뿐만 아니라 정열적으로 연구하였다. 그의 박사 및 교수자격 논문의 주제는 당시 독일(제국)의 독특한 경제적 · 사회적 문제영역이었던 가내공업(*Hausindustrie*)이었다. 그리고 1908년 그의 국민경제학적 주저에 해당하는 《공업입지론》이 완성되고 그 다음 해에 출판되었다. 뒤이어 형인 막스 베버와 공동으로 공업노동자의 실태에 대한 조사분석을 수행하면서 근대적인 산업 및 경영사회학의 경험적 분석에 초석을 놓았다. 1910년대부터 베버는 개별 문화와 민족의 사회문화적 양식(*Habitus*)의 변화에 큰 관심을 기울이고 문화 창조에 관한 분석을 통하여 이 문제에 대한 해답을 찾고자 하였다. 이를 통하여 그는 문화사회학의 확립에 크게 기여하였는데, 이러한 문화사회학에 대한 그의 연구 성과는 《문화사회학으로서 문화사》(*Kulturgeschichte als Kultursoziologie*, 1935)로 정리된 바 있다. 물론 베버는 1920년대에 정치이론에 몰두하기도 하였다. 1925년에 출판된 그의 저서 《현대 국가사상의 위기》(*Die Krise des modernen Staatsgedankens*)는 여러 가지 측면에서 수많은 오해를 불러일으킨 영국에 뿌리를 둔 대의민주주의의 모델을 분석한 것이자 동시에 반민주적 비판자들로부터 공격을 받았던 바이마르공화국을 이념적으로 보호하고 뒷받침하기 위한 것이기도 하였다. 《비극적인 것과 역사》(*Das Tragische und die Geschichte*, 1943)에서는 고대 그리스의 서사시와 비극을 비극적 존재의식의 증거로 해석하였다. 《이제까지의 역사와 결별》(*Abschied von der bisherigen Geschichte*, 1946)에서는 예술가, 작가, 철학자 등을 사례로 분석하면서 유럽인들의 생활양식의 변화를 설명하고, 나치즘 현상에 악마적 인격형성이라는 의미를 부여하기도 하였다. 1950년 독일에서 마침내 출판된 앞서 언급한 《문화사회학으로서 문화사》의 새로 쓴 결론 부분에서는 고등문화의 결정적 조형자였던 이른바 '제 3의 인간'이 전체주의적 관료제와 기술관료적 관리자사회에 적응한 기능주의자들인 이른바 '제 4의 인간'에 의해 대체될 것이냐는 문제를 다루고 있다. 그리고 1955년에 제자들과 공저로 출판된 《사회학개론》(*Einführung in die Soziologie*)에서는 당시 이미 미국 사회학의 특성이 깊이 투영된 경험적 사회학에 대응한 그의 역사 및 문화사회학적 접근방법을 강조하고 있다. 알프레드 베버는 결코 독자의 학파를 만들지 않았지만, 자신의 사상을 이런저런 방식으로 계승한 수많은 후학들을 길러냈다.[3)]

이상에서 이미 살펴보았듯이, 《공업입지론》은 베버가 학계에 처음 내놓은 데뷔작이자 그의 초기 학문적 관심사를 잘 보여준다고 할 수 있다. 공업입지 문제에 관한 이론을 처음으로 체계적·종합적으로 분석하고 제시한 이 책은 서장, 제 1장 입지요인과 입지동태, 제 2장 단순화를 위한 가정, 제 3장 운송비지향, 제 4장 노동지향, 제 5장 집적, 제 6장 전체적 지향, 제 7장 전체 경제조직에서의 공업, 부록 등으로 구성되었다. 책의 서론에 해당하는 서장에서는 공업입지론 연구의 목적과 방법 그리고 현대적 의의를 서술하고 있다. 제 1장에서는 순수 공업입지론을 전개하는 데 핵심이 되는 입지요인의 개념과 그 분류체계를 논의하고 있다. 제 2장에서는 복잡한 현실을 단순화하고 추상화하기 위한 기본가정들을 제시하고 있으며, 따라서 입지의 '순수이론'을 도출하기 위하여 필요한 전제조건들을 설명하고 있다. 이어서 제 3, 4, 5, 6장에서는 그가 공업입지의 핵심요인으로 파악한 운송비와 노동비라는 지역적 입지요인과 집적요인

---

3) 오늘날 대표적인 학자들로서는 만하임(Karl Mannheim), 엘리아스(Robert Elias), 프롬(Erich Fromm), 프리드리히(Carl Joachim Friedrich), 뢰벤탈(Richard Löwenthal), 플레흐트하임(Ossip Flechtheim), 베르크슈트레써(Arnold Bergsträsser), 레데러(Emil Lederer), 잘린(Edgar Salin), 브로트(Max Brod), 카르프(Franz Kafka), 좀바르트(Nicolaus Sombart), 포겔(Bernhard Vogel), 추크마이어(Carl Zuckmayer) 등이 꼽히고 있다.

에 의거하여 공업의 보편적 입지지향과 함께 그 편향을 각각 살펴본 뒤, 이를 다시 한 번 정리하며 종합적으로 조명하고 있다. 제 7장에서는 공업의 역사적 입지동태와 이론적 관점에서 분포층을 고찰하고 결론을 맺고 있다. 마지막 부록에서는 참고문헌과 아울러 이 연구의 한계와 가능성에 대한 평가 그리고 베버의 공업입지론을 수학을 통하여 해석하고 도해한 게오르크 피크의 수학적 풀이 등이 실려 있다.

베버의 《공업입지론》은 위에서 이미 언급한 그의 많은 저서 가운데서도 독특한 성격을 지닌 단행본이라고 할 수 있다. 우선 그것은 좁은 의미의 경제이론적 문제제기, 다시 말해 각각의 경제형태에서 경제과정과 활동의 '장소', 곧 입지를 규정하는 법칙에 대한 분석[4]을 다룬 베버의 유일한 저서라는 사실이다. 어떤 의미에서 베버의 이러한 문제제기는 '배치론적인'(*allokationstheoretisch*) 것으로 볼 수 있으며, 우선 경제활동의 공간적 배치, 특히 집중화의 특정 경제체계를 넘어선 법칙성이 관건이 되고 있다. 의식적으로 이론을 견지한 이 연구를 통해 베버는 슈몰러를 중심으로 한 신역사학파의 영향 아래 이루어진 가내공업에 관한 그의 초기 기술적·경험적 연구와 분명히 결별하고 있다.[5] 다음으로 알프레드 베버 자

4) 베버는 서장에서 다음과 같이 언급하고 있다. "그 어떤 경제형태에서도 그리고 그 어떤 기술적·경제적 발전단계에서도 생산과 유통 그리고 소비가 '어떻게' 행해지는지와 더불어 '어디서' 행해지는지의 문제는 반드시 존재한다. 더군다나 전자뿐만 아니라 후자를 규정하는 규칙들도 늘 존재하기 마련이다." 무엇보다도 당대의 경제학이 대체로 경제발전 단계, 경제성장 등 국민경제의 시간적 문제에만 집착한 나머지 경제의 공간적 문제는 거의 거론하지 않았던 때, 즉 경제학의 앵글로색슨적 편견이 심한 때에 베버의 이론이 발표된 것은 매우 이례적인 일이 아닐 수 없었다.

5) 베버의 역사학파와의 이러한 결별과 이론적 분석에의 관심은 초판 서문의 다음과 같은 언급에서도 살펴볼 수 있다. "왜냐하면 오늘날 독일에서는 이론적 연구들이 다시금 받아들여지고 있긴 하지만, 그럼에도 불구하고 그것들이 전체적으로 여기서 행한 것만큼 그렇게 추상적이지 않기 때문이다. 진정한 의미의

신의 평가를 통해서도 살펴볼 수 있듯이, 수학적 고찰이 중요한 역할을 하고 있다. 즉, "모든 부분에서 어느 정도 진행된 문제가 마지막에 언제나 수학적 정식화를 '요청하고', 이를 통하여 완전히 해결할 수 있었던 점은 분명하다. 그러므로 여기서 말하는 수학은 '놀이'가 아니라, 꽤나 고통스럽게 느껴지는 필수품이다. 여기에 제시된 무미건조한 소재를 철저히 숙독하는 사람들은 이 점을 곧바로 이해할 수 있을 것이다."

이처럼 베버의 《공업입지론》은 부제로 붙은 '순수이론'이라는 표현이 분명히 말해 주듯이, 공업입지에 관한 순수이론이다. 이 순수이론이란 오직 경제원리에 입각하여 추상적으로 구축된 이론이라는 의미를 지니고 있다. 이하에서 다시 한 번 자세히 설명하겠지만 이에 대응하는 것이 '경험적 이론'이다. 이 책이 그의 공업입지론의 제 1부에 해당한다면, 제 2부는 경험적 이론에 관한 것으로 구상되었지만, 출간되지 못하였다. 그런데 여기서 우리가 주목할 점은 이 순수이론으로서 《공업입지론》이 자본주의 경제체제와 어떤 관계가 있는지에 대한 문제이다. 베버의 순수이론은 특정 경제체제와 무관하게 경제활동, 특히 공업의 입지분포와 입지형성의 여러 가지 작용들을 고찰하고 이로부터 도출한 법칙들은 경제제체와 상관없이 타당한 법칙이라고 고찰하고 있다. 하지만 그는 우리가 현실에서 관찰할 수 있는 공업입지의 방식은 이러한 순수이론만으로 설명되지 않는다고 지적하고 있다. 그것은 현실의 자본주의 경제체제하에서 발현되는 것이며, 그것을 구체적으로 명확히 하는 것은 '경험적 이론'에 의하여 비로소 가능하다는 것이다. 물론 여기서 베버가 말하는 자본주의 경제체제가 사회주의 중앙계획체제와 반대되는 단순한 자유 기업제도 자체를 의미하는 것이 아니라는 점은 분명하다. 만약 그렇다고 한다면, 경제체제와 무관한 경제법칙 등을 고찰하는 것은 불가능하기 때문이다. 다만

엄밀한 추상이 오늘날에도 — 적어도 독일인들에게는 — 여전히 '금기'이다."

그는 암묵적으로 개별 경영을 이익을 추구하기 위하여 행동하는 체제로 고찰하고 있는 듯하며, 구체적으로는 전(前)자본주의 경제제체에서 역사적인 발전과정을 통해 성립한 구체적 · 경험적 사실로서의 자본주의체제를 지칭하고 있다고 볼 수 있다. 베버는 결국 이러한 자본주의 경제체제가 공업입지와 관계되는 것은 자본주의 경제체제에 고유한 인구운동, 특히 도시로의 인구집중 때문이라고 한다. 아래에서 차례로 검토하듯이 그의 공업입지론에서 생산의 입지는 집적요인을 잠정적으로 도외시하면, 소비지와 원료산지 그리고 노동(공급)지에 의해 결정된다. 그 가운데 소비지와 원료산지는 경제적으로 의심할 여지없이 명백히 결정되지만, 노동지는 그렇지 않다. 그것은 자본주의 경제체제에 고유한 인구운동의 지배를 받기 때문이다. 베버의 입지이론이 경제체제와 관련을 맺는 것은 주로 이 점에 의해서이며, 곧 베버의 《공업입지론》은 이를 통찰하고 밝히는 데 그 목적이 있다고 볼 수 있다.

이러한 배경에서 베버가 《공업입지론》에서 추구하는 엄격한 모델적 분석은 모든 공업생산이 기본적으로 비용을 최소화하려고 하며, 원료와 시장이 공간적으로 균등하게 분포하는 것이 아니라, 특정 장소에 뚜렷이 편재 또는 편중되어 있으며, 공업생산을 위해서는 운송비 외에도 노동비, 동력, 지대, 이자율 등의 요소비용이 필요하고, 집적현상도 발생할 수 있다는 공리적 전제 하에 기업의 이익, 즉 이윤을 극대화하는 공업생산의 최적입지를 모색하려는 데서 출발하고 있다. 그리고 그 핵심은 세 가지의 주요 입지요인의 선별 혹은 추출에 맞추어져 있다. 즉, "운송에 의한 공업의 최적 생산입지를 결정하고 그 입지지향의 기본망을 형성"하는 운송비요인, 이 "기본망에 대하여 생산의 일부를 최적의 노동비지점으로 견인하는 것을 통하여 한쪽으로의 입지편향을 초래"하는 노동비요인 그리고 마지막으로 "생산의 일부를 집적지에 응축시키는 것을 통하여 제 2의 입지편향을 불러일으키는" 집적요인 등이다. 베버에 따르면, 공업의 입지지향에 영향을 미치는 이 밖의 일반적인 요인들은 존재하지 않는다. 즉, "문제는 이들 세 가지 요인이 어느 정도로 그리고 어떤 법칙에 따라 공업조직의 다양한 부분을 지배하는지 하는 점이다. 이 점을 제시하는 것이 순수이론의 과제이다. 우리는 이를 해명할 때 집적요인을 도입하고 생산과정을 고립화시켜 단순히 분석하는 것이 아니라, 일반적 법칙에 의거하여 공업의 전체적인 입지패턴을 밝혀보려고 한다".

이처럼 베버는 공업입지에 영향을 미치는 주요 요인들을 바탕으로 하여 이론을 단계적으로 구축해 나간다. 물론 이에 앞서 그의 논지를 구조화시키고 복잡다단한 현실세계를 단순화하기 위하여 이들 핵심적인 입지요인과 관련된 가정을 내세우고 있다. 즉, 원료산지의 지리적 분포는 '주어져' 있으며, 제품 소비지의 위치와 규모도 '주어져' 있고, 노동력은 다수의 일정하게 주어진 노동지에 존재하고 그 이동은 불가능하며, 또한 이러한 노동지에서의 노동비의 수준은 고정되어 있고 이 비용으로 얻을 수 있는 노동력의 양은 무제한적이라고 가정하고 있다.

이에 따라 먼저 베버는 모든 생산요소에 대한 비용이 지역적으로 차이가 없을 때, 즉 운송비만을 지역적 입지요인으로서 고찰할 수 있을 때 공업입지가 주어진 원료산지와 소비지 상황에서 어떤 지점으로 결정되는지를 묻고, 이에 대하여 총 운송비가 최소로 되는 지점이 바로 최적입지라는 해답을 내놓고 있다. 베버는 운송비를 결정하는 본질적 요소가 운송되는 원료와 제품의 중량과 거리에 있다고 보고, 이 밖의 중요한 사정(운송수단의 종류, 운송화물의 성질에 의한 운송비의 차이 등)은 운송되는 거리와 중량의 형태로 환산될 수 있다고 고찰한다. 따라서 공업생산의 (잠정적인) 최적지점은 원료를 구입하여 제조한 뒤 제품을 시장에 내다놓고 판매하기까지 투입되는 총 운송비(단위: 톤 · 킬로미터)가 최소가 되는 지점을 말하는 것이다.

그리고 베버는 원료운송비에 따른 입지효과를 분석하기 위하여 공업생산에 사용되는 원료산(출)지의 공간적 분포상태에 착안, 원료를 보편원료와 국지원료로 유형화한다. 생산과정에서 어느 곳에나 존재하는 보편원료를 사용할 경우 운송비가 전혀 들지 않는 반면, 특정장소에서만 산출되는 지역적으로 편재된 국지원료를 이용할 경우 이동거리가 늘어남에 따라 운송비는 증가한다. 베버는 또한 국지원료에 대하여 제품(중간재인 반제품을 포함하여) 으로의 중량의 전화(轉化) 여부에 따라 제품 가운데서 전체 중량이 남는 순수원료(즉, 제조과정에 무게의 변동이 없는 원료) 와 생산과정에서 중량의 일부 또는 전부가 감소하는 중량감소원료로 구분한다. 이상의 원료의 개념적 분류를 바탕으로 가장 단순한 경우의 최소운송비 원리에 따른 입지법칙은 다음과 같다고 지적한다. 즉, 보편원료만을 사용하는 경우에는 시장에 입지하고, 국지원료로서 순수원료만을 사용하는 경우에는 입지가 자유로우며 중량감소원료만을 사용하는 경우에는 원료산지에 입지한다. 베버는 이러한 입지법칙에 원료지수를 통하여 보다 분석적으로 접근하는데, 이 원료지수는 최종 생산물인 제품의 중량에 대해 사용된 국지원료의 중량비율을 말하는 것이다. 따라서 원료지수가 1 이상인 공업(제조과정에서 원료의 중량이 감소하는 경우) 은 원료산지 지향적이며, 1 미만인 공업(제조과정에서 원료의 중량이 증가하는 경우) 은 소비지 지향적이며, 1인 공업(제조과정에 중량의 증감이 없는 순수원료를 사용하는 경우) 은 이론상 시장, 원료산지, 혹은 양자의 중간지점 어느 곳이든 간에 운송비가 동일하며, 따라서 어디든지 자유롭게 입지할 수 있다고 설명한다. 이렇듯 베버는 원료를 다양하게 분류하고 이러한 원료들의 사용비율에 따라 운송비가 최소화되는 지점의 일반적인 원리를 밝히고 있다.

베버는 운송비에 이어 노동비에 따른 최적입지의 변화를 살펴본다. 즉, 공업생산의 두 번째 요소인 노동비가 지역에 따라 달리 나타난다고 보고, 그래서 지역간 노동비의 격차가 최소운송비의 원리에 따라 선정된 최적입지에 어떤 영향을 미치는지를 고찰한다. 단, 이 경우 베버는 운송비의 공간적 변화가 운송거리와 관련이 있다는 점에서 공간적 규칙성을 인정할 수 있으나 노동비의 지역차에는 이러한 종류의 법칙성을 인정하기 어렵기 때문에 노동비를 운송비에 의한 입지배치에 대한 편향요인으로서 고찰한다. 다시 말해, 베버는 노동비를 운송비로 환원시키고 있는 것이다. 여기서 입지요인으로서 노동비는 임금의 절대액이 아니라 제품의 단위중량당 임금급료 부분을 말한다. 이것은 임금수준만이 아니라 노동력 능률수준의 차이도 고려한 것이다.

베버 노동지향론의 핵심은 (생산지가) 최소운송비지점에 입지하는지 아니면 노동비가 저렴한 지점에 입지하는지, 두 가지 경우의 비용절약의 대소 관계(다시 말해 최소운송비지점과 노동공급지점의 비교우위 여부)로 결정된다는 것이다. 저렴한 노동비지점에 입지하는 것을 통하여 증가하는 운송비보다 그것에 따른 노동비의 절약액이 큰 경우에만 노동지향이 성립한다는 것이다. 그는 이것을 등비용선의 개념을 사용하여 설명하는데, 이때 최소운송비지점에서 저렴한 노동비지점의 방향으로 어느 정도 입지가 편향하는지는 고려하지 않는다. 요컨대, 양호한 노동 소재지로 이동하는지 아니면 최소운송비지점에 머무는지의 양자택일적인 사고이다.

베버는 공업의 종류에 따라 운송지향이 어떠한지, 즉 업종별로 노동의 상대적 중요성을 판별하기 위한 개념으로서 제품의 단위중량당 필요한 평균 노동비를 노동지지수라고 지칭하고, 이 지수가 높으면 높을수록 최소운송비지점으로부터 벗어나 저렴한 노동비지점을 향하여 이동하는 입지편향의 발생 가능성이 그만큼 더 높고, 반대로 낮으면 낮을수록 이 편향의 가능성이 그만큼 더 낮다고 설명하고 있다. 그러나 노동비지수는 노동지향의 가능성의 대소를 판별할 뿐이지 결정하는 것은 아니라고 한다. 왜냐하면, 예를 들어 어떤 제품의 노동비지수가 높을지라도 이 제품의 생산에 요구되는 입지중량이 매우 큰 경우에는 최소운송비지점에서 벗어나는 것이 어렵기 때문이다. 여기서 베버는 노동계수(노동비를 입지중량으로 나눈 값이며, 여기서 입지중량은 원료지수+1을 말한다)를 고안하여 이것을 노동비의 견인력을 보여주는 일반적인 지표로 삼는다. 입지중량 1톤당 노동비를 뜻하는 노동계수가 높으면 최소운송비지점에서 떨어지는 거리가 크다는 것이고, 반대로 작으면 최소운송비지점으로의 지향이 강하다는 것이다. 더욱이 노동계수가 높으면 높을수록 공업은 점점 더 소수의 노동지에 집중하고 노동비에 의한 집적은 강화된다고 지적한다.

입지요인과 입지지향과 관련하여 베버는 마지막으로 지역간 임금격차에 따라 최적입지가 변할 수 있는 것과 마찬가지로 집적의 경제적 효과도 최적입지에 영향을 미치는 중요한 입지요인으로 평가한다. 그의 집적론은 집적요인과 분산요인에 대한 개념 정의에 근거한다. 먼저 집적요인은 일정 수량의 생산이 한 장소에 집중하여 수행되는 데서 발생하는 '이익', 즉 생산 또는 판매의 저렴화를 의미하며, 분산요인은 이러한 집중을 해제하는 데서 수반되는 생산의 저렴화를 일컫는다고 한다. 베버는 집적요인이 작용하는 형태에는 두 가지 유형이 존재함을 지적한다. 그 하나는 경영의 확대로 인한 생산의 집적으로, 일반적으로 대경영의 이익 혹은 대규모 대량생산(이른바 '규모집적')의 이익에 기인하는 것이며, 다른 하나는 다수의 경영단위가 공간적으로 집중하는 집적의 형태('사회적 집적')로, 이에 따른 이익으로서 기술적 기구의 개선, 노동조직의 개선, 대규모 거래에 의한 절약 그리고 일반 간접비의 절감 등을 예로 들고 있다.[6]

그리고 분산요인의 작용은 집적 자체의 크기에 따른 결과로서 발생하는 집적의 반작용이며, 이 반작용은 집적요인과 달리 공업의 특성 등과는 무관하다고 설명한다. 그 작용의 방식과 강도는 집적의 크기에만 관련되

6) 따라서 현대 경제학에서 흔히 정의되는 이른바 규모경제(*scale economy*)는 전자에 해당하고, 입지경제(*location economy*) 또는 도시경제(*urbanization economy*)는 후자에 해당한다.

어 있으며, 이 반작용은 모두 지가의 앙등(집적에 의한 토지수요의 증대, 이에 따른 토지의 한계이용가치의 상승)에서 발생하며, 따라서 분산 경향은 모두 지대의 상승에 연유한다는 것이다. 분산요인의 작용은 지대의 앙등에 바탕을 둔 일반 간접비, 원료의 저장비용 및 노동비의 상승으로 표현되며, 이것들이 집적요인의 힘을 상쇄시킨다고 하고, 일반적으로 지대의 수준은 집적의 크기에 비례하기 때문에 분산요인의 작용도 간단히 집적의 크기에 비례한다고 설명한다. 이에 따라 베버는 분산요인에 대하여, 첫째 분산요인의 의의는 집적의 크기에 평행하여 발생하는 집적요인의 약화로 고찰할 수 있으며, 둘째 집적요인이 언제나 개별의 공업 생산단위 또는 관련이 있는 생산부분에 관계하고 있는 데 비해, 분산요인은 다른 종류의 생산부분이 우연적으로 집적하는 경우에도 작용한다고 지적한다.

베버는 또한 집적요인에 기초한 집적과 그 밖의 요인에 의한 집적을 구분하는데, 집적요인의 필연적 귀결로서 집적이 이루어지는 순수집적('기술적 집적')과 순수집적 외의 집적인 '우연적 집적'이 그것이다. 그는 이 두 가지 종류의 집적 가운데 순수집적만을 대상으로 운송비 지향적인 공업이 집적이익에 의하여 어떻게 영향을 받는지, 노동비 지향적인 공업이 이것에 의하여 어떤 영향을 받는지를 고찰하고 있다. 즉, 베버는 노동지향론을 전개할 때와 마찬가지로 운송지향과 집적요인 그리고 노동지향과 집적요인 사이의 관계를 검토한다. 그 기본적인 고찰방법은 운송비(또는 노동비) 지향에 의한 생산비용의 절약액보다 집적에 의한 절약액이 클 경우 집적이 발생한다는 최소비용 입지원리라는 것이다. 베버는 집적의 가능성을 판별하기 위하여 가공계수(입지중량당 가공가치)라는 개념을 창안하고, 이 계수가 높은 공업은 강한 집적가능성을, 낮은 계수를 가진 공업은 약한 집적가능성을 갖고 있다고 설명한다.

물론 베버는 이상에서 공업생산의 최적입지를 고찰하면서 각 공업의 생산 및 판매과정에서 생산이 단일의, 분할될 수 없고 전체로서 입지하는 것으로, 그리고 각종 공업의 생산과정 상호간에 아무런 연관 없이 독립적으로 생산이 이루어지는 것으로 전제한다. 그러나 이러한 전제는 비현실적이라고 할 수 있다. 여기서 베버는 이 두 가지의 전제를 해제하는 경우에 대한 이론적 고찰을 전체적 지향으로서 전개한다. 첫 번째 전제를 해제한 고찰은 공업의 생산단계구조로서, 두 번째 전제를 해제하는 고찰은 독립적인 생산과정 사이의 상호작용, 즉 교차구조로서 행한다.

우선 생산단계구조에 대한 이론적 검토를 행한 뒤, 현실의 경우에 대한 고찰로서 베버는 다음과 같이 지적한다. 원료의 사용상황이 한층 복잡하고 기술적으로 독립적인 여러 생산단계에 의하여 새로운 원료가 부가적으로 사용되는 만큼, 입지의 분할이 점점 증가한다는 것이다. 제 1단계의 입지는 원료 근처에 있고, 다른 모든 단계의 입지는 이 입지와 소비지 사이의 어느 곳에 있다고 한다. 실제로 마지막 단계의 입지는 판매와 관련된 이익을 고려하여 언제나 소비지에 위치할 것이라고 한다. 입지분할은 운송비뿐만 아니라 노동지에 따른 편향과 집적에 따른 편향에 의해서도 발생한다고 한다. 베버는 현실 상황에서 살펴볼 때 공업 생산과정의 자본주의화와 기계화에 의한 입지의 분할과는 정반대로 생산단계의 집중이 진행되고 있다고 설명한다. 그 예로서 제철업의 생산과정 가운데 이전에 독립적인 생산과정이었던 선철생산, 제강, 압연, 단조 등이 단일의 생산공정에 통합되고 있는 점을 지적한다. 이러한 결합에 의하여 새로운 입지단위가 성립하고 이 단위는 새롭게 형성된 입지중량과 노동계수 등에 따라 전혀 새로운 입지지향을 보여준다고 고찰한다.

다음으로 베버는 독립적인 생산과정 사이의 상호작용에 관해서 생산과정의 결합, 원료상의 연계 그리고 판매상의 연계라는 세 가지 유형을 설명한다. 먼저 생산과정의 결합은 전혀 다른 종류의 상품생산이 동일한 기업가에 의하여 대경영의 형태로 동일 입지에서 이루어지는 경우라고 한다. 두 번째의 원료에 의한 연계는 독립적인 생산과정 사이에 그것이 사용하는 원료를 통하여 기술적 또는 경제적인 연계관계가 발생하는 경우이다. 기술적 연계가 발생하는 것은 어떤 생산과정의 원료가 다른 생산과정의 어느 단계의 부산물 혹은 제 2의 제품인 경우이며, 경제적 원료 연계의 관계는 동일한 원료 및 반제품이 다수의 공업에 공통으로 사용되는 경우를 일컫는다고 한다. 마지막으로 판매상의 연계는 어떤 공업의 제품이 다른 공업의 생산수단으로서 또는 보조적인 제품으로서 연관되는 경우라고 설명한다. 전자의 경우에는 한편의 생산과정이 다른 편에서는 판로가 되고 후자의 경우에는 공동의 판로가 성립하는 것으로, 그 어떤 경우라도 하나의 생산과정과 다른 생산과정 사이에 판로를 통한 결합이 형성된다고 한다. 이러한 연계관계로부터 입지의 근접이 발생하는데, 예를 들어 주공업과 보조공업이 지역적 '접촉', 즉 집적의 필요성에서 보조공업이 주공업의 집적지에 입지하는 사실을 논의한다. 주지하듯이 원료의 연계에 의하여 발생하는 비용의 절약은 일종의 서로 다른 업종의 집적에 따른 이익이라고 할 수 있으며, 이 경우에 보통의 서로 다른 업종 사이의 집적에 의한 이익과 다른 것은 공통의 원료를 사용하는 데에 있으며, 이 때문에 원료의 운송, 보관 등의 부분에서 집적이익이 발생한다고 볼 수 있다. 판매상의 연계는 접촉의 이익을 가져오는데, 보조공업에서 수요량의 증가에 따른 이익이며, 이것에 의하여 생산량, 수리량 등의 단위당 감가상각비와 노동비 등을 절약할 수 있다. 또한 주공업은 외주 가공비 등을 절감할 수 있다. 더군다나 지역적 접촉으로 고도의 기술혁신이 추동될 수 있다. 이러한 서로 다른 업종 사이의 집적에 따른 이익은 베버의 집적론에서 논의한 것과는 또 다른 집적이익의 특수 형태라고 볼 수 있다.

이상의 논의를 통하여 알 수 있듯이, 베버는 기본적으로 개별적인 공업생산의 최적입지에서 출발한다. 거기서는 소비지의 위치도, 원료산지의 위치도, 노동공급지의 위치도 각각 주어져 있으며, 또한 가격도 주어져 있다. 이런 점에서 베버의 논의는 개별 경제에서의 경영이론이라고 할 수 있다. 그러나 그는 이에 그치지 않고 방금 살펴본 집적론처럼 이러한 개별경제 상호간의 관계에 관심을 돌리고 있을 뿐만 아니라, 아래와 같이 한걸음 더 내딛고 있다.

베버는 《공업입지론》의 마지막 장에서 공업 자체의 입지와 전체 경제 조직에서 본 공업입지 사이의 관계를 조망한다. 베버는 "공업의 개별적 그리고 전체적 입지분포가 외견상 이상에서 언급한 포괄적인 규칙에 의하여 어느 정도까지 내부적으로 의심할 여지없이 규정되는지 하는 점"이 남아있는 과제라고 지적한다. 결국 이제까지 전개한 순수이론의 적용을 불가능케 하는 한계에 대하여 고찰하는 것이다. 베버에 따르면, 그의 순수이론은 소비지의 위치와 크기가 주어져 있고 공급지의 위치가 주어져 있으며 노동지의 위치가 주어져 있어 동일한 노동비에 아무리 많은 노동력이라도 구득할 수 있다는 틀 안에서만 구체적인 입지의 지향상을 제시할 뿐이라고 한다. 그렇지만, 이러한 세 가지는 입지이론에 주어져 있는 것이 아니라 입지와 함께 해명되어야 할 사항이라고 지적한다. 공업입지는 소비지와 노동공급지 그리고 원료산지와의 관계에서 결정되는 것이지만, 이것들의 위치는 상당한 부분에서 공업의 입지결정 그 자체의 결과라는 것이다. 예를 들어 어떤 법칙에 따라 공업입지가 결정되면, 거기서 활동하는 노동력은 소비의 일정한 분포패턴을 결정하게 된다는 것이다. 따라서 이 세 가지의 여건을 해제하고 검토하지 않으면 안 된다고 강조한다.

베버는 이를 검토하기 위하여 고립적으로 고찰한 경제조직의 다양한 부분을 입지적으로 서로 결합시키는 일반적인 동태과정을 상정한다. 즉, 한 민족이 아무도 거주하지 않는 새로운 토지를 이러한 고립적인 경제체계를 조직할 목적에서 점유할 때 어떤 공간적 분포상의 동태가 발생하는지 이다. 결국 베버는 농업층, 1차적(농업지향적) 공업층, 2차적(공업지향적) 공업층, 중앙조직층, 중앙의존층 등 분포층의 구조를 살펴보고,

이로부터 소비지, 원료산지, 노동공급지를 현실적으로 주어진 것으로 볼 수 있는지 검토한다. 그 결과 소비지와 원료산지는 공업의 입지에서 주어진 것으로 고찰할 수 있는 반면, 노동 공급지는 주어진 것으로 볼 수 없다고 한다. 즉, 분포층의 체계에서는 노동비의 지역적 차이에 관한 이론적 검토는 행해지지 않고 있으며, 이렇듯 노동 공급지의 성립과 발전의 법칙을 해명하는 문제가 실증적 이론의 과제로 남아 있다고 지적한다. 따라서 단순히 공업생산만이 아니라 그 사이에 개재되어 있는 상업과 각종 공공서비스의 입지패턴도 밝히고, 국민경제 전체의 경제활동의 입지패턴도 순수이론을 바탕으로 설명하려고 한 것이다. 물론 농업도 그 일부이며, 농업생산의 입지패턴은 베버 입지분포 체계의 한 부분으로 자리매김되었다. 이러한 의미에서 베버의 《공업입지론》은 단지 공업입지론에 그치지 않고 국민경제 전반에 걸친 모든 산업활동의 입지 내지 배치를 해명하려고 한 구상을 담고 있다고 볼 수 있다.

이상이 베버의 《공업입지론》의 제 1부에 해당하는 순수이론의 개요이다. 반면, 이미 지적하였듯이 베버에 의해 여러 차례 예고된 바 있는 이 일반적 법칙의 실천적 · 경제정책적 문제에의 적용, 즉 그의 표현을 빌리자면 '경험적 · 자본주의적 이론'은 결코 체계적으로 정리되어 출간되지 않았다. 그는 "현실과 그것이 보여주는 실제 현상에 다가가서 그것들을 명확히 하고, 사람들이 실천적 가치를 지닌 것으로 느낄 수 있는 해결책을 제시할 수 있을 것이다"라고 하였지만, 초판이 발행된 후 약 15년 동안 여전히 활발한 학술활동을 전개하면서도 제 2부를 마무리하려는 그 어떤 진지한 노력도 없었다. 다만 그는 부분적으로 자신의 생각을 정리한 단편적인 논문과 자신의 지도하에 완성된 제자들의 박사논문을 통하여 공업입지론을 독일의 현실에 경험적으로 적용한 논문총서를 발간하였을 뿐이다.[7)]

유감스럽게도 당시 베버의 학문적 관심사가 입지론으로부터 멀어지고 있었다는 점은 그의 《공업입지론》 초판이 출간된 후 제 2판이 출간된 1922년까지 13년이라는 기간 동안 독일어권에서는 무엇보다도 그의 저서로 촉발된 입지론을 둘러싼 논쟁이 있었음에도 불구하고,[8] 자신의 연구

7) 《공업입지론》에서 담긴 베버의 생각을 무역정책에 적용하여 정리한 것이 "입지론과 무역정책"(Weber, A., 1911, "Die Standortslehre und die Handelspolitik," *Archic für Sozialwissenschaften und Sozialpolitik* Band 32, pp. 667~688)이며, 특정 경제체제를 뛰어넘은 입지의 일반이론을 특수한 자본주의적 상황에 어떻게 적용할 수 있을 것인지를 소개한 것이 1914년에 발간된 《사회경제학의 개요》(*Grundriß der Sozialökonomik*)에 실린 논문인 〈공업입지론. 입지의 일반 및 자본주의 이론(*Industrielle Standortlehre. Allgemeine und kapitalistische Theorie des Standortes*)〉이다. 그리고 베버가 1913년부터 1931년 사이에 《공업의 이론에 관하여. 제 2부》(*Über den Standort der Industriem. Teil 2*)라는 제목하에 총 8편의 제자들의 박사학위 논문을 발간하였다. 엄격히 평가할 경우 제 1권에 해당하는 논문만이 그의 입지이론적 원리를 현실세계에 체계적으로 적용한 것으로 판단되며, 나머지는 다만 논문의 이론구성에서 베버의 구상을 원용하고 있을 뿐이다. 박사학위논문 총서를 정리하면, 다음과 같다. Schlier, O., 1922, "Der Deutsche Industriekörper seit 1860," Heft 1; Christiansen, C. C., 1914, "Chemische und Farbenindustrie," Heft 2; Link, A., 1913, "Die Lederindustrie," Heft 3; Haenger, W., 1919, "Die Musikinstrumenten -Industrie," Heft 4; Salomon, E., 1920, "Die Papierindustrie des Riesengebirges in ihrer standortsmässigen Bedingtheit," Heft 5; Kahl, E., 1921, "Die deutsche Kohlensäure-Industrie vom Standort der Standortslehre," Heft 6; Hammer, R., 1922, "Der Standort der deutschen Bijouteri-Industrie," Heft 7; Zimmermann, A., 1931, "Die Tabakindustrie unter besonderer Heranziehung badischen Materials," Heft 8.

8) 베버의 저서가 출간된 이후 당시 독일에서 전개된 공업입지 이론을 둘러싼 주요 비판과 논의를 살펴보기 위해서는 다음 논문을 참조할 수 있다. Borktiewicz, L, von., 1910, "Eine geometrische Fundierung der Lehre vom Standort der Industrien," *Archiv für Sozialwissenschaft und Sozialpolitik*, Bd. 30, pp. 759~785; Lexis, W., 1910, "Besprechung zu Alfred

를 수정 보완하지 않고 다만 단순히 재판을 내놓은 점을 통해서도 잘 알 수 있다. 뿐만 아니라 베버의 《공업입지론》은 기본적으로 대단히 높은 평가를 받았지만, 결코 더 이상 발전하지 못하였다. 이러한 사정은 일차적으로 그가 문화사회학에 점점 더 몰두하였기 때문으로 판단된다. 베버는 경제입지론적 문제에 1909년에 그치지 않고 그 후에도 50여 년간 꾸준히 천착하였지만, 더 이상 통일성을 갖춘 논의를 행하지는 않았다. 어떤 의미에서 그의 국민경제학적, 경제지리학적 '명저'는 그의 특정 분야와의 결별을 말해준다고 할 수 있다.

그렇지만 베버 자신의 이론적 접근의 발전과 적용을 방해한 것은 입지이론적 · 경제적 분석에 대한 '흥미와 열정의 후퇴' 혹은 '새로운 관심사에의 천착'에만 그 이유가 있는 것은 아니라고 판단된다. 오히려 그의 저서가 발간된 후 이미 경제학자 라디슬라우스 폰 보르트키에피치(Ladislaus von Bortkiewicz)가 지적한 바 있는 이론적 접근 자체의 내재적인 문제와도 적잖은 관련이 있는 듯하다.[9] 그는 우선 베버의 중심적인 분석요소인 두 개의 원료산지와 하나의 소비지에 의거한 최적(최소운송비)의 공업입지를 결정하기 위한 입지삼각형이 이미 22년 전에 빌헬름 라운하르트

Weber, Über den Standort der Industrie," *Jahrbuch für National-Öekonomie und Statistik* 39, pp. 818~826; Sombart, W., "Einige Anmerkungen zur Lehre vom Standort der Industrien," *Archiv für Sozialwissenschaft und Sozialpolitik*, Bd. 30, pp. 749~758; Predöhl, A., 1925, "Das Standortsproblem in der Wirtschaftstheorie," *Weltwirtschaftliches Archiv* 21, pp. 294~321; Vasoldt, F., 1937, "Die Weberische Standortstheorie der Industrien im Lichte ihrer Kritik," in Ebering, E. von (Hrsg.), *Volkswirtschaftliche Studien*, Berlin, Verlag Dr. Ebering.

9) Nutzinger, H. G. (Hrsg.), 1998, Alfred Weber—Schriften zur Industriellen Standortlehre, in Bräu, R., Demm, E., Nutzinger, H. G. und Witzenmann, W. (Hrsg.) *Alfred-Weber-Gesamtausgabe* Band 6, Marburg, Metropolis Verlag, pp. 17~21.

(Wilhelm Launhardt, 1887)에 의해 개발된 것이었다고 지적한다. 그런데 보르트키에피치의 베버에 대한 주된 비판은 베버가 내세운 핵심 분석수단의 차용 사실에 따른 이론의 제한적 독창성과 관련된 것이라기보다는 그가 적용한 입지삼각형이 베버가 가정한 것처럼, 말하자면 둘 이상의 원료산지 또는 다른 현실적인 가정, 이를 테면 중량감소율이나 (국지원료를 비롯하여) 보편원료의 도입을 고려할 경우, 결코 이론적 분석의 일반적인 도구가 될 수 없다는 것이었다. 즉, 원료의 수가 보다 많아질 경우 문제의 최소지점을 삼각형과 같은 아주 단순한 작도 규칙의 의거하는 입지도형으로는 파악할 수 없다는 점이 분명히 드러난다는 것이다.

이처럼 베버가 제시한 입지론의 보편타당성에 대한 보르트키에피치의 비판은 베버가 특정 경제체제를 뛰어넘은 이론에 대한 요구로 말미암아 이를테면 고찰한 원료, 교통 효율의 가치와 가격이 아니라 중량과 거리라는 요소에서 출발한다는 점을 지적한다. 따라서 베버는 서로 다른 노동과 교통의 투입을 그에 상응하는 물리적 크기(중량과 거리)를 중량요소로 보정함으로써 계산한다.[10] 자연히 그가 추구한 교통지향은 그가 앞선 연구

10) 이런 배경에서 베버의 공업입지론에서는 가격론이 결여되었기 때문에 기계적이고 도식적이며 기술적(技術的)이라는 평가가 제기된다(篠原泰三, 1986, 《工業立地論》, 東京, 大明堂, pp. 236~238). 좀더 구체적으로 언급하면, 시장기구에 바탕을 둔 가격을 통한 경쟁의 측면이 배제되었다는 것이다. 가격문제는 베버가 고립화시켜 고찰한 공업생산의 입지선정에서도 이미 잠재적으로 생산요소 간의 대체, 기술의 선택이라는 형태로 존재한다고 볼 수 있다. 하지만 생산요소의 가격을 주어진 것으로 고찰하고, 따라서 기술이 일정하다고 고찰한다면 이 문제는 피할 수 있을 것이다. 즉, 개별경영의 입지선정에 설명을 한정할 경우 경영학적 논의로서 그의 이론에는 큰 문제가 없다. 그러나 우리의 논의를 경영 상호간의 교섭과 경쟁 그리고 협력의 문제와 연결시키면, 상황은 전혀 달라진다. 베버의 집적에 관한 이론이 어렵다는 것은 이 점에 그 원인이 있다고 할 수 있다. 영국의 경제학자 마살(Marshall)이 생산규모의 확대에 따른 이익을 내부경제(경영규모의 확대)와 외부경제(산업규모

자들에 대해 비판하였던 전통적인 비용 및 가격에 대한 고찰을 포기했다. 이 점에서 알프레트 베버가 강조한 독창성과 보편타당성에 대한 요구는 상당부분 상대화되었다. 베버 자신의 저서에 대한 '의도적인 거리두기'는 이러한 맥락에서 그가 라운하르트의 입지론과의 중복에 대한 보르트키에피치의 지적을 심각하게 받아들이지 않았으며, 또한 이러한 고려를 어떤 방식이든간에 그의 이론에 통합하려고 한 것이 아니라, 라운하르트의 접근방법과의 일치와 대하여 "… 수학적 작도를 이 책의 본문에 삽입하였지만 그것에 관해서는 설명하지 않았다. 사실 수학적 작도는 (국민) 경제학자의 연구영역이라기보다는 오히려 수학자의 연구영역에 해당한다고 볼 수 있다"는 다소 기이한 논점으로 반박하는 점을 통해서도 그렇다. 그러므로 입지론에 관심을 가진 모든 연구는 기본적으로 그리고 확실히 보르트키에피치의 비판에 주목하지 않을 수 없을 것이다. 어쨌든 베버는 확실히 이 문제의 지적에 대하여 초월한 듯했다. 물론 베버의 《공업입지론》은

의 확대) 로 명확히 구별하여 설명한 반면, 베버는 집적효과의 성립을 경영 내부와 외부로 구별하여 파악하지 않았다. 그는 집적에 대한 설명에서 모든 것을 경영 내부에서 성립하는 것처럼 논의하였다. 집적을 성립시키는 개별생산이 각각 별개의 경영에 속하고 집적이 각 경영의 개별적인 이익추구에 기초하여 성립하는 경우에는 그 결과가, 이것들이 동일한 경영에 속하는 전체 경영으로서 이익을 추구하는 경우와 같지 않다. 이 점에 대해서는 나중에 팔란더 (Palander) 가 베버의 이론을 비판하면서 자세히 논의하였다. 그리고 가격과 경쟁의 문제는 개별생산을 단순히 생산 상호간의 문제로 연관시키거나 회피하는 것을 통해 해결될 수 있는 문제가 아니라 복잡다단하게 얽힌 문제이다. 사실 개별생산의 입지결정은 그것과 경쟁관계에 있는 다른 생산과의 제품과 관련 시장경쟁, 원료취득경쟁을 고려한 형태로 행해지며, 이러한 경쟁은 바로 가격을 통해 전개된다. 곧, 개별 생산의 입지결정은 가격 (제품가격, 원료가격) 의 결정과 동시에 이루어져야 한다. 그렇지만 이러한 입지와 가격의 동시 결정의 문제는 호텔링 (Hotteling) 등의 공간적 경쟁이론을 통해 비로소 다루어지게 되었다.

출간 당시부터 보르트키에피치뿐만 아니라 좀바르트(W. Sombart)를 비롯하여 앵글랜더(O. Engländer), 팔란더(T. Palander), 프레될(A. Predöhl) 등에 의해서도 부분적으로 비판을 받았으나, 수정론과 함께 전반적으로 높은 평가를 받고 있었음은 분명하다.

그동안 베버의 《공업입지론》은 독일어권에 그치지 않고 세계적으로 알려지면서 상당한 주목을 받았다. 이 점은 그의 이론에 대하여 여러 외국에서도 비판이 제기되었을 뿐만 아니라, 무엇보다도 세 개의 언어로 번역 출간되었다는 사실로 어렵지 않게 짐작할 수 있다. 《공업입지론》은 특정 경제체제를 넘어선 성격을 지니고 있는 만큼, 우선 사회주의적 계획경제와 관련하여 그 응용 가능성이라는 측면에서 지대한 관심을 끌었다. 1926년 베버의 저서는 니콜라이 바란스키(Nikolaj Baranskij)에 의해 레닌그라드와 모스크바에서 크니가(Kniga) 출판사를 통하여 러시아어로 번역되었다. 바란스키는 옮긴이 서문을 통하여 당시 국제공산주의의 최

베버 입지론의 기초인 운송지향의 입지결정 모델에서는 소비지와 원료산지의 위치가 주어졌을 뿐만 아니라 제품과 원료의 가격도 아울러 주어졌다. 주어진 것이라기보다는 오히려 도외시되었다고 보는 것이 보다 적절할 것이다. 원료가격이 고려되는 경우에도 고가의 원료는 그만큼 생산지로부터 멀리 떨어진 곳에서 그리고 저렴한 원료는 그만큼 가까이에 자리 잡고 있다는 방식으로 설명된다. 이러한 기본모델에서는 운송비만이 고려되어야 할 변수이다. 가격이 변수로 관계할 여지가 전혀 없다. 더군다나 베버는 원료산지 상호간의 대체의 문제를 언급하고 있지만, 이 경우의 대체는 오로지 운송비를 통해 작용한다. 물론 원리적으로는 원료 상호간의 대체가 가격에 의거하여 작용하지만, 운송비는 생산지에서 원료가격을 구성하는 하나의 요소(원료산지의 가격과 함께)에 지나지 않는다. 이렇듯 입지론에 가격을 변수로 도입하고 입지결정을 가격결정과 연결시킨 학자는 호텔링이었다. 그리고 뢰쉬(A. Lösch)는 한걸음 더 나아가 체임벌린(E. D. Chamberlin) 등의 독점적 경쟁이론을 원용하여 생산지의 기본망을 이론적으로 구축하였다. 하지만 이러한 시도는 1930년대 경제학에서 불완전 경쟁이론이 등장하면서 비로소 가능해졌다.

고 경제전문가였던 오이겐 바르가(Eugen Varga)가 큰 관심을 보였다고 적었다. 바르가는 베버의 입지론을 "소비에트 (경제) 건설을 위하여 … 대단히 값진 독일학계의 경험"으로 평가한 것으로 알려졌다. 그리고 바르가 외에도 많은 학자들(예컨대 Earnvovskij, Goldberg, Bernstejn-Kogan 등)이 베버의 입지론에 관한 논쟁에 참여하고, 베버의 저서가 좀더 이른 시기에 러시아어로 번역되지 않은 것은 소비에트 학계의 취약점이 아닐 수 없다는 지적도 제기하였다. 이러한 평가는 베버의 저작을 둘러싼 논쟁에 관계한 소비에트 학자들에게 일반적인 것이었으며, 이들은 《공업입지론》의 의의로 이론적 성격이 있음에 동의하면서도 동시에 현실에의 실천적 활용가능성에 큰 관심을 기울였다.[11)]

뒤이어 1929년에는 베버의 제자였던 칼요하임 프리드리히(Carl-Joachim Friedrich)에 의한 영역본인 《베버의 공업입지론》(*Alfred Weber's Theory of the Location of Industries*)이 미국의 시카고대학 출판부와 영국의 케임브리지대학 출판부를 통하여 나란히 출판되었다. 미국에서도 베버의 입지론은 적잖은 반향을 불러 일으켰다. 특히 미국의 경제학자인 프랭크 베터(Frank A. Vetter)는 〈정치경제학 저널〉과 〈세계경제논총〉에 각각 발표한 서평에서 전체적으로 긍정적인 평가를 내놓았다.[12)] 베터는 이론이 현실과 다소 동떨어져 있고, 점(點)적 고찰에서 면(面)적 고찰로 연구가 진행되어야 하며, 위에서 지적하였듯이 가치 및 가격이론이 통합되어

---

11) Bräu, R., 1998, "Zum Erscheinen und zur Rezeption von Alfred Webers Werk 'Über den Standort der Industrien' (1909) 1926 in der Sowjetunion -Eine wissenschaftshistorische Recherche," Diskussionsschriften der Alfred Weber-Gesellschaft e. V. Heidelberg, Nr. 1.

12) Vetter, F. A., 1930, "Book Review", *The Journal of Political Economy*, Vol. 38, pp. 232~234; Vetter, F. A., 〔연도미상〕, "Buchbesprechung zu Weber, Alfred: Theory of Location od Industries", *Weltwirtschaftliches Archiv* 32, pp. 32~36.

야 한다는 비판적인 평가를 내놓고 있음에도 불구하고 공업입지 문제가 당시까지 영미권에서는 대단히 소홀히 다루어졌으며, 《공업입지론》의 번역 출간으로 경제활동의 입지에 대한 베버의 사상을 좀더 깊이 있게 이해할 수 있게 되었다고 환호했다. 그리고 일본에서도 베버의 《공업입지론》은 두 차례에 걸쳐 번역되었다. 1966년 일본산업구조연구소(日本産業構造硏究所)에 의해 처음 번역 출간된 후, 정확히 20년이 지난 뒤인 1986년 도쿄대학 교수를 역임한 시노하라 타이조(篠原泰三)에 의해 한 차례 더 번역되어 출간되었다.[13] 팔란더의 《입지론연구》(*Beiträge zur Standortstheorie*, 1935)와 뢰쉬(Lösch)의 《경제입지론》(*Die räumliche Ordnung der Wirtschaft*)을 또한 일본어로 번역 출간한 바 있는 시노하라는 《공업입지론》에 의해 공업입지 이론의 종합적인 체계가 처음으로 수립되었으며, 그 이후의 공업입지론은 거의 모두 베버의 이론을 기본으로 전개된다고 적시하고 있다. 그는 또한 이 책을 숙독하면서 새삼스럽게 공업입지론을 둘러싼 논의가 맹아의 형태로 이 책 가운데 얼마나 많이 포함됐는지를 통감하게 되었으며 이 책은 진정으로 함축이 풍부한 저서이며, 이런 의미에서 진정한 고전이라고 말할 수 있다고 높이 평가했다.

이제까지 개괄적으로 살펴본 것처럼, 베버의 《공업입지론》은 공업의 입지체계에 관한 이론적 논의를 전개한 책으로, 근대 이후 인간의 주된 산업활동으로 등장한 공업의 입지패턴을 설명할 때 거기에 작용하는 보편적인 법칙과 원리를 규명하는 데 초점을 맞추고 있다. 무엇보다도 베버는 공업의 입지패턴을 규정하는 결정적인 입지요인의 성격과 기능에 깊은 관심을 기울이고, 이를 설명하기 위하여 복잡다단한 현실을 단순화시킨 기본 가정을 전제한 후, 공업의 일반적인 입지지향과 동태 그리고 질서원리 등을 살펴보았다. 이를 통하여 베버는 기존의 공업입지에 대한 기술적 ·

13) 日本産業構造硏究所(譯), 1966, 《工業立地論》, 東京, 大明堂; 篠原泰三(譯), 1986, 《工業立地論》, 東京, 大明堂.

경험적 연구와 달리 입지요인이 입지에 미치는 작용을 종합적으로 파악하는 동시에 그 인과관계를 연역적인 방법에 의거하여 밝혀냈다.

베버는 공업입지론으로서는 처음으로 의식적으로 경제체제를 배제한 이론을 전개했다. 즉, 베버는 모든 경제체제를 통하여 일반적으로 타당한 입지요인만을 순수이론의 고찰대상으로 삼았다. 또한 그의 이론은 최소비용으로 재화를 생산하는 원칙('최소비용이론')과 자원의 합리적인 이용이라는 경제적 합리성에 의한 행동원칙에 기초하여 이론을 구축했다는 점에서 경제체제를 불문하고 보편적으로 적용될 수 있다는 의의도 지닌다. 따라서 베버는 궁극적으로 단계적인 고찰방법에 의하여 공업의 최적입지는 공업의 생산 및 판매과정에서 제품의 생산비용을 최소화할 수 있는 지점이라는 논리를 도출함으로써, 현대적 공업입지론의 독창적인 체계를 제시했다.

그런데 그의 이론을 실제로 현실세계에 적용할 경우에는 몇 가지 한계와 약점이 드러난다는 지적도 꾸준히 나왔다. 먼저 그의 이론이 기본적으로 최소비용 입지의 원칙에 의거했기 때문에 너무 정태적이며, 지역에 따른 시장수요의 변화나 원료공급의 공간적 변이를 충분히 고려하지 못한다고 한다. 자본주의 사회에서 기업은 이윤지향의 경영을 하기 때문에 공장의 입지원칙도 이윤을 극대화하기 위하여 판매량의 최대화를 목표로 하는 입지원칙을 적용하는 것이 아닌지 하는 비판도 나왔다. 하지만 이윤을 판매량(매상고)에서 생산비용을 뺀 것으로 고찰한다면, 이 판매량은 일부의 공업을 제외하고는 공업의 입지에 따라 크게 변하는 것이 아니다. 판매량의 규모를 좌우하는 것은 완성된 제품의 경우 가격과 품질 등이다. 제품의 가격과 품질이 일정하다면, 생산비용을 최소화하는 것이 이윤을 극대화하는 한 방편이 된다. 즉, 많은 공업에서 최소비용 입지의 원칙은 가장 합리적인 입지원칙이라고 말할 수도 있다는 것이다. 그리고 또한 베버의 공업입지론에 대한 비판론은 그가 이론을 전개하기 위하여 제시한 가정과 깊이 관련된 것임은 두말할 나위도 없다. 예를 들어 첫째, 운송비가 거리에 비례한다는 가정은 상당히 비현실적이며 원료와 제품을 운송할 때 필요한 선적비와 하역비, 취급비 등의 기종착지 비용을 고려하지 않았다는 점, 둘째, 노동력은 이동이 불가능하고 그 공급량은 무제한적이라고 상정했으나 실제로는 노동력의 공급량이 무한하지 않고 노동력은 상당히 유동적이어서 지역 및 국가 간의 이동이 활발하게 이루어지고 있다는 사실, 셋째, 베버는 집적 경제효과에 따라 최적입지가 변동할 수 있음을 제시하였으나 이는 오늘날과 같은 집적경제의 특성을 충분히 파악하지 못한 것이며, 집적경제에 대한 그의 입지분석이 너무 추상적이고 피상적이라는 점[14] 등이다.

그렇지만 주로 가정과 결부된 이러한 비판들은 연역적 방법에 기초한 이론 구성에서는 그 어떤 경우라도 피할 수 없는 약점 또는 한계로 생각한다. 보다 중요한 것은 베버의 의도가 간명한 이론을 통하여 복잡한 현실을 손쉽게 이해하고 통찰할 수 있도록 꾀한 것이기 때문에 그의 이론이 추상성이 강하고 현실과 잘 맞지 않는다는 것은 올바른 비판이 아닐 수도 있다는 것이다. 왜냐하면 그의 이론은 부분 균형의 현실과 합리적인 '경제인'(*homo economicus*)을 가상하고 설정된 것이므로 그의 이론이 현실에 보다 접근하려면 폐쇄적인 그의 가설이 하나하나 유연하게 적용되어야 하기 때문이다. 베버는 이러한 점을 예상하고 운송비지향론, 노동지향론, 집적론 각각과 당대의 현실을 비교하는 것과 동시에 과학기술이 발달하고 인구가 증가하면 이것들이 또 어떻게 변할 것인지를 주의 깊게 전망했다.

이 밖에도 여러 가지 부정적인 평가가 제기되고 있음에도 불구하고[15]

14) 다음을 참조하라. 이희연, 1995, 《경제지리학》, 서울, 법문사, pp. 281~282; 박삼옥, 2000, 《현대 경제지리학》, 서울, 아르케.

15) 우선 베버의 입지론은 오늘날의 복잡한 현실을 설명하는 데 한계가 있다. 게

집적론 등의 고찰방법도 실제 공업집적을 이해하려고 할 경우 주목할 만한 가치가 있다. 요컨대, 베버의 이론은 현실 및 장래의 공장입지를 설명하고 이해하는 데 상당한 유효성이 있다. 특히 거시적 수준에서 그 유효성이 매우 크다고 할 수 있다. 또한 베버의 이론은 공업부문만이 아니라 여타 산업분야에 대해서도 응용할 수 있는 가치가 있다. 운송비를 일반 교통비, 통신비 등으로 확장하고 집적론 가운데서 여러 경영의 공간적 집적에 따른 이익, 사회적 집적 그리고 분산의 개념 등을 발전시킴으로써 폭넓은 산업 및 시설의 입지와 배치문제에 접근할 때 중요한 논거를 얻을 수 있을 것이다. 특히 베버의 입지론에 원용되고 있는 다양한 개념과 각종 지수 및 계수는 공업입지 설명, 입지계획 등에 적용할 수 있는 실천적 수단으로 충분하다고 판단된다.

베버의 《공업입지론》은 근대 공업의 성립과 더불어 확산된 (대) 도시의 형성과 특정지역으로의 인구집중이라는 시대적 변동양상을 지배하는 근본적인 메커니즘을 해명하고자 하는 목적의식에서 출발했다. 비록 이상에서 언급한 순수이론으로 이러한 연구목적을 충분히 성취하였다고는 볼 수 없으며, 명백한 한계를 지적하지 않을 수 없다. 하지만 순수이론의 마지막 논의(즉, 전체 경제조직에서의 공업) 는 이른바 '고립국에서의 경제활동의 입지구조'를 시사하고 있으며, 따라서 (국민) 경제의 지역구조론 또는 그 동태론에 관한 선구적 고찰이라는 또 다른 긍정적인 평가를 받는 것도[16] 사실이다.

다가 제품, 원료, 노동가격을 일정한 것으로 상정한 완전경쟁의 현실, 입지 상호간의 관계를 무시한 부분균형의 현실, 시장이나 노동공급지를 점(點) 으로 상정한 허구 등은 베버이론의 또 다른 한계에 해당한다고 볼 수 있다(형기주, 1997, "알프레드 베버의 공업입지론", 〈월간 국토〉, 5월호).

16) 베버는 〈공업입지론: 일반 및 자본주의 입지론〉(Weber, A., 1914, "Industrielle Standortlehre. Allgemeine und kapitalistische Theorie des Standortes") 에서 자신의 순수이론의 한계를 서술하고 있으나, 이와 동시에

베버의 《공업입지론》은 경제지리학과 경제학 등을 비롯한 공간과학의 학설사적 측면에서 튀넨(J. H. von Thünen, 1783~185), 로쉬(W. Roscher, 1817~1894), 쉐플레(A. E. F. Schäffle, 1831~1903), 로스(E. A. Ross, 1866~1951), 라운하르트(W. Launhardt, 1832~1918) 등 주로 역사학과 경제학자들의 업적들을 계승하고 있지만, 그것들을 새로운 이론구조와 접근방법론을 통하여 체계화하고 종합화하여 공업입지에 관한 일반 이론적 골격과 틀을 확립한 것으로 높이 평가받는다. 이와 관련하여 간과할 수 없는 또 하나의 사실은 20세기 초 (경제) 지리학은 여전히 환경결정론 위주의 경제지리학 또는 상품정보 위주의 경제지리학을 크게 탈피하지 못했으며, 이러한 환경에서 출현한 베버는 앞선 시대의 농업경제학자인 튀넨과 함께 경제지리학에 공간이론을 접목시키는 귀중한 역할을 수행했고, 동시에 지리학과 경제학의 상호 관심을 제고하는 데에도 크게 공헌했다는 점이다.

주지하다시피 지난 한 세기 동안 베버의 공업입지론은 최소비용이론으로서 팔란더(T. Palander)와 올린(B. Olin) 그리고 후버(E. M. Hoover) 등의 의해 수정되고 확장되었으며, 마침내 수요를 핵심변수로 입지이론을 전개시킨 뢰쉬(A. Rösch)에 의해 최대수요이론이 나오는 중요한 이론적 배경이 되었다. 공업입지론은 1950년대 이후 베버의 최소비용이론과 뢰쉬의 최대수요이론을 통합하려는 그린허트(M. L. Greenhut)와 아이샤드(W. Isard) 등의 노력으로 새로운 전기를 맞이했고, 결국 지리학자인

대도시 형성에 영향을 미치는 노동력의 집적과 사회적 집적의 의미를 설명했다. 이는 현대 대도시의 성장과 발달을 고찰할 때 필요로 하는 기본적 관점을 제시한 것으로 평가된다. 따라서 베버 연구의 의의는 공업의 입지론에 한정되는 것이 아니라 경제의 지역구조와 대도시 형성의 기초적 이론과 시각을 제공하는 데에도 있다. 유감스럽게도 후자에 대해서는 그 동안 간과되거나 소홀히 평가되었다고 볼 수 있다. cf. 富田和曉, 1991, 《經濟立地の理論と實際》, 東京, 大明堂, p. 82.

스미스(D. Smith)에 의해 신고전적 입지이론으로 정리되기에 이르렀다. 특히 스미스는 공간적 가변비용 모델에서 출발하여 수입의 공간적 차이를 고려하여 통합이론을 전개했지만, 역시 베버의 최소비용이론의 전통을 보다 중시했다고 논평할 수 있다.

이처럼 공업의 분포질서와 입지체계에 관한 독특한 경제지리학적, 공간경제학적, 입지론적 분석을 제시하고 있는 베버의 이론은 오늘날 경제지리학 분야는 물론이고 인접 학문분야(예를 들어 행정학, 지역경제학, 경영학, 사회학, 지역개발학, 도시계획학 등)에서도 주목을 받았다.[17] 현재 베버의 《공업입지론》은 우리나라의 고등학교 지리교과서를 비롯하여 대학의 인문지리학, 지역개발학, 부동산학 등의 강의 교재와 연구서, 지역경제학과 산업입지론 관련서적에서 폭넓게 소개된다. 하지만 대부분 원전이 아니라 영어권의 개설서와 2차 문헌을 통하여 베버의 이론을 소개한 경우가 많고, 또한 독일어 원전을 구하기 쉽지 않은데다가 내용 자체도 자못 난해하기 때문에 《공업입지론》에 대한 피상적인 이해와 함께 종종 그릇된 설명이 제시되기도 한다. 따라서 우리말로 옮긴 이 책을 통하여 베버의 《공업입지론》이 우선 교육현장에서 공간의 기초이론에 대한 오해를 시정하고, 한 걸음 더 나아가 진정한 고전으로서 복잡한 현실세계에 대한 보다 분석적이고 창의적인 사고체계를 기르고 터득하는 목적에 널리 활용될 수 있기를 기대한다. 또한 이에 그치지 않고 각종 산업입지와 시설배치에 관한 정책을 수립하는 실무차원에서도 하나의 지침서로서 다양하게 참조될 수 있기를 옮긴이로서 희망해 본다.

---

17) "이른바 20세기의 개발경제 시대에는 지역개발의 이론적 틀을 제공하는 기초로서 학자뿐만 아니라 기업인이나 정책 실무자들까지도 큰 관심을 갖게 되었다"고 한다(형기주, 1997, 앞의 논문). 그런데 우리나라에서 베버의 《공업입지론》을 학술적 차원에서 본격적으로 논의한 연구는 다음 논문이 거의 유일하다고 할 수 있다. 형기주, 1975, "공업입지론고: A. Weber 집적론의 비판과 수정을 중심으로", 〈지리학〉 제11호, pp. 17~26.

찾아보기

ㄱ

가격
— 경쟁 ········ 40
— 형성 ········ 57
가공
— 가치 ········ 195, 196, 278
— 가치지수 ········ 195, 199, 248
— 계수 ········ 197~201, 229, 276~280
— 원료 ········ 49, 65, 95
가내공업 ········ 226
가치비율 ········ 278
— 운임 ········ 74
감가상각 ········ 52, 54
— 할당 ········ 51
거리 ········ 67, 69, 185
거주지 ········ 258
건물비 ········ 54
견인력 ········ 87, 169, 188, 196
견인중심 ········ 135
결과적 집적 ········ 47
결합 ········ 231
— 공식 ········ 235
— 과정 ········ 238
경기변동 ········ 234
경영
— 규모지수 ········ 164
— 자본 ········ 50, 51, 54
경쟁관계 ········ 134
경제
— 력 ········ 10, 21, 30
— 발전 ········ 42, 222
— 방식 ········ 19, 21~23, 25, 31, 32, 267, 268
— 사 ········ 267
— 생활 ········ 22, 32
— 원리 ········ 270
— 입지 ········ 20, 23, 26
— 장소 ········ 268
— 조직 ········ 19, 34, 55

249~252, 255, 256
—지리학 ⋯⋯ 20, 267, 268
—지점 ⋯⋯ 21, 22
—체제 ⋯⋯ 263, 264, 265
—학 ⋯⋯ 19
—행위 ⋯⋯ 19
—형태 ⋯⋯ 19
—활동 ⋯⋯ 19, 22, 23
경험법칙 ⋯⋯ 132
경험주의 ⋯⋯ 30
계산상의 석탄 ⋯⋯ 120
계산상의 석탄량 ⋯⋯ 120
고립적 생산 ⋯⋯ 170
고립적 생산과정 ⋯⋯ 60
고립화 ⋯⋯ 25, 31, 63
고정자본 ⋯⋯ 55, 196, 230
고찰방법 ⋯⋯ 14, 275
곡선체계 ⋯⋯ 300
공업 ⋯⋯ 27, 141, 190, 193
199, 205, 234, 269, 272
—군 ⋯⋯ 46
—국가 ⋯⋯ 21
—부문 ⋯⋯ 27
—생산 ⋯⋯ 26, 56, 106
138, 205, 247, 277
—원료 ⋯⋯ 80
—의 입지분할 ⋯⋯ 221
—입지 ⋯⋯ 14, 19, 31, 33
36, 106, 112, 118
155, 249, 263, 272, 273
—입지론 ⋯⋯ 9, 23, 26, 38
—제품 ⋯⋯ 254
—조직 ⋯⋯ 237, 240, 245
—층 ⋯⋯ 253, 255
—통계 ⋯⋯ 28
공장 ⋯⋯ 229
관념적 중량공제 ⋯⋯ 125
관념중량 ⋯⋯ 72, 124
광업 ⋯⋯ 261
교차면 ⋯⋯ 180, 181, 184
교차점 ⋯⋯ 216, 286
교통
—강도 ⋯⋯ 73
—노선 ⋯⋯ 119
—로 ⋯⋯ 73
—망 ⋯⋯ 113
—상황 ⋯⋯ 226
—수단 ⋯⋯ 114
—요인 ⋯⋯ 118
구속경향 ⋯⋯ 153
구입가격 ⋯⋯ 118
국가조직 ⋯⋯ 34
국민경제학 ⋯⋯ 268
국제분업 ⋯⋯ 228
국제적 분업 ⋯⋯ 227
국지
—원료 ⋯⋯ 14, 81, 82, 88, 90, 104
—적 (입지) 지향 ⋯⋯ 228
—적 순수원료 ⋯⋯ 92
—적 차이 ⋯⋯ 128
—화요인 ⋯⋯ 48
군집화 ⋯⋯ 41
규모 ⋯⋯ 185, 186
규정호 ⋯⋯ 86, 87
규칙성 ⋯⋯ 30
기계
—노동 ⋯⋯ 200
—화 ⋯⋯ 153, 154, 228
—화과정 ⋯⋯ 226
기본망 ⋯⋯ 42, 47, 60, 103

기술 ………………… 165, 167, 195, 200
— 적 방식 ……………………………… 236
— 적 집적 ……………………………… 202
— 적으로 필연적인 집적 ………… 202
기업가 ………………………………… 231
꼭짓점 ………………………………… 83

ㄴ

노동 ……………………………… 75, 277
— 임금 ………………………………… 132
— 가공가치 …………………………… 202
— 가치 ……………………… 276, 278
— 계수 ………………… 143, 149, 152
229, 234, 276～279
— 계수선 ……………………………… 149
— 공급원 ……………………………… 35
— 과정 ………………………………… 153
— 력 ……………………………… 33, 64
— 력기반 ……………… 64, 65, 134
— 비 ………… 41, 44, 54, 58, 60, 65
127, 128, 129, 132, 135
147, 157, 192, 196, 264, 279
— 비절약 ……………………… 190, 193
— 비지수 ……………… 139～142, 197
— 비지점 ……………………………… 61
— 비평면 ……………………………… 133
— 성과 ………………………………… 279
— 시장 ………………………………… 33
— 임금 ……………………… 52, 128, 271
— 입지 ………………………………… 218
— 자 ……………………………… 34, 131
— 절약 ………………………… 153, 191
— 조직 ……………………… 128, 161～163
166, 195, 199, 200
— 조합 ………………………………… 130
— 지 ………… 64, 65, 133, 134, 140
145, 147, 150, 153, 169, 175
176, 197, 218, 220, 234, 264
— 지수 ………………………… 143, 148
— 지향 ………… 137, 139, 140, 143
150～152, 155, 176, 190, 192
193, 197, 198, 218, 233, 278
— 집적 ………………………………… 193
농(경)지 ……………………………… 56
농업
— 경영 ………………………………… 262
— 생산 ………………………………… 26
— 인구 ………………………………… 252
— 입지론 ……………………………… 26
— 층 …………………………………… 254

ㄷ · ㄹ · ㅁ

단계
— 입지 ……………………… 218, 223, 225
— 입지도형 …………………………… 218
— 적 집적 ……………………………… 34
단위 …………………………………… 38
대(大)경영 …………………………… 161
대(大)생산 …………………………… 187
대경영 ……………… 161, 162, 164, 231
대공업 ……………… 151, 154, 200, 230
대도시 …………………… 22, 101, 132
대생산 …………………… 188, 303, 307
대체 …………………………………… 147
대체범위 ……………………………… 148
도시형성 ……………………………… 274
독일 …………………………… 11, 30, 81
동력
— 산지 ………………………………… 122
— 원료 ……………………… 49, 51, 65, 124

— 원료산지 ······ 282
— 자원 ······ 66
동태과정 ······ 63, 110
등고선 ······ 178, 300
등비용선 ······ 135, 136, 138, 141
142, 143, 154, 178
182, 184, 186, 234, 301
라스페이레스(I. Laspeyres) ······ 271
로숴(W. Roscher) ······ 269, 278
로스(E. A. Ross) ······ 272
마력(馬力)시간 ······ 120, 123
마샬(A. Marshall) ······ 272
모니어(R. Maunier) ······ 274
무역정책 ······ 34, 35
문화상황 ······ 45
문화수준 ······ 43
물적 고정자본 ······ 49
민간기업 ······ 68

ㅂ

반제품 ······ 207, 208, 212, 231, 241
발전단계 ······ 19
배열방식 ······ 181, 182
배열질서 ······ 268
법칙성 ······ 24, 45
베버(F. A. Weber) ······ 273
변경력 ······ 60
변화과정 ······ 30
보조
— 경영 ······ 163
— 공업 ······ 242
— 단계 ······ 58
— 수단 ······ 214
— 제품 ······ 231, 241
보편원료 ······ 80~82, 89, 90, 92, 96
97, 103, 104, 210, 223, 270
보편적 공식 ······ 37
부분경영 ······ 163
부산물 ······ 238
부피 ······ 74
분산 ······ 42
분산
— 경향 ······ 159
— 요인 ······ 47, 60, 78
158, 160, 161, 166
— 적(*deglomerativ*) 요인 ······ 43
분포
— 방식 ······ 263
— 법칙 ······ 23
— 상 ······ 247
— 층 ······ 252, 255, 259, 260
— 패턴 ······ 38, 254
분할경향 ······ 223
분할입지 ······ 222
비용 ······ 38
— 률 ······ 133
— 압축 ······ 195, 196
— 요소 ······ 52, 58
— 요인 ······ 53, 57, 276
— 증가 ······ 165
— 지수 ······ 160
— 척도 ······ 106

ㅅ

사전보상 ······ 50
사회
— 원리 ······ 264
— 적 입지요인 ······ 45
— 적 집적 ······ 163, 202
— 질서 ······ 22, 264

산업혁명 ········ 200
산지 ········ 58
삼각형 ········ 84, 85, 283
상대적 보편원료 ········ 80
상반(相反) 작용 ········ 47
상업 ········ 253
상품 ········ 38
상품가격 ········ 52, 54
생산 ········ 24, 168
— 과정 ········ 14, 38, 47, 48, 51, 58
105, 134, 162, 205, 206
209, 217~219, 224, 227
229, 232, 236, 238, 240, 241
— 규모 ········ 174
— 단계 ········ 49, 50, 52, 58, 206
211, 215, 221, 222
226, 227, 229, 238, 239
— 단위 ········ 230, 241
— 동태 ········ 238
— 량 ········ 173, 182, 186, 307
— 밀도 ········ 183, 184, 187
188, 236, 307
— 방식 ········ 258
— 부문 ········ 102, 191, 224
— 분할 ········ 225
— 비 ········ 165
— 수단 ········ 231, 241
— 요소 ········ 54
— 요인 ········ 278
— 입지 ········ 26, 99, 110, 208, 213
— 지 ········ 39, 59, 78
117, 207, 243, 300
석탄
— 가격 ········ 53, 123
— 동력 ········ 121
— 동력비지수 ········ 122
— 산지 ········ 66, 121, 124, 201
선불자본 ········ 52
섬유공업 ········ 226
성분 ········ 83
성분중량 ········ 85, 87, 91
소(小) 경영 ········ 161
소(小) 생산 ········ 170
소경영 ········ 161, 164
소도시 ········ 132
소비 ········ 24, 260
— 기반 ········ 259
— 분포 ········ 39
— 성분 ········ 105
— 지 ········ 14, 64, 77, 88
92, 96, 99, 108, 120, 201
207, 221, 226, 242, 250, 282
— 지단계 ········ 222
— 지향 ········ 103
소생산 ········ 170, 188, 303, 307
소재 ········ 49
소재가공과정 ········ 51
수계 ········ 114
수공업 ········ 106, 151, 154
200, 201, 226, 230
수력 ········ 119, 122
— 발전소 ········ 123
— 지점 ········ 121
수로 ········ 114, 115
수학
— 자 ········ 215
— 적 도식 ········ 96
— 적 해석 ········ 283
순(純) 절약 ········ 190
순노동절약 ········ 190

순수
— 또는 기술적(technisch) 집적 · 169
— 이론 ···················· 9, 31, 45, 53
55, 61, 65, 129
— 법칙 ···················· 263
— 요인 ···················· 196
— 원료 ···················· 81, 82, 90~92
93, 98, 210, 223
— 이론 ···················· 19, 33, 40, 44, 54
55, 61, 129, 159, 249
순환과정 ···················· 249, 262
쉐퍼스(Scheffers) ···················· 281
쉐플레 ···················· 272
시장 ···················· 225
신디케이트 ···················· 53

ㅇ

아스팔트 문화 ···················· 22
압축률 ···················· 196
양자택일적 견인력 ···················· 135
역학적 모델 ···················· 295
연결관계 ···················· 231
연계관계 ···················· 237
연구영역 ···················· 14
연소과정 ···················· 105
예외운임 ···················· 107
용적화물 ···················· 74
우연
— 적 집적 ···················· 169, 190, 201, 202
— 적 집적절약 ···················· 190
운송
— 거리 ···················· 115
— 관계 ···················· 227
— 로 ···················· 69
— 망 ···················· 115
— 방식 ···················· 73, 106
— 비 ···················· 41, 43, 51, 52, 54, 59, 60
61, 67, 68, 75~78, 82, 106
117, 135, 157, 171, 180, 189, 201
223, 239, 275, 296, 300, 302, 310
— 비면 ···················· 302
— 비율 ···················· 151, 183, 184, 199, 248
— 비지수 ···················· 99, 100, 108, 122~124
— 비지점 ···················· 60
— 수단 ···················· 59, 68~70
75, 112~114, 118
— 요소 ···················· 206
— 원가 ···················· 69, 70
— 입지 ···················· 206
— 중량 ···················· 284
— 지향 ···················· 14, 137, 155, 191, 193
198, 206, 222, 239, 270
— 체계 ···················· 107
운수업 ···················· 253
운영비 ···················· 71
운임
— 률 ···················· 70, 72, 74
109, 112, 188, 189
— 제도 ···················· 68, 75, 107
— 차별 ···················· 72
— 체계 ···················· 112
— 할인 ···················· 109, 110
— 할증 ···················· 110
원료 ···················· 51, 64, 65, 80, 89
93, 109, 231, 241, 277
— 가격 ···················· 119, 271
— 가치 ···················· 276
— 군 ···················· 237
— 기반 ···················· 64
— 단계 ···················· 222

— 산지 …… 14, 40, 58, 59, 67, 77
78, 83, 88, 90, 95, 97～99, 108
115, 119, 120, 145, 146, 148, 174
207, 216, 219, 234, 250, 261, 282
— 산지기반 …… 250
— 조달 …… 166
— 중량 …… 83, 88, 90
— 지수 …… 90, 93, 94, 102, 103
136, 137, 141, 197, 201
— 지향 …… 103
— 형태 …… 66
— 화 …… 202, 223, 223
유통 …… 24
— 부문 …… 25
— 업 …… 253
유형화 …… 268
유효 견인력 …… 147
육체노동 …… 200
의존층 …… 254
이등변삼 …… 286
이론체계 …… 66
이윤 …… 50, 52, 53
이익 …… 38
이자율 …… 54
인과관계 …… 31, 63
인구 …… 104
— 밀도 …… 104, 105, 150
183, 199, 223
— 이동 …… 273
— 집단 …… 255
— 집적 …… 26
— 집중 …… 265, 273, 274
일반
— 비 …… 52, 166
— 이론 …… 14, 23, 34
41, 53, 157, 243
— 적 입지요인 …… 45
— 적(*generell*) 요인 …… 41
임계등비용선 …… 137, 140, 155, 169
170, 177, 179～182, 218
임금 …… 52
— 률 …… 130, 133
— 수준 …… 58, 128～131
입지 …… 95
— 톤수 …… 143
— 결과 …… 274
— 경향 …… 27, 65
— 구조 …… 258, 263
— 규정 …… 238
— 규칙 …… 27, 32, 211, 225
— 기반 …… 40, 254
— 다각형 …… 295, 297, 301
— 단위 …… 38～40
— 도형 …… 78, 83, 85, 87, 89, 93
96～101, 106～108, 110, 111
115, 120～122, 125, 138, 144
146, 172, 176, 185, 186, 207
208, 222, 233, 253, 281, 295
— 동태 …… 258
— 력 …… 63
— 론 …… 13, 20, 25
248, 249, 270, 274
— 문제 …… 240, 273, 281
— 배치 …… 250, 260
— 법칙 …… 119, 249
— 변동 …… 27
— 분포 …… 27, 28, 64
259, 261, 263, 275
— 삼각형 …… 116, 147, 284
287, 289, 293, 301

— 상 …… 111, 158, 248
— 상황 …… 30
— 선정 …… 37, 55, 58
78, 94, 256, 270
— 요인 …… 33, 38, 40~45, 48
58, 65, 115, 127, 273
— 이동 …… 22, 124, 142
— 조건 …… 106
— 중량 …… 90, 140, 142, 183
184, 197, 229, 248, 297
— 지향 …… 32, 37~39, 41, 47, 61
63, 67, 79, 83, 96, 97, 100
102, 103, 121, 134, 144, 187
195, 223, 231, 232, 240, 244
248, 249, 261, 273~275, 278, 280
— 직선 …… 287
— 패턴 …… 32, 61, 253, 256
— 편향 …… 141, 143~145, 147, 149
153, 233, 240, 244, 277, 279
— 혁명 …… 27, 228, 230
— 형태 …… 256
잉여 …… 171, 173

ㅈ

자본 …… 21, 271, 277
— 비용 …… 51, 271
— 주의 …… 32, 33, 49
54, 127, 265, 273
— 주의적 기업가 …… 54
— 주의화 …… 228
자연과학 …… 30
— 력 …… 66
— 재 …… 49, 68
— 적 요인 …… 274
— 적 입지요인 …… 45
— 조건 …… 69
— 지배 …… 105
작도법 …… 85, 96, 295
잠재적 척도 …… 196
장소적 분산 …… 226
재화 …… 245
전(前) 단계 연계 …… 231
전단계 …… 58
전문화 …… 227
절대적' 보편원료 …… 80
절약
— 분 …… 147
— 액 …… 136
— 지수 …… 136, 137, 139, 147, 148
160, 161, 167, 171, 173, 177, 234
— 함수 …… 160, 167, 177, 181, 183
184, 186, 192, 194, 195, 234, 303
접근
— 방법 …… 30
— 적 견인력 …… 135
접촉요인 …… 242
정상가격 …… 59
제품 …… 109
— 군(群) …… 40
— 중량 …… 90
조(粗) 원료 …… 81
조밀화 …… 104, 199
조원료 …… 82
조직
— 분할 …… 224
— 수준 …… 165
— 형태 …… 255
좀바르트(W. Sombart) · 13, 264, 273
주(主) 경영 …… 163
주(主) 제품 …… 236

주공업 ······ 242
주생산과정 ······ 243
중간단계 ······ 214, 224
중간지점 ······ 209
중량 ······ 67, 69, 103
— 감소 ······ 72, 75, 76
— 감소원료 ······ 82, 91, 270
— 계산 ······ 76
— 공제 ······ 107, 108, 110, 112
— 관계 ······ 207, 209
— 단위 ······ 127, 284
— 도형 ······ 84, 85
— 부가 ······ 76, 108, 112
— 비율 ······ 301
— 삼각형 ······ 85, 211, 212
285, 287~290, 293
— 역학모델 ······ 93
— 운임 ······ 74
— 원료 ······ 222
— 추가 ······ 107
중상주의 ······ 270
중앙의존층 ······ 257
중앙조직층 ······ 257
증가분 ······ 188
지가 ······ 165
지대 ······ 41, 57
지방공업 ······ 225
지역
— 구조 ······ 265
— 적 분포 ······ 29
— 적 요인 ······ 47, 55
— 적 입지요인 ······ 45, 58, 59
— 적 작용 ······ 46
— 적 보편원료 ······ 80
집산(集散) 기능 ······ 118
집약도 ······ 252
집적 ······ 42, 159, 186, 234
— 경향 ······ 57, 60, 159, 162
165, 167, 169, 191
— 공식 ······ 235
— 과정 ······ 200, 306, 307
— 단위 ······ 169, 174, 177, 178
182, 185, 199, 243
— 력 ······ 60, 189
— 반경 ······ 188
— 상태 ······ 280
— 상황 ······ 28, 42
— 요인 ······ 42, 47, 60, 78, 158
160, 161, 165, 166, 168, 194
— 이론 ······ 128
— 적 입지요인 ······ 45
— 적(*agglomerativ*) 요인 ······ 43
— 절약 ······ 191, 193
— 조건 ······ 187
— 중심 ······ 220
— 지 ······ 175
— 지점 ······ 176, 177, 180, 221
— 지향 ······ 233, 239, 278
— 함수 ······ 160, 188, 189
220, 234, 309
집중
— 경향 ······ 193
— 과정 ······ 228
— 운동 ······ 230

ㅊ · ㅌ

철도 ······ 68, 113
— 망 ······ 113, 115
— 역 ······ 117
— 역단위 ······ 118

체감운임 ………………………… 71
체감운임분 ………………………… 71
체계화 ………………………… 272
총중량 ………………………… 90
최소
— 운송(비) 지점 ………………………… 79
— 운송비 ………………………… 292, 296
— 운송비지점 … 121, 124, 134~136
154, 169, 172, 173
176, 198, 276, 283
— 지점 ………………………… 77, 97, 153
233, 244, 283, 284
최저요금 ………………………… 114
최적산지 ………………………… 100
최종단계 ………………………… 214, 217
최초단계 ………………………… 214
추상화 ………………………… 31
추출과정 ………………………… 105
출하 ………………………… 52
취락조직 ………………………… 252
침전과정 ………………………… 50
토지 ………………………… 51, 56
— 가격 ………………………… 57
— 비 ………………………… 54
— 비용 ………………………… 56
— 이용 ………………………… 262
톤·킬로미터 ………………………… 70, 278
톤·킬로미터 운임 ………………………… 124
튀넨(Thünen) …… 20, 258, 259, 262
특별운임 ………………………… 110
특수적
— 입지요인 ………………………… 45, 46
— (*speziell*) 요인 ………………………… 41

ㅍ · ㅎ

판매 ………………………… 243
판매과정 ………………………… 38, 47, 48, 134
편향 ………………………… 60, 102, 219
— 경향 ………………………… 60
— 과정 ………………………… 244
— 비용 …… 136, 137, 146, 170, 171
— 지수 ………………………… 169
— 지점 ………………………… 205, 218, 221
평균가격 ………………………… 59
평행사변형 ………………………… 284
표현양상 ………………………… 45
피크(G. Pick) ………………………… 10
한계이용가치 ………………………… 165
한계편향 ………………………… 191, 192
함수 ………………………… 182
해제경향 ………………………… 153
현실이론 ………………………… 33, 248
홉슨(J. A. Hobson) ………………………… 272
화물 ………………………… 73, 74
화물범주 ………………………… 107
화폐 ………………………… 49
— 비용 ………………………… 49, 50, 164
— 요소 ………………………… 49
환경조건 …… 103, 137, 138, 149, 151
152, 183, 221, 223, 226

알프레트 베버 (Alfred Weber, 1868~1958)

1868년 독일 에어푸르트(Erfurt)에서 출생하여 베를린에서 어린 시절을 보낸 후 본과 베를린, 튀빙겐대학 등에서 법학과 경제학을 수학하였다. 베를린대학에서 박사학위와 교수자격을 취득한 뒤, 베를린대학 강사와 체코 프라하 소재 독일계 대학의 국가학 교수를 거쳐 하이델베르크대학 교수로 재직하였다. 나치 집권기에 유대인이라는 이유로 대학에서 추방되었다가 제 2차 세계대전 후에 하이델베르크대학 명예교수로 복직하여 경제학과 사회학 등을 강의하다가 1958년에 사망하였다.

안영진 (Young-Jin Ahn)

1963년 생으로 서울대학교 사회과학대학 지리학과를 졸업하고 동대학원 석사 및 박사과정을 수료한 뒤, 독일 뮌헨공과대학교(Technische Universität München) 경제사회대학 지리학부에서 박사학위를 받았다. 서울대학교에서 박사후과정(Post-Doc.)을 거쳐, 현재 전남대학교 사회과학대학 지리학과 교수로 있다.

주요 연구 및 관심 분야는 경제지리학, 사회지리학, 지역발전론, 지리학이론 등이며, 주요 연구지역은 서유럽과 한국이다.

역서로 《사회지리학》, 《인구·경제발전·환경》, 《세상을 변화시킨 열가지 지리학 아이디어》, 《노동시장의 지리학》, 《사회공간론》, 《중심지 이론: 남부 독일의 중심지》, 《사회지리학의 이해》, 《현대 경제지리학 강의》 등이 있다.

중심지 이론

남부 독일의 중심지

발터 크리스탈러(Walter Christaller) 지음
박영한(서울대 지리학과 명예교수) · **안영진**(전남대 지리학과) 옮김

지표공간의 기본질서, 조직체계 및 상호작용의 원리에 관한 탁월한 인식과 독창적 해석으로 제2차 세계대전 이후 지리학계에 지대한 영향을 미친 고전이다. 이 책에서 저자는 산업화 이래 인류의 중요 생활터전으로 자리잡은 도시가 수, 규모, 분포 면에서 공간적으로 어떻게 조직되었으며, 거기서 작용하는 일반적 법칙과 원리가 무엇인지를 규명한다. 그의 중심지 이론은 각종 기관과 시설을 유효하게 배치하고, 신도시 등의 개발계획과 공간정책을 추진하는 데 다양하게 원용되었다. 양장본 · 560면 · 30,000원

경제와 사회 I 공동체들

막스 베버(Max Weber) 지음 · **박성환**(초당대 사회복지학과) 옮김

《경제와 사회》는 근대 서구 문화의 특성과 기원 그리고 운명을 경제와 사회 사이의 연관이라는 세계사적 전망에서 체계적으로 분석하고 있는 중요한 사회과학 저술로서, 포괄 분야가 워낙 광범해서 사회학적 지식의 백과사전적 창고로 이해되기도 했고, 여러 분야의 과학에서 수용되었다. 이 책은 역사-비판적 편집작업을 거쳐 새롭게 간행되는 《경제와 사회》의 제 1권: 공동체들이다.

양장본 · 680면 · 38,000원

나남 nanam 경기도 파주시 교하읍 출판도시 518-4번지
Tel 031)955-4600 www.nanam.net

농업생명공학의 정치경제학 시작은 씨앗부터

잭 클로펜버그 2세(Jack R. Kloppenburg) 지음 · **허남혁** 옮김

씨앗은 농업생산과정의 처음이자 끝이다. 이 책은 종자산업을 둘러싼 자본, 과학기술, 국가의 전략을 미국과 전세계적 차원에서 분석한 기념비적 저작이다. 이 책의 주제는 세 가지이다. 첫째는 종자가 상품화되는 과정이고, 둘째는 국가가 통제하던 육종 부문이 민간자본의 압력으로 사유화되는 과정이며, 셋째는 전지구적 종자산업과 교환패턴상의 불균등 구조이다. 저자는 민간 종자산업이 어떻게 탄생, 성장, 발전하는지를 서술하면서, 농업자본이 과학기술을 사용하여 자연을 어떻게 상품화, 사유화하고, 나아가 '생산' 까지 했는지를 정치경제학적 관점에서 흥미진진하게 분석한다. 농업, 생명공학, 환경 분야의 관련 당사자나 학자들 뿐 아니라 일반인들도 반드시 한번은 읽어보아야 할 명저이다. 양장본 · 742면 · 35,000원

프랑스 농촌사의 기본성격

마르크 블로크(Marc Bloch) 지음 · **이기영**(동아대 사학과) 옮김

20세기 역사학의 패러다임을 바꾼 아날학파의 창시자 블로크(1886~1944)의 대표작이다. 블로크는 인간은 복합적- 사회적 존재이고 장기지속적 거대구조 속에 살아가므로 역사는 전체사적이고 사회구조사적이어야 한다고 보았는데, 이런 관점이 가장 잘 표현된 저서가 이 책이다. 여기서 그는 20세기 초엽의 프랑스 농촌사회의 구조적 특징들이 역사적으로 어떻게 생겨났는지를 해명한다. 그가 이 책에서 제시한 연구방법은 여전히 유효하며, 오늘까지도 이 책은 서양의 사회경제사 연구자들뿐 아니라 모든 역사학자의 필독서이다. 양장본 · 544면 · 30,000원

나남 nanam 경기도 파주시 교하읍 출판도시 518-4번지
Tel 031)955-4600 **www.nanam.net**